本书获国家自然科学基金面上项目"协调环境与质量安全治理的市场激励机制研究"（基金号：71773109）、山东省自然科学基金青年项目（ZR2020QG048）"知识外溢、创新依赖与病虫害绿色防控服务市场培育"及浙江大学中国农村发展研究院学科建设的资金支持

Interdependence and win-win

*the construction of modern agricultural management system
in the era of quality-based agriculture*

————

共生共赢

质量兴农时代的
现代农业经营体系构建研究

周洁红　李　凯　著

ZHEJIANG UNIVERSITY PRESS
浙江大学出版社

图书在版编目（CIP）数据

共生共赢:质量兴农时代的现代农业经营体系构建研究 /
周洁红,李凯著.—杭州：浙江大学出版社，2020.12
ISBN 978-7-308-21141-3

Ⅰ.①共… Ⅱ.①周… ②李… Ⅲ.①农业经营—研
究 Ⅳ.①F306

中国版本图书馆 CIP 数据核字(2021)第 040024 号

共生共赢:质量兴农时代的现代农业经营体系构建研究

周洁红　李　凯　著

责任编辑	陈佩钰
责任校对	沈巧华　许艺涛
封面设计	雷建军
出版发行	浙江大学出版社
	（杭州市天目山路 148 号　邮政编码 310007）
	（网址:http://www.zjupress.com）
排　　版	杭州青翊图文设计有限公司
印　　刷	广东虎彩云印刷有限公司绍兴分公司
开　　本	710mm×1000mm　1/16
印　　张	21.75
字　　数	400 千
版 印 次	2020 年 12 月第 1 版　2020 年 12 月第 1 次印刷
书　　号	ISBN 978-7-308-21141-3
定　　价	88.00 元

序　一

　　质量是一切产品的生命线,农产品也不例外。随着经济的发展,农业小部门化不可避免。2020年农业占GDP的比重仅为7%,但"农业是国民经济的基础"这一现实从未改变,未来也不会改变。改革开放四十多年,中国人解决了温饱问题,全面实现了小康社会的目标。消费者对食物的需求也经历了从"吃饱"向"吃好"再向"吃精"转移的过程。粮食"数量安全"不再是一个问题,大家开始关注"质量安全"。面对消费需求的升级,生产者如何回应和匹配就成了一个重要的政策研究课题。

　　"大国小农"是我们的基本国情和农情,如何将亿万小农引到现代农业发展的轨道上来,提高农产品质量,实现高质量农业发展,让小农户共享改革发展成果,是事关农业现代化与乡村振兴战略全局的重要问题。当下无论是在政界还是在学界,小农户与现代农业的衔接问题都是一个热点话题。但纵览现有研究,不难发现有两个方面的问题尚未得到足够重视:一是已有研究都在谈论小农的弱势性,但不同发展阶段小农户的弱势性程度和具体表现应当是有所差别的,随着我国农业步入质量兴农、绿色兴农、品牌强农的全新发展阶段,新时代小农户的弱势性体现在哪些方面,有哪些新变化,这些变化又如何影响其融入现代农业,值得深入分析;二是依托新型农业经营主体带动小农户已经成为共识,但新型农业经营主体终究是市场主体,在现有市场环境下,如何平衡自身发展与农户带动,探索出适合当前市场环境,同时满足新型农业经营主体自身发展需求的农户带动模式,同样值得关注。

　　周洁红教授长期深耕于农产品质量安全管理与农业可持续发展研究领域,从市场营销、组织行为以及企业管理等商学视角出发,结合中国农业本身的特色,对高质量发展时代小农户与现代农业的衔接问题有独到认识。《共生共赢:质量兴农时代的现代农业经营体系构建研究》这本书,突破传统农业分析框架,融合了市场营销、组织行为和企业管理等新的农业发展理念,从农产品质量安全、生产绿色转型与农业高质量发展三者协调发展的技术要求、管理要求、政策需求出发，清晰地展示了小农户弱势性背景下高质量发展的可行性。

同时，作者竭力避开农业产业组织异化的争议，以当前市场环境下管理措施的有效性为最终落脚点，尝试提炼总结出真正能够兼顾新型农业经营主体发展要求与小农户带动需求的管理模式，从而实现农户和所有市场主体在高质量发展时代的"共生共赢"。相信这本书不仅可以给同行学者继续深入研究带来启发，也可以给新型农业经营主体管理者规范内部治理以启示，给政府完善新型农业经营主体作用评价机制、优化现代农业经营体系扶持政策以借鉴。

德国哥廷根大学发展和新兴国家农业经济学讲席教授

于晓华

2020 年 10 月

序　二

农为邦本,本固邦宁。农业现代化是国家现代化的重要基础和支撑,但仍然是现阶段我国"四化同步"推进的突出"短板"。党的十八大以来,党中央坚持把解决好"三农"问题作为全党工作的重中之重不动摇,从世情、国情、农情出发,持续深化农业供给侧结构性改革,稳步推进农业现代化。农业综合生产能力跨上新台阶,产品结构不断优化,新产业、新业态蓬勃发展,新型农业经营主体发展壮大,农民收入持续增加,为2020年全面建成小康社会做出了重大贡献,为开启全面建设社会主义现代化国家新征程奠定了坚实基础。

翻开世界各国现代化历史,正反两方面的经验教训都告诉我们,能否处理好农业农村这一头,一定程度上决定着现代化的成败。

我国现代农业建设虽已取得历史性成就,但是制约发展的两个"天花板"与两道"紧箍咒"依然存在;以保障粮食安全与食品安全为基础,以绿色驱动高质高效发展,仍然有不少问题亟待解决。随着农业供给侧结构性改革持续深入推进,一方面粗放经营的传统农业生产方式将逐渐被以数字化和智能化为先导的先进生产方式所替代,现代农业"资本密集、技术密集、管理密集"特征将日趋显现;另一方面我国小农户仍将大量存在,如何处理新型农业经营主体与小农户的关系,建设怎样的农业经营体系已成为推动农业现代化无法回避的重要问题。

坚持和完善农村基本经营制度,构建现代农业产业体系、生产体系、经营体系是加快农业现代化的必然要求。积极培育新型农业经营主体,促进小农户与现代农业发展有机衔接,构建"以农户家庭经营为基础、以合作与联合为纽带、以社会化服务为支撑"的现代农业经营体系,仍然是我国农业现代化建设面临的重要任务。只有准确把握新型农业经营主体与小农户协同发展过程中存在的各个问题,明确现代农业经营体系构建所面临的内外部制约因素,才能确保小农户在农业现代化进程中不掉队,才能真正走出一条彰显共同富裕的中国特色农业现代化发展道路。

　　周洁红、李凯两位从新时代农业绿色高质量发展的技术环境与市场环境出发,全方位梳理了农业绿色发展、高质量发展面临的基本问题,明确了小农户融入现代农业的关键阻碍,提出了实现小农户与以绿色安全、高质高效为特征的现代农业有机衔接的基本构想:以新型农业经营主体为引领力量,在增强新型农业经营主体发展实力与经营活力的基础上,努力提升新型农业经营主体的带动能力。同时,围绕农产品质量安全保障、农产品品质提升、生产绿色转型的基本技术要求以及新型农业经营主体与小农户利益衔接机制两个基本面,运用大量的一手调查数据,分析总结了新型农业经营主体自身发展与农户带动的作用与不足,并从优化内部治理机制、完善利益联接机制、深化扶持政策改革等方面提出了对策建议。本书逻辑严谨,结构清晰,观点鲜明,既能够为农业部门优化政策设计提供参考,也能够为"三农"领域学者继续深入研究提供启发。

中央农办、农业农村部乡村振兴专家咨询委员会委员

张兴旺

2020 年 11 月

前　言

改革开放四十多年来,农业农村发展取得历史性成就,粮食生产能力和主要农产品供给能力显著提升,产业结构与生产体系不断优化。但农业农村现代化仍是我国现代化的短板,农业农村发展不平衡不充分的问题仍旧突出。新常态下,农业进入转型的机遇期与发展的风险期,农民收入增长放缓且波动性增强,工资性收入增速"天花板"将近,第一产业贡献能力偏弱,二三产业经营净收入波动大,折射出依靠工业化、城镇化吸纳农村剩余劳动力就业能力递减的问题,更暴露出产业基础条件薄弱、资源要素约束趋紧等农业发展内部问题。在此时代背景下,推动农业绿色安全高质量发展,走出一条产出高效、产品安全、资源节约、环境友好的农业现代化道路,成为突破成本"地板"与价格"天花板"双重挤压、纾解资源约束的必然选择。

大力培育发展新型农业经营主体和服务主体,构建"以农户家庭经营为基础、以合作与联合为纽带、以社会化服务为支撑"的现代农业经营体系,是关系我国农业农村现代化的重大战略。农业绿色安全高质量发展时代,精准评估新型农业经营主体发展水平,明确新型农业经营主体发展面临的短板和内外部制约因素,不仅对于优化新型农业经营主体培育政策具有重要启示,更有助于促进小农户和现代农业发展有机衔接、助力乡村全面振兴。

近年来围绕着我国农业转型、小农户如何融入现代农业等问题的研究很多,这也凸显了系统研究质量兴农、绿色兴农、品牌兴农时代新型农业经营体系的重要性。本书是以作者主持的国家自然科学基金"协调环境与质量安全治理的市场激励机制研究"(71773109)和教育部基地重大项目"城乡发展一体化背景下的新型农业经营体系构建研究"(16JJD630007)相关研究成果为基础创作完成的,通过理论分析、案例分析、基于问卷调查的定量模型分析,得出了一些独特的结论。全书由七章构成。

第一章是新时代我国农业绿色安全高质量发展的成效与目标。本章通过梳理新时代我国农业转型的背景与发达国家农业高质量发展的历史,明确了我国农业绿色安全高质量发展的内涵。在此基础上,展示了当前我国农业在绿色、安全、高质量发展三个方面取得的成就,并结合质量兴农时代绿色、安全、高质量三者协同的关键点梳理,提出了新时代我国农业绿色安全高质量发展的目标。

第二章是新时代我国农业绿色安全高质量发展面临的问题。安全与绿色是实现高质量发展的基础与前提,而高质量发展则需要体现在高效益上。本章首先借助网络大数据分析了我国农产品质量安全基本形势与新时代农产品安全风险特征,明确了源头质量安全风险的来源。进而借助对农业绿色生产技术与质量安全控制成本收益的调查,揭示出市场激励作用不足是农业绿色转型的主要约束。最后指出两大问题背后的共同问题就是农业产业规模化水平与组织化程度较低,源头小农户缺乏必要的标准化生产能力、规范使用投入品的能力、质量安全信号传递能力与市场议价能力。

第三章是新型农业经营主体与农业绿色安全高质量发展。本章从农业转型的目标与现阶段质量兴农面临的问题出发,提出了构建"以农户家庭经营为基础、以合作与联合为纽带、以社会化服务为支撑"的立体式复合型现代农业经营体系的基本思路:一方面,以专业大户、家庭农场、农民专业合作社、农业企业和经营性农业服务组织为代表的新型农业经营主体,拥有经营规模、盈利能力、资金来源、品牌建设、销售渠道等方面的优势,这就为其采纳绿色生产方式、提高产品质量安全管理创造了条件,理应成为农业绿色安全高质量发展的引领力量;另一方面,新时代小农户面临着绿色安全农业生产技术高投入与低市场溢价、高技术管理要求与小农户管理能力不足、社会化服务规模效应与小农户需求分散、高要素密集与要素市场不完善等诸多矛盾,要实现小农户与绿色安全高质量农业的有机衔接,必须发挥新型农业经营主体的带动作用。

第四章是新型农业经营主体的示范作用评估。新型农业经营主体的引领作用首先体现在自身发展活力以及由此形成的示范作用上。本章借助浙江省新型农业经营主体的普查数据和团队调研数据,发现新型农业经营主体在农业标准化、农产品认证方面的示范作用已经非常明显:一方面,样本新型农业经营主体标准化与认证采纳率高,发展时间较短的家庭农场标准化采纳率也接近 70%,75% 的新型农业经营主体取得了认证(包括有机、绿色、无公害认证和以 HACCP、GAP 等为代表的管理体系认证);另一方面,标准化与认证在保障食品安全、提升产品形象等方面的作用逐步得到认可,新型农业经营主体的发展实力与市场活力已经初步显现。

第五章是新型农业经营主体的农户带动作用评估。新型农业经营主体的引领作用还需要体现在对小农户的带动作用上。基于浙江省新型农业经营主体的普查数据和团队调研数据的研究显示,虽然不同类型主体存在着明显的作用差异,但总体来看新型农业经营主体对于小农户的认证、投入品管理、追溯管理、绿色生产技术采纳都具有显著的影响,证实了新型农业经营主体带动小农户融入现代农业的作用与巨大潜力。

第六章是新型农业经营主体的农户带动模式选择与优化。健全新型农业经营主体与小农户的利益联结机制是构建现代农业经营体系的关键。本章分别以工商资本和合作社为例,分析了适用于农产品品质控制、质量安全控制与绿色生产技术采纳的生产管理模式。研究发现,农产品品质管理与带动的关键在于在企业内部建立以市场需求为导向的农产品全面质量管理体系和以技术人员为核心的企业技术创新推广体系,而合作社质量安全带动与绿色生产技术带动的关键在于强化过程控制,而强化过程控制的前提则是完善内部治理规则。

第七章是促进新型农业经营主体引领农业绿色安全高质量发展的政策和制度创新。本章从促进新型农业经营体系构建与促进新型农业经营主体带动作用发挥两大方面提出了对策建议。

与其他同类书相比,我们认为本书主要有四个特点:第一,本书的学术性较强。本书从绿色发展、食品安全与农业高质量发展的耦合关系出发,将新时代微观经营主体的绿色生产技术、质量安全管理需求与宏观的农业扶持政策效果评价有机融合,全方位揭示了新型农业经营体系构建面临的内外部约束条件。书中第二、第三和第四章主要内容已发表在国际农业经济领域的顶级期刊、"农业经济与政策"影响力最高的期刊 *Food Policy*（2019 SCI ＆SSCI）,国际知名的土地政策顶级期刊 *Land Use Policy*（2018 SSCI）及其他国内外重要期刊上。第二,逻辑性强。本书在梳理了农业高质量发展面临的市场环境问题基础上,重点突出了新时代小农户融入现代农业的阻碍,将其细化为农产品质量安全保障、农产品品质提升、绿色生产转型的技术推广问题以及新型农业经营主体与小农户利益衔接机制等基本问题,并据此对现阶段新型农业经营主体的发展水平与带动作用进行了评估,明确了当前新型农业经营体系建设的成效与不足,为未来政策设计提供了科学依据。第三,本书数据来源多样、时效性较强。本书所使用的数据包括了近五年浙江省新型农业经营主体普查数据、团队一手调查数据，而且我们与浙大计算机学院、理学院合作建立了多源异构的食品安全网络大数据。第四，本书的受众群体较广。虽然本书学理性较强，但本书秉承"顶天立地"的研究宗旨，坚持以服务现代农业经营体系建设为目标，努力提升对策建议的针对性和可操作性，以本书核心内容为基础的多篇政策咨询报告先后获得了领导批示。因此，除供同行学术研究者参考以外，政府部门和产业部门也是本书的目标读者。

本书的出版，需要感谢本团队幸家刚、杨之颖、胡亦俊、高霈、武宗励在数据调查、文献翻译中做出的贡献。对本书的不足之处，恳请读者给予批评指正。

作　者

2020 年 11 月 7 日于浙江大学启真湖畔

目　　录

第一章 新时代我国农业绿色安全 高质量发展的成效与目标

第一节 农业绿色安全高质量发展的内涵辨析

农业高质量发展是经济高质量发展的特殊形式。目前国内对于经济高质量发展的界定主要有四种角度：一是紧扣当前国内的社会主要矛盾，体现创新、协调、绿色、开放、共享五大理念，认为高质量体现在发展方式的转变、经济结构的优化和增长动力的转换；二是对经济、社会和生态等各个领域协调发展的要求（任保平，宋雪纯，2020）；三是从宏观和微观角度的定义，微观上可以指产品和服务的高质量，宏观上则是人尽其才、物尽其用、地尽其力的发展（郭春丽等，2019）；四是新时代背景下高质量发展的根本在于提高生产力，特别是劳动生产率和全要素生产率（陈昌兵，2018）。

农业高质量发展目标是满足人民日益增长的对安全性高且质量好的农产品的需求，高质量主要体现在绿色发展引领、供给提质增效、规模化生产、产业多元融合（辛岭，安晓宁，2019）。微观层面上农业的高质量发展的主要内容和最终体现即是农产品质量的提升，综合来讲需要提升产品质量、经济效益和产业素质，还要培养农产品的国际竞争力、有高素质的职业农民、改善生态环境、优化要素投入和产业结构等（张社梅等，2020）。

绿色发展的概念最早由英国环境经济学家大卫·皮尔斯（1996）提出，认为绿色发展不单应考虑经济效益，更应注重考虑生态环境容量和资源承载力。因此，农业的绿色发展以尊重自然为前提，以现代化技术为手段，兼顾经济、社会、生态效益，是一种涉及农业结构和生产方式调整的农业发展模式（崔海霞等，2018）。相比于可持续发展的结果导向，农业绿色发展的侧重点在于推行农业生产经营绿色化(魏琦等,2018)。

一、我国农业绿色安全高质量转型的背景

改革开放以来,我国一直保持远超世界平均水平的经济增长速度。但经济快速增长的同时,我国经济发展的质量愈发引人担忧。随着中国特色社会主义进入新时代,我国社会的主要矛盾已经转化为人民日益增长的美好生活需要和不平衡不充分的发展之间的矛盾。消费结构不断升级的人们愈发期待绿色、安全、优质等多种特质并存的品牌农产品及其加工品。

然而,农业农村现代化仍是我国现代化的短板,农业现代化与农村现代化的失衡问题仍旧突出。新常态下农民收入增速放缓且波动性增强,城乡居民收入绝对差距不断拉大,工资性收入增速天花板将近,第一产业贡献能力偏弱,二、三产业经营净收入波动大,折射出依靠工业化、城镇化吸纳农村剩余劳动力就业能力递减的问题,更暴露出农业产业基础条件薄弱、资源要素约束趋紧等农业发展内部问题。

我国农业具有基础性、弱质性、高风险性和小部门化发展的特征。进入新常态后,农业进入转型的机遇期与发展的风险期。从生产侧看,我国现代农业开始进入"供需再需平衡,结构再需优化"新时代,新老矛盾、内外矛盾交织显现:生产成本"地板"与价格"天花板"给农业持续发展带来双重挤压,生产比较效益下降,加之农业劳动力结构性短缺,农业基础设施较薄弱,生态环境日趋恶化,农业现代化成为三化同步的短板。

1.资源约束趋紧

耕地资源方面,2016 年底中国人均耕地面积为 0.09hm²,仅为世界人均耕地面积 0.19hm² 的 47%,耕地数量较少。同时,耕地质量总体水平较差,中低产田超过全国耕地面积的 70%。农业农村部发布《2019 年全国耕地质量等级情况公报》,将全国 20.23 亿亩耕地质量等级从高到低依次划分为一至十等,平均等级为 4.76 等。基础地力较高的一至三等的耕地面积为 6.32 亿亩,占耕地总面积的 31.24%。评价为四至六等的耕地面积为 9.47 亿亩,占耕地总面积的 46.81%。评价为七至十等的耕地面积为 4.44 亿亩,占耕地总面积的 21.95%。

在资源如此紧缺的情况下,面源污染又十分严重。面源污染,是指非特

定污染物以广域的、分散的、微量的形式进入地表和地下水体所形成的污染(Lee,1979)。赖斯芸等(2004)使用单元调查法对 2001 年农田化肥、畜禽养殖、农田固体废物和农村生活等四类污染源所产生的面源污染总量和强度进行了测算,化学需氧量(COD)、总氮(TN)、总磷(TP)产生总量分别为 9421.17 万吨、4692.65 万吨和 914.31 万吨,全国平均单位面积产生强度分别为 $0.68kg/km^2$、$0.50kg/km^2$ 和 $0.10kg/km^2$。基于同样的污染来源设定(但调整了农业固体废物化学需氧量产污强度系数),陈敏鹏等(2006)测算出 2003 年中国农业和农村污染需氧量(COD)、总氮(TN)、总磷(TP)产生总量分别为 66317 万吨、5312 万吨、1294 万吨,排放量分别为 404.2 万吨、547.7 万吨和 66.1 万吨,排放强度分别为 $10.0kg/km^2$、$13.6kg/km^2$ 和 $1.6kg/hm^2$。梁流涛等(2010)测算了 1990 年至 2006 年间四类污染所产生的化学需氧量(COD)、总氮(TN)、总磷(TP)排放量均值分别为 573.71 万吨、643.74 万吨和 79.11 万吨,且排量总量与排放强度均呈增加的趋势。国家环境保护部、统计局、农业部发布的《第一次全国污染源普查公报》显示,2007 年全国农业源(不包括典型地区农村生活源)中主要水污染物排放量为:化学需氧量 1324.09 万吨,总氮 270.46 万吨,总磷 28.47 万吨,分别占全国排放总量的 43.7%、57.2%和 67.4%。2014 年环境保护部和国土资源部发布《全国土壤污染状况调查公报》,调查结果显示,全国土壤环境状况总体不容乐观,部分地区土壤污染较重,耕地土壤环境质量堪忧,工矿业废弃地土壤环境问题突出。全国土壤总的点位超标率为 16.1%,其中轻微、轻度、中度和重度污染点位比例分别为 11.2%、2.3%、1.5%和 1.1%。从土地利用类型看,耕地、林地、草地土壤点位超标率分别为 19.4%、10.0%和 10.4%。从污染类型看,以无机型为主,有机型次之,复合型比重较小,无机污染物超标点位数占全部超标点位的 82.8%。从污染物超标情况看,镉、汞、砷、铜、铅、铬、锌、镍 8 种无机污染物点位超标率分别为 7.0%、1.6%、2.7%、2.1%、1.5%、1.1%、0.9%和 4.8%;六六六、滴滴涕、多环芳烃 3 类有机污染物点位超标率分别为 0.5%、1.9%和 1.4%。从 1989 年起,中国化肥施用强度就超过了发达国家为防止水污染而设定的施用强度安全上限 $225kg/hm^2$。中国单位土地化肥施用量每增加 1kg 仅会使粮食单产增加 20kg,为世界平均水平(35kg/kg)的 57.1%,化肥边际产出率的下降促使化肥施用强度增加,进一步加剧了环境污染和资源浪费。

2.农业竞争力不足

我国农业已进入高成本时代,农业生产成本快速攀升,大宗农产品价格普遍高于国际市场成为新常态下我国农业面临的重大考验。

一方面,农业已全面进入高成本时代。粮食、大豆、油料、棉花、糖料、蔬菜等农产品每亩投入量的增加快于同期每亩产出量的增加,收益率明显下降。在农产品生产投入增量中,直接生产成本上升是推动农业生产总成本上升的主要因素。种子、化肥、农药、农膜、机械作业、排灌、土地租金、劳动力等成本,占总成本的80%以上。2006年至2013年,我国稻谷、小麦、玉米、棉花、大豆生产成本年均增长率分别为11.0%、11.6%、11.6%、13.1%和12.0%。上涨的成本中又以劳动力成本上涨最快,每亩家庭劳动力工价由2007年的18.9元/人上涨到2013年的68元/人,涨幅超过2倍。尽管劳动天数(家庭)根据作物不同,都有明显下降(以稻米为例,家庭劳动天数从2002年的12.6天下降到2013年的6.2天,其他作物也大体相同),但是劳动力的总成本却在不停上涨。土地成本上涨接近1倍。物质费用投入的成本虽然占比有所下降,但是绝对值仍然在上涨,其中由于受到化肥价格低廉和担心大幅度减产的影响,农户减少化肥使用的意愿并不显著。总体而言,成本的上涨可谓十分迅猛。根据数据分析,成本各因素对于价差产生的贡献不到20%。另一方面,农民种粮的净收益在下降。目前农民每亩地的净收益只有682元,比上年下降2.4%。农民来自种植业的收入只占24.6%。农民净收益在减少,生产积极性自然上不来。很多农民感叹:"辛苦种地一年不如外出打工一月。"近年来,我国粮棉油糖肉等主要农产品国内市场价已全面高于国外产品配额内进口到岸税后价,有些产品一度高于配额外进口到岸税后价。21世纪以来,猪肉、小麦、食糖、棉花国内外价格陆续开始倒挂,2013年7月大米、玉米国内价格开始持续高于配额内进口到岸税后价,2014年粮棉油糖肉等主要农产品呈现全面倒挂态势。农业部数据显示,2014年11月,大米、小麦、玉米三大谷物的国内外价差分别高达每公斤1.08元、0.58元和0.52元,均比2013年有所增大。

因此迫切需要转变发展方式,努力实现党的十九大报告中提出的乡村振兴战略。产业振兴是乡村振兴的重要内容和组成部分,加快农业产业高质量发展是农业产业振兴的基本方向。《国家质量兴农战略规划(2018—2022年)》就"加快农业绿色发展""推进农业全程标准化""提高农产品质量安全水平"等重要议题进行前瞻设计,为加快质量兴农提出了总体思路和具体目标并部署了相关任务。国际方面,全球化进程加快的背景使得我国农业发展更容易受到国外经济形势变动的干扰,发达国家积极推进农业支持政策的结构性改革,削弱了我国农产品在国际市场的竞争力。因此,农业高质量发展必须尽快推进。

二、发达国家农业绿色安全高质量发展的历程与启示

1. 产业发展与产业扶持

(1)欧盟

欧盟的农业支持体系称为共同农业政策。1957 年,欧洲六国签订《罗马条约》,以应对第二次世界大战对欧洲各国农业生产能力的破坏和相应的粮食普遍短缺问题,这是共同农业政策的雏形,以增产增收为主要目的。按照这一农业支持思路,1962 年正式制定的共同农业政策将共同体优先、单一市场、价格支持和强化资金支持作为 4 个基本原则,核心是通过建立共同市场、干预粮食价格,增强农民生产积极性,从而提高粮食生产能力和农民收入。

增产导向的共同农业政策建立后,欧共体农业部门劳动生产率稳定增长。而这一时期的共同农业政策尚未将环境保护作为目标,农民盲目追求增产以增加收入,一定程度上为农业环境污染日益加剧埋下了隐患。同时部分农产品出现过剩,用于农业部门的预算支出攀升。20 世纪 70 年代初开始,欧共体开始对共同农业政策进行改革。1972 年提出推动农业生产现代化、鼓励 55 岁以上农民提前退休、培训农民。1984 年的《乳制品生产配额方案》和 1988 年的谷物生产配额改革以限制产量为特色,但是只依赖行政力量导致财政负担依然很重,农业环境污染问题不断累积。

1992 年,麦克萨里改革是共同农业政策开启绿色生态转型的转折点。这一改革中,如何从结构、支持手段等多维度改革共同农业政策,使得既能保证足够数量的农业生产者提供食品和原材料,又能加强农业环境保护成为主要议题。主要农牧产品的价格调低,农民可能会降低的收入部分由直接补贴的方式弥补,而这一部分主要取决于之前年度的生产水平和土地面积。同时,对于接受价格支持的较大规模农户,如果谷物产量超过 92 吨,则有义务休耕

15%以上的耕地,并鼓励产量不足该标准的小农户自愿休耕。休耕产生的损失依据综合市场价格、休耕面积等指标进行补贴(Kay,1998)。

麦克萨里改革使得欧洲农业环境恶化的趋势得到了一定扭转,但同日益高涨的环保呼声相比还有很大差距(Moravcsik,1991)。同时,20世纪90年代的欧盟城乡发展差距巨大,不同地区、不同规模农户收入差距明显,农民尤其是青少年农民持续向城市转移,农村劳动力短缺。因此2000年议程创设"支柱二",继续削弱增产导向,建立专项用于支持农村发展,强化农村地区的环境保护。

2003年建立单一农场支付和交叉遵守原则,绿色生态转型加速形成(Daugbjerg,2008)。为了检验2003年改革后共同农业政策的效果,2008年欧盟对共同农业政策进行了"健康检查",自此,欧盟每年400多亿欧元的农业预算与当期生产情况脱钩(Arfini et al.,2017)。2013年改革继续推进共同农业政策的绿色生态转型。一是推进直接支付尤其是脱钩支付对价格和市场支持手段的替代;二是首次在直接支付板块建立独立的绿色支付;三是在第二支柱中,将支持农村环保投资、发展有机农业和其他农村环保行为的支付比例提高并加以明确。2018年《关于未来食品和农业的立法建议》提出市场、平等、灵活的制度设计,加强对小农户和青年农户的支持;强制与激励结合提升政策的环保色彩;加强科技投入,强化绿色发展的创新驱动(马红坤,毛世平,2019)。

关于农产品质量安全的提升方面,欧盟的良好农业规范也随着时代背景不断修订。1986年英国首次爆发疯牛病,随后转基因问题也不断出现,为了减轻消费者对食品安全问题的担忧,降低由此给生产商带来的损失,1997年欧洲零售商协会首次提出良好农业规范,2001年欧盟秘书处首次将其标准对外公开。最初,欧盟良好农业规范认证标准只涉及蔬菜、水果、花卉等,随着技术规范的不断完善,认证范围逐渐扩大,目前已基本涵盖农牧渔三大产业。欧洲超市联盟针对生产、储存包装以及生产过程质量控制分别制定了门槛标准,为消费者提供了"从土壤到餐桌"的全程质量追溯保障。2002年以来,欧盟良好农业规范在国际贸易中得到了越来越多生产商的认可和加盟,也从发达国家扩大到了发展中国家。欧盟良好农业规范不断修订、发展,2007年将农业害虫的防控与治理作为认证重点,并对农业的生产结构模式进行了调整,欧盟良好农业规范技术委员会将这一版本更名为全球良好农业规范。到2013年,欧盟良好农业规范又加入了农业-食品经济、乡村环境及乡村经济与人口发展三大施政方案，贯彻可持续发展理念，注重农业资源的保护和高效利用。

（2）美国

美国从独立以来一系列土地政策的出台开启了家庭农场制。1862 年《宅地法》规定"农民只需缴纳 10 美元，即可获得 160 英亩土地，连续耕种 5 年便可获得其所有权"。此举让更多农民获得了较大面积的土地，推动了家庭农场的迅速扩张，为美国农业企业化模式的运行营造了一个良好的开端。农业合作社的出现是家庭农场制发展到更高水平的重要组织形式。随着 1922 年《卡珀-沃尔斯泰德法》的颁布，农业合作社模式正式被全面系统确立。越来越多此类私营农业组织出现，在资金的支持下以盈利为目的，致力于农副产品的加工、运营、销售等各个环节。而相比之下，家庭农场劳动力有限，各个环节有不同的成本费用，生产成本过高，导致家庭农场发展举步维艰。于是农场主们联合起来，成立各种合作社，用于自我产品的商品化服务，合作社模式逐渐成为主要的农业经营模式。

20 世纪 30 年代，全球性的经济萧条使农产品价格不断下跌。为了应对农产品生产过剩和市场紧缩，1933 年罗斯福新政颁布了农业调整法，通过农业支持政策增加农业收入、稳定农业生产。这一时期，价格支持是美国农业支持政策的核心内容（Summer et al. ，2010）。最初支持的主要是粮食作物，随着粮食过剩现象的出现，为了农业的均衡发展、为工业提供原材料和扩大农产品出口等目标，美国开始对经济作物进行价格支持。

在 1985 年和 1990 年的农业法案中，美国政府实施了限产休耕计划，要求小麦和棉花等农作物的生产者将一定比例的基础种植面积用于种植未列入限产计划的农作物，以修复生态（Carolyn et al. ，2005）。20 世纪 90 年代，美国将目标价格政策的依据从生产成本转向历史基期的农产品产量，减轻了资源错配和价格扭曲导致经济效率低下的现象，也稳定了农民收益。由于缺乏准确性和财政效率，2014 年美国政府取消了直接补贴，转为采取农业风险保障、价格损失保障、生物能源项目等更隐蔽的调控方式（谭砚文等，2019）。2018 年农业法案延续了 2014 年实行的政策，仍将保障农民收入作为首要目标（许荣，肖海峰，2020；周应华等，2020）。

美国是重要的蔬菜生产国和出口国，美国政府对于果蔬产业的政策扶持一直在加强，人们食物支出中果蔬所占比例也在不断增加，但果蔬的质量问题和微生物污染一直很严重。1988 年美国联邦食品药品管理局和农业部联合发布了《关于降低新鲜水果蔬菜中微生物危害的企业指南》，并首次提出"良好农业操作规范"这一概念。随着美国良好农业操作规范的不断完善，2013年美国联邦食品药品管理局在联邦公报上发表了《新鲜农产品种植、收获、储存控制规范》。自此，美国良好农业规范由自愿变为强制。

（3）日本

二战后日本农村土地改革确立了"自耕农主义"的劳动力扩张政策，随后制定颁布的《农村土地法》为获得土地的农户解除了担忧，为农村土地改革成果的延续提供了法律依据（魏晓莎，2015）。日本农业的高质量发展方面，科技创新起着重要的支撑作用，培育壮大了以企业为主的多元创新主体格局。农业生产技术的提高为农业劳动力的转移创造了条件，1961年出台的《农业基本法》计划通过削减农户数量来扩大农户户均经营规模，利用10年的时间培养出经营规模2.5hm² 以上的自立经营农户100万户，实现"国民所得倍增计划"，减少农工收入差距（林万龙，2017；叶兴庆，翁凝，2018）。但农户拒绝转让自己的土地，1968年日本又制定"综合农政"政策，向租赁或接受委托的核心农户转移。但大米的过剩使这一时期政策的重点始终不在核心农户。

1992年日本政府制定公布了《新的食物、农业、农村政策方向》，首次提出培养"单个经营体"（个人或一个家庭）和"组织经营体"（两个以上个人或家庭）。这一基本方向在1993年被收录到了重新修订实施的《农业经营基础加强促进法》中，还引入了认定农业者制度。但因为好处不多，认定农业者制度实施不畅。1999年制定颁布的《食品、农业、农村基本法》中将新政策培育农村劳动力的理念以法律条文的形式进一步加以明确。

早期日本食品安全管理呈现明显的被动特点，因为农产品和食品质量安全事件的爆发而修订相关法律、重组相关部门机构等。2005年，在食品安全问题及农产品进出口压力的双重推动下，日本首次提出了良好农业规范的制定和实施计划。但在提出后，日本国内的大型零售商和非营利组织纷纷制定不同的良好农业规范。后来为了促进农产品质量安全、推动环境保护、确保农业生产者的安全、实现农业生产的可持续管理，日本开始建立统一的良好农业规范标准这一农业生产过程控制方法。2010年日本农林水产省推出蔬菜、水稻和小麦三类农产品的统一的良好农业规范标准指南，并逐渐推广到其他农产品。2016年向国际规范看齐，在基础部分之外还有追加部分，追加部分增加了比全球食品安全倡议（GFSI）更广泛的内容。

由于日本人多地少，基本为小农户经营，政府鼓励团体认证，将小农户组织起来,例如通过"公司-农户"的形式进行团体认证。日本农协是日本良好农业规范标准最主要的实施主体,它是基于共同合作原则组建,旨在改善日本农业经营和农民会员生计的一个全国性组织(廖媛红,宋默西,2020)。日本农协通过农场生产指导、农产品销售服务、生产投入品供应、信贷服务和共同保险服务等各种活动来实现其组织目标和功能,因而也被称为"多目标农业合作社"。日本全国有上百家农协,覆盖面十分广泛,绝大多数农民都已经加入农协成为正式会员。

在众多功能中,农场生产指导是农协份额最大的一项业务,农协通过聘请大量技术咨询人员,有效帮助农民会员改善农场管理,提高农业技术应用。这些技术指导均为免费,范围涉及土壤状况分析、病虫害发生与诊断、新品种栽培、新技术引入等,还建立农产品分级场所或农产品储备场所,促使农民更关注农产品质量的稳定和提高。投入品统一采购方面,结合所提供的测土配方施肥服务,不仅在采购成本和化肥农药使用量方面实现了成本的降低,还对投入品的安全性提供了保障,否则农协需要承担相应的责任。除此之外,日本农协还会监督指导会员建立生产记录,对会员进行技术培训,对非会员宣传良好农业规范,带领会员共同应对市场对质量安全要求的新变化。

(4)启示

第一,政府管理方面政策的延续性和保障性。一是政策的延续性。发达国家农业政策的制定通常由立法机关通过法律或法规的形式进行规范,以确保对农业的发展有长期规划。而我国财政对农业补贴缺乏一个长期性的部门政策目标,往往是作为短期宏观稳定政策的一个组成部分。由于我国农业补贴缺乏长期目标,具有较大的变化性,因此农业支持与生产不统一协调。二是政策的保障性。发达国家的农业补贴减少直接补贴,转而以保险等形式保障农民收入。而我国的最低价格收购补贴政策与当期面积和当期价格挂钩,会对市场有一定扭曲。

第二,生产方式方面提高组织化与专业化程度。欧美单个农场具有一定规模,而日本农户小规模经营的特点十分明显,与我国情况更为相似。日本在推动农户转让土地过程中不断碰壁,继而转向农协等农户组织化形式,开辟农业规模经营的新途径。我国小规模经营农户数量庞大,单纯依靠部分农户退出土地经营来实现规模经营的高效率较为困难,可以借助合作社等现代经营主体组织带动小规模农户。同时发挥农业企业的科技创新能力,为农业劳动力的转移做铺垫,而对农户尤其是有长期稳定务农意愿的进行各种专业技术培训，提升其农业生产经营技能。

第三，建立覆盖全程的标准化监管。一是加强资源源头管控，推行农业低碳生产，建立耕地质量监测评价体系等。二是实施产地环境监控制度，通过休耕等生态方式保护农业环境，确保农业生产与农业资源环境承载能力相匹配。三是建立产业准入严控机制，建立严格的农产品质量安全动态监督机制和绿色农产品标准体系，完善优质绿色农产品市场机制，有效推动农产品质量提升。职业农民是现代农业建设的主体，农业现代化的发展推动了农业劳动主体由传统农民向职业农民的转变（洪仁彪等，2013），农业劳动力转移、农业经营主体发展和农业社会保障体系的构建为农民职业化提供了外部环境和条件。当前美国、法国和日本等农业现代化国家都已建立了农民职业化制度，其政府的政策在不同阶段对职业农民的发展发挥了重要的作用。美国、法国和日本三国在工业化城镇化发展时期，扩大了农民的经营规模，完成了农业劳动力向第二、三产业和向城市的转移，农业劳动力占就业人数的比重低于 4％，农业总产值占 GDP 的比重低于 2％。① 同时职业农民的素质不断提高，职业农民亦即农场主的家庭收入也高于全国家庭平均收入。进入农业现代化发展阶段，职业农民的素质得到了全方位的提升，职业农民的产业竞争力增强，农民平均受教育年限超过 10 年。

2. 职业农民培育与经营体系构建

美国、法国和日本农民职业化发展过程中，由于自然资源、土地制度、经济条件等国情的差异，政府扶持农民职业化发展的政策措施不尽相同，政策演变过程具有很强的代表性。

（1）美国

美国农村地区面积占其国土面积的 91.4％，农业人口占其总人口的 19.2％。② 人少地多，劳动力资源短缺，形成了以"家庭农场主＋农业企业"为主的农民职业化模式。要素的流通和农业经营主体之间的关系多通过市场机制调节，美国农民职业化过程中的劳动力转移以市场调节为主，表现出高

---

① 这一数据由笔者计算得到。原始数据来源于 World Development Indicators，https://datacatalog.worldbank.org/dataset/world-development-indicators；日本国家统计局 http://www.stat.go.jp；法国粮农渔业部 http://agriculture.gouv.fr。

② 数据来源：World Development Indicators，https://datacatalog.worldbank.org/dataset/world-development-indicators。

度市场化,而政府主要为农民提供教育培训、农技推广等准公共产品。1900—1935年美国处于农业现代化的起步阶段,为了提高粮食产量,解决战时农业劳动力短缺问题,保障粮食供应,政府着手建立农业推广体系,提高农民素质。1935—1990年是美国农业现代化快速发展、农场规模不断扩大、农村剩余劳动力转移的时期。为了实现机械化发展,大幅度提高劳动生产率,政府采取了一系列扶持职业农民发展的政策。1990年之后美国基本完成农业现代化,出现粮食生产过剩、农民老龄化的现象,政府通过新型职业农民培训教育、发展特色农业、农业补贴和信贷倾斜等政策措施加强培养新型职业农民。

美国农民职业化与农业现代化发展历程相契合,具体表现为:

第一,工业化城镇化起步阶段(1900—1935年):提升农业技能的技术推广体系。农业现代化起步阶段,农场数量不断增加,从1900年的57.3%万个增加至1935年的681.4万个,农场的规模保持稳定,平均规模在60公顷左右。农业劳动力占社会总劳动力的比重从63%降到22%,劳动力转移对促进美国农业规模化和农民职业化起到了重要作用。

工业化、城镇化的发展推动了农村劳动力的转移,土地集中促进了农场间的兼并重组,使得大规模的农场数量不断增加。在农业机械化发展和保障战时粮食安全供应的背景下,改变传统的生产方式,增加粮食产量,提高农民的素质成为这一阶段的中心任务。美国政府通过颁布一系列法律,在《莫里尔赠地法》《哈奇法》的基础上,1914年颁布《史密斯-利弗法案》、1929年颁布《乔治-里德法案》,不断增加财政支持力度,逐步建立了农业培训和技术推广体系,规定了联邦政府及州政府提供土地建农业学校,农业推广服务主要通过赠地大学来教授和传播农技知识,安排农业实践。政府以农村学校、非政府组织的农业项目为载体,规划了4H青少年发展等计划,采用学习和实践相结合,在种养殖技术、农机作业以及农场经验管理等方面培育农民。为保障送教下乡活动的顺利开展,地方政府出台相应法规政策,给予配套的资金支持,对各种形式的送教下乡活动给予扶持。

第二,工业化城镇化快速发展阶段(1935—1992年):提升经营能力的培育支持体系。农业现代化快速发展阶段,农场快速减少,农场的规模快速扩大,农场数量由1935年的681.4万个快速下降到1970年的294.9万个,农场的规模从62.6公顷增加到151.3公顷。农业劳动力占社会总劳动力的比重从 22% 降到 3.1%。①

劳动力大量向城镇和工业转移,促进了土地的集中,为提高农业效益,促进农民职业化创造了良好条件。经过培训,农民素质得到改善,但是随着国内外市场竞争加剧,农业经营风险不断提升,从事农业所需的知识技能越来越复杂。为解决这一问题,1963 年颁布《职业教育法》鼓励农村学校举办专业性较强的职业技术教育中心,为农村工厂培育技术人员,提高非农业生产人员能力。政府大力推动农民培训内容和培训方式多元化,培训内容逐步从生产技术向经营管理技能倾斜,增加未来美国农民培训,农业推广由简单的提高产量发展成全方位的农村支持体系。同时,降低农业生产经营风险,从财政补贴政策、金融信贷政策、农业保险政策等方面保障农民的权益。1972 年通过的《美国农业与农村共同发展法》,授权美国农业部农场服务局建立联邦农场贷款项目,针对弱势小规模家庭农场和新农民经营者的贷款困扰,提供专项联邦农场贷款项目。农场所有权直接贷款的每位借款人的限额为 30 万美元,贷款利率与联邦政府资金来源成本挂钩,定期调整,利率总体较低,贷款主要用于购买农业土地、农场基础设施建造、水土保持等项目。农场经营直接贷款限额也为 30 万美元,期限为 1—7 年,利率低于农场所有权直接贷款 1%,主要用于购买生产资料、水土保持项目、土地整理等,紧急灾害贷款是为受灾农场提供的临时性灾后恢复生产贷款。

第三,农业现代化发展阶段(1992 年至今):实施新型青年农民高素质发展计划。美国农业已经进入规模化经营的现代农业阶段,农场总数稳定在210 万—220 万个,农产平均规模有所下降,基本稳定在 175 公顷。农业劳动力占社会总劳动力的比重从 3.1% 降到 2%。

美国农业补贴政策在分配上极不平均,加大了农民进入农业领域的壁垒,农民日益老龄化成为农业发展的新约束。另外,2008 年美国进入经济衰退期,农业出口成为美国经济恢复的主要动力之一,农业的产业竞争力亟待增强。为此,《2008 年农业法案》提出了新农民发展计划,该计划耗资 7500 万美元对新农民进行教育培训、提升和技术援助。一是在增地大学项目设立奖学金计划,旨在帮助对农业事业感兴趣的学生。2014—2018 年,美国每年支出 8500 万美元用于农村人才培养,具体通过联邦、州、地方三级财务进行支

---

① 数据来源:美国农业部经济研究局 https://www.ers.usda.gov。

付;用于支付新农民参加公立人才培养课程的学费和培训补助。二是政府提供特色农作物科研与教育推广经费,鼓励发展有机农业,为新农民开辟新的农业产业领域。农业推广网站与大学合作教授有机农业知识,农民可在网上向有机专家提问。三是实行针对新农民的灵活性财政计划。2012年美国颁布的《农业改革、食品和就业法案》,系统地提出了培养新型职业农民的政策措施,主要包括提高农民的从业能力、支持发展相关农业、改善乡村生产生活条件及调整农业补贴政策、发放专项贷款。《2014年农业法案》把从事农牧业生产不超过5年的农牧场主称为新农民,反映立法者对入行时间较短的新农民更加关注,立法通过放松借款农场条件使更多新职业农民获得借款资格,其中还包括有专门支持新农民的贷款计划和新农民参加农作物保险的优惠政策,法案广泛地应用救灾、灾害援助、商品保险、农场初创贷款和农业贷款等领域。

美国政府的政策对职业农民的发展发挥了重要的作用。20世纪90年代农场总数已趋于稳定,农户的产业竞争力增强,同时,那些不适合现代农业经营的农户重新定位,转换职业,进入城市,完成了农业劳动力向第二、三产业和向城市的转移。现在美国农业人口占总人口的比重已由1910年的32%降到2%左右。美国农民职业化基本实现,职业农民亦即农场主的家庭收入也高于全美家庭平均收入。但是政府农业补贴政策在分配上极不平均,1995—2011年,美国农业商品补贴前20%的受益者获得了占总额90%的补贴,平均每个受益者累计获得26.8万美元。农业内部收入水平的两极分化加大了新型职业农民进入农业领域的壁垒,间接性造成了美国职业农民老龄化问题。2007年美国农民平均年龄为57岁,其中55岁以上的占57%。

（2）日本

日本农村地区面积占全国面积的1.2%,农业人口占其总人口的20%。[①]日本人多地少,劳动力资源丰富,在以小农户为主的背景下,形成了"小农户+农业协会"的农民职业化模式(洪仁彪,2013)。为适应现代农业的发展要求,促进农民职业化发展,日本政府坚持立法与教育并重,一方面,通过立法促进土地流转,推动劳动力转移,改变传统的生产经营结构,实现土地规模化经营;另一方面,构建职业农民培训体系提升农民素质,发展适应现代农业生

---

① 数据来源:日本国家统计局 http://www.stat.go.jp。

产的自立经营农户。1946—1960 年日本处于农业现代化的起步阶段,为改变农村落后的生产方式,促进土地规模化经营,解决战时农业劳动力短缺问题,保障粮食供应,政府着手推进农业教育改革,提高农民素质。1960—1995 年是日本农业现代化快速发展、农村剩余劳动力转移的时期。小规模农户减少速度过慢,土地规模化发展不足,城乡发展失衡。为了进一步促进家庭农业规模化发展,日本政府重点扶持培育一批适于发展现代农业的大规模自立经营农户。1995 年之后日本基本完成农业现代化,日本城乡矛盾加剧,乡村人口老龄化,生态环境破坏严重。为了振兴乡村,提高农产品在开放市场下的竞争力。日本政府建立职业农民社会支持体系,引入工商资本,提高社会化服务水平。

日本农民职业化与农业现代化发展历程相契合,具体表现如下。

第一,工业化城镇化起步阶段(1946—1960 年):推进农业教育改革。日本拥有传统的农耕文化,受到历史上长子继承制的影响,仍处于分散的小农户经营阶段,以家庭经营为主,农户经营规模小,农业经营户稳中有升,1930 年农户数 560 万户,1950 年达到 617.6 万户,之后 10 年基本稳定在 600 多万户。

受传统的农耕文化的影响,日本仍处于分散的小农户经营阶段,以家庭经营为主,农户经营规模小。为改变农村落后的生产方式,促进土地规模化经营,解决战时农业劳动力短缺问题,保障粮食供应,政府颁布教育法案,实施了一系列的农民教育、农业发展改革措施,着手建立多层次的农业推广体系,推动农民再教育。一是在全国范围内普及农业科技知识。二是形成全方位的职业农民教育培训体系,增加对初、高中和大学里农业职业教育的经费投入,建立农业学校,着力引导和资助农民大学生学习农学。1947 年,日本颁布的《学校教育法》指出,农业学校的宗旨是将高中毕业的农家子弟培养成现代农业骨干人才。由政府资助在村镇组织青年学生对农民进行培训。三是促进农村的全面发展,包括改良农业经营方式,改善农民生活条件,增强对农村青少年的培育等。1951 年 6 月,国会通过《产业教育振兴法》,其核心内容是对职业高中,以及初中、高中和大学里的职业教育进行财政援助,以增加对职业教育所需设备的经费投入。1950 年 5 月颁布《农业改良资金援助法》,为促进农业经营的改良、农民生活的改善和农村青少年的培养提供了保障。1953 年颁布的《青年学级振兴法》规定,由政府资助在村镇组织青年学生对农民进行培训。这一阶段农民素质的改善带来了农业生产率的提高,工业化带来的就业机会带动部分劳动力向城市转移,兼业化农民大量存在。

第二,工业化城镇化快速发展阶段(1960—1995年):培育规模经营主体。日本工业化快速发展,城镇化进程快速加快,农村劳动力不断向城市转移,小规模农户快速减少。农户整体数量快速下降,经营规模不断扩大,农户数量由1960年的605.7万户降低到1995年的265.1万户。农业现代化发展到较高的水平。

随着日本工业化、城镇化发展进程加快,农村劳动力不断向非农领域转移,农户整体数量快速下降。但是小规模农户减少速度过慢,土地规模化发展不足,城乡发展失衡。为了进一步促进家庭农业规模化发展,日本政府于1960年开始重点扶持培育一批适于发展现代农业的大规模自立经营农户,通过立法重点推动土地合理流动,扩大农业经营规模,实施农地集中,鼓励小农户流转自有土地,转向非农产业。通过立法重点推动土地合理流动,扩大农业经营规模,实施农地集中。在其他小规模农户流转自有土地,逐渐离开农业的情况下,让这批自立经营农户成为日本农业的主体。1969年,日本政府制定了《农业振兴法》,旨在培育农户的自主、自立经营能力。1970年,再次修改了《农地法》和《农协法》,对农业及农村人口的培育提供专门的资金支持。1965—1973年,日本的公共教育投资年均增速为17.6%,很快建立起了完备的教育体系,支持并培养了大批现代农民。并于1992年颁布《新食料·农业·农村政策的方向》以培育和扶持农业经营体,鼓励新型农业经营主体带头创办专业化农业合作经济组织,实行农业产、供、销一体化,为农民提供育种培育、种养殖指导、营销帮助等多方面服务。同时,为解决农村剩余劳动力就业问题,政府通过财政支持、税收优惠等措施,吸引工业企业到村镇投资建厂。在农村设立工厂的企业能够享受到贷款优惠、减免税收等政府鼓励政策。

第三,农业现代化发展阶段(1995年至今):建立职业农民社会支持体系。总体来看,农户整体数量保持平稳下降,农户数量由1995年的265.1万户降低到现今的156.1万户,农户规模进一步扩大。但是兼业农户在农户中占据大量的比例,1960—1997年,自立经营农户总数的比例不仅没有增加,反而从8.6%下降到5%[①];自立经营农户耕地面积在耕地总面积中的比例从24%下

---

① 数据来源:日本农林水产省 http://www.maff.go.jp。

降到 18%。

经过前一阶段政府出台农业法规和惠农政策,农户规模不断扩大,小农户的收入水平稳中有升,农户整体数量保持平稳下降。但随着经济的发展,日本城乡矛盾加剧,乡村人口老龄化,生态环境破坏严重。为了振兴乡村,提高农产品在开放市场下的竞争力,1980 年,日本政府制定了《农地法》《增进农用地利用法》《农业委员会法》等农地三法,对农业生产结构的调整及相关制度的建立提供法律支持。1984 年,日本政府又对《农振法》和《土地改良法》进行了修改,对农村生存环境及其现代化建设提供法律支持。1992 年,《新食料·农业·农村政策的方向》报告书指出,培育和扶持农业经营体,并且逐步允许以农民为大股东的公司法人进入农业领域,鼓励村落营户。

调整农业生产结构,走特色产业振兴型乡村发展道路,推进六次产业化和"一村一品"。把农村人才培养放在重要位置。1990 年之后,日本农民职业教育理念以职业化教育为主。1992 年《新食料·农业·农村政策的方向》的报告书中指出,培育和扶持农业经营体,如农业协会等,其功能多样而全面,涵盖了农业生产、农产品购销流通等各个领域,负责农业生产资料采购、农民生产计划、农产品的销售等方面的事务。重视发挥农协的作用,依托农协资源为农民提供指导,开办农业人才培训讲习班,增加农户间的作业互助;并且逐步允许以农民为大股东的公司法人进入农业领域,鼓励村落营户,不断提升土地规模和规模效益。与上一阶段重点提升农民生产能力不同,这一阶段的支持体系,在进一步完善法律体系的基础上,改善农村环境,引入工商资本,提高社会化服务水平,以帮助农民适应市场环境,进一步提升职业农民的经营能力。另外,日本政府对农业实行高额补贴、重视农业基础设施建设、设立农业保险等措施也对提高农民收入有重要作用。

日本的劳动力转移是政府宏观调控下的"农村非农化",在政府的推动下,日本农户总量下降,逐步实现农业现代化。但是总体来看,日本农业实现规模化经营历时较长,农民职业化进程缓慢。政府出台的农业法规和惠农政策具有普适性,使得小农户的收入水平稳中有升,农业生产仍以小农户生产为主,农民兼业经营仍很普遍。为解决这一问题,1990 年以来日本政府一系列农业经营政策对于新型职业农户的培育起到了重要的作用,政府根据日本小农生产的国情特点,发展多样性的农业经营形态,新型经营主体快速发展,职业农民的比例在 1990—2010 年提高了 5.6%,户均耕地面积从 1.31 公顷上升到 1.81 公顷。

（3）法国

法国是欧盟农业用地面积最大的国家，世界第二大农产品出口国。耕地面积为其国土面积的 33.2%，农业人口为其总人口的 4%，农业劳动力为总劳动力的 4.3%。[①] 法国的农业以中小农场和家庭经营为主，形成了"农业合作社＋家庭农场"的双层经营结构。政府在快速城市化的背景下，通过推动土地集中、推广农业科技、培育新型职业农民等一系列农业现代化政策来促进职业农民的发展，提高职业农民的素质。1945—1962 年法国处于农业现代化的起步阶段，为了改变传统的农业经营方式，推动土地规模化生产，提高粮食生产供给能力，政府采取了一系列农业政策。比如，推行土地规模经营的大农业政策。1962—1993 年是法国农业现代化快速发展的时期。法国农业就业人口急剧减少，农产品处于供过于求阶段，出现农民素质与农业现代化发展不匹配的问题。为了更好地发挥职业农民制度的有效性和针对性，法国实行严格的职业资格证书制度，制定农业生产经营领域职业农民的技术标准。1993 年之后法国基本完成农业现代化，法国为解决农村地区发展不平衡日益严重问题和老龄化问题，制定了农村发展政策；为了使职业农民适应不断创新的农业技术和生产方式，政府建立了长效的农民终身学习体系。

法国农民职业化与农业现代化发展历程相契合，具体表现如下。

第一，工业化城镇化起步阶段（1945—1962 年）：推动大农户培育改革。历史上法国小农经营项目多，农业生产以小农生产为主，1945 年二战结束后，为了改变传统的农业经营方式，推动土地规模化生产，提高粮食生产供给能力，政府采取了一系列农业政策。一是推行土地规模经营的大农业政策。1950 年以后，政府成立"土地整治和农村安置公司"，专门从事购销农村土地，从不愿务农的私人处购得土地并低价卖给中等规模经营的农民，为自愿合并土地的农民减免税费。国家为扩大农场规模，规定农场主只能把农场继承权给一位继承人，并给予大规模农场税收优惠和贷款支持。同时，为了使小农适应大规模生产，政府注重提升农民的生产技能，出资对农村剩余的青壮年进行培训。为推动农业合作社和农业协会建设，在市场与政府的共同推动下，为农民提供专业化教育培训，1960 年颁布《农业教育指导法》，其中规定发

---

① 数据来源：法国粮农渔业部 http://agriculture.gouv.fr。

展农业技术教育,使得农民素质水平适应市场经营需要,特别是要加强对乡村薄弱地区的职业农民培训,促进区域协调发展。二是采用多种办法推动农村剩余劳动力转移,政府给予离农青年奖励性的赔偿和补助,鼓励其到工业、服务业去投资或就业。20世纪70年代初,政府给予55岁以上的离农农场主"离农退休补贴",给予离农青年奖励性的赔偿和补助,引导其到第二、三产业就业。

第二,工业化城镇化快速发展阶段(1962—1993年):实行农民职业化资格认证。1962年后,法国进入工业化和城镇化发展阶段,农业就业人口急剧减少,农产品处于供过于求阶段,出现农民素质与农业现代化发展不匹配的问题。1962年颁布《农业指导补充法》,规定给予自愿停止经营或转让农场的老年农场主退休金补贴,之后为加速更新过程又对愿意提前退休的老年农民发放补助金,促进农场主年轻化。同时加强对年轻农场主的技术和市场经营培训。为了更好地体现职业农民制度的有效性和针对性,法国实行严格的职业资格证书制度,制定农业生产经营领域职业农民的技术标准。公民农民要想经营农场,获得国家农业财政补贴和优惠贷款,必须接受职业教育并取得相关证书。同时,1975年,全国建立了一批农业科研机构和农业高等院校,建立了与资格认证相配套的农业教育、科研、推广体系,集农业教育、科学研究、技术推广于一体。政府农业推广机构、高校和科研院、农商合作社针对农民、技师、科研人员等不同的服务对象、差异化的培养需求,围绕"学以致用,就地施教",进行有针对性的教学培育。逐步形成具有高度灵活性和实用性的农业教育体系,根据不同地区的农业生产特点和目标,来制定具体的培训方案和培训内容。不仅重视实践能力的培养,二分之一的农业院校与农场合作办学,而且注重提高农业经营者的生产技术和市场经营管理能力。培训费用包括农民的差旅费、食宿费等由政府、农业专业协会、培训基金会承担。

第三,农业现代化发展阶段(1993年至今):建立职业农民终身学习制度。法国已建立起高效、多层次、多元化的高校农业教育、农业职业技术教育和农民再教育体系。但这一阶段法国农村地区发展不平衡的现象日益严重,老龄化问题突出,并且国内外市场竞争不断加剧,这就要求进一步提升经营规模化和职业农民的年轻化,全面提升农民的综合经营能力。本阶段制定了农村发展政策,为了使职业农民适应不断创新的农业技术和生产方式,政府建立了长效的农民终身学习体系,农民根据实际生产需求每年要接受两周的农业科技培训。1995年,法国推出了农村复兴区政策,把农村分为郊区农村、新型农村和落后农村,分别给予不同的发展扶持政策,并为面临人口稀少和社会经济结构转型难题的农村地区提供针对职业农民创业活动的长期税收优惠。另外,职业农民培育的重点放在了乡村薄弱地区,因地制宜地培育职业农民,同时,注重培育年轻农民。2009年颁布《新条例》,要求注重培育年轻农民,鼓励青年到农村就业,为农业生产经营活动提供专业技能帮助和生产经营指导,为农林种植活动提供各类信息咨询与预测服务。向农学生、退休农民提供补贴。2017年法国农业部的财政预算有三分之一用在了教育上,1975—2015年,学习农业的学生增长了近70%。

法国政府在农业现代化进程中,通过制定一系列职业农民培育政策,提高了职业农民的素质,促进了生产率的提高。通过完善国家职业农民技能认定标准,引导传统农业向职业农民自然过渡。截至2010年,获得中高等学历的职业农民比例高达70%,参加终身学习的职业农民比例为5.8%。

(4)启示

国外职业农民培育由于基本国情不同,类型多样,方式各异,甚至具体目标也有一定的差别,但基本都依照国情,遵循资格认定—教育培训—政策扶持的过程来实现对职业农民的培育。

第一,完备的法律法规保障体系。美、日、法三个国家对于职业农民的培育均建立起一套完善、严密的法律保障体系、政策引导体系和环境支撑体系。通过法律法规的构建,明确农民的地位、教育培训实施、发展模式等,强化责任与义务、经费投入等制度。各国注重利用法律法规和发展规划推动职业农民发展的经验表明,为制定和执行好各项培育政策,加强了相关立法和执法工作,借此规范和引导利益相关者行为;科学把握各类农民职业认定特征,建立职业农民教育培训体系。

第二,多元化的职业农民教育培训体系。采用政府主导的专业化机构与社会多元化机构的组合已成为各国普遍的做法,注重调动各级政府、社会组织、新型经营主体参与的积极性,发展各方的合作伙伴关系,以协同推进职业农民的培训教育。农民职业化与现代农民培育始终与时俱进、不断改良,其具体举措包括尝试正规学历教育和短期培训项目共行并进,根据现代农业发展适时调整课程设置,田间实践与理论教育并行。

第三,全面的职业农民扶持政策。美、日、法三个国家在不同的发展时期,根据本国具体情况,对农业和农民予以政策支持,并加以及时调整。出台相关土地流转政策,提高适度规模生产经营水平,按照产业规模对新型职业农民进行产业补贴;强化金融信贷支持,破解新型职业农民在贷款方面的制度瓶颈,加快信用等级评定步伐,简化手续,提高额度,优先满足融资需要,加大对新型职业农民的贴息贷款支持;完善农业保险制度,扩大覆盖范围,提高补贴力度;扩大社会保障范围,提高社会保障水平,积极解决新型职业农民在医疗、养老及子女教育等方面的问题。

三、农业绿色安全高质量发展的理论基础

1.规模经济理论

（1）规模经济理论内涵

按照《新帕尔格雷夫经济学大辞典》对"规模经济"的权威性定义,规模经济是指:"在既定(不变)技术条件下,对于某一产品(无论是单一产品还是复合产品),如果在某些产量范围内平均成本是下降(或上升)的话,我们就认为存在着规模经济(或规模不经济)。"从规模经济的定义可知,规模经济理论描述了在技术条件给定的情况下,长期平均生产成本随产量变动的情况,若长期平均生产成本随着产量增加而递减,则存在着规模经济,反之则存在着规模不经济。

规模经济反映了要素集中程度和经济效益的关系,只在一定区间范围内才存在,表现为长期平均成本曲线上的最低点,即最小最优规模,因而规模经济理论常用于确定生产的最优规模。规模经济与生产成本密切相关,在特定区间范围内规模经济与长期平均成本曲线下降是等价的,因而通常根据平均成本是否随产量增长而下降来判断是否存在规模经济。

（2）规模经济与规模报酬

规模报酬与规模经济既相互联系又相互区别。规模报酬描述了在一定技术条件下,所有生产要素按同比例变化带来的产量的变化,反映的是规模和产量关系,属于生产理论。规模报酬递增是规模经济产生的原因之一,但规模经济的产生并不必然会存在规模报酬递增(Case,2006)。在规模报酬递增的情况下,产量增长幅度大于要素投入增长幅度,单位产量的要素投入相对减少,在要素价格不变的情况下,平均生产成本由于要素投入的减少而下降,产生了规模经济现象。相反,规模经济产生的原因较多,如规模变化带来

的内在规模经济及产业集聚带来的外在规模经济,规模经济并不意味着规模报酬递增,规模经济还可能存在于规模报酬不变或规模报酬递减阶段(Cohn,1992)。

规模经济和规模报酬从成本函数和生产函数角度为评价主地规模经营的绩效提供了标准。在成本函数分析框架下,通过规模经济系数可判断是否为最优经济规模,并且可测算成本效率,成本效率反映了供给侧改革背景下成本下降的潜力;在生产函数分析框架下,可通过规模报酬系数判断农业生产是否存在规模报酬递增情况,进而确定是否要增加投入;同时也可测算技术效率,技术效率反映了经营主体在既定投入下获取最大产出的能力。

2.不确定性与行为决策

理性人是经济学的重要前提假设。在确定的条件下,理性就表现为消费者效用最大化或厂商利润最大化。但在不确定性条件下,由于最大化原则失灵,理性的界定就变得十分复杂。一般认为不确定性条件下,行为决策的原则包括数学期望值最大化原则(期望收益最大化)、期望效用最大化原则、后期望效用最大化原则。但是圣彼得堡悖论(有限的支付意愿与无穷的数学期望收益之间的矛盾)证实数学期望值最大化应用于经济行为是有问题的。冯·诺伊曼和摩根斯顿提出了期望效用最大化原则,后经萨维奇等发展为主观期望效用理论。对决策者而言,如果 $y_1 > y_2$,那当且仅当 $u(y_1) > u(y_2)$(前者是事件 y_1 的期望效用,后者是事件 y_2 的期望效用)。期望效用函数可以表示为:

$$\bar{\mu}_{(X)} = u(t_1, \cdots, t_n; x_1, \cdots, x_n) = \sum_{i=1}^{n} t_i u(x_i) \tag{1-1}$$

其中,对任意 $x_1, \cdots, x_n \in X$ 和 $0 < t_i < 1(i = 1, \cdots, n)$ 且 $\sum_{i=1}^{n} t_i = 1$。

主观期望效用理论用概率分布描述事件的不确定性,用效用函数描述决策者风险偏好。主观期望效用函数可以表示为:

$$u(t_1, \cdots, t_n; x_1, \cdots, x_n) = f(t_1)u(x_1) + \cdots + f(t_n)u(x_n) \tag{1-2}$$

其中,$f(t_i)$ 表示决策者对事件 i 发生概论的主观估计,$\sum_{i=1}^{n} f(t_i) = 1$。

但阿莱斯悖论的出现证明了主观期望效用理论仍存在与现实的背离。西蒙的"有限理性"指出决策者能力是有限的,并非总能满足主观期望效用函数关于偏好的所有假定(完备性、自返性、可传递性、连续性、独立性)。所以后来者试图将风险态度用于对生产、消费、投资以及分配等各种经济活动,以建立更一般化的理论。到1979年,卡尼曼将心理学研究成果引入不确定决策中,提出了前景理论,认为人们在不确定性条件下主要依据个人经验,因此在不确定性条件下的决策是有限理性的和有偏差的,表现出对风险的规避、参考依赖和禀赋效应。

虽然不确定性条件下的决策问题仍有待深入研究,但植根于经济学、心理学的多样化研究,仍然为探索当前我国生产要素流动加速、经营风险加大背景下的农户决策机理提供了借鉴。

3. 利益相关者理论

利益相关者理论认为,任何一个企业的发展都离不开各利益相关者的投入或参与,企业追求的是利益相关者的整体利益,而不仅仅是某些主体的利益。利益相关者常定义为受企业影响或拥有潜力影响企业的"关键参与者"(Post et al.,2002),具体包括企业的股东、债权人、雇员、消费者、供应商等交易伙伴,也包括政府部门、本地居民、本地社区、媒体、环保主义者等压力集团,甚至包括自然环境、人类后代等受到企业经营活动直接或间接影响的客体。这些利益相关者与企业的生存和发展密切相关,他们有的分担了企业的经营风险,有的为企业的经营活动付出了代价,有的对企业进行监督和制约,企业的经营决策必须要考虑他们的利益或接受他们的约束。

标准体系的实施,可以视为企业的流程创新或者新技术的采纳(Deepananda Herath & Spencer Henson,2010)。在社会不确定条件下,创新面临的外部环境的冲击尤为关键,其可能对第三方(Hall & Martin,2005;Hall & Vredenburg,2003)或二级利益相关者(Freeman,1984)造成潜在的争议影响。由于利益相关者影响创新,利益相关者理论被用来分析社会不确定性,通过组织识别与外部利益相关者的外部创新障碍。利益相关者理论有助于深刻理解日益复杂的环境(Waxenberger & Spence,2003),通过识别参与者威胁或有益于组织的能力、机会和意愿(Freeman,1984;Savage et al.,1991)。供应商、客户和竞争者是影响创新或受创新影响的关键利益相关者。供应商作为组织基本资源的供应者,不仅局限于物质资源,组织的潜在雇员,也是构成"战略高度相关资源"——人力资本的供应者(Royer et al.,2008)。

新型农业经营主体在实施质量安全认证时,其面临的内外部环境压力主要与利益相关者密切关联,或者说主要来自经营主体的利益相关者。

4. 农户行为理论

在微观经济学分析中,经济理论都倾向一个基本的假设前提——"经济人"假设,即人是理性的,其经济活动的目的旨在追求自身利益的最大化。西蒙在 20 世纪 50 年代对其进行了修正,提出"有限理性经济人"假设,其核心思想为:在有可选择的替代方案和明确效用函数的前提下,当事人能够按优先次序排列每个方案的可能结果;受主观能力和客观条件限制,人们往往是在"有限理性"条件下获得"优化解决方案"。

但对于农户行为而言,目前存在三种代表性的农户行为假设:舒尔茨的"小农理性论"、以 A. 恰耶诺夫为代表的非理性观点"自给小农学派"以及黄宗智的农户有限理性行为理论。这三种农户行为观点的假设构成研究农户标准认证决策行为的前提。

舒尔茨是理性观点派的代表人物,其提出的"理性小农"观点认为,传统农业中的农民并非愚昧,他们会及时对市场信号做出理性的快速反应,对任何可能的获利机会,总是追求利润最大化,所以应该从纯经济角度考虑农户的生产决策行为(西奥多·舒尔茨,1987)。

以 A. 恰亚诺夫、斯科特、刘易斯等学者为代表的非理性观点派认为,农户的生产决策行为经常受家庭消费、风险承担、道德标准等其他因素的影响,从而往往导致农户即使在劳动力边际报酬低于市场平均工资时,仍继续在其经营的项目上持续投入劳动力,导致"隐形失业"现象,故而是非理性的(恰亚诺夫,1996;Scott C,1976;刘易斯,1987)。

除了上述两种截然相悖的观点外,还有以黄宗智为代表的折中派,其指出中国传统农户长期以来都是理性和非理性行为的混合体(黄宗智,1985)。当农业经营规模较小时,农户表现出"消费均衡"偏好;而当经营规模较大时,农户则变成利润最大化的追寻者。当前中国农户受到市场经济冲击和"家庭劳动结构"限制,形成以家庭为主导的生产结构,其生产行为介于两种偏好之间,因此,他们的理性是有限的。弗兰克·艾利斯(2006)则将农户有限理性归结于农户自身属性和所受外部环境的综合影响。只有当市场运行条件,比如市场信息、投入、产出和消费品多样化得到满足时,农户才会表现出理性的行为,否则就是非理性行为。

而以专业大户、合作社和龙头企业为代表的新型农业经营主体是随着农产品生产市场化、商品化和专业化程度不断提高而涌现出来的,是完全以市场需求为导向的专业化经营主体(张晓山,2007;黄祖辉,俞宁,2010),其已成为"有限理性经济人"。因此,本书将以"有限理性经济人"的假设为研究前提,即经营主体参与标准认证的生产行为是由其自身的需求与动机以及客观条件决定的,而需求与动机是由经营主体生产的经济目的所诱发的。然而,实施标准认证是一种风险投资,如果标准认证的预期收益低于正常生存水平收入,经营主体就有规避风险的倾向(Arrow,1970),继而选择退出标准认证是"条件限制"下的最优方案。

5. 企业战略管理理论

战略管理思想萌芽于20世纪初,法约尔将企业内部的管理活动分为计划、组织、指挥、协调和控制这五个职能,自此计划成为管理的首要职能。1938年巴纳德在《经理人员的职能》一书中指出,组织是有意识地协调各种活动的体系,组织目标位于组织的核心,经理人员是组织中最关键的因素,必须处理好组织体系与环境的相互关系,使组织与其环境相互协调匹配,这也成为现代战略分析方法的基础。1971年,安德鲁斯的《公司战略的概念》一书对战略进行界定,将战略构成要素分为市场机会、社会责任、公司实力、个人价值观和渴望,前两者是企业外部环境,后两者是企业内部因素,指出战略管理的核心作用是把环境的机会和企业的优势相匹配,同时保证企业弱点不受环境的威胁。20世纪70年代中后期,由于石油危机的冲击和日本企业的迅速崛起,美国企业在国际上面临激烈的竞争,许多企业选择竞争性的企业战略,更关注企业的外部环境,此后战略管理理论研究转向竞争战略理论研究。竞争战略理论包括三大理论流派,分别是行业结构学派、核心能力学派和战略资源学派。行业结构学派的代表人物是波特,他认为竞争战略的选择是要解决产业选择问题和竞争地位问题,相对应地,他提出了波特五力模型来分析产业结构,提出了三种普通战略以建立企业的竞争优势。核心能力学派认为企业战略目标应该为识别和开发竞争对手难以模仿的核心能力,识别、培育、扩散和运用核心能力开拓市场是企业稳定长期竞争优势的决定因素。战略资源学派认为每个组织都是独特的资源和能力的结合体,企业的业绩最终取决于培植和发展企业有竞争力的战略资源的能力以及对这些资源独特的运用能力。90年代中后期,随着全球化和互联网的发展,企业间的联系日益紧密,竞争与合作并存成为时代的主基调,关于企业战略管理的理论研究向着战略生态理论方向发展(陈建校,2009)。

余涤非(2012)将现阶段我国农业产业化龙头企业的发展战略总结为品牌战略、科技创新战略、信息化战略、联盟战略、出口战略、可持续发展战略,除此之外,还有全产业链战略(吴凤超,2014)、多元化非农经营战略(刘克春等,2011)和企业文化战略(唐季,2015)等。王玉斌(2003)认为所有农业企业如果没有产品就无从谈起竞争,竞争的核心最终都落在产品的竞争上,所以他认为应该发展产品战略。对于生产型农业企业来说,农产品更是农业企业形成竞争力的核心所在。企业应该首先将农产品品质提高到战略高度,围绕农产品的品质提升进行各种战略资源的配置,通过全员参与、全过程管理保障战略目标的实施,提高农产品的品质,从而获得竞争优势。

6. 激励理论

自1954年彼得·德鲁克在《管理的实践》中提出"人力资源"的概念以后,(赵曙明,2005),人力资源管理理论和实践得到了全面发展,激励则是人力资源管理的核心。激励理论的发展已经有100多年历史,主要从经济学和管理学两个角度进行研究。经济学对激励的研究以"经济人"假设为出发点,以利润最大化或效用最大化为目的,通过逻辑推理和建立模型来解决激励问题。最早的探索是20世纪初泰勒对于科学管理方法的研究,他提出用金钱刺激工人的工作积极性,之后的学者将工人追求的"经济收入最大化"扩展为"效用最大化",形成了委托代理理论、隐性激励机制、标尺竞赛理论等。管理学对激励的研究则是以"社会人"假说为前提,对人性进行探讨,逐渐形成了内容型激励理论、过程型激励理论、综合型激励理论三大流派。内容型激励理论最具代表性的是马斯洛的需求层次理论,他认为人的需求从低到高有五个层次:生理、安全、社交、尊重和自我实现。他的理论指导企业要在不同环境下根据员工的不同需要制定相应的激励措施。过程型激励理论主要研究行为的方向或渠道是什么,着重探索行为动机的形成和行为目的选择的心理过程,为企业如何激励员工提供了理论基础。综合型激励理论总结前两种模型,关注更加全面的激励措施,波特和劳勒提出的期望论整合模型包括努力、绩效、奖酬、满足等变量,该模型得到了人们的普遍认可。

农户是农产品生产过程中的直接操作人员,因此农业企业如何激励农户进行企业规定的生产活动是应该重点思考的问题。耿宇宁(2017)研究了经济激励和社会网络对农户新技术采纳行为的影响,研究发现,经济激励也即农产品市场价值对农户采纳新技术有强烈的激励作用;另外,农技推广员、农业专家和供应链组织与农户之间的交流越频繁，农户越倾向采纳新技术。因此，企业可以通过技术员和专家的指导来教育农户如何进行高品质农产品的生产，然后通过一定的经济激励手段促使农户按照企业的标准来实施生产行为。王经钱（2010）研究了国外乳业企业的激励制度，发现日本企业通过全额收购奶农符合标准的生乳，并将部分利润以提成价反馈给奶农，以此建立乳业利益共同体形式激励奶农生产符合标准的生乳；而新西兰的乳制品企业通过牧场主参股的纵向一体化形式，一方面保障了牧场主的利益，另一方面保障了乳品的质量，从而形成了有效的激励机制。张婷（2013）运用委托代理理论分析了绿色食品生产企业与农户的关系，认为企业与农户互为委托人与代理人关系。虽然她分析了企业和农户的委托代理关系，但没有提出相应的对策建议来激励农户为企业生产合格的绿色食品。她认为合约治理不能解决实质问题，需要企业与农户建立信任、合作和交流的关系，通过关系治理来解决绿色食品质量控制问题。

激励理论对于企业控制农户生产行为有很重要的指导意义，技术员和专家的指导可能对农户采纳企业的生产标准有影响。另外，企业与农户建立不同的生产合作关系以及不同的激励手段对最终农产品的品质可能也会有影响。

第二节　我国农业绿色安全高质量发展的成效

一、改革开放四十年我国农业绿色发展的成效

"绿水青山就是金山银山。"为了打造"金山银山"，改革开放以来，特别是党的十八大以来，我国坚持走生产发展、生活富裕、生态良好的文明发展道路，充分发挥绿色化引领作用，高度重视节能降耗，积极推动产业升级，逐步形成了人与自然和谐发展的现代化建设新格局，具体体现在以下方面。

1. 法律法规不断完善

2014年正式生效的《畜禽规模养殖污染防治条例》，是农业污染治理领域的第一个全国性法规。2014—2017年，全国人大和国务院法制办先后完成了

《环境保护法》《大气污染防治法》等法律法规的修订,均新增或完善了有关农业绿色发展的条款和内容。2015 年先后出台的《关于加快推进生态文明建设的意见》《生态文明体制改革总体方案》为生态文明建设做好了顶层设计。2017 年中共中央办公厅、国务院办公厅印发了《关于创新体制机制推进农业绿色发展的意见》,这是党中央出台的第一个关于农业绿色发展的文件,是指导当前和今后一个时期农业绿色发展的纲领性文件。党的十九大报告提出要打好污染防治攻坚战,"乡村振兴战略"首次被写进党章。在污染防治领域,国务院出台了"水十条""土十条"和"气十条"。国务院印发的《全国农业现代化规划(2016—2020 年)》也用专章阐释和规划绿色兴农。农业部相继实施了《到 2020 年化肥使用量零增长行动》《到 2020 年农药使用量零增长行动》《农业绿色发展五大行动》等。

2.农业生产方式持续向绿色化转型

重点发展标准化种植和生态健康养殖,增加绿色优质农产品供给,农产品质量安全水平持续向好。截至 2018 年底,全国共建设全程绿色标准化生产示范基地 100 个,"三品一标"获证单位总数为 58422 家,产品总数为 121743 个。其中,绿色食品、有机农产品和农产品地理标志总数 37778 个,比 2017 年底增长 18.1%,2018 年向社会提供绿色优质农产品总量超过 3 亿吨。

3.农业资源节约与保育不断加强

深入实施耕地质量提升行动,建设高标准农田,扩大轮作休耕试点,发展节水农业,加强生物多样性保护,逐步降低资源开发利用强度。2019 年,全国耕地质量平均等级为 4.76,较 2014 年首次启动全国耕地质量等级划分时提升了 0.35 个等级。其中,一至三等优质耕地面积占比较 2014 年提升了 3.94 个百分点。2018 年全国农田灌溉水有效利用系数达到 0.554,比 2012 年增加 0.038。

4.农业产地环境治理成效显著

重点推动农业投入品减量、农作物秸秆综合利用、畜禽粪污资源化利用和废旧农膜回收利用等工作,我国农业资源环境突出问题得到初步遏制。2015 年以来,农业农村部按照中央部署,坚持"一控两减三基本"目标,深入开展化肥农药使用量零增长行动,示范推广高效新型肥料,促进化肥农药减量增效。2015 年农用化肥施用折纯量为 6022.6 万吨,达到历史最高;随着化肥零增长行动的开展,2019 年化肥施用折纯量为 5403.6 万吨,降幅 10.3%。农药也从 2013 年历史最高点的 180.77 万吨减少至 2018 年的 150.36 万吨。截至 2019 年，全国测土配方施肥技术应用面积 19.3 亿亩，技术覆盖率达到 89.3％，绿色防控面积超过 8 亿亩，全国缓释肥、水溶肥等新型肥料推广应用面积达到 2.45 亿亩，有机肥施用面积超过 5.5 亿亩。2016 年以来，为解决秸秆利用问题，农业农村部会同财政部设立秸秆利用综合专项，投入资金 38 亿元，补助支持 240 个县开展秸秆综合利用，加大秸秆还田、离田等机具补贴力度；2017 年共安排秸秆粉碎还田机、捡拾打捆机购置补贴 4.6 亿元。以此为支撑，我国秸秆综合化利用成效明显，农用为主的多元发展格局基本形成。2018 年全国秸秆综合利用率达到 85.45％，较 2017 年提高了 1.77 个百分点。

5. 林业产业快速发展，生态功能逐渐增强

改革开放以来，随着国家开展全民义务植树活动，启动重点林业工程建设，开展退耕还林还草工程，持续加大生态保护和修复力度，林业生态建设不断得到深化，生态功能逐渐增强。习近平总书记指出"绿水青山就是金山银山"，把绿色发展作为新发展理念的重要内容，强调要形成绿色发展方式和生活方式，坚持人与自然和谐共生，林业生态建设进入新的历史阶段，取得了丰硕成果。根据第八次全国森林资源清查结果，全国林业用地面积为 31259 万公顷，比 1978 年增长 17.0％；森林面积达到 20769 万公顷，增长 80.2％；森林覆盖率 21.6％，提高 9.6 个百分点；森林蓄积量 151 亿立方米，增长 67.6％。

6. 农村人居环境持续改善

改革开放以来，各地以农村生活治理、生活污水治理、厕所革命、村容村貌整治提升等为重点，不断推进农村人居环境整治。截至 2019 年底，全国 90％以上的村庄开展了清洁行动，累计动员近 3 亿人次参与乡村清洁行动，农村卫生厕所普及率超过 60％，农村生活垃圾收运处置体系覆盖全国 84％以上的行政村，在全国 100 个农村生活垃圾分类和资源化利用示范县中有 80％的乡镇、64％的行政村已经实行垃圾分类，实行生活垃圾分类的行政村数量超过 10 万个，农村生活污水治理水平取得较大进步，一大批村庄村容村貌得到明显改善，农村人居环境整治工作取得显著成效。

7. 农业绿色发展支撑能力逐步提高

截至 2018 年，我国已初步形成 10 项农业绿色发展的标志性关键技术，包括小麦节水保优生产技术、玉米籽粒低破碎机械化收获技术、水稻插秧机同

步测深施肥技术、油菜毯状苗机械化高效移栽技术、蔬菜全程绿色高效生产技术、奶牛精准饲养提质增效集成技术、异位发酵床处理猪场粪污技术、受控式集装箱循环水绿色生态养殖技术、南方水网区农田氮磷流失治理集成技术和全生物降解地膜替代技术，这些关键技术突破创新将更加有效地支撑引领我国农业绿色发展，推动以产业体系、技术体系、标准体系、经营体系、政策体系和数字体系为重点的国家农业绿色发展先行先试支撑体系建设。

二、改革开放四十年我国保障农产品安全的成效

1. 数量安全

改革开放以来，为增加粮食生产，我国施行支农惠农政策，不断完善农田水利等基础设施建设，粮食生产在 1984 年、1996 年和 2012 年分别登上 8000 亿斤、10000 亿斤和 12000 亿斤三大台阶。尤其自 2004 年实施粮食"四补贴、一奖励"政策以来，农民种粮积极性大幅提高，粮食产量稳定上升。2013 年，我国确立了"以我为主、立足国内、确保产能、适度进口、科技支撑"国家粮食安全战略，为我国粮食安全工作拟定了施政框架。为确保谷物基本自给，2019 年中央一号文件提出，严守 18 亿亩耕地红线，全面落实永久基本农田特殊保护制度，确保永久基本农田保持在 15.46 亿亩以上，确保粮食播种面积稳定在 16.5 亿亩。粮食生产在 2019 年创历史新高，产量达到 13277 亿斤，连续 5 年站稳 1.3 万亿斤台阶。粮食生产功能区和重要农产品生产保护区的空间战略部署逐步推进，粮食综合生产能力不断提升。我国用全球 9% 的耕地、6% 的淡水养活了 20% 的人口，这一成就举世瞩目。

2. 质量安全

改革开放以来，农业部门始终把努力确保不发生重大农产品质量安全事件作为重要工作目标，不断健全法律法规和政策措施，全面强化体系队伍建设，积极开展治理整治、农业标准化、检验监测、评估预警及应急处置等工作，取得了积极成效。自 2011 年以来，主要农产品监测合格率稳定在 96% 以上，2019 年主要农产品例行监测合格率达到 97.4%，始终保持总体平稳、持续向好的良好态势。我国农产品总体上质量安全，消费有保障，具体体现在以下几个方面：

一是法律法规不断完善。近年来，国家先后颁布实施了《农产品质量安

全法》《食品安全法》和与之相配套的《食品安全法实施条例》《乳品质量安全监督管理条例》等法律法规,农业部配套制定了《无公害农产品管理办法》《农产品产地安全管理办法》《农产品包装和标识管理办法》等部门规章及强制性技术规范,发布了农药、兽药以及多种饲料添加剂的禁限令。

二是体系队伍建设不断加强。自 2008 年农业部组建农产品质量安全监管局以来,各地也不断推动监管机构建设,依法履行农产品质量安全执法监管职能。截至 2014 年,全国已有 86％的地市、71％的县市、97％的乡镇建立了监管机构,落实专兼职监管人员 11.7 万人。同时,大力强化检验检测、"三品一标"、风险评估、科学研究体系建设,积极为农产品质量安全监管工作提供支撑和保障。我国农产品质量安全体系实现了"从无到有"的跨越式发展。

三是突出问题得到有效遏制。近年来,农业部门连续开展农产品质量安全整治行动,有效遏制了高毒农药、"瘦肉精"等突出问题。截至 2017 年,已累计禁用 39 种高毒高风险农药,推行了高毒农药定点经营管理制度,在 11 省87 个县设立 1150 家高毒农药定点经营示范门店,对现有登记使用的高毒农药实行专柜销售、实名购买、购销台账、溯源管理,进一步规范了农药生产经营和使用。2012 年,农业部等九部门开展了"瘦肉精"专项整治,狠抓"瘦肉精"制售源头,实施全链条监管,建立了 9 部门协调机制、涉案线索移送和案件督办工作机制,实施了清查收缴行动,破获案件 120 余起,端掉非法生产"瘦肉精"黑窝点 28 个,基本摧毁了地下生产销售网络,判决了 98 名违法犯罪分子,取得突出成效。

四是安全农产品供给能力大幅提升。截至 2020 年 7 月 16 日,我国各类认证机构颁发的食品农产品认证有效证书共计 89305 余张,其中以有机产品、绿色产品认证和以 HACCP、GAP 等为代表的管理体系认证各自所占的比重约为 23％、40％和 16％。对比前几个季度的数据发现,不论是一般食品农产品认证还是食品农产品管理体系认证数量都较为稳定且呈现出小幅上升趋势。

五是标准化进程快速推进。改革开放以来,农业部门始终把农业标准化作为一项带有方向性、战略性的重要工作予以推动。截至 2019 年,共制定发布农业国家、行业标准 13742 项,其中农业国家标准 7326 项,行业标准 6416项,为保障农业产业安全、推动农业高质量和绿色发展提供了重要技术支撑。

六是检验监测不断深化。改革开放以来,我国农产品质量安全检验检测体系建设稳步发展。截至 2016 年,通过实施农产品质量安全检验检测体系建设规划,投资建设了国家(部)、省、市、县四级农业质检机构 2273 家,一个以部级中心为龙头、省级中心为骨干、地市级质检中心为支撑、县级质检站为基础、乡镇监测点为延伸的农产品质量安全检验检测体系已基本形成。2001 年以来,逐步建立完善了农产品质量安全例行监测、行业普查和监督抽查制度,启动实施了农药、兽药、饲料、水产品药残监控等监控计划,监测范围覆盖全国主要城市、主要农产品产区及大宗农产品,形成了部、省、地、县四级监测网络,实现了监测资源统筹、信息共享和上下联动。

七是质量安全风险评估正式启动。改革开放以来,农业部根据《农产品质量安全法》《食品安全法》《食品安全法实施条例》的规定,全面推进农产品质量安全风险评估工作,健全风险评估体系,全面加强农产品质量安全风险评估工作。2007 年,农业部成立了国家农产品质量安全风险评估专家委员会,正式设立了农产品质量安全风险评估中央财政专项。已建有的 88 家专业性或区域性风险评估实验室、145 家主产区风险评估实验站,在农产品质量安全风险隐患摸底排查、专项评估、生产指导、消费引导、应急处置等工作中发挥了重要的技术支撑作用,切实通过风险评估推动农产品质量安全科学管理,为确保不发生重大农产品质量安全事件提供了科学依据。大力强化应急处置能力,组织制定农产品质量安全事故应急预案,分门别类建立应急处置机制,有力、有序、有效处置了各类农产品质量安全突发事件,避免对农业产业和公众消费安全产生重大影响。

三、改革开放四十年来我国农业高质量发展的成效

2017 年中央经济工作会议上,习近平总书记强调,推动高质量发展,是当前和今后一个时期确定发展思路、制定经济政策、实施宏观调控的根本要求;要推进农业供给侧结构性改革,坚持质量兴农、绿色兴农,农业政策从增产导向转向提质导向。这一重要论断,深刻指出了推进高质量发展的重要意义,指明了农业农村经济发展的努力方向。近年来,农业农村部以推进农业供给侧结构性改革为主线,坚持质量兴农、绿色兴农、效益优先,聚焦重点发力,强化措施落实,农业高质量发展逐见成效,具体体现在以下几个方面:

1.质量兴农不断推进

实施质量兴农战略,在保持粮食生产稳定发展的同时,经济附加值较高

的各类经济作物和特色作物生产发展迅速，推动农业由增产导向转向提质导向。全国各地围绕市场需求变化，加大市场短缺的农产品生产，强筋、弱筋等专用小麦、优质稻等种植面积扩大，有机、绿色等生态、质量安全水平较高的农产品生产加快，具有显著地域特点的特色农产品快速发展。据农业农村部数据，2018 年优质强筋弱筋小麦面积占比为 30%，节水小麦品种面积占比为 20%。主要农作物良种覆盖率持续稳定在 96% 以上。

2. 大力推进品牌强农

品牌化是农业现代化的标志，是转方式、调结构的重要抓手。作为农业现代化的核心标志，农业品牌化是我国农业产业转型升级必然的选择。实施品牌提升行动，建立中国农业品牌目录制度。品牌是市场经济的产物，是农业市场化、现代化的重要标志。当前，我国经济发展进入质量效率型集约增长的新阶段，处于转换增长动力的攻关期。加快推进品牌强农，有利于促进生产要素更合理配置，催生新业态、发展新模式、拓展新领域、创造新需求，促进乡村产业兴旺，加快农业转型升级步伐。

3. 结构调整深入推进，供给优化促产业兴旺

改革开放以来，我国农业产业结构不断调整优化，由以粮食生产为主的种植业经济向多种经营和农林牧渔全面发展转变。从产值构成来看，1978 年农业产值占农林牧渔四业产值的比重为 80.0%，处于绝对主导地位，林业、畜牧业和渔业产值所占比重分别为 3.4%、15.0% 和 1.6%。经过近 40 年的发展，农林牧渔四业结构日益协调合理。2018 年农业产值占 54%，比 1978 年下降 26 个百分点；林业占 4.8%，提高 1.4 个百分点；畜牧业占 25.3%，提高 10.3 个百分点；渔业占 10.7%，提高 9.1 个百分点。

4. 农业生产区域布局日趋优化，主产区优势逐渐彰显

改革开放以来，国家逐步取消了统购统销政策，推进农产品流通体制向市场化方向转变，广大农户生产经营决策自主权增强，农业生产区域布局日益优化，主产区优势逐渐显现。从粮食生产来看，粮食主产区稳产增产能力增强，确保国家粮食安全的作用增大。2018 年主产区粮食产量合计 10354 亿斤，占全国粮食总产量的比重为 78.7%，比 1978 年提高 9.4 个百分点。在主要粮食品种中，小麦主要分布在河南、山东、安徽、河北和江苏等省份，2018 年 5 省小麦产量合计占全国小麦产量的 79.3%，比 1978 年提高 24 个百分点。从经济作物生产来看，也正进一步向优势产区集中。如近年来，国家在新疆

开展棉花目标价格改革试点,其他棉区生产萎缩,新疆棉花生产的重要性进一步强化。2018 年新疆棉花产量 511.1 万吨,占全国棉花产量的比重为 83.8%,比 1978 年提高 81.3 个百分点。另外,糖料、蔬菜、水果、中药材、花卉、苗木、烟叶、茶叶等产品生产也都形成了优势区域和地区品牌。

5.扎实推进农业投入品减量增效

加快推广新型高效肥料、施肥技术,提高施肥效率,促进减量增效,提高农药防治效果,实现农药减量增效。截至 2019 年,化肥农药施用量连续第 3 年负增长,三大主粮化肥利用率达到 39.2%,农药利用率达到 39.8%,分别比 2015 年提高 4 个和 3.2 个百分点,这是一个重要的历史性变化。同时,专业化服务快速发展。各地肥料统配统施、病虫统防统治等专业化服务组织蓬勃发展,有效提高了施肥施药技术水平。截至 2019 年,专业化服务组织超过 8 万个,三大粮食作物病虫害统防统治覆盖率达到 40.1%。

6.大力推进科教兴农

改革以来,国家高度重视农业科技发展,坚持科教兴农战略,不断加强生物技术、信息技术等高新技术的研究与开发应用,加强国家现代农业产业科技创新中心、产业技术体系和农业科技创新联盟等建设,积极推广优良品种和农业先进适用技术,加快农业科技成果的转化与推广应用,科技在农业生产中的推动作用日益增强。据科技部资料,2018 年我国农业科技进步贡献率达到 58.3%,比 2005 年提高了 10.3 个百分点。农业科技人才队伍不断壮大。第三次全国农业普查结果显示,受过农业专业技术培训的农业生产经营人员 3467 万人。截至 2019 年,全国累计创建主要农作物全程机械化示范县 302 个,农业科技进步贡献率达到 59.2%,全国农作物耕种收综合机械化率超过 70%,主要农作物自主选育品种提高到 95%以上。

7.农业功能不断拓展,新动能加快成长

为拓宽农民增收渠道、培育农业农村发展新动能,国家大力发展农产品深加工,延长农业产业链条,推动农业生产、加工、冷链物流、销售一体化发展,促进农民分享农业增值收益和全产业链价值。开发农业经济、生态、文化和社会功能,推动农业与旅游、教育、文化、养老等产业深度融合,生态农业、观光农业、创意农业和多种形式的农家乐、休闲农庄、特色民宿等农业新业态快速涌现,采摘、垂钓、餐饮住宿、农事体验等新型农业经营活动逐渐兴起,休闲农业和乡村旅游发展迅速。第三次全国农业普查结果显示,2016 年全国共有 35.5

万个规模农业经营户和农业经营单位开展餐饮住宿、采摘、垂钓、农事体验等新型经营活动,占规模农业经营户和农业经营单位总数的比重为 5.9%。全国开展旅游接待的村占全部村的比重为 4.9%,比 2006 年提高 2.7 个百分点。

第三节　新时代我国农业绿色安全高质量发展的目标

一、农业绿色安全高质量协同的关键点

农业需要提升综合发展质量,农业竞争不是简单的农业劳动生产率水平高低的竞争。农业生态转型的出发点是追求产品安全、资源节约和环境友好。推动农业绿色安全高质量,关键在于处理好安全、绿色与高效发展的关系。生产发展和农民增收是农业农村工作的重点与出发点,发展绿色农业、高端特色品牌农业更多是从资源稀缺性方面获得价值回报。抓住资源稀缺性必须充分重视农业的生态功能和文化功能。绿色农业除了产品质量更健康、安全外,还具有保护生态环境的巨大公益性价值。因此,绿色农业发展可带动和加快美丽乡村建设。发展绿色农业也需要拓展现代生态农业的多种功能,通过生态型农产品向绿色、有机以及无公害农产品的转化来实现生态质量附加值产品的开发。

1. 以安全为底线

从农产品的视角看,要求农业依照标准生产合格的或高于标准的农产品,满足人民对安全、优质和绿色农产品的消费需求,保障人民群众"舌尖上的安全"是重要的民生工程。标准是农产品规范化生产和质量安全评价的科学技术准则。要提供更多的绿色、安全、优质的农产品,推行农业标准化战略是最有效的实现路径。需要建立统一的、与国际标准一致的有机农产品基本标准,依托产品认证(无公害认证、绿色认证和有机认证)和体系认证。健全有机农业相关法律规制,确保产业公信力,须让贴有有机标签的农产品均符合有机农业生产标准。在发展的初级阶段,需要以公权性机构为认证机构,采取以结果监管为主、全程监管为辅的监管模式。品牌化是传统农业向绿色

现代农业发展的必由之路,应启动农业品牌培育行动,提升农产品品牌影响力、号召力和竞争力。

2.以绿色为重点

从生态视角看,生态农业是农业绿色发展的实现路径和实践方式。对狭义的农业即种植业而言,良好的耕地土壤、优质的灌溉用水是确保农产品质量的最基本的要素,也是实现农业高质量发展的核心,如果失去了这两个核心,实现农业高质量发展的目标就失去了根基,实现农产品质量安全也只能成为一句空话。绿色发展理念是农业高质量发展的动力来源,提高农业高质量发展的内生动能的前提是充分认识推进农业绿色发展的紧迫性和艰巨性,在思想上必须实现从数量优先向质量第一转变,开展全民绿色行动,吸引全社会主体参与,以绿色发展理念为引领,坚守生态环境底线。农业生态化发展在于增加农业自身多劳动的需求,重要的是借助农业多功能性的发挥,将生态环境的"外部性"转化为现实价值,补贴农产品成本,拓展三产融合发展,构建地域混合类经济的产业体系。政策逻辑基点在于为宏观经济整体的平衡与价值体系重塑的需要,提供特定的引导、补贴、外部支持,支持构建地域经济生态。

3.以高效为目标

从效率视角看,发展绿色农业需要规模化支撑。农产品质量提升的出路是标准化生产、产业化经营,只有规模化才能建成农产品区域品牌。我们的绿色农业的政策导向只是推进农业生态化发展,而发展高端特色生态农业,事实上就是农产品品牌创建,实施品牌营销战略。品牌建设需要通过地区整体力量进行建设,有效实现农业的规模经济,突破单个农户力量弱小的问题。生态农业需要实行全程监管模式,但存在监管成本较高,需要投入大量的人力、物力资源,可操作性较差的问题,只适用于规模以上的有机农业基地,不适用于规模较小的分散型农户。需要通过经营规模化,获得规模效益。同时需要技术服务体系支撑,生态农业存在一定的技术门槛。有机农业依靠长期具有活力的土壤,养护土壤是对化学农业负面影响的回应,采用传统耕作方法,保护并再生土壤中的营养物质和腐殖质。事实上研究表明,部分有机农产品在营养成分含量上并不具有优势,甚至某些矿物质和蛋白质含量略逊于常规农产品。生态农业系统复杂,需要科学技术支撑,把各种单一的、复杂的技术进行组织,形成技术支撑体系。发展生态农业、有机农业需要生产主体具有较高综合素质和较强环保意识,能有效管控风险,组织协调分散化农户生产,还需要外部服务体系提供技术保障(研究、示范和推广)。区域农业品牌建设和管理是一项系统工程,需要营销、公关、广告宣传、品牌管理等多方面人才共同协作,完成品牌的创建和维护工作。要完善质量安全标准体系和健全农产品质量监管体系,推行生产全过程管理标准化。

二、新时代农业绿色安全高质量发展的总体目标

推进绿色农业高质量发展,为 14 亿中国人提供安全优质农产品,是关系到健康中国战略、乡村振兴战略能否得到实现,关系到中华民族能否健康延续下去的重大战略问题。因此,推进农业高质量发展,既要推动短期目标的实现,又要把握好长期目标。从长期目标来看,农业高质量发展要通过农业生产方式的绿色化,强化农业面源污染防治,依靠科技创新体系,提升农业生产环境的质量,构建农业经营体系,确保农产品质量安全,为消费者健康提供保障,助力健康中国战略及乡村振兴战略的实施。从短期目标来看,推进农业高质量发展面临优质耕地资源减少,水资源因配置到工业及生活领域而日益减少,农业面源污染导致的生产环境状况不容乐观,人民群众对安全优质农产品的需求不能得到满足等问题。农业在向高质量发展转型中又会带来潜在的风险,特别是缺乏新技术的科学评估,可能存在潜在的负面影响。因此,在推进农业高质量发展过程中,必须正确处理好短期目标与长期目标之间的关系,切实以为人民提供安全优质农产品为根本,有针对性地解决农业发展中存在的突出问题。

农业绿色安全高质量发展,需要实现农业生产方式的现代化。产业现代化就是要依靠科技进步和制度创新,实现农业生产方式转变、小农户与现代农业有机衔接和农村一、二、三产业融合发展,从而形成兴旺发达、绿色安全、优质高效、具有竞争力的现代乡村产业体系。实现农业生产方式的现代化需要构建现代农业产业体系,要重点推进产业链、价值链建设,推动一、二、三产业融合发展加快发展,农产品精深加工,加快发展订单直销、连锁配送、电子商务等现代流通方式,加快发展乡村旅游等现代特色产业,拓展农业的内涵、外延和发展领域。同时,还需要构建现代农业生产体系,要着力围绕人的需求发展生产,使农产品供给数量上更充足,品种和质量上更契合消费者需要,通过夯实农业基础、优化农业资源配置、加快推进农业结构调整,真正形成结

构更加合理、保障更加有力的农产品有效供给。

农业绿色安全高质量发展,还需要实现农民的现代化和经营体系的现代化。发展多种形式适度规模经营,培育新型农业经营主体,是增加农民收入、提高农业竞争力的有效途径,是建设现代农业的前进方向和必由之路。但也要看到,我国人多地少,各地农业资源禀赋条件差异很大,很多丘陵山区地块零散,不是短时间内能全面实行规模化经营,也不是所有地方都能实现集中连片规模经营。在当前和今后很长一段时期内,小农户家庭经营将是我国农业的主要经营方式。因此,必须正确处理好发展适度规模经营和扶持小农户的关系。既要把准发展适度规模经营是农业现代化必由之路的前进方向,发挥其在现代农业建设中的引领作用,也要认清小农户家庭经营很长一段时间内是我国农业基本经营形态的国情农情,在鼓励发展多种形式适度规模经营的同时,完善针对小农户的扶持政策,加强面向小农户的社会化服务,把小农户引入现代农业发展轨道。

第二章　新时代我国农业绿色安全
高质量发展面临的问题

第一节　农产品质量安全仍存在不确定性

一、我国农产品质量安全总体形势

利用 2010—2019 年农业农村部国家农产品质量安全例行监测信息,从主要农产品总体合格率和 5 大类产品合格率出发,对现阶段我国农产品质量安全的总体形势进行分析。

1. 农产品质量安全水平总体向好

总体来看,我国农产品质量安全水平持续保持稳中向好发展态势。从农业农村部国家农产品质量安全例行监测结果来看,近十年我国主要农产品合格率均保持在 96% 以上,其中 2012 年至 2019 年总体合格率均值达到了 97.4%,说明我国农产品合格率始终处在高位,质量安全水平持续稳定向好。[①] 具体来看,如图 2.1 所示,2012 年总体合格率为 97.5%。2013 年共监测全国 153 个大中城市 5 大类产品 103 个品种 87 项参数,抽检样品 38984 个,总体合格率为 97.5%。2014 年共监测全国 31 个省(区、市)151 个大中城市 5 大类产品 117 个品种 94 项指标,抽检样品 43924 个,总体合格率为

---

① 国家农产品质量安全例行监测计划不断调整,不同时期监测范围、抽样程序、抽样比例和禁用药物参数都存在一定差异,导致 2010 年和 2011 年缺少总体合格率、水果和茶叶合格率。

96.9%。2015年全年共监测全国31个省(区、市)152个大中城市5大类产品117个品种94项指标,抽检样品43998个,总体合格率为97.1%。2016年共监测全国31个省(区、市)152个大中城市5大类产品108个品种94项指标,抽检样品45081个,总体抽检合格率为97.5%。2017年共监测全国31个省(区、市)155个大中城市5大类产品109个品种,监测农兽药残留和非法添加物参数94个,抽检样品42728个,总体抽检合格率为97.8%。2018年监测范围进一步扩大,重点增加了农药和兽用抗生素等影响农产品质量安全水平的监测指标,监测参数由2017年的94项增加到2018年的122项,增幅29.8%,抽检总体合格率为97.5%。2019年,加大"双随机"抽检力度,增加产地、"三前"环节抽检比例,监测指标由2017年的94项增加到2019年的130项,增幅近40%,全年农产品质量安全例行监测合格率达97.4%。

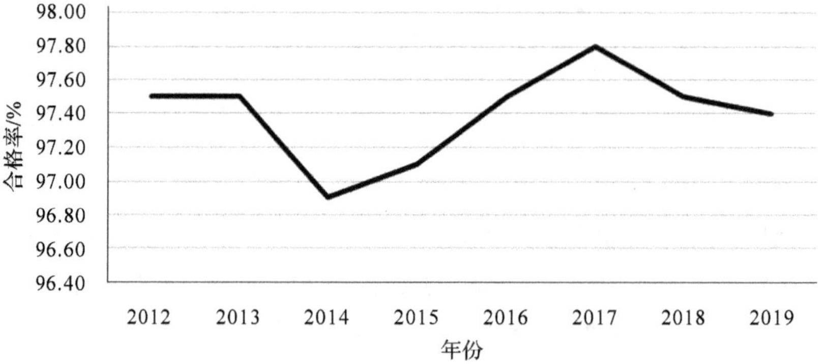

图2.1　2012—2019年我国农产品抽检总体合格率

从监测品种结构来看,如图2.2所示,近十年5大类检测产品(2010年和2011年为三大类)的平均合格率基本上在95%以上。其中,2010年全年蔬菜、畜禽产品和水产品合格率分别为96.8%、99.6%和96.7%,全年没有发生重大农产品质量安全事件。2011年共监测全国144个大中城市5大类产品91个品种91项参数,蔬菜、畜禽产品和水产品监测合格率分别为97.4%、99.6%和96.8%。2012年蔬菜、茶叶、水果、畜禽产品和水产品监测合格率分别为96.6%、98.1%、96.8%、99.7%和94.4%。2013年蔬菜、茶叶、水果、畜禽产品和水产品监测合格率分别为96.6%、98.1%、96.8%、99.7%和94.4%。2014年蔬菜、水果、茶叶、畜禽产品和水产品监测合格率分别为96.3%、96.8%、94.8%、99.2%和93.6%。2015年蔬菜、水果、茶叶、畜禽产品和水产品例行监测合格率分别为96.1%、95.6%、97.6%、99.4%和

95.5%。2016年蔬菜、水果、茶叶、畜禽产品和水产品抽检合格率分别为96.8%、96.2%、99.4%、99.4%和95.9%。2017年蔬菜、水果、茶叶、畜禽产品和水产品抽检合格率分别为97.0%、98.0%、98.9%、99.5%和96.3%。2018年蔬菜、水果、茶叶、畜禽产品和水产品抽检合格率分别为97.2%、96.0%、97.2%、98.6%和97.1%。2019年上半年蔬菜、水果、茶叶、畜禽产品和水产品抽检合格率分别为97.3%、94.1%、98.3%、98.3%和95.7%。

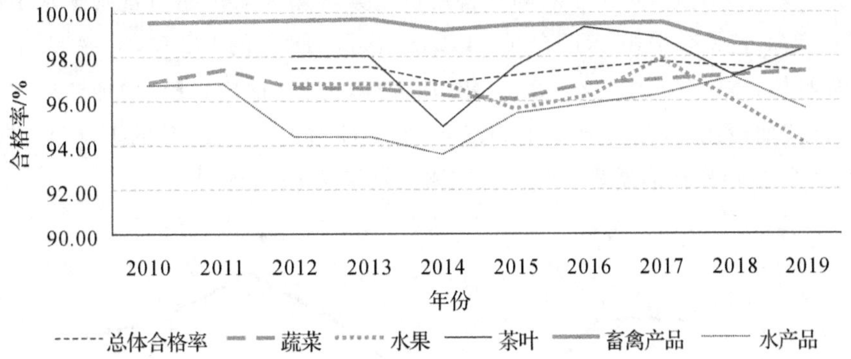

图2.2　2010—2019年5大类产品抽检合格率

从绿色优质农产品供给来看，近十年"两品一标"（绿色、有机和地理标志）稳步发展。截至2018年底，绿色食品、有机农产品和农产品地理标志总数37778个，比2017年底增长18.1%，2018年向社会提供绿色优质农产品总量超过3亿吨。全国共建成680个绿色食品原料标准化生产基地，总面积1.65亿亩；建成30个全国有机农业示范基地，总面积2729万亩；建成10个绿色食品、有机农产品一、二、三产业融合发展示范园，年产值19.37亿元，接待游客179万人次；创建37个国家级农产品地理标志示范样板。2019年新认证绿色食品13487个，有机产品2499个，登记农产品地理标志255个，累计认证产品总数超过4.3万个。

2.农产品质量安全水平仍不稳定

主要农产品合格率高位波动，我国农产品质量安全水平的稳定性有待进一步提升。如图2.2所示，从2010年至2019年总体合格率和5大类产品的合格率变化情况来看，2014年是近十年农产品抽检合格率的"谷底"[①]。其

---

①　资料来源《中国食品安全发展报告（2015）》。

中,2014年总体合格率是96.9%,2014年是2012年至2019年间唯一一个总体合格率低于97%的年份,虽然稳定在了96.0%以上的高位,但合格率波动表明质量安全水平呈现"波动上升"的态势,质量安全水平不够稳定。就具体品类来看,2014年4大类农产品检测合格率较之前下降:2014年蔬菜的检测合格率为96.3%,较2013年下降0.3个百分点;2014年畜禽产品的监测合格率为99.2%,较2013年下降0.5个百分点;2014年水产品检测合格率为93.6%,较2013年下降了0.8个百分点;2014年茶叶的合格率为94.8%,较2013年下降3.3个百分点,波动幅度远高于其他大类产品。

品类间质量安全水平差异明显,短板产品突出。从近十年抽检合格率均值(水果和茶叶为八年)来看,如图2.3所示,抽检合格率最高的畜禽产品,其平均合格率达到了99.30%;其次是茶叶,平均合格率达到了97.80%;然后是蔬菜和水果平均合格率分别是96.81%和96.29%;水产品的平均合格率最低,仅为95.64%,远低于其他品类。从年际波动幅度来看,茶叶的波动幅度最大,合格率最高的年份(2016年,99.4%)和合格率最低的年份(2014年,94.8%)之间的差值为4.6%,远远超过总体合格率0.9%的波动幅度。此外,水果和水产品的波动幅度也较大(分别为3.9%和3.5%),然后是畜禽产品(1.4%),蔬菜波动幅度最小(1.2%)。因此,综合平均合格率和合格率波动来看,水产品是目前质量安全水平最高的产品,是目前农产品质量安全水平提升的短板所在。而水果和茶叶合格率波动幅度较大,表明两类产品的质量安全稳定性有待提升。

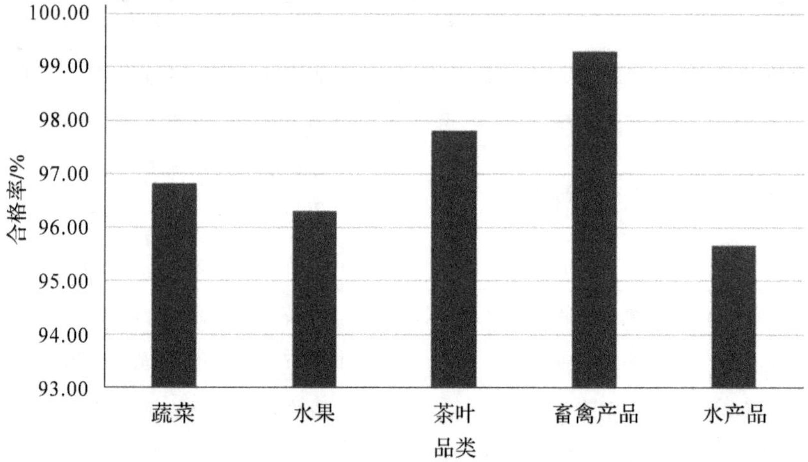

图2.3　2010—2019年5类产品抽检合格率均值

二、产业链视角下的农产品质量安全问题定位

运用 Web 数据挖掘技术抽取 2004—2014 年与食品质量安全相关的 14210 则新闻，通过内容分析方法总结出 5768 个食品安全事件。从食品供应链视角出发，对比农产品和产业链下游质量安全问题的差异，并以供应链环节、质量安全事件本质原因和质量安全问题产生主体三个维度建立农产品质量安全判别与定位矩阵，通过该矩阵实证分析、判别并定位农产品质量安全问题的原因与控制的关键。

1. 源头农产品质量安全风险低于下游加工环节

根据食品生产、流通与消费的各个阶段，将食品供应链环节划分为农产品生产（a）、食品加工（b）、食品流通（c）、消费（d）4 个环节，并细分为 8 个步骤（见表 2.1）。从整体上来看，源头农产品质量安全风险低于下游加工环节。比较容易出现食品质量安全问题的细分环节分别为食品深加工、农产品初加工、农产品种养殖和批发零售环节，四者所占比例高达 84.15%，其余环节爆发的质量安全问题非常少。其中，源头农产品生产环节、食品加工环节、食品流通和消费各环节质量安全问题曝光比率分别为 11.66%、61.53%、17.30% 和 9.51%。可以看出，加工环节是我国食品安全问题爆发的主要环节，其次为流通环节。

表 2.1　食品安全问题产生的供应链环节划分

供应链环节	细分步骤	说明
农产品生产(a)	农产品生产种植、养殖(a1)	农作物的种植、家畜养殖等环节
	农产品存储、收购、运输(a2)	初级农产品收获、运输、储存等环节
食品加工(b)	农产品初加工(b1)	初级农产品的产品分拣、分割、包装等环节
	食品深加工(b2)	作坊、工厂等进行食品加工生产环节
食品流通(c)	食品包装、存储、运输(c1)	食品流通中的作业环节
	批发零售(c2)	超市、农贸市场等流通环节
消费(d)	餐厅消费(d1)	发生在餐厅里的供应链环节
	家庭食用(d2)	家庭烹饪、食用等

从具体产品品类①（见表2.2）来看，肉及肉制品、粮食和粮食制品、乳及乳制品以及饮料类被曝光的质量安全事件最多。农产品中，水产品和蔬菜的质量安全问题最为突出，但数量远低于上述四类产品。

表 2.2　新闻曝光的食品种类合计情况（2004—2014 年）

种类	频数	比例/%
乳及乳制品	557	9.10
脂肪、油和乳化脂肪制品	323	5.28
冷冻饮品	101	1.65
水果	228	3.73
蔬菜	472	7.71
可可制品、巧克力和巧克力制品（包含糖果）	42	0.69
粮食和粮食制品	821	13.42
焙烤食品	217	3.55
肉及肉制品	1392	22.75
水产品及其制品	324	5.29
蛋及蛋制品	58	0.95
甜味料（包括蜂蜜）	63	1.03
调味品	342	5.59
饮料（包括茶）	510	8.33
酒类	183	2.99
保健食品	184	3.01
其他（果冻、膨化食品）	128	2.09
干果	63	1.03
豆制品	112	1.83

从四类主要被曝产品所占比例的年际变化上看（见表2.3），肉及肉制品总体上呈上升趋势，并成为爆发质量安全问题的首要食品；粮食及其制品所占比例先在波动中有所下降后上升，饮料在波动中有所下降，乳产品所占比

---

① 本书的食品分类参考的是《食品安全国家标准 食品添加剂使用标准》（GB2760—2014）当中的食品分类系统。

例的波动比较剧烈。农产品中,仍旧是水产品和蔬菜的质量安全问题最为突出。

表 2.3　每年新闻曝光数量最多的 5 个种类

年份	1	2	3	4	5
2004	粮食及其制品 (14.81%)	果冻及膨化食品 (11.11%)	油 (9.26%)	水果蔬菜 (9.26%)	水产品及其制品 (9.26%)
2005	粮食及其制品 (12.91%)	乳及乳制品 (12.68%)	蔬菜 (10.80%)	肉及肉制品 (10.56%)	饮料 (9.62%)
2006	粮食及其制品 (15.63%)	肉及肉制品 (10.68%)	水产品及其制品 (9.90%)	饮料 (9.11%)	蔬菜 (8.59%)
2007	肉及肉制品 (16.55%)	粮食及其制品 (11.87%)	饮料 (10.43%)	调味品 (10.07%)	水产品及其制品 (8.99%)
2008	肉及肉制品 (17.09%)	饮料 (17.09%)	粮食及其制品 (15.19%)	蔬菜 (10.76%)	调味品 (6.96%)
2009	肉及肉制品 (18.82%)	粮食及其制品 (15.29%)	乳及乳制品 (9.41%)	饮料 (9.41%)	酒类 (9.41%)
2010	肉及肉制品 (17.94%)	蔬菜 (13.10%)	水产品及其制品 (12.50%)	乳及其制品 (11.09%)	油 (9.88%)
2011	肉及肉制品 (25.10%)	粮食及其制品 (12.44%)	饮料 (11.05%)	蔬菜 (6.83%)	调味品 (6.3%)
2012	肉及肉制品 (24.17%)	乳及其制品 (11.64%)	蔬菜 (8.51%)	粮食及其制品 (8.12%)	油 (7.05%)
2013	肉及肉制品 (26.58%)	粮食及其制品 (19.54%)	乳及其制品 (17.84%)	蔬菜 (5.95%)	饮料 (4.61%)
2014	肉及肉制品 (37.67%)	粮食及其制品 (20.32%)	饮料 (6.90%)	油 (5.92%)	乳及其制品 (4.14%)

2.我国农产品质量安全问题的原因分析

食品质量安全问题虽然可能发生于供应链的不同环节,但很多事件的本质原因都具有相同或相似的性质,借鉴刘畅等(2011)、王常伟和顾海英(2013)的研究,本书将这些本质原因分为:源头环境污染(a)、要素原因(b)、行为原因(c)、卫生原因(d)、其他原因(e)5 大类,并细分为 17 小类(见表 2.4)。

表 2.4　质量安全问题的原因分析

问题原因	原因细分	频数	比例/%
源头环境污染(a)	自然环境污染(a1)	105	1.67
	重金属超标(a2)	114	1.81
要素原因(b)	使用不合格原料(b1)	661	10.52
	添加剂使用不当(b2)	745	11.86
	添加有害投入品(b3)	1464	23.30
	要素施用量不当(b4)	262	4.17
行为原因(c)	加工程序不当(c1)	124	1.97
	产品信息标识不当(c2)	240	3.82
	成品储藏环境不当(c3)	88	1.40
	造假(c4)	700	11.14
	销售不合格产品(c5)	407	6.48
卫生原因(d)	人员环境不卫生(d1)	480	7.64
	废弃物处置不当(d2)	150	2.39
	细菌、微生物污染(d3)	532	8.47
其他原因(e)	官员渎职(e1)	34	0.54
	认知错误(e2)	64	1.02
	转基因(e3)	114	1.81

注:由于质量安全问题可能有多个原因,所以最终的加总要多于质量安全事件的数量。

　　从质量安全问题原因来看,中国食品质量安全问题中较为突出的原因是添加有害投入品(23.30%)、添加剂使用不当(11.86%)、造假(11.14%)和使用不合格原料(10.52%)四类,其发生频次明显高于其他问题。在农产品质量安全问题中(见表 2.5),在农产品生产环节,添加有害投入品(如瘦肉精)及自然环境污染是质量安全问题的主因;在农产品初加工环节,人员环境不卫生和废弃物处置不当则是主要原因。

表 2.5 供应链环节——问题原因(SC-RC)矩阵

供应链环节		问题															
		A1	A2	B1	B2	B3	B4	C1	C2	C3	C4	C5	D1	D2	D3	E1	E2	E3
a	a1	152	74	13	26	222	90	0	0	3	8	0	1	2	2	4	0	13
	a2	0	2	98	23	257	44	67	0	116	0	0	42	0	0	0	0	0
b	b1	3	14	0	0	1	0	0	0	27	2	5	43	2	0	0	0	0
	b2	0	0	467	641	727	0	72	14	7	394	0	340	7	2	0	0	0
c	c1	0	0	21	14	85	0	0	0	46	0	0	30	0	0	0	0	0
	c2	0	0	0	0	0	0	0	0	22	0	158	22	0	0	0	0	0
d	d1	0	0	14	4	64	0	8	0	6	0	57	40	0	164	0	60	0
	d2	0	0	0	0	1	0	0	0	0	0	0	1	1	0	0	60	0

注:由于质量安全事件可以有多个原因并涉及多个环节,所以以上数目的加总要多于质量安全事件的数量。

3. 我国农产品质量安全问题的主体分析

质量安全问题的主体可以划分为五大类:政府、生产经营主体、媒体、非政府组织和消费者。其中生产经营主体又包括农民、商贩、小作坊、中小企业、国内知名企业和跨国公司,非政府组织主要包括学校和科研机构等。因此,本书将质量安全问题产生主体划分为个人、农民、商贩、小作坊、小企业、国内知名企业、跨国公司学校、政府部门等九类主体(见表 2.6)。

表 2.6 食品质量安全问题主体划分

主体	说明	频数	比例/%
农民	由农民造成的质量安全问题	444	7.63
商贩	收购、批发、零售等环节的小商贩造成的质量安全问题	2704	46.48
小作坊	个体的食品加工户	471	8.10
小企业	规模较小的不知名的食品加工企业或一般的餐厅	160	2.75

主体	说明	频数	比例/%
国内知名企业	国内有一定品牌知名度的食品加工企业或餐厅	170	2.92
跨国公司	国际食品加工企业、超市或跨国餐厅	413	7.10
个人	由消费者个人因素造成的食品质量安全问题	40	0.69
学校	在学校食堂发生的质量安全问题	727	12.50
政府部门	由政府监管不力或渎职造成的质量安全问题	688	11.83

从食品安全问题产生主体来看,商贩(46.48%)是主要的质量安全问题主体,其次是学校(12.50%)和政府部门(11.83%),其中源头的农民仅占7.63%。进一步以问题原因和食品安全问题主体类型作为维度,建立 RC-PS 矩阵,一方面可以考察每一类主体主要的质量安全问题,另一方面也可以考察每一类质量安全问题所对应的主要主体类型,从而有效地为相应主体监管提供依据。从 RC-PS 矩阵可以看出,如从质量安全问题发生主体角度考察,个人质量安全问题的产生主要归因于认知;农民主要的问题在于添加有害投入品及种植转基因作物;商贩的主要问题为添加有害投入品和销售不合格产品;小作坊的质量安全问题在于使用不合格原料和添加有害投入品;小企业对添加剂的滥用以及添加有害投入品问题严重;国内知名企业和跨国公司质量安全的主要问题为添加有害投入品和细菌、微生物污染(见表 2.7)。

表 2.7　问题原因——主体类型(RC-PS)矩阵

主体	问题原因												
	A1	A2	B1	B2	B3	B4	C1	C2	C3	C4	C5	D1	D2	D3
农民	29	35	5	20	150	69	0	0	4	5	0	0	2	6
个人	1	1	6	0	29	2	9	2	10	5	1	1	4	10
商贩	1	0	31	40	188	5	8	6	7	36	46	25	0	0
小作坊	0	0	74	27	138	3	1	0	0	58	10	72	0	3
学校	1	0	10	1	8	1	5	2	1	0	5	20	8	91

续表

主体	问题原因												
	A1	A2	B1	B2	B3	B4	C1	C2	C3	C4	C5	D1	D2	D3
政府部门	0	0	0	0	0	0	0	0	0	0	0	0	0	0
小企业	57	40	247	453	623	87	32	110	10	316	103	163	44	196
国内知名企业	11	10	43	57	109	42	16	52	18	36	80	70	12	119
跨国公司	0	13	81	54	99	25	21	31	12	67	42	32	39	75

综合来看,源头农产品质量安全问题的产生原因主要是要素原因,其对应的主体主要为农户。换言之,农产品质量安全问题的直接原因就在于农户化肥农药、添加剂和饲料等投入要素使用不当。

三、农业经营体系与我国农产品质量安全治理

在明确我国农产品质量安全总体形势与问题原因的基础上,本节以质量安全水平最高的畜产品和质量安全水平最低的水产品为例,分析两大类产品质量安全风险特征,同时从"产"和"管"两方面分析两类产品质量安全水平差异背后的原因,揭示农业经营体系对农产品质量安全的影响,为提出以新型农业经营主体为核心引领绿色安全高质量现代农业转型提供论据。

1.我国畜产品质量安全风险特征

畜产品作为我国居民蛋白质摄取的最主要的来源,在改善居民膳食结构、促进全民健康等方面有重要作用。在瘦肉精事件之后,畜产品一度成为具有较高安全风险和隐患的食品之一。但随着畜产品管控体系不断完善,畜产品成为近年来抽检合格率最高的农产品。本书在利用 2013—2018 年近 6年全国抽检数据刻画畜产品质量安全风险特征的基础上,利用网络大数据重点分析畜产品质量安全问题的成因,进而从"产"与"管"两方面分析畜产品质量安全水平提升的经验。

(1)数据来源

本书研究所用数据主要来源于国家食品药品监督管理总局(China Food and Drug Administration)的畜产品抽检测试数据,同时辅以由爬取工具获取的各省(区、市)市场监管局官方网站数据,抓取获得 2013—2018 年近 6 年全

国各省(区、市)抽检数据,以此构建研究数据集,获得原始畜产品抽检数据信息共计311089条。海量公开的畜产品监督抽检数据为本研究提供了良好的数据分析基础。

畜产品安全监督抽检信息主要包括六部分:畜产品生产商及地址信息、畜产品抽样地点及类型信息、畜产品名称及生产日期、畜产品抽检规格型号及结果记录信息、抽检机构及发布日期、抽样数据来源等补充信息。具体为生产商名称、生产商地址、生产商类别、抽样地点名称、抽样地点地址、抽样地点类别(如生产商/饭店/批发市场)、畜产品名称、畜产品规格、生产日期、产品分类、发布编号、发布日期、抽检任务类别(省抽或国抽)、抽检机构、抽检结果(合格/不合格)、抽检项目及结果、检测编号、是否生鲜水产、文件名称(因为部分抽检数据是以附件形式公布的)、工作表名称、数据来源网站、数据来源省份、数据来源层级(中央/省级/市级政府)等。

在获取31万余条畜产品抽检数据信息之后,首先,进入数据预处理阶段,分析、整理归纳抽检数据信息,进行初步的清洗和筛选。其次,考虑到各地畜产品类别划分标准不一,因此参考畜产品抽检数据中的食品名称和产品分类信息,手动对畜产品类型进行划分和归类。原始抽检数据中的产品类别包括畜禽肉及副产品、畜肉、罐头、禽肉、肉及肉制品、肉制品、食用农产品、熟肉制品、速冻食品、腌腊肉制品、酱卤肉制品、畜禽肉及副产品、畜肉、罐头、其他熟肉制品等。整理归类后的畜产品类别主要包括猪肉及其制品、牛肉及其制品、禽肉及其制品、羊肉及其制品、其他肉制品等五大类。然后,根据抽检数据中的抽检项目及结果信息,并参考相关文献中的分类方式整理建立风险物、风险物检测结果列表数据,整理归纳畜产品风险物清单及类型。同时,考虑到部分抽检公告并未公布检测的风险物,因此先补齐抽检不合格的记录。

从官方抽检数据结果来看,畜产品抽检结果分为两大类:合格、不合格。考虑到抽检数据来源标准不一,因此针对数据空缺的部分,参考抽检来源附件内容,进行对比和补充优化,同时为方便进一步的数据分析,将抽检结果用数字处理,数字"1"代表"不合格",数字"0"代表"合格"。

(2)风险特征分析

从抽检项目及结果信息来看,官方记录的畜产品抽检结果信息主要包括三个方面:风险物、风险物检测结果、法规限制。例如某不合格抽检项目及结果信息记录是"山梨酸‖0.098 g/kg‖≤0.075g/kg",表示此畜产品风险物因子是山梨酸,检测结果是0.098 g/kg,我国法律法规要求的标准是山梨酸含量不大于 0.075g/kg。根据原始抽检数据信息,并参考文献中的分类方式,对风险物的分类进行调整和补充,建立风险物清单列表,包括风险物类别。子类别,将风险物类别划分为六大类:环境污染、食品添加剂、微生物污染、农药兽药、营养添加剂、规格要求;风险物子类别主要包括:色素、化学物质、防腐剂、非病原微生物、理化指标、触发增长、金属、病原微生物、兽药、甜味剂、感官、农药、营养强化剂、标签、非法兽药、非法食品添加剂、增味剂、填充剂、功能食品药物、漂白剂。另外,考虑到部分不合格畜产品有两个及两个以上的风险物因子,将其他风险物因子分别另存一列数据,设置相同的检测编号,但是描述抽检合格率的时候,会将此列数据删除。同时,考虑到部分 Stata 版本无法识别中文字符,因此为便于数据处理,将风险物类别及子类别翻译成英文。

对于畜产品抽检地点类型,抽检员在进行抽检测试时,会记录畜产品抽检地点类别信息及生产地点类别信息,主要包括自助餐厅、连锁超市、小餐馆、批发市场、生产商、网上商城、其他超市/便利店、饭店、生鲜市场、生鲜市场/批发市场、批发市场/零售;根据畜产品抽检地点的类型,并结合抽检项目结果的风险物因子,可以对畜产品风险物的可能来源进行初步的判断,主要分为生产、环境、农场、农场/流通、环境/农场、环境/生产、环境/食物/生产、农场/生产/流通/餐饮。

从抽检样本的产品种类来看,猪肉及其制品、禽肉及其制品是出现最多的产品类型,占据绝大部分比例,分别为 43.9%、33.97%;牛肉及其制品、羊肉及其制品、其他肉制品占据小部分比例,分别为 12.03%、4.02%、6.09%。从抽检样本的生产商地区分布情况来看,山东、江苏、广东三省畜产品生产商占据较大比例,其中来自山东的畜产品生产商最多,占 10.32%。从抽检样本的抽检地区分布来看,地区分布总体相对较为均匀,其中山东、广东、四川三省份样本占比最多,分别为 12.81%、8.91%、7.00%。从抽检样本整体的时间分布情况来看,2016 年、2017 年数据居多,分别占 33.55%、36.32%。从抽检地点的类型来看,绝大多数抽检数据是来自生产地的,有 138156 条之多。从抽检样本的数据来源来看,有 24.5%的抽检数据来源于 CFDA 官网,其余75.5%的抽检数据来源于各省(区、市)官方网站。从抽检任务类别来看,大部分抽检数据属于省级授权,有 24.27%的抽检数据属于国家授权。

从畜产品抽检合格率来看,畜产品抽检数据达 307410 条,其中不合格的畜产品抽检数据有 8137 条,抽检不合格率达 2.65%。从不合格抽检样本的产品类型来看,牛肉及其制品、羊肉及其制品在其抽检样本中出现不合格情况的频率较高,分别为 3.57％、3.22％。从抽检地点类型来看,自助餐厅、批发市场/生鲜市场出现抽检不合格的频率较高,分别为 6.49％、5.20％,推测风险物可能来源于生产、流通、销售环节中。从畜产品抽检样本的抽检地区不合格频数来看,山东省出现抽样不合格的频数最高,其他抽检不合格频数较高的为上海、四川、广东、湖南。从各地区内的抽检不合格率来看,辽宁省是抽检不合格率最高的省份,抽检不合格样本占全省抽检样本的 7.26％;其次是广西、湖南和宁夏,不合格率分别为 4.89％、4.86％和 4.42％。从抽检不合格样本数量的生产地区分布来看,山东省、上海市是出现检验不合格样本数量最多的生产地区,其次是湖南省、四川省、江苏省。从抽检产品的生产地区的不合格率来看,宁夏生产地的不合格样本率最高,生产地是宁夏的不合格样本占宁夏的总样本数的比例高达 12.57％;其次是上海、广西、湖南,不合格率分别为 6.38％、5.79％、4.13％。从抽检样本不合格率的时间分布情况来看,2016 年和 2017 年是畜产品风险问题频发的两年,不合格样本数量分别为 2562 个、2331 个;另外,从抽检不合格率的角度看,2013 年至 2018 年抽检样本的不合格率分别为 3.31％、10.15％、3.02％、2.51％、2.11％、2.24％,说明在 2014 年后畜产品不合格率取得一定降低,并逐渐稳定在 2.5％以下,也在一定程度上反映了近年来国家对于畜产品安全风险的重视程度升级,风险管理工作有所成效,但是 2018 年后不合格率又有所提升,可以看出,畜产品安全风险问题仍未完全解决,不能放松警惕,打造良好的畜产品安全生产运营环境仍需社会各界共同付诸努力。

应进一步判别畜产品安全风险物,以便更好地把控畜产品安全风险因素及其内在规律。考虑到部分抽检数据的抽检结果信息记录不全或缺失,为保证下一步数据分析的完整性和准确性,将这部分数据进行补充或剔除后,得到有效抽检样本数据 7082 个。

从畜产品抽检风险物类型分布情况来看,有近 60％的畜产品风险物来自微生物污染和农药兽药,这两项是畜产品风险物分布最为突出的类型,应当重点关注;其次是食品添加剂、规格要求和环境污染,分别占 16.58％、13.29％、10.25％,仅有 0.14％的风险物是来自营养添加剂。

从畜产品风险物的地区分布情况来看,山东地区出现农药兽药的不合格频率最为突出,而对于微生物污染这一风险物类型来说,吉林、黑龙江、湖北、四川出现频率较高。

(3)畜产品风险因子及风险等级评估

根据国际食品法典委员会对风险的定义,风险等级可以表示为 $R=F(P, S)$,其中 P 表示风险概率,S 表示风险严重程度。因此,风险发生概率等级、影响程度的划分等级和风险等级对照表如表 2.8、2.9、2.10 所示。

表 2.8　风险发生概率等级划分

等级	赋值	描述词	可能性的量化衡量
较低	1	很少发生	样本所占比重<1%
低	2	低可能发生	1%≤样本所占比重<5%
中等	3	可能发生	5%≤样本所占比重<10%
高	4	很可能发生	10%≤样本所占比重<20%
极高	5	时常发生	样本所占比重≥20%

表 2.9　风险影响程度等级划分

等级	赋值	描述词	具体描述
低小	1	无伤害	伤害程度可忽略
小	2	较小伤害	长期食用危害健康
中等	3	中等伤害	轻度食物中毒
大	4	严重伤害	重度或大面积食物中毒
极大	5	灾难性伤害	导致死亡或大范围严重中毒

表 2.10　风险等级对照表

风险概率	风险影响				
	1(较小)	2(小)	3(中等)	4(大)	5(极大)
1(较低)	L	L	M	H	H
2(低)	L	L	M	H	E
3(中等)	L	M	H	E	E
4(高)	M	H	H	E	E
5(极高)	H	H	E	E	E

其中,L 表示低风险,有限范围内可接受的风险;M 表示中等风险,较轻程度的风险,需要规范责任;H 表示高风险,需要注重防控;E 表示极度风险,

需要立即采取措施。

同时,对于畜产品不合格抽检数据的风险物描述如表 2.11 所示。

表 2.11　畜产品风险物描述

风险物类型	风险物子类型	所占比例	风险描述	风险后果
环境污染 (10.25%)	化学物质	8.06%	环境不符合标准,菌落数超标,会导致轻度食物中毒,引发身体不适	3
	金属	2.19%		
食品添加剂 (16.58%)	色素	4.36%	长期服用危害健康,引发严重疾病	4
	防腐剂	11.38%		
	甜味剂	0.42%		
	非法食品添加剂	0.31%		
	填充剂	0.07%		
	漂白剂	0.01%		
	增味剂	0.01%		
微生物污染 (31.30%)	病原微生物	1.41%	易引发传染病,严重者直接导致死亡	5
	非病原微生物	29.89%		
农药兽药 (28.44%)	农药	0.04%	过量或非法使用农药兽药,严重者重度或大面积食物中毒	5
	兽药	8.84%		
	触发增长	13.87%		
	非法兽药	5.69%		
营养添加剂 (0.14%)	功能食品药物	0.14%	食品中掺入非食品原料,过量服用危害健康	2
规格要求 (13.29%)	理化指标	9.32%	使用虚假标签,不符合国家法律法规要求	1
	标签	3.50%		
	营养强化剂	0.41%		
	感官指标	0.06%		

用 Borda 序值法来表示风险因素的重要程度排序。设某一风险为 i,某一准则为 k,风险总个数为 N。用 $k=1$ 表示风险概率 P,$k=2$ 表示风险影响程度 S;r_{ik} 表示风险 i 在准则 k 下的风险等级,因此风险 i 的 Borda 数为:$b_i=$

$\sum(N-r_{ik})$；风险 i 的 Borda 值是比这个风险因素 i 的 Borda 数大的风险因素的个数，计算公式为 $B_i=b_j-b_i(1\leqslant j\leqslant N$，且 $j\neq i)$，当 B_i 满足 $B_i=b_j-b_i\geqslant1$ 时，定义 j 的个数为第 i 个风险的 Borda 序数值，因此 Borda 值越小，表示风险因素的影响程度越大，重要性越高。

最后，根据风险因素发生概率和影响程度的等级划分，综合评估畜产品抽检数据的各风险因素的发生概率和影响程度，并代入风险等级对照表，得到畜产品风险等级评估结果，如表 2.12 所示。

表 2.12　畜产品风险因素等级

风险物类型	风险物子类型	风险概率	风险影响	风险等级	Borda 值
环境污染	化学物质	4	3	H	3
	金属				
食品添加剂	色素	4	4	E	2
	防腐剂				
	甜味剂				
	非法食品添加剂				
	填充剂				
	漂白剂				
	增味剂				
微生物污染	病原微生物	5	5	E	0
	非病原微生物				
农药兽药	农药	5	5	E	0
	兽药				
	触发增长				
	非法兽药				
营养添加剂	功能食品药物	1	2	L	5
规格要求	理化指标	4	1	M	4
	标签				
	营养强化剂				
	感官指标				

从表 2.12 的评估结果可以看出,微生物污染、农药兽药是食品安全风险最为严重的风险物因素,属于高风险范畴,需要引起高度警惕;其次是食品添加剂、环境污染、规格要求、营养添加剂,在今后的畜产品风险防控中也要格外注意这几项风险因素。因此对于当前畜产品面临的诸多安全风险,相关部门可以先把精力和资源集中在重要的关键性风险防控上,重点防范关键性风险因素。

2.畜产品质量安全问题成因——以猪肉为例

本书以猪肉为例,从网络抓取的 1829 则负面新闻中可以提取出 1624 个猪肉质量安全事件,采用内容分析方法,通过对具体原因和责任主体的分析整合,聚类出 5 类猪肉质量安全事件的本质原因和责任主体,再按照问题产生的原因(RC)和问题主体(SJ)构建 RC-SJ 矩阵进行分析,分析判断我国畜产品质量安全问题成因。

同农产品质量安全问题原因分析类似,本书将问题原因分为:要素原因(a)、行为原因(b)、卫生原因(c)、监管原因(d)、其他原因(e)5 大类,并细分为13 小类(见表 2.13)。可见,中国猪肉质量安全问题中较为突出的原因是使用不合格的原材料(28.44%)、销售不合格产品(15.34%)、添加有害化学物质(11.97%)和添加剂使用不当(10.78%)四类,其发生频次明显高于其他问题。这些问题主要表现为使用病死猪作为加工原料,销售不符合质量要求的肉制品以及在各环节添加有害化学物质和滥用添加剂。

表 2.13　食品安全问题原因

问题原因	原因细分	说明	频数	比例/%
要素原因(a)	使用不合格的原材料(a1)	将含有天然毒素的动物(病死猪)作为原料	480	28.44
	添加有害化学物质(a2)	使用违禁添加剂或其他有毒有害物质	202	11.97
	添加剂使用不当(a3)	添加剂使用不规范	182	10.78
	饲料兽药品质不合格(a4)	使用不合格或低劣的饲料和兽药	42	2.49

续表

问题原因	原因细分	说明	频数	比例/%
行为原因(b)	存储不当(b1)	温度、湿度等存储环境不当	81	4.80
	加工程序不当(b2)	未按照正规程序进行肉制品加工	17	1.01
	产品信息标识不当(b3)	无相应规定的产品信息标识，或标识不明确	40	2.37
	销售不合格产品(b4)	销售假冒伪劣、不符合质量要求的产品	372	22.03
卫生原因(c)	人员环境不卫生(c1)	人员卫生行为、环境卫生不符合标准	71	4.21
	废弃物处置不当(c2)	废弃物没有按规定处理，重新进入流通领域	31	1.84
监管原因(d)	渎职(d1)	官商勾结	78	4.62
	监管无力(d2)	监管不到位	88	5.21
其他原因(e)	环境因素(e1)	自然环境污染造成的有害物质残留	3	0.18
	认知错误(e2)	由于认识不足而造成的质量安全问题	1	0.06

　　注：由于质量安全问题可能有多个原因，所以最终的加总要多于质量安全事件的数量。

　　根据内容分析方法的归纳结果，本书将责任主体划分为五大类：政府、生产经营主体、媒体、非政府组织和消费者。其中生产经营主体又包括养殖户、商贩、小作坊、小企业、国内知名企业和跨国公司，非政府组织主要包括学校和科研机构等，具体的分析结果详见表2.14。可见，生产经营主体的不合规生产是猪肉质量安全问题产生的源头，所占比例高达88.12%，其他主体所占比例都比较小。在生产经营主体内部，小作坊（19.15%）、商贩（18.84%）和小企业（15.95%）是主要的质量安全问题主体，其次是国内知名企业（15.89%）和跨国公司（9.3%）。

表 2.14 猪肉质量安全事件主体

问题主体	频数	频率/%
养殖户	146	8.99
小企业	259	15.95
小作坊	311	19.15
个人	13	0.80
学校	14	0.86
商贩	306	18.84
政府	166	10.22
国内知名企业	258	15.89
跨国公司	151	9.30
合计	1624	100.00

RC-PS 矩阵可以反映每一类质量安全问题所对应的主要主体类型,从而为相应主体实施针对性监管提供依据(见表 2.15)。

表 2.15 问题原因——主体类型(RC-PS)矩阵

主体类型	问题原因													
	A1	A2	A3	A4	B1	B2	B3	B4	C1	C2	D1	D2	E1	E2
个人	0	0	0	0	0	1	0	0	0	0	0	0	0	2
养殖户	0	73*	19	43*	0	0	0	0	0	31	12	26	2	0
商贩	185*	32	24	0	0	0	0	0	2	0	43*	32	0	0
小作坊	161*	24	55*	0	9	14	0	23	30	0	23	30	0	0
小企业	77*	28	47*	0	29	3	6	65	9	0	0	0	0	0
国内知名企业	49*	38	18	0	40	6	10	87*	9	3	3	0	0	0
跨国公司	5	7	19	0	7	3	35*	151*	8	0	0	0	0	0
学校	3	0	0	0	0	0	0	0	11*	0	0	0	0	2
政府	0	0	0	0	0	0	0	0	0	0	79*	87*	0	0

注:* 代表相应主体类型中排名前两位的食品安全问题原因。

如表 2.15 所示，猪肉质量安全事件按出现频次大小排列分别是：商贩原材料使用不当(185)、小作坊原材料使用不当(161)、跨国公司销售不合格产品(151)、国内知名企业销售不合格产品(87)、政府监管不力(87)、渎职(79)、小企业原材料使用不当(77)。可见，原材料使用不当是小规模经营主体爆发恶性事件的主要原因，销售不合格肉制品是国内知名企业和跨国公司质量安全风险的主要来源，而政府的监管不到位也是恶性事件爆发的重要外部原因。

3. 我国水产品质量安全风险特征

经济发展促进膳食结构升级换代，居民对食品的需求趋向高营养和高品质。人们对高蛋白、低脂肪食品——水产品的需求近年来快速增长，由此拉动了产量的持续性增加。我国人均水产品消费量从 1993 年的 14.4kg 上升到 2016 年的约 49kg，平均增长率达 5.34%；水产品总产量 2016 年达 6901.25 万吨，实现了九连增。然而，水产品的捕捞和养殖过程复杂，对运输和存储的要求高，是目前风险最高的农产品品类。

（1）数据来源

本书运用大数据网络挖掘技术，摘取国家食品药品监督管理总局(CFDA)公布的 675543 条食品抽检记录，并从中筛选出 21498 条水产品抽检记录，对我国近两年水产品质量安全趋势、风险来源和转移特征进行深入剖析，据此提出治理水产品质量安全问题的建议。

（2）风险特征分析

通过对水产品抽检记录的分析发现，我国水产品质量安全风险的基本特点如下。

第一，我国水产品不合格率下降并逐渐趋稳。自 2015 年夏季水产品整体不合格率达到峰值(14.48%)之后，迅速下降，2015 年秋季下降至 4.47%，冬季进一步下降到 2.46%，进入 2016 年以后，基本稳定在 3%—5%。从不合格率的年度季节变化幅度角度看，2016 年的波动幅度显著低于 2015 年，2015 年度不合格率的极差为 12.02%，2016 年不合格率的极差迅速降至 1.22%，不合格率的季节稳定性增强。2015 年 10 月新《食品安全法》的生效以及 2016 年 3 月《食品生产经营日常监督检查管理办法》的实施，可能是我国水产品不合格率迅速下降的主要原因。

第二，夏季是水产品质量安全高风险期。水产品在夏季生长速度快，饲料的大量投喂以及排泄物的激增，导致水质变差，极易引起疾病暴发。从水产品不合格率波动的季节变化周期性来看,相较于当年其他季节,水产品不合格率在夏季最高。无论是 2015 年还是 2016 年,均呈现出夏季为当年水产品不合格率峰值季节的特点。

第三,抽检不合格记录主要集中在零售和加工环节。将近 2/3(66.58%)的抽检记录发生在零售环节,约 1/3(30.18%)的抽检记录发生在加工环节。从不合格抽检记录在水产品供应链的分布状况看,约 55.25% 的不合格记录发生在零售环节,其次是加工环节(21.85%)和批发环节(16.08%)。从抽检地点来看,零售环节的超市和商场不合格记录的主要发生地点,约占所有不合格记录的 42.19%;其次是加工厂,约占所有不合格记录的 21.85%。

第四,病菌类和化学添加剂是水产品主要的风险源。在所有的不合格记录中,病菌类(大肠杆菌、金黄色葡萄球菌以及菌落总数等)是导致水产品不合格的首要风险项目,占比为 36.61%;其次是化学添加剂,占比为 36.14%;其余各类风险项目除动物用药(13.62%)外,均低于 10%。

第五,水产品质量安全风险呈现从上游向下游转移的特点。水产品抽检风险环节是零售和加工环节,但结合水产品风险项目的物理性质和文献资料对风险项目实际所属环节的判别,进一步深入分析得出水产品质量安全风险转移的特点。根据对各个环节的不合格记录的分布的辨识,加工环节所有不合格记录中,约 7% 的记录来自养殖环节,93% 来自加工环节自身。批发环节仅有约 0—11.91% 的不合格记录实际发生在批发环节,约 71.49%—76.17%来自加工环节,以及 16.60%—23.83% 来自养殖环节;对于零售环节,这一特征更为明显,仅有约 0—9% 来自零售环节自身,来自加工环节所占比例最高,约 71.84%—80.26%,其次是养殖环节,约占 17.85%—21.04%;消费环节的不合格记录主要来自加工环节,占比为 82.05%—83.33%。

第六,鲜活水产品风险主要从养殖环节向下游转移。鲜活水产品不合格记录中,批发环节有 67.39%—100% 的不合格记录判别风险项目来源是养殖环节,剩余来自批发环节自身或是加工环节。零售环节被检测到不合格的记录中,86.41%—99.03% 的不合格记录风险项目来源是养殖环节。其次是加工环节,占比为 0.97%—13.59%。同样地,消费环节的 61.54%—100% 的不合格风险项目来源于养殖环节。具体来说,鲜活水产品风险项目主要是养殖环节的动物用药,如呋喃类、孔雀石绿、抗生素类等,而孔雀石绿等高效抗菌剂,各个环节均有可能是风险环节;其次是环境恶化造成的金属及重金属污染。

第七,水产制品风险主要从加工环节向下游转移。与鲜活水产品不同,水产制品实际风险主要来自加工环节。批发环节的 92.70%—97.08%,加工环节的 93.01%,以及零售环节的 86.02%—95.55% 不合格记录的风险项目来自加工环节。具体的风险项目是化学添加剂过量和病菌等微生物超标。

4. 我国水产品质量安全问题的成因分析

水产品质量安全问题成因复杂,根据水产品质量安全风险在供应链上的分布特征和实际调研发现:

第一,监管资源分布失衡和监管能力不足。一是监管资源的分布和水产品供应链实际风险环节分布不匹配。流通环节中,将近一半的抽检资源分布在零售环节,然而零售环节的不合格率为 10.85%,小于批发环节的 12.54%,且零售环节实际水产品风险来源的比例仅为 0—7.25%;批发环节的抽检率仅为 3.93%—13.14%,而不合格率高居首位。二是水产品检测能力不足,快速检测技术水平尚不能满足水产品快速交易的需求。目前我国水产品抽检过程中的定性和定量检测项目尚不能全部覆盖所有风险项目,定量检测耗时长,成本高,难以满足水产品现场快速交易的需求;定性检测耗时短,但不具备法律效力,且技术水平低,标准不统一。

第二,产地监管和市场准入机制不完善。一是产地监管政策执行力度不够,缺乏统一的标准。我国水产品产地监管虽有政策,但不同区域之间的执行力度不同,标准不统一导致执行过程中缺乏一致性。例如,产地证明,不同省份对这一政策的要求严格程度不同,不同的区域间存在监管的标准不统一的问题,涉及跨区域流通的水产品监管十分困难。二是水产品从产地到市场的运输过程中存在监管空白。水产品供应链不同环节的质量安全问题由不同的部门监管,环节监管分离导致衔接过程中信息对接不完全,诱发机会主义行为的产生。从养殖到市场的运输环节缺乏有效监管,经营主体为保水产品鲜活,添加如孔雀石绿等抗菌剂的动机高。三是缺少严格有效的市场准入机制。水产品由产地向下游环节流动的过程中,缺少有效的质量安全控制关卡,例如批发市场检测能力不足、索证索票制度不严格,加工企业因成本问题缺乏质量安全控制流程等。

第三,水产品相关主体质量安全问题意识不到位。经济利益驱动的"人为"性因素是水产品质量安全问题最为重要的因素。特别是养殖主体为了提高产量,增加养殖密度,大量使用渔药防病治病,以及加工主体为了产品卖相好而过量添加有害化学添加剂、产品积压长时间存储等行为,造成的药残、添加剂超标、微生物超标、食品过期等问题;零售环节零买零卖的特点决定了产品交易时间长,为保鲜活性和降低损失,零售主体在暂养过程中具有较高的风险物质添加动机。经济驱动加上道德缺失,是造成水产品质量安全问题的根本原因。

5.畜产品与水产品质量安全水平差异的原因分析

(1)畜产品质量安全监管

第一,强化兽药管理。兽药是防治动物疫病和保障养殖业健康发展的重要物质,关系到动物产品质量安全。近年来,各级畜牧兽医管理部门不断加大工作力度,打击制售假劣兽药违法行为,取得了明显成效。实施兽药质量管理规范。逐步健全了兽药研制、生产、经营、使用管理制度,夯实了监管技术基础;从 GMP、GSP 的"2G 时代",进入到兽药 GLP、GCP、GMP 的"4G 时代"。全面构建兽药"二维码"追溯系统。2016 年 7 月 1 日起生产的产品,必须赋码上市,兽药产品出入库信息必须上传到中央数据库。目前,生产企业和兽药产品已实现全覆盖,经营企业入网率已达 99%。构建兽药"二维码"追溯系统的主要目的是"来源可查、去向可追、责任可究",对违法违规行为实施精准打击。严格兽药监督执法工作。推进行政执法与刑事执法衔接,推行兽药生产企业飞行检查,建立检查结果通报制度;实施兽药严重违法行为从重处罚 2071 号公告;兽药监督执法纳入各省重大动物疫病防控延伸绩效管理指标体系。深入实施"检打联动"制度。实施兽药质量抽检计划、兽药残留监督计划。兽药质量抽检:假兽药查处通知、质量通报、严肃查处假劣兽药。兽药残留监控:追踪阳性产品、查处违法行为。持续开展兽药风险评估和安全再评价。2015 年,发布公告 2291 号,2016 年 12 月 31 日起禁止洛美沙星、培氟沙星、氧氟沙星、诺氟沙星等 4 种人兽药共用的抗菌药用于食品动物;2016 年,发布公告 2428 号,变更硫酸粘菌素预混剂质量标准,2017 年 5 月 1 日起停止用于食品动物促生长;2017 年,完成喹乙醇预混剂、2 个有机砷制剂风险评估;2018 年 1 月 11 日发布公告 2838 号,2019 年 5 月 1 日起停止使用。开展兽用抗菌药综合治理,保障食品安全和公共卫生安全。加强兽用抗菌药经营环节监管;规范兽用抗菌药使用行为;加强兽用抗菌药质量抽检和残留监控;强化非法兽药查处力度;加大执法办案力度;推进标准化和健康养殖。此外,开展促生长药物饲料添加剂退出行动,依据《兽药产品批准文号管理办法》,对国内的药物饲料添加剂核发"兽药添字"文号;根据《进口兽药注册办法》,目前批准进口药物饲料添加剂 7 种,其中促生长抗菌药 4 种。开展兽用抗菌药使用减量化行动试点,以龙头养殖企业为重点,2018 年在 1000 家规模养殖企业开展兽用抗菌药使用减量化试点,以探索形成一套可复制、可推广的规范用药、减量使用模式。

第二,开展"瘦肉精"专项整治。国务院食品安全委员会办公室 2011 年 4 月 18 日印发《"瘦肉精"专项整治方案》(食安办〔2011〕14 号),农业部出台《关于深入推进"瘦肉精"专项整治工作的意见》,持续开展瘦肉精专项整治活动。

建立健全协调机制。建立县级快速筛查、市级复核检测、省级确证仲裁的畜产品质量安全检测体系,制定实施"瘦肉精"监控计划。抓住关键环节,坚决打击使用"瘦肉精"的违法犯罪行为。深入开展养殖环节整治,督促养殖场(小区)完善养殖档案,如实记录商品饲料、饲料添加剂、兽药等投入品来源,并保留相关凭证。建立活畜养殖安全承诺制度和出栏保证制度。生猪、肉牛、肉羊养殖场户要承诺不使用"瘦肉精"等违禁物质,保证所销售的活畜不含有"瘦肉精"。加强养殖场户的日常监督检查和"瘦肉精"抽检。日常监督检查要将查验养殖记录与抽样快速检测相结合,及时发现养殖环节存在的问题。活畜出栏时要抽取一定数量的尿样进行快速检测。检测结果呈阳性的,禁止活畜移动并对尿样进行确证检测。一经确证含有"瘦肉精",应当依法对活畜进行无害化处理(扑杀和无害化处理费用由违法畜主承担),并将当事人移送公安机关立案侦查。深入开展收购贩运环节整治,加强对收购贩运企业(合作社、经纪人)和活畜交易市场的监督管理,督促建立出栏保证书等证明材料查验制度和收购贩运牲畜交易记录制度(主要载明畜主、耳标号、检疫证号、数量等信息),无产地检疫证明、保证书或来源不明的活畜不得入市交易。深入开展屠宰环节整治,督促生猪定点屠宰企业(或场、点)严格执行生猪进场查验制度和"瘦肉精"自检制度。生猪屠宰企业(场)要按规定记录生猪来源、数量、检疫证明、耳标号、畜主(经纪人)、运输车辆等信息,以便发现问题后追溯来源;生猪屠宰企业(场)要对进场生猪批批抽检(以出栏前饲喂群或运输车辆为单位),对宰后生猪抽取一定数量的膀胱尿液进行检测,并做自检记录,自检记录保存 2 年;动物卫生监督人员要配合商务部门监督屠宰企业(场)开展进场自检和宰后抽检。相关部门组织对宰后生猪抽取一定数量的膀胱尿液进行监督检测。生猪屠宰企业在生猪进场和宰后快速检测中若发现"瘦肉精"阳性,应立即向商务部门和驻场动物卫生监督管理人员报告。屠宰企业要及时将尿样交由有资质的检测机构进行确证检测,并暂缓生猪产品进入市场销售。一经确认含有"瘦肉精",畜牧兽医部门和商务部门对生猪或生猪产品进行销毁处理,并将案件移送公安机关立案侦查。实行定点屠宰的肉牛、肉羊等活畜参照上述办法办理。

创新监管机制,依法履行"瘦肉精"监管职责。建立跨省案件协查机制。凡跨省销售贩运活畜在屠宰检测中确证含有"瘦肉精"的,销地农业(畜牧兽医)部门要在取得确证结果一个工作日内通报产地农业(畜牧兽医)部门,产地农业(畜牧兽医)部门在接到通报一个工作日内对涉嫌使用"瘦肉精"的养殖场户进行监督检查和取样检测,并及时反馈案件处理情况。一经确认养殖场户使用"瘦肉精",产地农业(畜牧兽医)部门要及时与销地农业(畜牧兽医)部门密切协作,支持公安部门严肃查处相关涉案人员。建立涉嫌犯罪移送机制。农业(畜牧兽医)部门在活畜养殖、收购贩运和屠宰环节监管中发现使用"瘦肉精"涉嫌犯罪的,根据相关法律法规的规定和行政执法与刑事司法衔接工作的有关要求,应当及时向公安机关通报,并移交案件的全部材料。已经作出行政处罚决定的,应当将行政处罚决定书一并抄送公安机关。农业(畜牧兽医)部门要配合公安机关做好案件调查和技术支持,并及时跟踪案件审查、侦查进展情况。建立监督举报制度。各级农业(畜牧兽医)部门均要开通专门的"瘦肉精"举报受理电话、传真或电子邮件,并有专人负责举报信息的登记。建立举报受理、处置和反馈工作程序,有条件的地方可以对提供重大案件线索的举报人给予奖励。农业部或省级农业(畜牧兽医)部门接到"瘦肉精"举报后,要在一个工作日内通报事发地农业(畜牧兽医)部门,事发地农业(畜牧兽医)部门要在核实举报线索后一个工作日内,将举报处置情况反馈给省级农业(畜牧兽医)部门和农业部。建立责任追究制度。在饲料生产、活畜养殖、收购、贩运和屠宰环节发现"瘦肉精"的,对涉案企业和个人依据相关法规的规定,依法作出行政处罚决定;涉嫌犯罪的,移送公安机关立案调查;构成犯罪的,依法追究其刑事责任;对活畜养殖、收购贩运、屠宰环节发生重大"瘦肉精"监管责任事故的县级农业(畜牧兽医)部门,省级农业(畜牧兽医)部门给予通报批评、取消评先资格、调减或取消项目资金等责任追究;对两个以上县(市、区)发生重大"瘦肉精"监管责任事故的省辖市,省级畜牧兽医部门给予通报批评、取消评先资格、调减项目或资金等责任追究;对渎职、失职的监管人员,由所属部门依照相关法规和制度进行责任追究。建立信息通报发布机制。各级农业(畜牧兽医)部门在日常监管和监督检查中发现非法使用"瘦肉精"的,在依法作出处理后,应当向省级农业(畜牧兽医)部门和同级食品安全协调机构报告;涉及跨县的"瘦肉精"违法案件,由事发地所属省辖市农业(畜牧兽医)部门指导处置,并向省级农业(畜牧兽医)部门和同级食品安全协调机构报告;涉及跨省辖市的"瘦肉精"违法案件,由事发地所属省级农业(畜牧兽医)部门指导处置,并向农业部和同级食品安全协调机构报告。

第三,推动产业规模化与组织化。以生猪为例,2019 年我国生猪出栏54419 万头,猪肉产量 4255 万吨,同比下降 21.57% 和 21.26%;年末生猪存栏 31041 万头,同比下降 27.5%。根据农业农村部全国监测点数据,年末能繁母猪存栏同比下降 49.33%(与 2018 年 7 月相比),约为 2035 万头。在城镇化、劳动力机会成本上升、猪肉产销量增速放缓、猪饲料行业饱和促使饲料企业往下游养殖延伸、环保压力加大等多因素的驱动下,生猪养殖产业规模化进程不断加速,小散户加速退出,中大规模养殖场(企业)市场份额持续增加。一方面,我国年出栏 500 头以下的生猪养殖场数量在持续减少;另一方面,我国年出栏 50000 头以上的生猪养殖场数量在持续增加。2007—2017年,我国出栏 50 头以下的养殖户数量减少了 55.41%,出栏 50—99 头的数量减少了 23.35%,出栏 5000—9999 头的养殖场数量增加了 142.71%,出栏10000—49999 头的养殖场数量增加了 129.28%,出栏 50000 头以上的养殖场数量增加了 714%。2019 年的非洲猪瘟疫情加速了我国规模化、集约化生猪养殖的进程。国务院办公厅《关于稳定生猪生产促进转型升级的意见》明确提出,到 2022 年产业转型升级将取得重要进展,养殖规模化率将达到 58%左右。各大中型养殖企业顺势而为,硬件不断升级,自动化、信息化、物联网技术、智能化技术加速推广,养殖效率进一步提高,生猪产业转型升级提速。2020 年 1 月印发的《关于促进畜禽粪污还田利用、依法加强养殖污染治理的指导意见》明确提出,立足我国畜牧业和种植业特点,健全粪肥还田监管体系和制度,对沼液、肥水等液态粪肥还田利用。可见,资源化利用与循环农业必将成为未来相当长一段时期的发展趋势。大型养殖企业快速扩张,复产增养加速自 2019 年 7 月开始,大型企业在非洲猪瘟综合防控方面取得成效,加快了母猪增养速度。如牧原食品 2018 年末能繁母猪存栏约 66 万头,至 2019 年末,其能繁母猪存栏达到 128.5 万头,接近翻番。国家生猪产业技术体系 34个试验站 2018 年末能繁母猪存栏为 105 万头,2019 年末能繁母猪存栏达到173 万头。但一些中小养殖户受信心与资金不足、栏舍条件较差、技术基础薄弱等多种因素影响,对非洲猪瘟防控没有把握,在高市场价格预期的驱动下,复产积极性仍不高。农业农村部及时组织召开了大型生猪养殖企业帮带中小养殖场(户)发展座谈会,提出"抓大不放小、以大带小"的生猪稳产保供措施。2019年12月4日,农业农村部出台了《加快生猪生产恢复发展三年行动方案》。

(2)水产品质量安全监管

近年来,我国每年的水产品养殖产量保持在较为稳定的水平,水产养殖产业的总产值呈稳定增长态势,是世界上唯一养殖水产品总量超过捕捞总量的主要渔业国。海水养殖方面,数据显示,2019年,我国海水养殖产量为2065.33万吨,同比增长1.68%;海水养殖产量占水产品总产量的比重约32%。对海水养殖产量分品种来看,贝类产品的养殖产量最高,为1438.52万吨,占海水养殖产量的70%;其次是藻类产品,产量为253.84万吨,占比12%。淡水养殖方面,数据显示,2019年,我国淡水养殖产量为3013.59万吨,同比增长1.82%;淡水养殖产量占比水产品总产量比重约46.50%。淡水养殖产量分品种来看,鱼类产品的养殖产量最高,为2548.03万吨,占淡水养殖产量的84%;其次是甲壳类产品,产量为392.89万吨,占比13%。

党的十八大以来,各级渔业部门始终把水产品质量安全作为重大政治任务抓紧抓好,按照坚决打赢水产品质量安全提升的硬仗的要求,坚持产管并重,坚持严字当头,坚持常抓不懈,履职尽责,扎实推进质量安全主体责任和监管责任落实。水产品质量安全水平保持了稳定向好的势头,但仍然低于同年畜禽产品、茶叶、水果、蔬菜,位列五大类食用农产品的末位。

第一,推动水产养殖绿色转型。2019年2月,农业农村部、生态环境部等相关部门发布了《关于加快推进水产养殖业绿色发展的若干意见》,提出至2022年,我国水产养殖业绿色发展将取得明显进展。实施水产养殖转型升级工程,推进水产健康养殖示范场创建活动,开展国家级稻渔综合种养示范区创建,推广使用循环水、零用药等健康养殖技术模式,鼓励水产品"三品一标"产品认证,推进水产品质量安全可追溯试点建设。与此同时,大力推进水产品标准化健康养殖。截至2017年,全国创建水产健康养殖示范场6129家,全国渔业健康养殖示范县29个,水产品"三品一标"总数达到1.27万个,占农产品总数的12%,其中无公害水产品1.15万个,绿色水产品655个,有机水产品379个,地理标志水产品173个。

第二,强化水产品监管。强化产地监管职责,加大推动生产者主体责任落实,加强监管体系和检测体系建设,坚持检打联动,不断加强产地水产品质量安全监督抽查力度,做到阳性样品查处率100%。为加强水产养殖用兽药及其他投入品使用的监督管理,提升养殖水产品质量安全水平,加快推进水产养殖业绿色发展,根据《中华人民共和国渔业法》《中华人民共和国农产品质量安全法》《兽药管理条例》等法律法规规定,农业农村部制定了《2019年国家产地水产品兽药残留监控计划》《2019年海水贝类产品卫生监测和生产区域划型计划》《2019年水产养殖用兽药及其他投入品安全隐患排查计划》。加强监督抽查、专项整治和检打联动,始终保持对违法用药的高压态势。农业部相关负责人表示,2013年以来,中央财政每年安排产地水产品监督抽查专项经费3500万元左右,用于养殖水产品和苗种等监督抽查工作,共抽检样品5万余个,连续5年合格率保持在99%以上,没有发生重大水产品质量安全事件。按照国务院食品安全办等5部门印发的《畜禽水产品抗生素、禁用化合物及兽药残留超标专项整治行动方案》和《农业部关于加强2016年农产品质量安全执法监管工作的通知》要求,连续开展"三鱼两药"专项整治,五年来共检测三鱼、孔雀石绿和硝基呋喃类代谢物样品分别为2500个、24000个和10000个,2017年合格率分别达到99.5%、99.8%、99.7%。坚持检打联动,超标样品查处率100%,要求各地按照有关规定进行查处。2014—2016年,农业部组织对超标样品地区进行了专项执法督查。

据统计,近年来,各地每年用于水产品质量安全监管经费约3亿元,抽检样品15万多个,出动执法人员10万人次。推进标准化健康养殖和用药指导培训,坚持综合施策和源头治理。标准化健康养殖是确保水产品质量安全的根本前提。多年来,农业部大力推进标准化健康养殖,目前共有国家和行业标准900多项,地方标准1918项。坚持开展水产养殖规范用药科普下乡活动,全国31个省(区、市)参与该项活动,各级推广机构和大专院校科研机构每年10000多名专家和技术人员广泛参与,举办各类技术培训班4000余次,接受技术培训的渔民达25万多人次。推动禁止养殖区、限制养殖区和养殖区划定,从养殖环境源头上保障水产品质量安全。开展水产品质量安全示范县建设和水产品质量安全可追溯试点工作,为县域内整体推进水产品质量安全工作和水产品质量安全全程监管以及追踪溯源积累了经验。完善贝类产品监测,加强贝类划型和预警管理。贝类是我国重要的水产品,深受广大消费者喜爱,消费量大。同时,贝类风险隐患也大,极易引起急性中毒甚至死亡。农业部高度重视贝类产品质量安全,是我国水产品中唯一单独制定管理办法的品种,每年年初都专门召开会议进行部署,年终专门针对监测中的问题进行专题研究。每年安排 700 多万元用于贝类产品监测,每年抽检贝类样品近 4000 个,加强对贝类中重金属铅、镉、多氯联苯、毒素等监测预警,特别是对重点时段、重点区域和重点品种加强监测,确保能及时发现问题,根据监测结果及时发布预警,采取暂时性关闭采捕区域等紧急管理措施。2017 年各地对 65.8 万公顷贝类养殖区进行了划型,其中一类养殖区 63.1 万公顷,占 95.9%,二类养殖区 2.7 万公顷,占 4.1%。我国海水贝类养殖环境总体较好,贝类质量安全水平明显提升。

第三,水产品产业标准化与规模化转型滞后。与我国水产品产量、产值稳步增长形成鲜明对照的是我国水产品养殖面积在减小。由于水产养殖业发展和资源环境的矛盾逐渐扩大,从全国水系水质的判断来看,工业和生活废水污染是整个水土污染的主要方面,但水产养殖也在其中占了 10% 的比重,所以网箱的拆围和水库的禁养等执法程度愈演愈烈。目前我国水产养殖面积在逐渐减小,这两年越发明显,2016 年水产养殖面积比前两年减小了接近 12 万公顷,未来预计会进一步减小,水产养殖从业者也感到了很大的压力,因此环境因素也制约着水产养殖的发展。同时,水产品养殖的规模化程度较低。相对于畜禽来说,水产养殖的集约生产程度太低。水产养殖以池塘养殖为主,小散养殖户居多,集约化程度远远落后于畜禽;另外池塘老化、设施落后,大部分仅提供鱼类生长空间和具有基本的进排水功能,现代化、工程化水平较低。水产养殖按毛利率来看其实不低,以目前养殖最大的品种之一草鱼为例,一个 10 亩的鱼塘投资 5 万元左右,正常的毛利润可达 2 万元,但仍然面临着小散缺资金、大规模管理难的局面。

(3)总结

在"管"的方面,畜产品与水产品质量安全监管的基本思路与重点都非常明确,针对投入品如兽药鱼药饲料的监管同样严格,所以两类产品质量安全水平都有了长足进步,稳定性不断提高。但在"产"的方面,两者存在较大差别,突出表现在畜产品的规模化进程不断加速,而水产品规模化、集约化程度较低。结合水产品质量安全风险,产业规模化、组织化程度低的影响就更加明确。渔业水域污染、生产环节不良投入品的滥用是养殖环节的主要风险所在,孔雀石绿和硝基呋喃类代谢物是经营环节重点水产品不合格的主要原因。究其本源,在于小散养殖户缺乏标准化生产能力和规范使用投入品的能力。

第二节　农业绿色转型的市场激励作用不足

绿色高质量农业发展所需的技术包括化肥农药减量增效、农作物秸秆综合利用、畜禽粪便资源化利用、病虫害绿色防控等绿色生态生产技术,不仅仅是单项技术,更包括有效的技术组合,需要有相应完整的生产标准和操作规范。因此,现有生产条件下,绿色生产技术管理组合也增加了人工成本,提升了整体成本。为了促进绿色农业的发展,多年来,我国政府不断出台政策支持并通过经济手段来激励农户选择绿色的生产方式,生产优质农产品。中央财政采取了直接补贴、税收优惠和信贷支持等措施,各地方政府也对绿色农业项目出台了补贴和奖励政策。在政府的政策和资金支持下,我国的绿色农业得到了发展。

根据央视网 2020 年 5 月 11 日的报道,我国有机农产品销量增长迅速,但仍有一些消费者对有机农产品存在疑虑。如果缺乏消费者对绿色优质农产品的认同,即不愿为之支付合理的价格,那么优质农产品就不能大范围地推广和存续,进而很难实现我国农业的绿色发展。多年来,我国对绿色农业的发展主要聚焦于生产经营者的行为规范,对消费者行为干预的政策手段较少,而发达国家已经开始尝试让消费者理解绿色农产品价格的合理性,如欧洲的"真实成本"(True Cost)运动,这一活动通过采用信息卡片的方式向消费者揭示有机商品与普通商品在气候、水、土壤、生物多样性、生活和健康方面的成本差异。例如,采用传统方式生产的梨相较于有机生产的梨每年每公顷将多消耗 1417 欧元的土壤成本,269 欧元的水成本和 602 欧元的气候成本,共计 2288 欧元(成本计算参照 2014 年联合国粮农组织的食物隐形成本计算方法)。"真实成本"运动的推动者,欧洲主要有机果蔬分销商 Eosta 旗下公司 Nature&More 希望通过提供这些信息来帮助消费者注意到有机农产品通常被忽略的外部成本。本书课题组于 2016 年 7 月,在访谈 23 位专家基础上筛选出一套适合蔬菜绿色发展的生产管理技术标的,以此技术管理要求调查了不同规模蔬菜种植户 40 户,结果发现病虫害绿色防控各项成本比传统方式的成本每年净增加约 1072—1486 元/亩,而从生产普通农产品转为生产有机农产品,则需要消耗更多的时间、种植、人工和认证成本,如有机农产品对土壤要求三年以上的转换期,在转换期内,农户就要开始执行有机标准,无法使用普通化肥、农药,只能使用价格较高的有机肥料,并因此需要投入更多的劳动力采用物理方式进行病虫害防治,且转换期内的产品只能被称为"有机转换"产品,售价难以得到保障。

因此,为了更好地发挥消费者的力量来促进绿色农业的发展,课题组于2017年和2019年,委托专业调查公司问卷和团队面对面实地调查两种方法,分别获得了大米问卷1235份(2017年)、樱桃番茄问卷907份(2019年)及猪肉问卷706份(2019年)。大米调查主要在我国大米生产和消费地,问卷受访者主要分布在我国的12个省份(黑龙江、山东、安徽、江西、湖南、湖北、浙江、江苏、福建、广东北京和上海);樱桃番茄问卷的受访者主要分布在我国的10个省份(黑龙江、吉林、辽宁、新疆、浙江、江苏、湖北、广东、北京和上海),涵盖了我国南方和北方地区的主要省份;猪肉问卷则选取以猪肉消费为主的大中城市进行采样,从东部、中部、西部分别选取具有代表性的大中城市(东部:北京、上海、广州、杭州、苏州、南京、石家庄;中部:武汉、合肥、郑州、太原、长沙;西部:成都、昆明、贵阳、重庆、呼和浩特)。

一、我国消费者对绿色优质农产品的购买行为

多年的消费者文献表明,我国消费者对绿色优质农产品的实际购买行为不足,与发达国家相比,有较大差异。Wier(2008)的研究表明,90%的丹麦消费者都有过对有机食品的购买行为。且国外的绿色优质农产品市场仍在快速扩展,Samborski和Bellegem(2013)调查发现比利时2011年有机肉类的购买者数量比2005年增加了一倍。反观我国近年的数据,张海英(2010)调查发现广州市有61.2%的消费者购买过绿色食品。王进(2014)的研究表明,武汉市购买过有机食品的消费者比例不到25%。王萌等(2020)在2017年的调查中发现,北京消费者选购过可追溯猪肉的比例仅为18.87%,且受访者中只购买普通猪肉的消费者比例(61.66%)远高于只够买可追溯猪肉的消费者比例(5.65%),而且这些消费者购买频率均较低,大部分属于偶尔购买一次。

课题组的调查显示:第一,绿色、有机大米。相比于绿色大米,消费者购买有机大米的比例更高,达62.71%,而购买过绿色大米的消费者比重仅仅是56.63%;购买频率两者相似,基本集中在一月购买一次的频率范围。

第二,绿色优质蔬菜。消费者购买绿色蔬菜的比重最高,地理标志蔬菜的比重最小,分别占75.78%和39.40%,购买过有机蔬菜和无公害蔬菜的受

访者分别占 75.78% 和 61.60%。但是，由于蔬菜达到无公害标准才能进入市场，因此消费者购买的蔬菜一定高于无公害标准，消费者自述无公害蔬菜购买行为低于实际情况。

第三，绿色优质猪肉。消费者购买绿色猪肉的比重最高，地理标志猪肉的比重最小，分别占 83.99% 和 69.29%，购买过可追溯猪肉和有机认证猪肉的消费者分别占 80.03% 和 77.62%；消费者购买认证猪肉的频率不一致，39.09% 的消费者每周购买认证猪肉的次数在 1 次及以下，25.78% 的消费者每周购买 2—3 次认证猪肉，35.13% 的消费者购买次数在 4 次及以上。

二、我国消费者对绿色优质农产品的支付意愿

多年的消费者文献表明，我国消费者对绿色优质农产品的支付意愿难以弥补其同普通产品的成本差异，尽管对发达国家消费者的研究也表明消费者对绿色优质农产品的支付意愿存在较大差异，但国外消费者对绿色优质农产品支付溢价的上限远高于我国消费者，Krystallis 和 Chryssohoidis(2014)对 45 篇文献的元分析结果显示，发达国家消费者对有机食品的最高溢价可达 509.2%。反观我国的数据，Yin 等(2010)的研究表明，中国一线城市消费者对有机食品的支付溢价 135.3%。韩占兵(2013)的研究显示，消费者对有机大米边际购买意愿为 7.68 元/公斤，梁志会等(2020)在 2017 年对广州、武汉和兰州消费者的调查结果显示，不同地区居民对绿色大米的溢价在 91.82%—145.2%，和实际市场上常规大米和有机大米之间的差价有很大距离。肉类更是典型代表。中国消费者仅愿意为绿色蔬菜和绿色猪肉分别多支付 47% 和 40% 的价格(Yu 等,2014)。孟晓芳等(2020)在 2017 年的调查结果也显示，上海消费者仅愿意为提供原产地可追溯信息的猪肉额外支付 4.26 元/公斤，即便通过信息强化提高消费者对可追溯猪肉的信任水平，在"非常信任"和"比较信任"可追溯信息的情况下，消费者对这种可追溯猪肉的支付溢价也只能提升为 4.62 元/公斤，仅提高了 0.36 元/公斤。

课题组的调查显示：第一，认证大米。消费者对绿色、有机和地理标志这三种属性均有正向偏好，其中，消费者愿意为地理标志农产品支付的溢价最高，绿色标签的溢价最低，分别为 5.08 元/斤和 3.37 元/斤，消费者愿意为有机标签支付的溢价为 3.67 元/斤。但相比于普通大米，消费者愿意为绿色标签和有机标签支付的溢价差异较小，仅为 0.3 元/斤。

第二，认证猪肉。消费者对认证猪肉的支付意愿水平具有异质性，26 岁以下对认证猪肉具有高信任水平的消费者，如果有过买到问题猪肉的疑似经历，支付意愿最高，达 40.78 元/斤；55 岁以上的消费者，如果不信任认证猪肉，也没有疑似经历，支付意愿最低，仅为 20.68 元/斤。

综合来看，消费者较少购买绿色优质农产品且对绿色优质农产品的支付意愿难以弥补生产绿色优质农产品所需的成本。具体而言，消费者对不同品类（大米、蔬菜和猪肉）绿色认证农产品的购买行为具有相似性，购买过绿色农产品的消费者比例高于有机农产品，购买过地理标志农产品的消费者比例最低，这说明消费者的购买行为与产品品类关系不大，主要与具体的认证种类有关。但消费者对不同品类绿色认证农产品的支付意愿存在异质性，相对而言，消费者愿意为认证大米支付的溢价幅度最高可达 416.39%（按农业部通报调查当年的大米均价 1.22 元/斤折算），而消费者对认证猪肉的溢价幅度最高为 107.63%（按农业通报调查当年的猪肉均价 21.5 元/斤折算），这种差异可能与猪肉基准价格较高而大米基准价格较低有关。除此之外，消费者对绿色认证农产品的陈述性偏好和实际行为存在不一致。调查样本中，38.95% 的消费者虽然对绿色大米有积极的支付意愿，但没有将这种意愿转化为实际的购买行为。同时，23.76% 的消费者有选购有机食品的意愿但实际没有购买有机农产品。

三、绿色优质农产品溢价实现的制约因素

第一，购买不够方便。Briz 和 Ward（2009）认为商品购买的便利性对消费者实际支付行为有显著正向的影响；陈志颖（2006）也指出购买渠道越便利、条件越优越的消费者，购买认证农产品的阻碍因素就越少，购买意愿就越可能转变为真实的支付行为。调查中我们发现，以大米为例，65.46% 的调查者认为购买认证大米不方便，外部条件是影响消费者选购绿色优质农产品的原因之一。

第二，对绿色优质农产品认知水平不高。以大米为例，在主观认知水平方面，消费者自我感知的对绿色和有机大米的认知水平有限，绝大多数都只是停留在听说过的层面，平均认知水平分别为 2.51 和 2.56，认为自己非常了解的消费者比例只有 1.66% 和 2.21%。在客观认知水平上，消费者对认证产品相关知识问答的平均得分较低，仅能答对一半的问题。大米的调查中设置

了 6 个有关绿色标签、有机标签生产标准的基本问题,结果显示,全部答对与绿色标签有关的 3 题的受访者比例只有 20.97%,消费者对绿色标签生产标准认知能力的平均得分只有 1.83 分(满分 3 分)。由于设置的判断问题具有基础性,这一得分说明消费者对绿色标准的了解程度不高。与绿色标签相比,消费者对有机生产标准的客观认知水平较高,超过一半的受访者(56.92%)全部答对三道题,相应的平均得分有 2.37 分(满分 3 分)。蔬菜的调查中设置了 8 个客观问题,调查结果显示 53.71%的受访者答对了 5 题(24.22%)或 6 题(29.49%),仅 6.02%的受访者答对全部 8 道题,消费者对认证产品相关知识的平均得分为 4.84(满分 8 分)。综合来看,我国消费者对不同品类、不同认证的绿色农产品的认知水平均较低,相对而言,消费者对绿色农产品和地理标志农产品相关知识的误解更多,对有机农产品的认识比较准确,这与有机农产品的宣传和推广较多有关。消费者的认知水平会正向影响其购买行为和支付意愿,即消费者越了解认证农产品相关知识,越可能选购认证农产品并为其支付更高的价格。

第三,对绿色优质农产品信任水平低。由于绿色优质农产品具有很强的信任品属性,消费者的支付意愿很大程度上取决于所具有的信任水平(郑明赋,2016)。大米的调查结果显示,受访者对绿色大米和有机大米的信任程度大体相同,以"一般信任"为主,非常相信的消费者较少,通过计算均值,绿色大米和有机大米信任度分别为 3.12 和 3.13(满分 5 分)。蔬菜的调查结果表明,消费者对可追溯信息的信任水平有限,"一般信任"的受访者比例最高,"非常相信"的比例最低,分别占 37.26%和 6.15%,"不太相信"所占比例为 22.21%,16.44%的受访者"非常不相信"可追溯信息。猪肉的调查结果表明,消费者对认证猪肉的平均信任水平为 3.76(满分 5 分),高于非认证猪肉的 2.99(满分 5 分),比较信任和完全信任认证猪肉的消费者比例达到 59.46%,但仍有近 30%的消费者信任水平一般。超过一半的消费者(55.79%)担心"认证猪肉价格高,企业造假的可能性大",68.34%和 65.44%的消费者分别认为第三方认证机构审查不严、认证标识使用不规范会导致猪肉认证真假难辨。此外,消费者对各个主体的信任水平略有不同,整体处于"一般信任"水平。从均值上看(满分均为 5 分),消费者对政府监管机构的信任程度最高(3.41),其次是对生产农户(3.39)和认证机构(3.39)的信任程度,对认证标签相关企业的信任程度较低(3.35)。

综合来看,消费者对不同品类认证农产品的信任水平存在一定差异,相对而言,消费者对认证猪肉的信任水平较高,而对大米和蔬菜的信任水平一般。过去几年中,猪肉安全事故频发,相对于消费者对普通猪肉质量安全的担忧,这可能反向促进了消费者对认证猪肉的信任。同时,监管部门采取了一系列的应对措施,加强了对猪肉质量安全的监管,公众和媒体对猪肉质量安全的高度关注也促进了猪肉质量安全信息的透明度,这可能提升了消费者对普通猪肉和认证猪肉的整体信任水平。消费者对认证农产品的信任水平正向影响其支付意愿,即消费者越信任认证农产品的质量安全情况,越愿意为其支付更高的价格。

第四,消费者个人特征的影响。消费者年龄负向影响其购买行为和支付意愿,年轻的消费者比年长的消费者更愿意为认证农产品支付高价。猪肉的调查结果表明,25 岁以下的消费者对认证猪肉的支付意愿(40.78)比同一水平下 26—35 岁的消费者(39.37)高 1.47 元,比 36—45 岁的消费者(37.96)高 2.82 元,比 55 岁以上消费者(35.14)高 5.64 元。当消费者自身或亲友有过购买到问题农产品的疑似经历后,出于对健康、安全的需求,他们对绿色优质农产品的支付意愿也会提升。当消费者自身有过疑似经历后,他们的支付溢价比无经历的消费者高 0.79 元;当消费者自身和亲友都有过疑似经历,支付溢价则会提升 4.33 元。此外,家庭收入则正向影响支付意愿,家中有老人、孩童、孕妇等敏感人群的消费者也比家中无敏感人群的消费者支付意愿水平更高,他们会更多地考虑到家人的健康状况,因此更愿意支付高价。

第三章 新型农业经营主体与农业绿色安全高质量发展

第一节 突出新型农业经营主体的主体地位

加快构建"以农户家庭经营为基础、合作与联合为纽带、社会化服务为支撑"的立体式复合型现代农业经营体系,成为推动现代农业发展的重要内容。构建集约化、专业化、组织化、社会化相结合的新型农业经营体系,是应对我国农业发展所面临的"五化"(农村空心化、务农老龄化、要素非农化、农民兼业化、农业副业化)、"双高"(高成本、高风险)、"双紧"(资源环境约束趋紧、青壮年劳动力紧缺)新情势,进一步突破制约农业经营的各种瓶颈障碍,保障农业经济和农村社会的健康发展的答案(李铜山和刘清娟,2013)。培育新型农业经营主体是构建现代农业经营体系的核心任务,在明确了农业经营体系与农业绿色安全高质量发展关系的基础上,进一步厘清新型农业经营主体在农业绿色安全高质量发展中的角色定位,明确新型农业经营主体与小农户的关系,是构建新型农业经营体系的重要前提。

一、新型农业经营主体的内涵

1. 新型农业经营主体的概念界定

新型农业经营主体是农业生产分工不断深化的产物,是基于家庭承包经营基础之上,适应市场经济和农业生产力发展要求,从事专业化、集约化生产经营,组织化、社会化程度较高的现代农业生产经营组织形式(陈晓华,

2014)。2008年十七届三中全会首次提出有条件的地方可以发展专业大户、家庭农场、农民专业合作社等规模经营主体,2013年中央一号文件再次提出鼓励承包经营权在公开市场上向专业大户、家庭农场、农民合作社、农业企业流转,发展多种形式的规模经营(张照新,赵海,2013;楼栋,孔祥智,2013;郭庆海,2013)。十八大以来,新型农业经营主体和服务主体呈快速发展之势,尤其是后者,已经成为不可忽视的农业生产服务主体。截至2018年底,全国家庭农场达到近60万家,其中县级以上示范家庭农场达8.3万家。全国依法登记的农民合作社达到217.3万家,是2012年底的3倍多,其中县级以上示范社达18万多家。全国从事农业生产托管的社会化服务组织数量达到37万个。各类新型农业经营主体和服务主体快速发展,总量超过300万家,成为推动现代农业发展的重要力量。2019年底,全国家庭农场超过70万家,依法注册的农民合作社220.1万家,从事农业生产托管的社会化服务组织数量42万个。

新型农业经营主体是构建我国集约化、专业化、组织化、社会化农业经营体系的关键,是推动我国传统农业向现代农业转型的骨干力量。按照郭庆海(2013)的理解,新型农业经营主体的"新"体现在两个方面:其一,相对传统农业之"新",它是与现代农业发展相适应的农业经营主体;其二,相对传统体制之"新",它是与改革开放后实行的家庭经营制度及市场经济体制相适应的农业经营主体。张照新、赵海(2013)认为,新型农业经营主体应该具备以下三大特征:一是适度规模和专业化生产。新型农业经营主体经营规模明显高于传统农户家庭经营规模,专门从事农业生产,能够实现对自身劳动力资源的充分利用,取得较好的规模经济效益。二是集约化经营。相对于传统小规模家庭经营,新型农业经营主体具有较好的物质装备条件,生产技术水平高,具有现代经营管理意识,能够实现对资源要素的集约利用,劳动生产率、土地产出率和资源利用率都比较高。三是市场化程度高。新型农业经营主体主动按照市场需求安排农业生产活动,绝大部分产品都要进入市场,能够和市场实现有效衔接,商品化率和经济效益明显高于传统农户。

本书所谓的新型农业经营主体是相对于传统家庭经营主体而言的,是以家庭经营制度为基础,具备一定经营规模,以商品化生产为主要目标,与现代农业及市场经济相适应的农业经济组织,具体指专业大户、家庭农场、农民合作社以及农业龙头企业(包含工商资本投入企业)。

2. 新型农业经营主体的类型

国内学者一致认为农业经营主体应呈现多样化、多类型经营主体并存的格局,其中以专业大户、家庭农场、农民专业合作社、农业企业和经营性农业服务组织为代表的新型农业经营主体,因其经营规模、辐射带动、盈利能力、资金来源、市场导向、产品认证、品牌建设、销售渠道等方面的优势,构成了建设现代农业的微观基础(张义珍,1998;黄祖辉等,2010;郭庆海,2013;楼栋,孔祥智,2013;张照新,赵海,2013)。新型农业经营主体主要是指农户家庭农场、种养大户、农民合作社和农业企业。

农户家庭农场是指以农户家庭成员为主要劳动力,从事农业规模化、集约化、商品化生产经营,并以农业收入为家庭主要收入来源,收入水平与当地城镇居民相当的农业经营主体。全球农业经营主体中90%以上属于家庭经营,家庭农场在农业生产中始终具有稳定的主导地位(张红宇,2018)。农业部《中国农村经营管理统计年报(2016)》显示,在全国家庭农场中,从事种养业和种养结合的家庭农场占家庭农场总数的98.2%,其中,从事粮食等大田作物生产的家庭农场占总数的40%。2019年全国家庭农场总数达到87万家,带动1.25亿农户进入大市场。

种养大户是指依托自身资金、技术和装备等优势,专门从事种植、养殖业,且规模较大(规模超出当地平均水平,且务农收入相当于当地二、三产业务工收入)的农户。

农民合作社是指在农村家庭承包经营基础上,农产品的生产经营者或者农业生产经营服务的提供者、利用者,自愿联合、民主管理的互助性经济组织,主要包括以服务为主的专业合作社、以生产经营为主的综合经营性合作社(现代农机合作社)和农民合作社联合社。农民合作社集生产主体和服务主体为一身,融普通农户和新型主体于一体,具有联系农民、服务自我的独特功能。2019年全国新增农民合作社16万家,总数已经达到220万家。

农业企业是指以农产品生产、加工、流通和服务为主,通过各种利益联结机制与农户相联结,带动农户进入市场的企业。农业企业作为现代经营组织形式,产权明晰、治理结构完善、管理效率较高、技术装备先进、融资和抗风险能力较强,在物质投入、人力资本、技术开发等方面的优势是其他农业经营形式和组织方式难以复制的。从全球农业发展经验和中国实践看,农业企业已经成为现代农业经营体系不可或缺的重要组成,在引领众多经营主体发展现代农业方面具有示范效应和导向性作用。2019年,全国农业产业化龙头企业9万家。其中,国家重点龙头企业1542家。

社会化服务组织具有专业化特征,其立足生产全过程,利用专业技术人员、专用设施装备、专门营销网络,可以为普通农户和其他经营主体提供市场信息、农资供应、绿色技术、废弃物资源化利用、农机作业及维修、农产品初加工、农产品营销等全方位生产性服务,通过这种统一服务连接千家万户,连片种植、规模饲养,形成服务型规模经营,实现小农户与现代农业发展有机衔接。

新型农业经营主体和服务主体对市场反应灵敏,能够根据市场需求组织农产品标准化、品牌化生产,加强质量安全管控,注重产销对接,促进了农业种养结构调整优化,推动了农村一、二、三产业融合发展,带动了农业劳动生产率不断提升。

二、新型农业经营主体与农业绿色生产

"地板"抬升、"天花板"下压、生态环境与资源条件两道"金箍"束缚趋紧,是当前我国农业发展困境的形象刻画。绿水青山就是金山银山,现代农业必须以绿色发展为导向,更加注重资源节约、环境友好、生态保育和产品质量。推进农业绿色发展成为新时代我国现代农业转型的根本方向,也是我国实现城乡一体、全面小康的前提条件。农业绿色发展需要以依靠科技创新和劳动者素质提升为动力,逐步实现生产方式的绿色转型。

绿色的农业生产方式应该能够协调农业经济效益、社会效益和生态效益(郑微微,沈贵银,2018),它包括在农业农村生态系统运作过程中推动资源节约、环境友好、污染控制、废弃物循环、产品优质、生态协调的一系列相互配套、兼容的产业技术体系(张宇,朱立志,2018)。农业绿色生产方式体现在亲环境技术的采纳上。亲环境生产技术指农户在农业生产过程中,从生产要素购买、使用到用后处理以及采摘、运输、储存等各环节,努力保护生态环境、降低对环境的负面影响的行为(梁流涛等,2016;郭利京,赵瑾,2014)。目前国家已推广的亲环境生态友好型农业生产技术主要有水土保持技术(保护性耕作、节水灌溉)、养分资源综合管理技术(施用有机肥、种植绿肥、测土配方施肥)、作物轮作、秸秆还田和农药污染控制技术(褚彩虹等,2012)。

蔡颖萍和杜志雄(2016)以全国1322个家庭农场为样本,用是否采用测土配方施肥、亩均化肥施用量和亩均农药使用量是否比周边普通农户少、是否

选择秸秆机械化还田和是否采用节水灌溉作为变量,对家庭农场的生产行为进行了分析,发现家庭农场的生产行为已初具生态自觉性。其中农场主受教育程度、接受过培训以及从事农业规模经营的年限、加入合作社、被评比为示范家庭农场、产品通过"三品一标"认证、拥有注册商标等因素对家庭农场生态生产行为具有显著的正向影响。蔡荣等(2019)以化肥和农药减量施用行为为例,利用全国家庭农场监测数据并运用内生转换模型,构建"反事实"分析框架,估计了加入合作社对家庭农场化肥和农药减量施用概率的平均处理效应,发现减量施用化肥和农药的家庭农场占比较低,加入合作社对家庭农场选择环境友好型生产方式能够起到积极效果,与不加入合作社相比,加入合作社能够使家庭农场化肥和农药减量施用概率分别提高43.3%和43.7%。

新型农业经营主体规模化经营特征为绿色生产方式的采纳创造了条件。徐涛等(2018)从经营总面积和平均地块面积两个层面分析了规模化经营如何通过技术采纳影响农户的成本收益。从经营总面积看,总面积的扩大不仅能提升技术采纳带来的规模经济效益(向东梅,2011;刘红梅等,2008),而且可以降低技术采用的跃迁成本,如时间、精力、金钱等学习成本,信息搜寻等交易成本、生产资料成本和人工成本等。但已有研究关于规模和技术采用的关系的研究结论总是不一致,例如农户采用稻田节水技术、保护性耕作技术和测土配方施肥技术(廖西元等,2006;蔡荣,蔡书凯,2012;褚彩虹等,2012;罗小娟等,2013)等研究结论为经营总面积对技术采纳无显著影响。刘晓敏和王慧军(2010)对于华北某缺水平原区咸水利用农艺节水技术的农户采纳研究则发现土地经营规模与技术采纳成反比,地块面积与技术采纳成正比,但未从技术本身特点等方面进行分析解释。钟文晶等(2018)提出经营面积是影响农户是否采用安全生产技术的重要因子,从自有农地面积越大的农户越可能进行商品化生产的角度认为可能导致不安全的生产技术行为,如大量施用农药;同时农地质量越好,农户对其禀赋效应越高,"惜地"心理更强(钟文晶等,2013),会更倾向安全的生产技术行为。规模影响亲环境技术采纳的成本收益、风险感知、资源获取和劳动力需求,从而影响亲环境技术的采纳行为。在对2014年全国802家粮食类家庭农场的研究中,夏雯雯等(2019)则重点关注土地经营规模对家庭农场运用测土配方施肥技术的影响,将"2004年样本县人均耕地面积"作为工具变量解决内生性问题,分析认为土地规模较大的家庭农场更有意愿和动机采纳测土配方施肥技术,也会获得更多收入,从而更有能力应用这一技术。冯燕和吴金芳(2018)通过对安徽省肥东县的案例研究表明,500 亩以上的种植大户往往会主动聘请专业的技术人员进行测土配方施肥方面的指导。

但也有部分研究表明,规模与绿色生产之间的关系并非简单的线性关系。胡林英等(2017)发现茶园规模对茶农采用绿色防控技术有显著的负向影响,可能与政府补贴以家庭户而非经营规模为单位发放有关。蔡书凯(2013)认为农户耕地规模与病虫害绿色防控技术的 U 形关系是因为较小规模时劳动力需求的增加引起采纳的下降,而规模扩大后更有动力采纳。张忠明等(2011)对浙江省设施农业蔬菜的规模与生产率的关系进行了研究与评价,发现土地生产率会先有所下降后升高,而劳动生产率和资本利润率均会有所提高。刘乐等(2017)使用 2015 年在全国 3 个粮食主产省 492 个水稻种植户共 794 个地块的微观调查数据,发现无论是农户家庭层面还是地块层面,土地经营规模与秸秆还田行为之间都存在稳健的倒 U 形关系。曹慧和赵凯(2019)利用山东省 549 户农户 1417 块地块灌溉、施肥、施药、秸秆回收的样本数据,也发现了这种倒 U 形关系,在 15—20 亩时达到顶峰;但上述关系因地块属性不同而呈现差异,自家地的地块经营规模与农户总体亲环境行为实施呈倒 U 形关系,而转入地的地块经营规模与农户总体亲环境行为实施呈 U 形关系。

除经营规模之外,负责人个人经历、社会资本、外部培训等因素也是影响新型经营主体绿色生产转型的重要因素。王兴国等(2018)在对 371 家粮食类家庭农场施药行为影响因素的研究中,在前者的基础上还发现农场主年龄、从业经历、种植作物品种、是否与农业龙头企业有联系、是否获得政府补贴等变量对家庭农场施药行为具有显著的正相关关系。夏雯雯等(2019)基于2017 年黑龙江、江苏、四川三省 452 个家庭农场调研数据,研究发现受教育时间越长、接受过培训的家庭农场经营者越倾向应用绿色生产技术,但并非培训次数越多越好;年轻、风险偏好型的家庭农场经营者应用绿色生产技术的概率较高;女性、习惯运用移动网络的家庭农场经营者应用绿色生产技术的概率较高。曹铁毅等(2020)基于江苏省金湖县 606 个家庭农场调研数据,运用有序 Logistic 模型探讨了人力资本和社会资本对家庭农场测土配方施肥行为的影响,发现两者均对测土配方施肥行为有积极影响,其中通用性和专用性人力资本影响显著为正,政治型、声誉型和社区型社会资本也具有正向影响,而表征组织型社会资本的农民合作社变量由于整体发展质量不高,技术传播作用不明显。从交互效应看,两类资本在农场技术采用的过程中具有相互替代的作用,随着人力资本的提高,社会资本的影响在降低,反之人力资本作用被削弱。

三、新型农业经营主体与农产品质量安全提升

质量安全是农产品的生命线,确保农产品质量安全是农业绿色化、优质化、特色化、品牌化的基础,是实现质量兴农、绿色兴农、品牌强农的基础。一方面,随着我国进入上中等收入国家行列,城乡居民消费结构不断升级,对农产品的需求已经从"有没有""够不够"转向"好不好""优不优"。提升农产品质量安全水平,增加优质农产品和农业服务供给,有利于更好地满足城乡居民多层次、个性化的消费需求,增强人民群众的幸福感、获得感。另一方面,质量就是竞争力,质量就是效益,提升农产品质量安全水平是农业提质增效与品牌化发展的基础,有利于提高我国农业竞争力,拓展农业增值空间,培育农民持续增收新的增长点,有利于亿万农民分享农业高质量发展成果。

杨秋红和吴秀敏(2009)基于四川省 61 家农产品加工企业调研数据,发现企业获得的质量认证、产品是否出口、政府政策、风险预期和企业对消费者可追溯性农产品支付意愿的预期对建立农产品可追溯系统的意愿有不同程度的影响。韩杨等(2011)认为蔬菜加工企业实施追溯的主要驱动力来自确保食品原料质量安全、获取政府政策支持和补贴、市场利益及明确食品安全责任。吴林海等(2013)基于隐马尔科夫模型(HMM)的决策意愿模型模拟了食品企业追溯体系投资决策,发现预期收益、市场对可追溯食品的需求、政府支持政策是影响企业投资追溯体系决策意愿的主要因素。吴林海等(2014)对河南省郑州市 144 家食品生产企业为实施追溯的投资意愿进行调查,发现 79.2% 的食品生产企业愿意投资追溯体系,企业从业人数、管理者年龄也显著影响企业实施追溯的决策。张蓓等(2014)的研究表明,农业企业能力、农产品供应链协同程度、农产品供应链信息共享程度、消费需求和政府监管力度显著影响企业质量安全控制。

作为一个高效、安全的食品安全控制工具,HACCP 逐渐得到越来越多企业的认可。在影响企业 HACCAP 认证的因素中,市场尤其是出口市场要求是我国企业实施 HACCP 认证的最初原因。周洁红和叶俊焘(2007)的研究也证实,业务类型具备外销性特征的企业实施 HACCP 体系的可能性更大;王志刚和周永刚(2014)也认为开展国际贸易是我国食品企业实施 HACCP 管理

体系的重要激励因素。除了出口市场要求之外，企业规模、资金实力、业务类型等企业特征，企业管理者食品安全管理意识、企业家精神等领导者个人特征，政府食品安全监管政策与 HACCP 支持政策等外部政策都是影响企业实施 HACCP 的重要因素（孟强，2006；王志刚，2006；周洁红、叶俊焘，2007；白丽等，2010；王志刚等，2014）。

与龙头企业不同，合作社质量安全控制本身是基于其带动的社员开展的，这意味着合作社的质量安全控制本身就是一种带动行为。胡定寰等（2006）、汪普庆等（2009）、华红娟和常向阳（2011）、张会（2012）等从产业链的视角，论证了"合作社＋农户"这一供应链纵向合作模式对保障源头农产品质量安全的积极意义。此外，还有学者以案例的形式对合作组织内部质量安全控制措施与机制进行了总结。如卫龙宝和卢光明（2004）以浙江省部分农民专业合作社为例，总结了合作社质量安全控制的具体措施，包括生产基地建设、技术和信息提供、农产品检验和分类包装等。高锁平和裴红罗（2011）认为合作社有效控制农产品质量安全的关键是建立高效监督机制，基础是提升社员安全生产意识与安全生产能力。陈新建和谭砚文（2013）利用广东省 50家水果生产类农民专业合作社的调查数据，证明合作社领导人从业经历、专职工作人员数量、是否有销售品牌、是否有销售渠道、是否有政府项目支持等因素对合作社食品安全服务功能强弱有着明显影响。

除此之外，合作社还是推进农业标准化的重要载体，国内研究主要集中在合作社推行标准化的成效、机理与主要困难等方面。周洁红和刘清宇（2010）对浙江省 95 家合作社标准化的实施情况进行调查，发现产品标准与质量安全标准的实施比例较高，但环境标准实施比例偏低，标准等级方面国际标准执行比例偏低。增加社员或非社员的责任感、政府法律法规要求、政府支持及消费者的食品安全意识等是影响农业合作社实施标准化行为的显著因素。王翔（2008）的研究表明，土地规模、首要目标市场、是否注册商标和生产力利用程度等因素对合作社标准化行为有显著影响。田文勇（2012）的研究表明，合作社实施标准化生产受负责人自身因素影响不显著，受市场距离、年利润额、服务范围、拥有社员人数、拥有土地亩数、农产品品牌及政府相关支持与扶持影响较显著。王芳等（2013）基于浙江、河北、吉林、陕西四省调查数据，发现合作社自身基地建设情况、品牌情况、负责人学历、优质优价、销售渠道以及优惠政策对合作社实施农业标准化有显著影响，其中合作社自身基地建设情况的影响最大。此外，合作社实施标准化的主要困难集中在农户标准化意识不强、管理难度大、合作社资金不足、收益不明显等四个方面。

四、新型农业经营主体与农业高质量发展

习近平总书记指出,实施乡村振兴战略,必须深化农业供给侧结构性改革,走质量兴农之路。只有坚持质量第一、效益优先,推进农业由增产导向转向提质导向,才能不断适应高质量发展的要求,提高农业综合效益和竞争力,实现我国由农业大国向农业强国转变。

高质量首先体现在高效益和高竞争力上。但目前我国农产品效益偏低、国际竞争力不足,一方面是因为生产成本高,难以形成价格优势;另一方面是因为农产品的生产追求保量而忽视了品质对消费者需求的满足(黄季焜,马恒运,2000;孔祥智,2016;高杨等,2017)。同时,我国农业现代化过程中还面临一系列与环境相关的挑战,过量施用化肥农药引发土壤退化、面源污染、大量温室气体排放以及农产品质量安全问题等(王常伟,顾海英,2013;郭利京,赵瑾,2014;张广胜,王珊珊,2014;Huang et al.,2015;王雪琪等,2018),农膜回收不及时破坏了土壤结构、带来污染并导致农作物减产(黄季焜等,2008),耕地负载逐年加大,区域性退化日益严重,土壤有机质含量大幅下降,南方土壤酸化、华北耕层变浅、西北耕地盐渍化等土壤退化问题日益突出。2004 年至今,中央一号文件已连续多年聚焦"三农"问题;2015 年中央一号文件的发布标志着我国向数量与质量统一、经济效益社会效益生态效益兼顾的现代农业转型的方向进一步明晰;2018 年中央一号文件更是提出要突出质量、绿色发展,将提升农业发展质量作为乡村发展新动能进行培育,以绿色发展引领乡村振兴。

由于狭小土地经营规模的限制,农业出现资本报酬递减现象,是高投入、高消耗、高排放农业延续的重要诱因(蔡昉,王美艳,2016)。因此,只有具有必要的耕地规模才有通过技术进步来实现节本增收的现实需求(朱启臻等,2014;何秀荣,2016;罗丹等,2017)。目前已有众多学者对适度规模经营问题即各类新型农业经营主体的规模效率进行了广泛而深入的研究(李静,2016;孔令成,2016;王嫚嫚等,2017)。

适度规模经营的内涵包括生产端的规模化,也涉及产前、产中、产后由社会化服务所提供的规模化(尚旭东,朱守银,2017;黄祖辉,2017)。而聚焦于

生产过程的规模化即指生产过程中各类要素的规模投入及其产出情况(罗芹,2008;王志刚等,2011)。一般由于土地是不可或缺的核心要素及其具有不可再生性,围绕土地面积的相关问题成为规模经营的重点(周诚,1995;许庆等,2011)。适度规模经营的形式不仅局限于土地,还包含多种经营方式,可以从"农业生产要素""农业经营主体""农业经营环节"和"农业产业融合"等角度进行考量(宋小亮,张立中,2016),应依据不同地区的实际情况、不同历史时期及经营主体的主观条件判断适度规模的数值范围,因而适度是一个动态概念(蒋和平,2013;汤建尧,曾福生,2014;卫荣,2016;程秋萍,2016)。

关于如何确定适度规模评价标准的观点归纳起来主要有五类:收入决定观点、生产力水平决定观点、效益最大化观点、资源禀赋观点和劳动力转移观点(张海亮,1998;张侠等,2002)。具体而言,第一类从经济角度来看,需符合规模经济原则,即不变资本与可变资本的匹配构成(吴晨,2016;赵一夫,秦富,2015;金福良等,2013;罗芹,2008),具体包括土地产出率、劳动产出率、成本收益率等(朱启臻等,2014;何劲,熊学萍,2014;李文明等,2015;邓文等,2017),其中土地产出最大化也符合国家宏观视角的需求。第二类符合社会公平原则,即农业经营者的机会成本,包括将务农收入与城镇居民收入(郭庆海,2013;张成玉,2015)、务农收入与务工收入(郎秀云,2013)、经营规模与当地农户平均规模作比较(孔祥智等,2017)。第三类符合收入最大化原则,基于微观主体视角的收入最大化等。还有一些标准往往基于某个现实中单一要素的情况进行界定,如经营者管理能力标准(朱启臻等,2014;袁赛男,2013)、农业机械装备标准(曹东勃,2014)等,也有将综合效益作为衡量指标的(孔令成,2016)。国外学者较少有对农场土地适度规模进行直接测度的成果,而国内学者则主要从宏观理论、生产经验以及统计分析等视角对家庭农场的适度规模进行了研究,所使用的指标多数集中在劳动生产率、土地生产率、资本生产率、平衡收入等方面,鲜有利用计量经济模型对家庭农场适度规模进行实证测度的成果。

关于粮食生产型家庭农场适度规模经营的上限,从经济角度考虑认为只要规模报酬递增,农地规模就可扩大(黄新建等,2013),但从制约条件来看应该是现有技术条件下家庭成员所能经营的最大面积(朱启臻等,2014),据此推算山东种植苹果的夫妇所适合的经营规模为0.33公顷。王佳洁和鞠军(2010)测算某村中等收入指标下的低适度规模为户均蔬菜0.1—0.2公顷,户均粮食1.28—2.56公顷。顾海英(2013)也认为家庭农场适度规模的度应该根据生产力水平和作物品种来定,南方地区粮食种植类家庭农场的经营面积一般可在 10—15 公顷,蔬菜和园艺作物则分别为 1 公顷、10—15 公顷。而从城镇化进程中的社会问题来看,我国人多地少的国情、失地农民就业问题、收入相对公平问题均需考虑。蔡瑞林和陈万明(2015)测算了江苏省粮食生产型家庭农场的适度经营规模,用种粮收益、外出务工机会收入、城镇在岗职工收入、城乡公共服务水平确定低、中、高、超适度规模。黄宗智(2006)基于人多地少的国情认为我国家庭农场将长期维持 0.67—1.33 公顷的小型规模。黄新建等(2013)根据江西水稻种植经营,从规模效率边际报酬为切入点认为最佳规模为 4.73—10 公顷。吕晨光等(2013)根据生产函数测算山西省人均耕地最佳规模为 0.333 公顷,适度规模为 0.228—0.428 公顷。钱克明等(2013)从保证种粮专业户家庭收入与城镇居民基本一致角度认为北方适度规模为 8 公顷,南方为 4 公顷。张成玉(2015)用城镇在岗职工人均年收入衡量测算出河南省 2013 年全省耕地适度规模为每个劳动力经营 72 亩,推算2023 年应达 110—171 亩。刘维佳和邱立春(2009)从农机应用阶段角度认为传统阶段家庭农场规模应小于 6.67 公顷,在农机应用的初级阶段规模应介于6.67 公顷与 66.67 公顷之间,到农机应用的高级阶段规模应在 66.67 公顷与200 公顷之间,规模超过 200 公顷时效益将递减。邓文等(2017)测算湖南省粮食种植家庭农场的效率时发现虽然当稻作规模超过 13.33 公顷时,规模报酬呈总体递减趋势,但综合效率仍然较高,且稻作规模小于 6.67 公顷或大于33.33 公顷的家庭农场相对效率高于其他规模农场,因此现阶段指标范围以3—80 公顷为宜。倪国华和蔡昉(2015)采用固定效应模型对我国 5 年的农村住户调查面板数据进行测算,拟合出家庭农场和种粮大户的最优土地经营规模分别为,最优粮食播种面积(含复种面积)分别为 234 亩和 236 亩的研究结论。韩苏和陈永富(2015)测算出浙江省果蔬类家庭农场小规模的最优经营面积为 1.33—2 公顷,中等规模的为 4.67—6.67 公顷或 8—10 公顷,大规模经营的为 26.67—33.33 公顷。姜宇博和李爽(2016)测算出黑龙江玉米核心产区现代农机合作社的最适规模为 873.3—966.7 公顷。关欣等(2016)测算出长沙市种植类新型农业经营主体最适规模为 3.33—6 公顷。吴晨(2015)对广东省某地经营粮食、蔬菜、水果和生猪四类的不同经营主体的生产效率进行测算,发现农业龙头企业凭借人才和资本等优势,表现出较高的技术效率;专业大户在蔬菜生产方面表现出较高的规模效率;农民合作社的规模效率和技术效率均相对偏低。

适度规模经营的影响因素包括内生因素和外生因素(郭熙保,冯玲玲,2015)。内生因素主要包括:(1)经营品种。不同经营项目单位面积耗工不同,管理效率最大时的家庭农场规模亦随之不同(苏昕等,2014)。(2)家庭劳动力数量(Liang et al.,2015)、劳动力价格(Kislev & Peterson,1982)。(3)技术水平。技术进步是农场规模扩大的关键因素,但在不同时期对农场规模的影响程度不同(Dolev & Kimhi,2008)。机械化水平很大程度上决定着农场规模(苏昕等,2014)。(4)资本,包括农业收入等。(5)农业投入品。合作社提供的生产资料代购以及农产品加工、运输、储藏服务以及担保贷款等对生产效率的促进作用不显著(周月书,俞靖,2018)。(6)户主个人特征(Seuneke & Bock,2015)、自身管理水平(张德元等,2016)等。

外生因素主要有:(1)资源禀赋。如土地质量、地区人口数量、耕地面积、自然条件、地理位置等。世界范围内农业生产规模既有大规模农场也有小规模的精耕细作,说明适度经营规模首先与不同国家和地区的资源禀赋有关(贾琳,2017;罗必良,2005;卫新等,2003;Gilroy & Mccuen,2010)。(2)社会经济环境。如农业社会化服务体系及市场化完善程度(丁建军,吴学兵,2016)、融资环境、非农就业机会、土地制度等。董欢和郭晓鸣(2014)研究了生产性服务业对传统农业产生的影响,认为要发挥生产性服务改造传统农业的作用,必须依赖于农村内部基础性生产条件的改善和新型农业经营主体的培育,以及城乡社会保障制度和土地等生产要素的自由平等流动。芦千文和姜长云(2016)认为随着土地经营规模的扩大,农业生产性服务会从工序外包服务发展到更高级的土地代耕代种、土地托管、物流配送、品牌营销等服务。

第二节　发挥新型农业经营主体的农户带动作用

一、小农户融入现代农业的阻碍分析

在很长一段时间内小农户仍将是我国农业的基本经营主体(陈晓华,2014),是我国农业农村发展最重要的基础力量。实现小农户和现代农业发展的有机衔接,使他们共享改革发展成果,不仅关系到他们生活状况的改善,也关系到乡村振兴战略的实现。

1. 更高的投入成本与低市场溢价的矛盾

绿色、安全农业生产技术的高成本与现阶段绿色农产品溢价能力不足,导致现阶段农户对绿色生产技术和质量安全控制措施的采纳意愿不高。孔祥智等(2004)对北方山东、山西、陕西三省小麦种植户生产要素投入进行分析,发现化肥的边际产出在多数情况下为负值。李海鹏(2007)基于 CVM 方法的农业面源污染减排支付意愿调查显示,仅有 58.2％的农户愿意为农业面污染减排"买单",且支付金额偏低(多为 5 元以下)。韩洪云和杨增旭(2011)对山东省枣庄市农户测土配方施肥采纳行为的分析显示,"完全采纳"测土配方的农户仅占样本总体的 53.4％。杨易(2011)以绿色认证为例,发现企业决策者对绿色食品认证的认知有限,绿色认证费用与认证执行标准偏高导致企业缺乏实施绿色食品认证的基础条件。朱婷(2013)认为绿色食品认证的成本主要包括生产设施建设费用,销售费用,人力成本和认证、检测费用,企业实施产品质量管理最大的瓶颈是原材料质量控制难度大。周洁红和姜励卿(2006)、赵荣和乔娟(2011)、周洁红和李凯(2013)、李凯等(2013)对农户追溯体系参与的研究显示,农户参与意愿普遍不强,源头追溯体系建设滞后,追溯制度激励不足是当前农户追溯意愿不强的重要原因。

为准确揭示这一问题,研究选择以浙江省的蔬菜产业为例,根据当前蔬菜质量安全问题的特点,归纳出适用于蔬菜生产的一套安全友好型生产管理技术(这套技术包括了产地环境信息披露、测土配方施肥、病虫害绿色防控、生产过程信息披露等多项技术,兼具绿色、安全特征)。通过对各项技术的实施成本进行逐项分析,揭示绿色生产与质量安全管理所带来的生产成本提升。

首先通过走访浙江省农业厅农产品质量安全监管处、浙江省农业技术推广中心、农场管理局、植保局、浙江省农科院蔬菜研究所、资源环境与土壤肥料研究所、农村发展研究所相关专家共 23 人,了解蔬菜安全友好型生产管理技术及其包含的各项子技术在浙江省的实施情况,确定技术标的。

然后对浙江省农科院和农业厅专家、龙头企业与合作社技术负责人、蔬菜种植散户进行全方位调查,以求准确了解技术的实施成本。作者首先咨询了 23 位专家,了解浙江省各项子技术的实施情况与各项技术实施中农户需承担的成本项目,明确成本类型与数目。为了进一步量化成本,先后对杭州舒兰农业有限公司、德清义远有机农场、台州宁溪红茄专业合作社等产业化组织技术负责人进行了一对一访谈。考虑到生产规模对实施成本的影响,又对杭州周浦、富阳等采纳了相关技术的小规模蔬菜种植户进行了调查。在此基础上汇总各项技术实施成本后,再通过德尔菲法,邀请此前访问的23位专家对各项技术成本统计结果进行评估,经过五轮问询确定。

对测土配方施肥成本进行测算。测土配方施肥以土壤测试和肥料田间试验为基础,根据作物需肥规律、土壤供肥性能和肥料效应,在合理施用有机肥料的基础上,提出氮、磷、钾及中、微量元素等肥料的施用数量、施肥时期和施用方法(摘自百度百科)。由于我国长期实行以家庭为单位的生产经营制度,分田到户后每家每户施肥习惯与种植习惯的差异必然导致田块间土壤营养状况产生较大差别。这就使得农业部测土配方项目效果大打折扣,而市售测土类仪器测土配方施肥虽然能够满足农户差异化的测土需求,但成本偏高①。预调研发现,无论是分散生产的小农户还是合作社、龙头企业,虽然测土配方实施比例存在差别,但几乎都采取农业部测土配方项目,只有极少数有机农产品生产企业自行测土。而在配肥环节,当前较少直接提供配方肥,往往只是提供施肥建议卡,要求农户自行配肥。因此本研究以农业部测土配方施肥为参照,以农户是否参与农业测土配方施肥项目或者是否主动取土到附近农技站进行检测并获得施肥建议卡作为农户进行测土配方的标准。专家访谈和农户调查中发现,虽然部分蔬菜产地还没有实施测土配方项目,如部分高山蔬菜产区。但走访当地基层农技服务中心时了解到,基本上所有蔬菜和粮食产地基层服务中心都配备了速测仪器,可以提供土壤检测并提供施肥建议卡,而农户需要做的仅仅是按照要求完成取土和送样而已,因此与农户自行购买测土仪器、测纸自行测土相比,成本几乎可以忽略不计。在配方施肥环节,当前几乎没有任何直接购买配方肥的途径,只能由农户购买肥料,然后按照施肥建议卡搭配使用,因此也不会产生额外成本。综合来看,测土配方施肥基本不会带来额外的实施成本。而测土配方施肥的经济效益主要体现在肥料利用效率提高所带来的环境改善上。但由于我国资源环境交易市场发展滞后,农业碳汇市场尚未建立,因此环境改善尚不能给农户带来直接的经济收益。

病虫害绿色防控技术成本测算。病虫害绿色防控技术是以农业防治为基础,集成"三诱一阻"(灯诱、性诱、色诱、防虫网阻隔)和生物防治技术的综

---

① 自行测土需要农户自己出资购置设备,而且测土后无法直接获得施肥指导仍需求助于农技专家或企业,时间成本与交通成本也较高。

合性病虫害防治技术。病虫害绿色防控总成本约在 1272—1546 元/亩/年,其中相比传统方式净增加成本约 1072—1486 元/亩/年(绿色防控下化学农药的使用量能够降低 50%—80%,节约 60—200 元),其成本具体包括以下几个方面:

第一,防虫网。蔬菜用防虫网市场平均价格约 1.5 元/平方米,一个面积为 1 亩的大棚需要约 1000 平方米防虫网,成本约为 1500 元/亩,防虫网一般使用年限为 2 年,折合 750 元/亩/年,不需要额外的人工成本。

第二,性诱剂。每亩用量一次约 2 小包,每包 10—12 元,约合 20—24 元,有效期一般为 30—35 天,每年需换 3 次,计 60—72 元/亩/年,人工成本不计。

第三,粘虫板。粘虫板主要用粘虫、飞虫类害虫的防治。粘虫板市价约 4 元/块,平均每次每亩地需要 20—30 块(调查中我们发现,虽然粘虫板也有不错的虫害防治效果,但要完全依靠粘虫板进行飞虫防治所需粘虫板数量巨大,要翻倍甚至更多,因此实际上多数农户和企业是将粘虫板作为一种"害虫监测工具",这个数字在最后的专家德尔菲法实施过程中存在一定争议,原因在于对粘虫板用途的界定不清,后明确其监控为主的用途后专家意见得以统一),折合 80—120 元/亩/次,使用期限一般为半个月,一季蔬菜需换 3 次左右(将粘虫板重新刷油再次使用虽然可以节约粘虫板,但却产生了更多的人工成本,预调研中三个受访产业化组织技术人员均表示重新刷油与换新板两种方式的成本差别不大),成本为 240—360 元/亩/季。人工成本方面,用工折算约 6 小时/亩/季,按照 1 年 2 季蔬菜计算,人工成本约 8 元/小时,人工成本约 96 元/亩/年。

第四,杀虫灯。频振式杀虫灯的主要成本集中在杀虫灯购置成本与电费。杀虫灯价格一般在 300—500 元左右,实际使用寿命一般在 3 年左右,每台控制面积为 20—30 亩,折合 3—9 元/亩;一盏杀虫灯的日均耗电量约在 0.5 度左右,折合约 0.3—0.5 元/天,109.5—182.5 元/年,成本为 3.65—9.125 元/亩/年。两项成本合计 6.65—18.128 元/亩/年。

第五,其他生物制剂、生物农药。因为当前生物农药只有各类龙头企业应用较多,因此对这部分成本的调查主要基于产业化组织技术人员。访谈结果显示,绿色防控中生物制剂使用成本基本与化学农药防治成本一致(并非像有机农产品生产那样完全依靠生物制剂防治)。因此,按照《农产品成本收益汇编 2012(浙江)》,结合农户调查中农药价格涨幅折算并经相关专家确认,估计农药成本在 120—250 元/亩/年。

生产档案实施成本测算。完备的生产档案包含了环境信息、投入品来源、生产过程信息与销售信息，但我们假定环境信息是应整合到生产档案中的，因此不需要农户记录，农户只需记录投入品来源、生产过程信息与销售信息。调查显示，这样一份生产档案的成本约合 25 分钟/亩/天，参照《全国农产品成本收益汇编》中以全国统一劳动日工价计算家庭用工折价的方法，将价格确定为 56 元/天，由于这一价格是 2013 年价格，因此本研究根据预调研中雇工工资 20% 增长幅度重新核算，将最终价格确定为 65 元/天。每天的耕种时间约为 8—10 小时，约 2.7—3.4 元/亩/天，按 10 个月的耕种利用时间计算，约 800—1000 元/亩（虽然调查中发现雇工的成本远远超过了 65 元/天，达到了 80—200 元/天，但由于这只是雇工的劳动力价格，而调查中绝大多数农户生产中的劳动力以自家庭劳动力为主，家庭劳动力又往往是不计人工成本的。即使雇工，除了极少数龙头企业采取雇长工的方式外，多数农户通常采取雇用短工的方式，一般一茬蔬菜种植期内雇工时间只有 3—5 天左右。因此如果按照调查中雇工的价格折算，会产生较大的偏差，因此采取了以上折中的处理方式）。

综合来看，安全友好型技术的实施会导致成本增加约 1800—2500 元/亩/年。消费者对安全、环境友好型农产品支付意愿相关研究（王军等，2010；章迎迎，2014）与超市、农贸市场中安全优质蔬菜价格调查显示，安全农产品一般高于普通农产品 20% 左右，按照浙江省设施蔬菜的平均成本（约 6000 元/亩/年）折算，销售溢价约为 1200 元，无法弥补农民因采用亲环境生产技术而增加的成本。

2.更高的技术管理要求与小农户管理能力不足的矛盾

随着互联网＋高科技的迅速发展，我国农业形态的发生了很大变化：一方面，农业进入了规模化、科技化、信息化的发展时代，需要具备规模化的种植养殖基地，工业化的标准控制和生产流程，现代化的管理模式，层出不穷的技术创新和产品创新；另一方面，产业融合不断加速，一产、二产、三产相结合，农业产业链条向上下游延伸，休闲农业等新业态层出不穷。而这一切，都对农业生产经营主体尤其是小农户的生产管理能力提出了更高要求，唯有懂经营、善管理、有技术、懂市场的职业农民才能担当此重任。

而现阶段的小农户与新型职业农民的要求相去甚远。年龄大、文化程度偏低是当前我国小农户群体的两大特征。高标准的、环境友好的生产管理技术对农户个人能力和相关设备投入的要求都更高。而随着农户年龄的增加，体力、健康状况会逐步下降，对新事物的接受能力逐渐下降，新要素、新技术的采纳能力降低。老龄化所引发的劳动投入不足、学习能力降低与思想僵化容易对农业产出产生负作用（陈锡文等，2011；李旻等，2009）。文化程度越高实施安全生产行为的可能性越大（张云华等，2004；杨天和，2006；周洁红，2006；蔡书凯，2013；罗小娟等，2013；储成兵和李平，2014）。国内外已有研究表明，农户对技术的采用主要受个体特征、家庭特征、所处外部环境特征和技术特性等方面因素的影响，其中农户禀赋对其采纳具有约束作用（郑旭媛等，2018）。病虫害防治技术会被较年轻、受教育程度较高的男性户主采用，测土配方施肥技术会被受教育程度较高、对种粮有更大积极性的男性户主采用（朱萌等，2015），保护性耕作技术会被较年轻、受教育程度较高、对这种技术认知度较高的风险偏好型农户采用（李卫等，2017）。胡林英等（2017）发现年龄对茶农采用绿色防控技术有显著的负向影响。

认知特征也是重要的影响因素，较低的文化程度与老年人相对滞后的学习能力影响农户对技术的认识。Hashemi 和 Damalas（2011）研究发现，农户的技术决策主要受自身经验影响，农残限量标准认知不足以及对风险的厌恶导致农户滥用农药以及绿色防控技术推广受阻。农户对相关技术的认知程度直接影响其技术采用行为（储成兵，2015），农户的认知程度与采用概率成正比（徐涛等，2018；郑适等，2018）。心理认知对农户合理施用化肥农药等亲环境行为有显著影响（郭利京，赵瑾，2014），缺乏农药知识的农户，过量施用农药的可能性较大（朱淀等，2014）。闫贝贝等（2020）利用陕西省 576 户苹果种植户的调研数据，运用二元 Logit 模型和中介效应模型从设备接入和信息利用两个方面分析手机对农户采用 IPM 技术的影响，并在此基础上分析多维度农户认知在手机对 IPM 技术采用过程中的作用机制。在使用工具变量克服内生性后的模型结果表明，手机对农户 IPM 技术采用有显著正向影响。对比分析信息设备接入和信息利用对农户 IPM 技术采用的影响发现，信息设备接入和信息利用对农户 IPM 技术采用均有显著正向影响，但信息利用的影响更大。农户的可持续农业生产方式认知和农药施用认知在设备接入和信息利用对农户 IPM 技术采用的影响中具有部分中介效应；农户农药影响认知只在信息利用对农户 IPM 技术采用的影响中具有中介效应。项朝阳等（2020）探索了矛盾态度在农户减肥减药行为发生中的作用机制，发现矛盾态度在利己价值观与"两减"行为间存在中介效应，在生态价值观与"两减"行为之间不存在中介效应;市场价格预测、群体认同正向调节生态价值观与"两减"行为之间的关系,群体认同负向调节利己价值观与"两减"行为之间的关系。

管理能力不足也制约了农户的土地经营规模。现有研究表明,土地经营规模一方面直接影响着农户对化肥等生产资料的投入(杨钢桥,靳艳艳,2010;Ju et al.,2016);另一方面,规模经营有利于建立较为成熟的农产品质量安全追溯系统,从而加强对农产品质量安全的监管力度,农地质量越好,农户"惜地"心理也会越强(钟文晶等,2018)。土地细碎化也会一定程度上增加农户的农业生产投入,对农业技术的使用产生负向影响(Latruffe and Piet,2013;卢华,胡浩,2015)。但已有研究关于规模和技术采用的关系的研究结论总是不一致,例如农户采用稻田节水技术、保护性耕作技术和测土配方施肥技术(廖西元等,2006;蔡荣,蔡书凯,2012;褚彩虹等,2012;罗小娟等,2013)等研究结论为经营总面积对技术采纳无显著影响。刘晓敏和王慧军(2010)对于华北某缺水平原区咸水利用农艺节水技术的农户采纳研究则发现,土地经营规模与技术采纳成反比,地块面积与技术采纳成正比,但未从技术本身特点等方面进行分析解释。蔡书凯(2013)认为农户耕地规模与病虫害绿色防控技术呈 U 形关系是因为较小规模时劳动力需求的增加引起采纳的下降,而规模扩大后更有动力采纳。生态友好型农田土壤管理技术的应用受耕地特征、农业生产管理特征的影响(高瑛等,2017)。周玉玺等(2014)发现种植结构对缺水地区农户农业节水技术的采用有影响,经济作物比较收益高,可满足先进节水技术的投资需求。

小农户在产业化组织参与与外部技术培训获取方面也存在不足。张云华等(2004)研究表明,农户与涉农企业和农业专业技术协会的联系是影响绿色农药采用的主要因素之一。苟露峰等(2015)发现签订订单农业和加入合作社对家庭农场经营者农业技术采纳有负效应。胡林英等(2017)基于 16 个茶叶主产省 2210 份茶农调查发现,组织服务特征对茶农采用绿色防控技术有最显著的正向影响。农户是否加入合作社会显著影响农户的行为(钟颖琦等,2016),但农户是否加入合作社可以作为主观规范中的一个观测变量,与其他观测变量一起对农户行为产生影响,也可以作为一个独立的调节变量,对风险感知影响农户行为产生作用(齐琦等,2020)。除了组织化程度,是否接受培训等影响农户信息获取的因素也会对农户新技术的采纳产生影响。唐博文等(2010)基于 9 省(区)2110 户的研究证实,参加技术培训和媒体宣传等促进信息可获得性(储成兵,2015)对农户农药使用等有显著正向影响。

Huang et al.(2012)、应瑞瑶和朱勇(2015)也得出了类似结论,认为技术培训能减少氮肥等化学投入品的使用量。农业培训使农户接触农业发展理念,学习新的生产技术的使用方法和规范,为农户之间分享产前、产中和产后的经验提供了交流平台,也为农户和农业技术推广部门构建了供需反馈机制。部分学者研究认为与乡邻交流是新技术采纳的关键决定因素,政府扶持、补贴激励也是影响农户选择的重要因素(廖西元等,2006;刘晓敏,王慧军,2010)。社会网络能够缓解因农户老龄化带来的绿色生产技术应用不足的问题(杨志海,2018)。农户获取信息技术的渠道(刘乐等,2017)和有效的外部信息传递能够帮助农户及时获取农业技术信息。

研究团队在浙江、山东两地对菜农的调查显示,605 位受访菜农的平均年龄为 51.7 岁,50 岁以上的菜农占比为 61.1%,文化程度为初中及以下教育程度的农民占全部被调研农户的 80%。较低的文化程度虽未必阻碍农户接受新生产技术,多数农户也都对日常使用的投入品、技术十分熟悉,但其对环境与农产品质量的关系却缺乏准确判断。我们对课题调查问卷设计了 5 个关于生产与农业生态环境、农产品质量安全关系的题目。统计结果显示,农户平均得分仅为 1.08 分,大约只能答对一个问题。另外,从化肥农药的使用依据看,61.11% 的农户依据自身经验或周围农户经验,影响化肥农药使用的精确性。

3. 社会化服务规模效应与小农户需求分散的矛盾

中共十九大报告提出"健全农业社会化服务体系,实现小农户和现代农业发展有机衔接"。2018 年 9 月,在党的十九大报告中提出乡村振兴战略背景下,中共中央、国务院印发了《乡村振兴战略规划(2018—2022 年)》,进一步指出要健全农业社会化服务体系,大力培育新型服务主体,强化农业生产性服务业对现代农业产业链的引领支撑作用,构建全程覆盖、区域集成、配套完备的新型农业社会化服务体系。2019 年中央一号文件又一次提出加快培育各类社会化服务组织,为一家一户提供全程社会化服务。

高强和孔祥智(2013)认为农业社会化服务体系是指在家庭承包经营的基础上,为农业产前、产中、产后各个环节提供服务的各类机构和个人所形成的网络与组织系统,包括物资供应、生产服务、技术服务、信息服务、金融服务、保险服务,以及农产品的包装、运输、加工、贮藏、销售等内容。伴随分散经营向集约经营的转变,以专业大户为代表的新型农业经营主体成为农业发展的重要力量,对农业社会化服务的需求也有了进一步的增加,并呈现多元化、专业化的态势(高强等,2013)。现阶段农户对社会化服务的需求已逐步从生产性服务向综合性服务扩展,内容涉及农资供给、技术支撑、收购销、资金保障等各个方面。

当前面向小农户的农业社会化服务主要包括公益性农业服务组织、农民专业合作社、经营性农业服务组织和购买服务四种类型。但小农户在以上四种服务的获取上都存在一定困难。

陈健和苏志豪(2019)认为基层服务机构的体制机制固化、人力物力资本缺乏保障、服务内容和质量相对落后、区域差异明显等问题依然存在,甚至部分地方服务功能逐渐弱化,难以给小农户生产提供有利的资源服务支撑。另外,以农民专业合作社等为代表的新型农业经营主体兼具生产和服务的双重功能,但在经营过程中"各自为战"的特点突出,甚至和小农户只形成简单的雇佣关系,对小农户产生一定的挤出效应,在一定程度上压缩了小农户的发展机会。梁志会等(2019)认为现阶段我国农业生产专业化水平较低,雇工与农机服务的市场容量相对有限,加之农地细碎、交通不便,导致农业社会化服务效率较低,小农户参与农业社会化服务仍面临较高成本约束。周娟(2017)认为空间限制下自然资源的争夺与冲突,空间限制下社会资源的争夺与冲突,以及资源俘获能力差异,会导致规模经营主体与小农户的竞争,结果是大规模经营者显然更占优势,原因是其规模更大、更集中,为其提供农业社会化服务显然更容易。大规模经营的这种优势无论是在服务的市场供给层面还是在政府供给层面都存在。

4.环境友好技术投入与要素市场不完善的矛盾

绿色安全高质量农业,是资本密集型、技术密集型、管理密集型三高产业,但同时也有风险高、前期投入周期比较长等固有问题,因此现代农业对于土地、金融等要素市场的要求更高。然而,金融、土地、劳动力、技术等生产要素发展不完全不充分的问题,严重制约了农业绿色安全高质量发展。各农业经营主体普遍受到负面影响,其中小农户受到的负面影响最为严重。

金融市场方面。受到农村居民金融产品购买意愿不足、成本居高不下缺少弹性、农业产能基本固定存在"天花板"的三方面制约,农村金融发展不足。以农业保险为例,目前农业保险大多是由政府牵头、财政支持的政策性保险产品,只在个别高附加值的领域(花卉、苗木、水果、水产等)存在少数的商业化保险产品服务，各农村经营主体选择范围十分有限。农村信贷方面，由于农村金融风控体系不完善、各农业经营主体可抵押物不足、加上很多农民金融与法律意识淡薄，信贷市场运行成本高昂，导致金融机构信贷供给量少且申请程序复杂。在此背景下，各农村经营主体，特别是小农户难以通过选购相应农业保险产品，覆盖其绿色安全高质量生产销售各环节的大量风险，也难以通过农村信贷渠道融通资金投入绿色安全高质量农业生产。

土地要素方面。土地本该是农民最有价值的资产，然而农村土地要素市场发展还很不充分。宏观层面上，土地市场化程度还不足，城乡统一的建设用地市场还未完全形成；微观层面上，农村土地庞杂分散且分布不均，大量农村土地处于偏远地区，难以进行统一规划和利用，也难以变现。以聚土网为例，2014 年至 2017 年，挂牌土地 3.29 亿亩，成交率仅 12.4％。从浙江省的调查数据来看，无论是在城郊还是在农村通过土地流转转包土地进行经营已经变得十分普遍，样本农户中仅有 20.0％农户的土地全部是自家所有，61.7％农户的土地完全是通过流转获得，18.3％的农户的土地既有流转来的也有自家土地，接近 80％的农户参与了土地流转。虽然土地流转加速了土地集中有助于实现规模经营，但在当前农村土地市场尚未建立，农村土地经营制度变化迅速的背景下，各种正式的、非正式的土地流转形式不断出现，也在一定程度上增加了经营户的经营风险。土地要素流转的不通畅阻碍了社会资本进入农业绿色安全高质量生产。小农户地块小而分散的特征更加明显，难以通过土地流转退出农业经营，阻碍农业规模绿色安全高质量发展的特征更加明显。

劳动力要素方面。农业人口老龄化，农村人口向城市转移，农村对新生代吸引力走低是一个客观现状，短期难以转变。二元经济结构仍然存在，城乡人才双向流动机制远未建立，农业绿色安全高质量发展的人才支撑十分匮乏。掌握农业绿色安全高质量发展知识和技术的人才不愿意留在农村，农业绿色安全高质量发展人才还存在很大的缺口。高素质劳动力难以获得高回报是高质量劳动力匮乏的主要原因，农业经营主体，特别是小农户家庭新生代流出农村寻求更高回报工作机会的动机仍然十分强烈。

技术要素方面。农业绿色、安全、高质量发展的技术覆盖范围广泛。种质资源（包括新品种培育技术、推广技术、实用技术等）、病虫害技术（如生物农药技术），其技术所有者主要为农科院、林科院、大学农学院等科研机构。种植技术、管理技术、检测技术、智能控制技术（如设施农业、无土栽培）、施肥技术(如农业无人机、水肥一体化系统、节水灌溉)、农机产品技术,其技术所有者主要是高科技公司、肥料公司、农机公司等。技术所有者的分割让农村经营主体难以便捷地获得相应的技术,投入农业绿色、安全、高质量发展。特别地,小农户缺乏社会资本,信息渠道不畅通,资金和精力有限,难以获得实用技术培训,绿色安全高质量生产的技术条件极为匮乏。

要破除金融、土地、劳动力、技术要素对农业绿色安全高质量发展的制约作用,激发各农业经营主体特别是小农户的积极性,一方面需要依靠经济发展推动要素发展、破除二元经济结构,另一方面需要通过制度建设破除不利于农业要素市场发展的约束条件,为各要素协同发展,共同支持农业绿色安全高质量发展创造有利条件。

三、新型农业经营主体的农户带动机制

新型农业经营主体在农业绿色安全高质量发展上具有更明显的优势:首先,新型农业经营主体链接分散的小农户与市场,是农产品供应链上农产品商品流与信息流的聚合点,通过新型农业经营主体进行绿色生产技术推广与质量安全控制的成本更低、效率更高;其次,相对于小农户,新型农业经营主体在资金与市场地位等方面也具有明显优势,具有一定的市场谈判能力和溢价能力,更容易实现绿色优质农产品的溢价,并通过这种溢价带动农户实现生产转型。

1. 质量安全控制

通过培育现代农业经营体系,提高农户组织化程度,打造从餐桌到田间的食品安全治理体系,促进农业发展从生产导向向消费导向的转变具有重要意义(姜长云,2017)。陈曦等(2014)认为农民合作经济组织等中介组织可以弥补政府在农产品质量安全管理过程中的不足,降低社会在农产品质量安全管理中的组织成本,而且可以依靠组织优势和规模优势加强农产品生产源头的质量监控与管理。朱晓丽等(2016)基于湖南省益阳市"田田圈"农业服务中心的运作分析指出,依托企业和合作组织成立的农业服务中心能够准确地向农户提供农业生产技术市场信息和资源配置,从而实现现代绿色生产。

任国元等(2008)、李芳芳等(2011)认为借助农民专业合作社控制农产品质量安全,并采用"公司＋合作社＋农户"生产组织模式是解决我国农产品质

量安全困境的重要出路。农民合作社可以通过利益和责任相统一的原则，使得每一个合作社的成员都自觉地按照统一要求生产出优质、安全的农产品，在优质、安全农产品的供给上起到示范作用（孔祥智，2016）。刘云茹（2016）分析了"合作社＋农户"模式下合作社与农户之间的委托代理关系，发现加入合作社对标准化生产决策及标准化生产均有显著正向影响。袁雪霈等（2018）以我国 5 个苹果主产区的合作社农户为样本，发现农户参与合作社的程度越深、与合作社关系越密切，从合作社得到补贴和分红等经济激励以及能够享受合作社提供的农资服务的农户，越倾向进行苹果的安全生产。田永胜（2018）调查了 7 省 10 家供给安全食品的合作社和 5 家未能供给安全食品的合作社，认为合作社领导的道德资本是合作社供给安全食品的第一要素，健全的新制度供给、选择性激励和可信承诺是主要条件，解决安全食品的销路是促进合作社供给安全食品的集体行动的重要外部条件。龚继红等（2019）通过对湖北省和贵州省开展的绿色园艺专项调查结果分析表明，加入合作社的农民在绿色生产意识与绿色生产行为上存在差异的可能性更低。马煜菁等（2019）以陕西省 L 苹果专业合作社为例分析了农民专业合作组织对农产品安全生产的影响，发现对于市场化程度不够高的农民专业合作组织，对农产品安全生产的影响有限，但行政力量的强大间接使得其对农民安全生产的观念、方式和技术的增强有不小的作用。崔宝玉等（2019）总结了农民合作社保障农产品质量安全的作用主要是：产前农业生产要素管理上，农民合作社通过对化肥、农药等的统一采购能从源头上确保农产品质量安全；在产中农产品生产管理上，对农业投入品安全使用有效检测，对农产品安全生产环境有效管理；在产后农产品质量管理上，在农产品贮藏和加工等方面对农产品质量安全发挥积极作用。

除了合作社之外，家庭农场也有助于提升农产品质量安全控制水平。陆剑（2014）认为家庭农场的发展有利于实现适度规模经营，建立农产品质量信用机制，有利于产生品牌效应，建立农产品质量约束机制，有利于节约技术指导和质量监管的行政成本，建立农产品质量监控机制。

2. 新技术与绿色生产方式推广

合作经济组织能够通过试验示范、引进推广新品种，选择先进适用的技术组织培训，开展技术服务等方式来提高农户的生产水平（胥爱贵等，2001）。魏百刚等（2009）基于湖北、河北实践循环农业合作社的实证分析表明，专业合作社能够提高农户对市场的谈判能力,通过提高组织化程度抵御生产风险,便于对农户进行生产监督等,克服农户在生态循环农业发展上的不足。张云华等(2014)对山西、陕西和山东 15 县数据的分析表明,农户与涉农企业和农业专业技术协会的联系有利于增强农户采用无公害及绿色农药的意愿。在其他条件不变的情况下,农户与农业企业和专业技术协会的联系越密切,农户越会采用无公害和绿色农业技术。朱淀等(2014)对中国江苏省丰县 249户蔬菜种植农户的调查研究表明,家庭参加农业合作组织的蔬菜种植农户施用生物农药的意愿高于分散农户,农业合作组织能够为农户的蔬菜种植提供优良品种与相关农药等专用生产资料供给的产前服务,种植过程中所需的管理技术等配套活动的产中服务、收购与销售等产后服务,降低了农户施用生物农药的技术风险。Kabir 和 Rainis(2015)对孟加拉国 331 个蔬菜种植户数据的分析表明,签订生产合同能够显著促进农户对病虫害综合防治(IPM)技术的采纳。耿宇宁等(2017)基于陕西省猕猴桃种植户的研究发现,"农户＋合作社"模式促进了农户对果园生草技术的采纳,"农户＋涉农企业"模式促进了农户对人工释放天敌技术和生物农药技术的采纳。应瑞瑶和徐斌(2017)利用全国七省水稻种植户调研数据和倾向得分匹配方法(PSM)发现,参与统防统治的农户与自防自治农户相比,显著降低了农药施用强度并提高了无公害低毒农药的采用比例。此外,傅新红和宋汶庭(2010)、褚彩虹等(2012)和刘乐等(2017)分别发现参与合作组织对购买生物农药、采用有机肥和实践秸秆还田具有显著促进作用。胡林英等(2017)基于 16 个茶叶主产省2210 份茶农调查发现,组织服务特征对茶农采用绿色防控技术有最显著的正向影响。杜志雄等(2019)等研究发现,加入合作社对家庭农场选择环境友好型生产方式能够起到积极效果。

张利国等(2008)以江西省 189 户水稻种植农户为研究对象分析了不同垂直协作方式对农户化肥施用行为的影响。研究结果表明,水稻种植农户化肥施用量与市场交易方式下施用量存在显著差异,销售合同、生产合同、合作社、垂直一体化等更加紧密的垂直协作方式均能够在一定程度上降低水稻种植农户化肥的施用量。蔡荣等(2012)利用山东省苹果种植户调查数据实证分析了合作社对农户农药施用行为的影响及其作用机理。结果表明,参与苹果专业合作社能够使农户减少农药施用水平约 2235 元/公顷,其原因在于合作社实施了农药残留检测、农药施用控制、浮动定价制度和生产过程监督等选择性激励措施。田云等(2015)基于湖北省的调查数据研究发现,加入了农民专业合作组织的农户更倾向选择低于标准和按标准施用化肥。蔡荣等(2019)以化肥和农药减量施用行为为例,利用全国家庭农场监测数据并基于计量分析模型构建"反事实"分析框架研究发现:减量施用化肥和农药的家庭农场占比目前还比较低;加入合作社对家庭农场选择环境友好型生产方式能够起到积极效果,与不加入合作社相比,加入合作社能够使家庭农场化肥和农药减量施用概率分别提高 43.3% 和 43.7%;另外,从合作社获得的服务或福利差异在一定程度上能够解释不同家庭农场加入合作社对其选择环境友好型生产方式概率的处理效应差异。侯建昀等(2014)利用环渤海湾与黄土高原两大苹果优势产区 635 个样本农户的面板数据分析表明,组织化程度对高毒农药施用与农药投入具有显著负向影响。合作社既能帮助社员降低农药施用成本,并能以低成本获取技术指导,同时也可以通过产后收购的协议规范成员农药施用行为。

3. 生产性服务供给

国内相关研究普遍认为农业产业化水平的提高催生了经营性农业生产服务主体,促进了经营性农业生产服务供给。姜绍静等(2010)提出构建以农民专业合作社为核心的农业科技服务体系,可以实现科技资源的优化配置,利用一切乡土资源进行内部技术创新,放大农民科技需求,通过提供部分科技推广资金、推进农业标准化生产和转变产业结构等,提高科技推广效果。

新型经营主体应该具有提高规模效益,降低交易成本,提高市场竞争地位的功能,成为联结各类经营主体的桥梁(张宇蕊,2016)。以新型经营主体为依托的现代农业服务模式能够为农业提供一系列优质、高效的农用物资,降低交易成本和延伸产业链等方式,从而提高农业生产质量与绩效(王方红,2007)。农民合作社、农业生产性服务公司等通过承接服务外包方式,面向农户提供施肥撒药、机耕机收、农产品销售等服务,不仅有效实现了农业生产性服务供给的规模经济和范围经济,促进了劳动力和化肥、农药的高效节约利用,减少了农业的环境污染,而且有效促进了农业的节本增效和可持续发展(姜长云,2016)。陈诗波(2009)通过对湖北省 6 个循环农业试点县 515 户农户的调查问卷分析表明,"政府+协会+农户"和"政府+企业+协会+农户"的发展模式对提高农户生产技术效率具有更明显的效果。张宗毅等(2011)以浙江嘉兴市乍浦镇惠农粮油专业合作社为例详细分析了植保环节的社会化服务模式。该合作社的植保环节服务模式是与农户签订协议,由合作社负责根据植保部门提供的病虫害防治意见，严格遵守农药安全使用规定，适期完成病虫防治作业（杂草防治除外），高效植保机械的使用，既提高了防治效果，又节约了人工、农药等要素投入，还降低了环境污染。颜廷武等（2015）利用国家食用菌产业技术体系调查数据构建了 DEA - HR 模型，实证分析循环农业产业链中专业协会组织的运行绩效及其空间异质性，认为专业协会组织与农户建立了有效的衔接与协同发展机制，整体上处于"协调且一般有效"状态。温涛等（2015）认为合作社能够通过促进农村劳动分工和农业专业化发展带动农户增收。

第四章 新型农业经营主体的示范作用评估

　　加快培育新型农业经营主体,发挥新型农业经营主体在农业供给侧结构改革和农业绿色安全高质量发展中的引领作用,是加快农业现代化的战略选择。新型农业经营主体的引领作用,一方面体现在新型农业经营主体能够在现代农业转型过程中率先行动,在农产品质量安全管理、绿色生产等方面发挥示范功能;另一方面体现在新型农业经营主体具有强大的组织功能和服务功能,能够成为衔接小农户与现代农业的重要桥梁,带动小农户融入现代农业。因此本书将分别从示范作用与带动作用两个方面对现阶段新型农业经营主体的作用进行评价,在准确评价新型农业经营主体作用的同时,明确新型农业经营主体引领作用发挥所面临的各种问题,从而为优化新型农业经营主体培育政策、提升新型农业经营主体竞争力与带动能力提供依据。本章将首先聚焦新型农业经营主体在农业绿色安全高质量发展中的示范作用。

第一节　新型农业经营主体的标准化行为与绩效

一、农业标准化

　　"标准"是"在一定的范围内获得最佳秩序,经协商一致制定并经公认机构批准,对活动或其结果规定共同的和重复使用的规则、导则或特性的文件"(国际标准化组织 ISO,GB/T 2000.1—2002)。

　　"标准化"则被国际标准化组织(ISO)定义成"在一定范围内获得最佳秩序,对实际或潜在问题制定共同和重复使用规则的活动"。我国国标

GB/T 2000.1—2002 全面采用了 ISO 定义。由此可见,标准化是一项确保最佳秩序的活动过程,主要包含标准制定、标准发布及标准实施。故而标准是标准化活动的主要目的和内容。

"农业标准化是指农业、林业、牧业、渔业的标准化。它的主要任务是:贯彻国家有关方针、政策,组织制定和实施农业标准化规划、计划,制定和组织实施农业标准,对农业标准的实施进行监督"(《农业标准化管理办法》,1991)。具体而言,农业标准化是指运用"统一、简化、协调、优选"的标准化原则,对农业生产产前、产中、产后全过程,通过制定标准和实施标准,促进先进的农业科技成果和经验迅速推广,确保农产品的质量和安全,促进农产品的流通,规范农产品市场秩序,指导生产,引导消费(于冷,2002)。实施农业标准化,就是要以农业科学技术和实践为基础,把农业科研成果和先进技术转化为标准,在农业生产和管理中加以实施应用,实现农业生产全过程标准化控制,从技术和管理两个层面提高现代农业的生产水平。

在普遍存在信息不对称的农产品市场上,标准具有权威性和公信力的特性,能够有效减少信息不对称并降低交易成本。公认的统一标准作为一种"通用语言",为交易双方提供了决定农业产品价值的标尺。当标准与农产品质量安全体系的其他机制,如等级、认证、标签等共同发挥作用时,就能够抑制农产品买卖过程中的机会主义行为,将农产品质量安全正外部性内部化,减少性价比比较等事前交易成本和涉及质量安全的争端等事后交易成本,从而改善市场效率(Clayton and Preston,2003,Giovannucci 1999)。

从市场的角度来看,农业标准化减少农产品的交易费用,可以实现以下四种作用:细分农产品市场,扩大交易规模和空间距离,激励生产者提供更高质量、更安全可靠的农产品,促进市场机制的多样性发展(Giovannucci,1999)。除以上作用之外,在现阶段的中国,农业标准化还在以下方面起到显著作用,如促进农业产业化,促进农产品的品牌化,推动农业科学技术的传播,增强我国农业和农产品的国际竞争力等。从政府角度看,标准化以及标准化体系还有维护社会公正以及社会经历的均等分布等作用(Kenneth et al,2002)。一方面,农业标准化维护消费者与生产者之间的公平,降低消费者的农产品质量安全风险。通过农业标准化,政府就能够以较低成本收集和传递农产品质量安全的相关信息,并据此制定政策影响生产者和消费者行为,最大限度地降低农产品质量安全风险(周应恒、霍丽玥,2004)。另一方面,统一标准还维护了供应链内各级主体之间的公平。Kenneth 等指出与私人标准相比较,政府主持实施的标准化可以在更广泛的范围内接受意见,更全面地考虑包括小生产者在内的权益(Kenneth et al,2002),从而维护标准化过程中的程序公平。

正是由于在确保农产品质量和安全方面的关键作用,农业标准化得以上接农业部门的日常监管,下联生产者的日常生产活动,具有农技推广和生产管理的双重功能,成为政府公共服务的重要内容。2019 年出台的《国家质量兴农战略规划(2018—2022 年)》明确提出推进农业全程标准化,健全完善农业全产业链标准体系,引进转化国际先进农业标准,全面推进农业标准化生产,并将实施农业全程标准化重大工程。

二、新型农业经营主体的农业标准化实施情况——以浙江省为例

本书选择新型经营主体起步较早、发展水平较高的浙江省作为样本地区,广泛调查了浙江省新型农业经营主体的标准化实施情况与实施绩效。

受调查的主体以农民专业合作社为主,有 814 家,占总数的 59.7%;其次是农业龙头企业,共有 380 家,占 27.9%;最后是家庭农场(大户),有 169 家,占 12.4%。生产主体级别以县级最多,达 647 家,占总数的 47.5%;市级次之,有 309 家,占 22.7%;之后是省级,有 177 家,占 13.0%;最后是其他级别的生产主体,有 230 家,占 16.8%。

在产品类别方面主要以水果(27.2%)、蔬菜(22.5%)、畜牧(15.9%)、粮油(9.3%)、茶叶(9.0%)五大类产品为主,占调查总数的 80% 以上,其他类别有食用菌(4.9%)、水产(4.4%)、花卉(1.6%)、其他(5.1%),基本涵盖了浙江省农业主导产业。具体如图 4.1 所示。

大部分生产主体都进行了安全农产品或质量安全管理体系认证,其中农民专业合作社的认证比例最高,达 95.9%;农业龙头企业次之,占 93.7%;家庭农场(大户)的认证比例为 92.3%。在自有品牌的建设情况方面,农业龙头企业的自有品牌比例最高,达 82.9%;农民专业合作社次之,占 59.8%;家庭农场(大户)的自有品牌比例最低,为 50.9%。可以看出,农业龙头企业的自有品牌拥有率远远高于农民专业合作社和家庭农场(大户),说明农业龙头企业更注重市场导向。

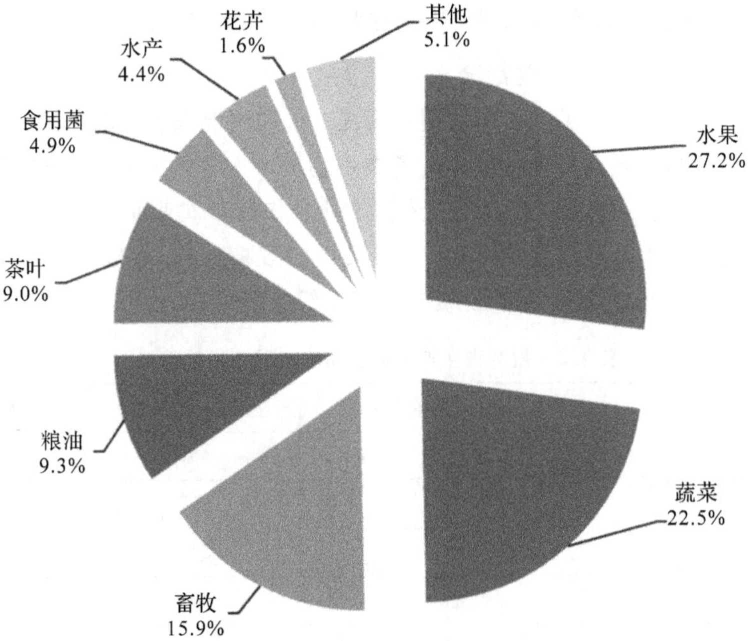

图 4.1　被调查生产主体产品类别

1. 新型农业经营主体的农产品质量安全标准采纳情况

从表 4.1 被调查生产主体质量安全标准使用情况来看,农业龙头企业使用农产品质量安全标准的比例最高,达 85.8%;合作社次之,为 75.2%;家庭农场(大户)的使用比例最低,仅占其总数的 68.6%。农业龙头企业广泛使用质量安全标准,有效保障农产品质量安全。

表 4.1　被调查生产主体质量安全标准使用情况

生产主体类型	是否使用农产品质量安全标准	生产主体数/家	比例/%
农民专业合作社	使用	612	75.2
	未使用	202	24.8
农业龙头企业	使用	326	85.8
	未使用	54	14.2
家庭农场(大户)	使用	116	68.6
	未使用	53	31.4

2.新型农业经营主体的全过程标准化实施情况

(1)农用物资统一采购情况

从表4.2被调查生产主体农用物资统一采购情况来看,超过60%的农民专业合作社与农业龙头企业都实行了农用物资统一采购,而家庭农场(大户)则不到一半,仅占总数的45.6%。农民专业合作社和农业龙头企业的平均农户规模远远大于家庭农场(大户),具有较好的规模效应,在物资采购方面具有更大的议价能力,统一采购物资有利于降低生产成本。

表4.2　被调查生产主体农用物资统一采购情况

生产主体类型	是否统一采购农用物资	生产主体数/家	比例/%
农民专业合作社	是	497	61.1
	否	317	38.9
农业龙头企业	是	241	63.4
	否	139	36.6
家庭农场(大户)	是	77	45.6
	否	92	54.4

(2)人员培训情况

从表4.3被调查生产主体人员培训情况来看,大部分生产主体都进行了人员培训,指导农户进行安全生产,其中农业龙头企业和农民专业合作社在80%左右,家庭农场(大户)进行培训的占总数的70%左右。从平均培训次数来看,农业龙头企业高于农民专业合作社,后者又高于家庭农场(大户),三者分别为2.9次、2.1次和1.6次。可以看出,虽然农业龙头企业与农民专业合作社进行培训的主体比例差不多,但培训频率上农业龙头企业要高于农民专业合作社。

表4.3 被调查生产主体人员培训情况

生产主体类型	是否进行人员培训	主体数/家	所占百分比/%	平均培训次数/次
农民专业合作社	是	645	79.2	2.1
	否	169	20.8	
农业龙头企业	是	305	80.3	2.9
	否	75	19.7	

生产主体类型	是否进行人员培训	主体数/家	所占百分比/%	平均培训次数/次
家庭农场(大户)	是	119	70.4	1.6
	否	50	29.6	

(3)农产品质量安全管理制度实施情况

从表4.4被调查生产主体质量安全管理制度实施情况来看,农业龙头企业实施比例最高,占总数的84.0%;农民专业合作社次之,占79.6%;家庭农场(大户)最低,仅64.5%。从数据上看,在农产品质量安全管理制度实施方面,呈现出农业龙头企业高于农民专业合作社,后者又高于家庭农场(大户)的整体态势。

表4.4　被调查生产主体质量安全管理制度实施情况

生产主体类型	是否实施质量安全管理制度	生产主体数/家	比例/%
农民专业合作社	是	648	79.6
	否	166	20.4
农业龙头企业	是	319	84.0
	否	61	16.0
家庭农场(大户)	是	109	64.5
	否	60	35.5

(4)生产档案记录完备程度情况

表4.5显示的是各生产主体的生产档案记录完备程度情况。本选项共有7项生产档案供选择,即"种子购买及使用情况""农药购买及使用情况""肥料购买及使用情况""农事操作情况""收获情况""产品检测情况""销售情况",将未记录的设为"1",记录了其中1—2项的设为"2",记录3—5项的设为"3",记录6—7项的设为"4"。

从表4.5被调查生产主体生产档案记录完备程度情况来看,农民专业合作社生产档案记录的比例最高,达97.1%;农业龙头企业次之,为96.1%;家庭农场(大户)则仅有86.4%。这表明大部分生产主体要求农户进行生产档案记录,但要求记录种类不一,总体来说,在生产档案记录完备程度方面,农民专业合作社要高于农业龙头企业,后者又高于家庭农场(大户)。

表 4.5　被调查生产主体生产档案记录完备程度情况

生产主体类型	生产记录完备程度	生产主体数/家	比例/%
农民专业合作社	1	24	2.9
	2	112	13.8
	3	418	51.4
	4	260	31.9
农业龙头企业	1	15	3.9
	2	63	16.4
	3	194	51.1
	4	108	28.4
家庭农场(大户)	1	23	13.6
	2	35	20.7
	3	74	43.8
	4	37	21.9

(5)上市前农产品检测频率

表 4.6 显示的是各生产主体上市前农产品检测频率情况。本题主要考察生产主体有无进行产品上市前的检验,以及其检验频率,共有四个选项,"1＝不检测""2＝很少检测""3＝定时检测""4＝每批都检"。

从表 4.6 显示的情况看,在有无进行产品上市前检验方面,农民专业合作社表现最好,仅 10% 没有在上市前进行检验,而农业龙头企业和家庭农场(大户)分别为 19.4% 和 23.1%。而在进行上市前检验的频率方面,农业龙头企业表现最好,26.5% 以上的企业对每批农产品都进行了上市前检验。

表 4.6　被调查生产主体生产上市前农产品检测频率

生产主体类型	上市前农产品检测频率	生产主体数/家	比例/%
农民专业合作社	1	81	10.0
	2	152	18.7
	3	340	41.8
	4	161	19.8

生产主体类型	上市前农产品检测频率	生产主体数/家	比例/%
农业龙头企业	1	74	19.5
	2	46	12.1
	3	159	41.8
	4	101	26.6
家庭农场(大户)	1	39	23.1
	2	17	10.1
	3	79	46.7
	4	34	20.1

（6）发生质量安全问题时的追溯情况

表 4.7 显示的是当发生农产品质量安全问题时,生产主体能否追溯到农户的情况,选项分别设置为"1＝不能""2＝偶尔能""3＝能"。

从表 4.7 的数据显示情况来看,三类生产主体的整体情况相差不大,都有70％以上的可能进行追溯。相对来说,农业龙头企业不能追溯的比例最低,为 21.0％,其次是家庭农场(大户),为 23.7％,农民专业合作社不能追溯的比例最高,达 25.3％。从实际情况来看,农民专业合作社对农户的约束是三类主体中最小的,导致产品追溯情况表现相对较差。

表 4.7　被调查生产主体生产产品追溯情况

生产主体类型	产品追溯可能性	生产主体数/家	比例/%
农民专业合作社	1	206	25.3
	2	88	10.8
	3	496	60.9
农业龙头企业	1	80	21.1
	2	56	14.7
	3	244	64.2
家庭农场(大户)	1	40	23.7
	2	13	7.7
	3	116	68.6

三、新型农业经营主体农业标准化绩效评价

1. 评价标准选择

紧紧围绕绿色、安全、高质量三个核心目标，本研究从质量安全保障、产量提高、效益增长、成本增加、产品形象提升、市场竞争力增强和价格提高七个方面体现农业标准化绩效，总体情况如表 4.8 所示。农业标准化绩效最明显的是农产品质量安全保障，87.8%的生产主体负责人选择了该选项；其次是市场竞争力增强、效益增长和产品形象提升绩效指标，都有 60%以上的负责人进行了选择；成本增加和价格提高两个指标选择人数最少，仅占不到38%。这说明各类生产主体的负责人普遍认同实施农业标准化能有效保障农产品质量安全。

表 4.8　基于所有生产主体的农业标准化绩效选择

绩效指标	选择频次	占比/%
质量安全保障	1196	87.8
产量提高	742	54.4
效益增长	867	63.6
成本增加	515	37.8
产品形象提升	849	62.3
市场竞争力增强	883	64.8
价格提高	506	37.1

分别基于农民专业合作社、农业龙头企业和家庭农场（大户）的农业标准化绩效选择详见表 4.9、表 4.10、表 4.11，可以看出，在质量安全保障绩效方面，明显显示出农业龙头企业要强于农民专业合作社，而后者又强于家庭农场（大户）；而在成本增加绩效方面，虽然呈现与质量安全保障绩效一致的对比关系，但在意义表示上则刚好相反，即农业龙头企业的成本控制要弱于农民专业合作社，而后者又弱于家庭农场（大户）；在产量提高、效益增长、产品形象提升、市场竞争力增强和价格提高五个农业标准化绩效方面，都呈现与质量安全保障绩效一致的对比关系，仅在差异程度上有所区别。

表 4.9　基于农民专业合作社的农业标准化绩效选择

绩效指标	选择频次	占比/%
质量安全保障	707	86.9
产量提高	430	52.8
效益增长	517	63.5
成本增加	308	37.8
产品形象提升	498	61.2
市场竞争力增强	526	64.6
价格提高	309	38.0

表 4.10　基于农业龙头企业的农业标准化绩效选择

绩效指标	选择频次	占比/%
质量安全保障	352	92.6
产量提高	236	62.1
效益增长	251	66.1
成本增加	155	40.8
产品形象提升	270	71.1
市场竞争力增强	262	69.0
价格提高	147	38.7

表 4.11　基于家庭农场(大户)的农业标准化绩效选择

绩效指标	选择频次	占比/%
质量安全保障	137	81.1
产量提高	76	45.0
效益增长	99	58.6
成本增加	52	30.8
产品形象提升	81	47.9
市场竞争力增强	95	56.2
价格提高	50	29.6

从总体上说,实施农业标准化绩效方面呈现农业龙头企业强于农民专业合作社,农民专业合作社强于家庭农场(大户)的整体态势。

2.评价结果分析

根据前文的理论分析与文献综述,结合农业生产实际情况,本书选取农产品质量安全保障、产量提高、效益增加、成本增加、产品形象提升、市场竞争力增强、价格提高这七个指标来比较分析生产主体标准化实施绩效。

(1)农业标准化绩效指标相关关系分析

相关分析是研究现象之间是否存在某种依存关系,并对具有依存关系的现象探讨其相关方向以及相关程度,是研究随机变量之间的相关关系的一种统计方法。本书采用 Person 相关分析来比较七个绩效指标之间的相关关系,利用 SPSS18.0 进行统计分析,采用 1363 个问卷调查数据,获得结果具体如表 4.12 所示。

表 4.12　标准化绩效相关关系

绩效指标		质量安全保障	产量提高	效益增加	成本增长	产品形象提升	市场竞争力增强	价格提高
质量安全保障	Pearson 相关性	1	−0.057*	0.034	0.088**	0.217**	0.132**	0.130**
	显著性(双侧)		0.035	0.215	0.001	0.000	0.000	0.000
	N	1363	1363	1363	1363	1363	1363	1363
产量提高	Pearson 相关性	−0.057*	1	0.419**	−0.003	0.047	0.061*	0.175**
	显著性(双侧)	0.035		0.000	0.911	0.083	0.024	0.000
	N	1363	1363	1363	1363	1363	1363	1363
效益增长	Pearson 相关性	0.034	0.419**	1	−0.002	0.116**	0.164**	0.234**
	显著性(双侧)	0.215	0.000		0.945	0.000	0.000	0.000
	N	1363	1363	1363	1363	1363	1363	1363
成本增加	Pearson 相关性	0.088**	−0.003	−0.002	1	0.250**	0.131**	0.153**
	显著性(双侧)	0.001	0.911	0.945		0.000	0.000	0.000
	N	1363	1363	1363	1363	1363	1363	1363

绩效指标		质量安全保障	产量提高	效益增长	成本增加	产品形象提升	市场竞争力增强	价格提高
产品形象提升	Pearson 相关性	0.217**	0.047	0.116**	0.250**	1	0.355**	0.247**
	显著性(双侧)	0.000	0.083	0.000	0.000		0.000	0.000
	N	1363	1363	1363	1363	1363	1363	1363
竞争力增强	Pearson 相关性	0.132**	0.061*	0.164**	0.131**	0.355**	1	0.280**
	显著性(双侧)	0.000	0.024	0.000	0.000	0.000		0.000
	N	1363	1363	1363	1363	1363	1363	1363
价格提高	Pearson 相关性	0.130**	0.175**	0.234**	0.153**	0.247**	0.280**	1
	显著性(双侧)	0.000	0.000	0.000	0.000	0.000	0.000	
	N	1363	1363	1363	1363	1363	1363	1363

*.在 0.05 水平(双侧)上显著相关;

**.在 0.01 水平(双侧)上显著相关。

通过表 4.12 我们可以看到,七个标准化绩效中,质量安全保障与产量提高在 0.05 水平上显著负相关,即质量安全保障的提升必然伴随着农产品产量的下降;质量安全保障指标同时与成本增加、产品形象提升、市场竞争力增强和价格提高在 0.01 水平上显著正相关,即质量安全水平提高的同时,农产品价格会有所提高,产品形象更为契合消费者心理预期,市场竞争力显著增强,但也伴随着农产品生产成本的上升。价格提高与成本增加显著正相关,导致质量安全保障与效益增长指标之间的相关关系不明显。

效益增长指标除了与质量安全保障指标缺乏相关关系外,与产量提高、产品形象提升、市场竞争力增强和价格提高四个绩效指标呈显著正相关,即效益增加伴随着农产品价格的提高、产量的增加、产品形象的提升和市场竞争力逐渐增强的。同时效益增长与成本增加指标没有显著的相关关系。

成本增加指标与质量安全保障指标、产品形象提升指标、市场竞争力增强指标和价格提高指标都在 0.01 水平上显著正相关,即增加成本的同时,产品形象得到提升,市场竞争力增强,农产品价格提高,同时也保障了农产品质量安全水平。然而,成本的提高与产量和效益两个指标之间欠缺显著的相关关系。

（2）不同生产主体间标准化绩效比较分析

为了比较不同生产主体间的标准化绩效,有必要进行两两处理不同生产主体之间的比较,以具体判断两两处理不同生产主体间标准化绩效的差异显著性。本书选取最小显著差数法(LSD法)进行多重比较,具体分析不同生产主体间各标准化绩效指标的差异。本书利用 SPSS18.0 进行 LSD法多重比较分析,以 1363 份问卷调查数据为分析对象,获得的结果如表 4.13 所示。

表 4.13　不同生产主体间标准化绩效比较

因变量	(I)生产主体类型		(J)生产主体类型		均值差(I-J)	标准误	显著性	95% 置信区间	
								下限	上限
质量安全保障	dimension2	合作社	dimension3	龙头企业	−0.058*	0.020	0.004	−0.10	−0.02
				家庭农场	0.058*	0.028	0.036	0.00	0.11
		龙头企业	dimension3	合作社	0.058*	0.020	0.004	0.02	0.10
				家庭农场	0.116*	0.030	0.000	0.06	0.17
		家庭农场	dimension3	合作社	−0.058*	0.028	0.036	−0.11	0.00
				龙头企业	−0.116*	0.030	0.000	−0.17	−0.06
产量提高	dimension2	合作社	dimension3	龙头企业	−0.091*	0.031	0.003	−0.15	−0.03
				家庭农场	0.081	0.042	0.054	0.00	0.16
		龙头企业	dimension3	合作社	0.091*	0.031	0.003	0.03	0.15
				家庭农场	0.172*	0.046	0.000	0.08	0.26
		家庭农场	dimension3	合作社	−0.081	0.042	0.054	−0.16	0.00
				龙头企业	−0.172*	0.046	0.000	−0.26	−0.08

因变量	(I)生产主体类型		(J)生产主体类型		均值差 (I-J)	标准误	显著性	95% 置信区间	
								下限	上限
效益增长	dimension2	合作社	dimension3	龙头企业	−0.025	0.030	0.396	−0.08	0.03
				家庭农场	0.049	0.041	0.225	−0.03	0.13
		龙头企业	dimension3	合作社	0.025	0.030	0.396	−0.03	0.08
				家庭农场	0.075	0.044	0.093	−0.01	0.16
		家庭农场	dimension3	合作社	−0.049	0.041	0.225	−0.13	0.03
				龙头企业	−0.075	0.044	0.093	−0.16	0.01
成本增加	dimension2	合作社	dimension3	龙头企业	−0.030	0.030	0.327	−0.09	0.03
				家庭农场	0.071	0.041	0.085	−0.01	0.15
		龙头企业	dimension3	合作社	0.030	0.030	0.327	−0.03	0.09
				家庭农场	0.100*	0.045	0.025	0.01	0.19
		家庭农场	dimension3	合作社	−0.071	0.041	0.085	−0.15	0.01
				龙头企业	−0.100*	0.045	0.025	−0.19	−0.01
产品形象提升	dimension2	合作社	dimension3	龙头企业	−0.099*	0.030	0.001	−0.16	−0.04
				家庭农场	0.133*	0.041	0.001	0.05	0.21

续表

因变量	(I)生产主体类型		(J)生产主体类型		均值差(I-J)	标准误	显著性	95% 置信区间	
								下限	上限
产品形象提升	dimension2	龙头企业	dimension3	合作社	0.099*	0.030	0.001	0.04	0.16
				家庭农场	0.231*	0.044	0.000	0.14	0.32
		家庭农场	dimension3	合作社	−0.133*	0.041	0.001	−0.21	−0.05
				龙头企业	−0.231*	0.044	0.000	−0.32	−0.14
市场竞争力增强	dimension2	合作社	dimension3	龙头企业	−0.043	0.030	0.144	−0.10	0.01
				家庭农场	0.084*	0.040	0.037	0.01	0.16
		龙头企业	dimension3	合作社	0.043	0.030	0.144	−0.01	0.10
				家庭农场	0.127*	0.044	0.004	0.04	0.21
		家庭农场	dimension3	合作社	−0.084*	0.040	0.037	−0.16	−0.01
				龙头企业	−0.127*	0.044	0.004	−0.21	−0.04
价格提高	dimension2	合作社	dimension3	龙头企业	−0.007	0.030	0.809	−0.07	0.05
				家庭农场	0.084*	0.041	0.040	0.00	0.16
		龙头企业	dimension3	合作社	0.007	0.030	0.809	−0.05	0.07
				家庭农场	0.091*	0.045	0.042	0.00	0.18
		家庭农场	dimension3	合作社	−0.084*	0.041	0.040	−0.16	0.00
				龙头企业	−0.091*	0.045	0.042	−0.18	0.00

注:*.均值差的显著性水平为 0.05。

根据表 4.13,我们可以得到以下结果:

第一,质量安全保障绩效方面,农业龙头企业显著优于农民专业合作社,而合作社又显著优于家庭农场(大户)。

第二,产量提高绩效方面,农业龙头企业显著强于农民专业合作社和家庭农场(大户),农民专业合作社比家庭农场(大户)略占优势,但缺乏显著性。

第三,效益增长绩效方面,农业龙头企业、农民专业合作社和家庭农场(大户)三者之间没有显著差异,但从均值角度看,仍呈现农业龙头企业强于农民专业合作社,强于家庭农场(大户)的态势。

第四,成本增加绩效方面,家庭农场(大户)在控制成本方面显著强于农业龙头企业,而农业龙头企业与农民专业合作社和农民专业合作社与家庭农场(大户)两两之间显著性不明显,从均值差角度得出在控制成本方面家庭农场(大户)优于农民专业合作社,而后者又比农业龙头企业更善于控制成本。

第五,产品形象提升绩效方面,总体态势与质量安全保障绩效一致,但更为显著。

第六,市场竞争力增强绩效方面,农业龙头企业与农民专业合作社都显著强于家庭农场(大户),农民专业合作社略弱于农业龙头企业。

第七,价格提高绩效方面,与市场竞争力增强绩效表现完全一致,只是农民专业合作社与农业龙头企业的绩效表现更为接近。

总的来看,七个标准化绩效指标的整体态势显示,农业龙头企业强于农民专业合作社,而农民专业合作社又优于家庭农场(大户)。其中质量安全保障绩效与产品形象提升绩效在三类生产主体间的差异最为显著;产量提高、市场竞争力增强和价格提高绩效方面,三次比较中有两次比较呈现显著的差异性;而成本增加绩效只有在农业龙头企业与家庭农场(大户)的绩效比较中呈现显著差异,效益增长绩效指标在比较中没有显示出显著性。

四、新型农业经营主体农业标准化绩效影响因素分析

从标准化工作中最为重要且最为社会所关注的农产品质量安全保障绩效指标出发,分析影响生产主体实施农产品质量安全标准化的因素,探索不同生产主体在标准化实施过程中的问题之所在。本节运用二元 Logistic 回归方法对影响生产主体标准化绩效的因素进行实证分析。

根据理论分析与生产实际情况,将不同生产主体质量安全生产标准化绩效影响因素的实证模型设置如下:

生产主体质量安全保障绩效实证模型:$Y_1 = F(X_1, X_2, X_3)$

其中,Y_1:生产主体质量安全保障绩效;

X_1:生产主体特征;

X_2:生产主体强制措施;

X_3:生产主体激励手段。

$$Y_1 = \begin{cases} 0 & \text{质量安全没保障} \\ 1 & \text{质量安全有保障} \end{cases}$$

$$X_1 = f(x_{11}, x_{12}, x_{13}, x_{14})$$

其中,x_{11}:负责人年龄;x_{12}:负责人学历;x_{13}:土地规模;x_{14}:农户规模。

$$X_2 = f(x_{21}, x_{22}, x_{23}, x_{24}, x_{25}, x_{26}, x_{27}, x_{28})$$

其中,x_{21}:质量标准;x_{22}:物资采购;x_{23}:人员培训;x_{24}:管理制度;x_{25}:生产档案;x_{26}:产品检测;x_{27}:产品追溯。

$$X_3 = f(x_{31}, x_{32}, x_{33})$$

其中,x_{31}:奖励制度;x_{32}:产品认证;x_{33}:品牌建设。

综上所述,影响生产主体质量安全保障绩效的因素实证模型中,共有 3 类因素,分别是生产主体特征因素、强制措施因素和激励手段因素。每一个因素由几个变量具体表现,共有 14 个变量体现这 3 个因素,这 14 个因素可以通过问卷调查中的具体问题获得相应的解释。

将生产主体实施质量安全标准化后农产品质量安全是否有保障作为因变量 Y,即 0 - 1 型因变量,将"质量安全有保障"定义为 $Y = 1$,将"质量安全没保障"定义为 $Y = 0$。设 $X_1, X_2, \cdots, X_K$,其中 X_K 是与 Y 相关的自变量,因为因变量 Y 本身只取 0、1 两个离散值,本书采用二元 Logistic 回归分析模型,将因变量的取值限定在 $[0, 1]$ 范围内,并通过最大似然估计法对其回归参数进行估计。

设 $x_1, x_2, \cdots, x_k, x_k$ 是与 y 相关的自变量,一共有 n 组观测数据,即 $(x_{i1}, x_{i2}, \cdots, x_{ik}; y_i)$, $i = 1, 2, 3, \cdots, n$。其中,y_i 是取值为 0 或 1 的因变量。y_i 与 $x_{i1}, x_{i2}, \cdots, x_{ik}$ 的关系为:

$$E(y_i) = p_i = \beta_0 + \beta_1 x_{i1} + \beta_2 x_{i2} + \cdots + \beta_k x_{ik}$$

y_i 的概率函数为:

$$p(y_i) = f(p_i)^{y_i} [1 - f(p_i)]^{(1-y_i)} \qquad y = 0, 1; i = 1, 2, \cdots, n$$

Logistic 回归函数为：

$$f(P_i) = \frac{e^{P_i}}{1+e^{P_i}} = \frac{e^{(\beta_0+\beta_1 x_{i1}+\beta_2 x_{i2}+\cdots+\beta_k x_{ik})}}{1+e^{(\beta_0+\beta_1 x_{i1}+\beta_2 x_{i2}+\cdots+\beta_k x_{ik})}}$$

于是 $y_1, y_2, \cdots, y_n$ 的似然函数为：

$$L = \prod_{i=1}^{n} P(y_i) = \prod_{i=1}^{n} f(P_i)^{y_i} [1-f(P_i)]^{(1-y_i)}$$

对似然函数取自然对数，得：

$$\ln L = \sum_{i=1}^{n} \{ y_i \ln f(P_i) + (1-y_i) \ln [1-f(P_i)] \}$$

$$\ln L = \sum_{i=1}^{n} [y_i(\beta_0 + \beta_1 x_{i1} + \cdots + \beta_k x_{ik}) - \ln(1 + e^{(\beta_0+\beta_1 x_{i1}+\cdots+\beta_k x_{ik})})]$$

最大似然估计是选取 $\beta_0, \beta_1, \beta_2, \cdots, \beta_k$ 的估计值 $\hat{\beta}_0, \hat{\beta}_1, \hat{\beta}_2, \cdots, \hat{\beta}_k$，使得 (7.4) 式值最大。

p_i 表示生产主体农产品质量安全保障的各种情况，即有保障、没保障。$x_{i1}, x_{i2}, \cdots, x_{ik}$ 代表影响生产主体质量保障绩效的各个因素，β_0 是预测方程对应的常数，$\beta_1, \beta_2, \cdots, \beta_k$ 是对应自变量的系数。

1. 农民专业合作社标准化绩效的影响因素分析

运用 SPSS 统计软件对 814 家合作社样本数据进行二元 Logistic 回归处理。在处理过程中采用了向后逐步回归法，即首先将全部变量引入回归方程，然后进行变量的显著性检验，在一个或多个不显著的变量中，将 t 检验值最小的那个变量剔除，再重新拟合回归方程，并进行各种检验，直到方程中所有变量的 t 检验值基本显著为止。本次二元 Logistic 回归运行一共有 9 种计量估计结果，由于篇幅有限，本书选择 Step 1、最终结果 Step 9 两个模型，具体如表 4.14 所示。

表 4.14　基于农民专业合作社的质量安全保障绩效 Logistic 模型回归结果

解释变量	Step 1			Step 9		
	系数(B)	Wald 值	Exp(B)	系数(B)	Wald 值	Exp(B)
质量标准	1.428***	21.177	4.169	1.507***	25.763	4.512
物资采购	0.424	2.090	1.527			
人员培训	−0.081	1.102	0.922			
管理制度	0.682**	3.904	1.978	0.720**	4.869	2.055

续表

解释变量	Step 1			Step 9		
	系数（B）	Wald 值	Exp（B）	系数（B）	Wald 值	Exp（B）
生产档案	0.002	0.000	1.002			
产品检测	0.439***	7.173	1.551	0.467***	8.868	1.596
产品追溯	0.189	1.393	1.208			
奖励制度	0.785	2.467	2.192	0.936*	3.664	2.549
产品认证	−0.317	0.069	0.728			
品牌建设	0.751**	5.560	2.120	0.710**	5.966	2.034
负责人年龄	−0.036*	3.230	0.965			
负责人学历	−0.249	1.647	0.780			
土地规模	0.000	0.051	1.000			
农户规模	−0.001	2.144	0.999	−0.001*	2.992	0.999
常数项	1.594	0.832	4.923	−0.716	5.770	0.489
预测准确性/%	90.5			90.3		
−2 对数似然值	352.897			361.113		
Nagelkerke 的 R^2	0.323			0.302		

注：*、**、*** 分别表示统计检验在 0.1、0.05、0.01 水平上显著。

根据上述回归模型的结果，可以得出以下结论：

第一，农民专业合作社是否使用质量安全标准对标准化实施后是否能有效保障农产品质量安全影响强烈。从模型结果看，使用质量安全标准的统计检验在 0.01 水平上显著，估计系数值为正且 Wald 值较大。这个结果表明，在其他条件不变的前提下，农民专业合作社使用质量安全标准能够提高质量安全保障绩效。

第二，农民专业合作社产品检测频率对质量安全保障绩效影响强烈。从模型结果看，产品检测频率的统计检验在 0.01 水平上显著，估计值为正。这个结果表明，在其他条件不变的情况下，农民专业合作社产品检测频率越高，质量安全保障绩效越好。

第三，农民专业合作社实施农产品质量安全管理制度对质量安全保障绩效有较大影响。从模型结果看，质量安全管理制度的统计检验在 0.05 水平上显著,估计系数为正。这个结果表明,在其他条件不变的情况下,农民专业合作社实施质量安全管理制度,能有效提高质量安全保障水平。

第四,农民专业合作社建立统一品牌对质量安全保障绩效有较大影响。从模型结果看,品牌建立的统计检验在 0.05 水平上显著,且估计系数为正。这个结果表明,在其他条件不变的前提下,农民专业合作社建立统一品牌,能有效提高质量安全保障水平。

第五,农民专业合作社实行奖励制度对质量安全保障绩效具有一定的影响。从模型结果看,奖励制度的统计检验在 0.1 水平上显著,估计系数为正。这个结果表明,在其他条件不变的情况下,农民专业合作社实行奖励制度,能更好地保障农产品质量安全。

第六,农民专业合作社的农户规模对质量安全保障绩效具有一定的影响。从模型结果看,农户规模的统计检验在 0.1 水平上显著,估计系数为负。这个结果表明,在其他条件不变的情况下,农民专业合作社的农户规模越大,质量安全保障水平越低。

2.农业龙头企业标准化绩效的影响因素分析

采用与农民专业合作社相同的方法对农业龙头企业的质量安全保障绩效数据进行二元 Logistic 回归分析。一共有 12 种计量估计结果。由于篇幅的有限性,本书选择 Step 1、最终结果 Step 12 两个模型,具体如表 4.15 所示。

根据表 4.15 的模型结果可以得出以下结论:

第一,农业龙头企业实行产品论证对质量安全保障绩效影响较大。从模型结果看,产品认证的统计检验在 0.05 水平上显著,估计系数值为正。这个结果表明,在其他条件不变的情况下,农业龙头企业实行产品认证,能够有效提高质量安全保障绩效。

第二,农业龙头企业在发生农产品质量安全问题的时候能够实现追溯对质量安全保障绩效有一定的影响。从模型结果看,产品追溯的统计检验在 0.1 水平上显著,估计系数值为正。这个结果表明,在其他条件不变的情况下,农业龙头企业实行农产品追溯,能有效提高质量安全保障绩效。

第三,农业龙头企业的农户规模对标准化实施后质量安全保障绩效具有一定影响。从模型结果看,农户规模的统计检验在 0.1 水平上显著,估计系数值为正。这个结果表明,在其他条件不变的前提下,农业龙头企业社会规模越大,质量安全保障绩效越高。

表 4.15　基于农业龙头企业的质量安全保障绩效 Logistic 模型回归结果

解释变量	Step 1			Step 12		
	系数(B)	Wald 值	Exp(B)	系数(B)	Wald 值	Exp(B)
质量标准	−0.123	−0.123	0.884			
物资采购	0.236	0.236	1.267			
人员培训	−0.033	−0.033	0.968			
管理制度	0.707	0.707	2.027			
生产档案	0.154	0.154	1.167			
产品检测	−0.140	−0.140	0.869			
产品追溯	0.450*	0.450	1.568	0.068*	0.270	1.070
奖励制度	0.137	0.137	1.147			
产品认证	1.282**	1.282	3.603	0.000**	0.000	1.000
品牌建设	0.043	0.043	1.044			
负责人年龄	−0.001	−0.001	0.999			
负责人学历	0.068	0.068	1.070			
土地规模	0.000	0.000	1.000			
农户规模	0.007	0.007	1.007	0.007*	0.004	1.007
常数项	−0.920	−0.920	0.399	−0.920	2.056	0.399
预测准确性/%	92.6			92.6		
−2 对数似然值	179.991			184.339		
Nagelkerke 的 R^2	0.125			0.098		

注:*、**、*** 分别表示统计检验在 0.1、0.05 和 0.01 水平上显著。

3. 家庭农场(大户)标准化绩效的影响因素分析

采用与农民专业合作社相同的方法对家庭农场(大户)的质量安全保障绩效数据进行二元 Logistic 回归分析。一共有 12 种计量估计结果。由于篇幅的有限性,本书选择 Step 1、最终结果 Step 12 两个模型,具体如表 4.16 所示。

表 4.16　基于家庭农场(大户)的质量安全保障绩效 Logistic 模型回归结果

解释变量	Step 1			Step 12		
	系数(B)	Wald 值	Exp(B)	系数(B)	Wald 值	Exp(B)
质量标准	0.390	0.662	1.477			
物资采购	−0.052	0.011	0.949			
人员培训	0.000	0.000	1.000			
管理制度	0.419	0.591	1.521			
生产档案	−0.169	0.364	0.845			
产品检测	0.040	0.029	1.041			
产品追溯	0.279	1.486	1.321	0.380*	3.577	1.464
奖励制度	19.637	0.000	3.373E8	19.661	0.000	3.457E8
产品认证	0.688	1.006	1.990			
品牌建设	0.800	2.533	2.225	0.878**	3.918	2.407
负责人年龄	0.028	0.590	1.028			
负责人学历	0.000	0.000	1.000			
土地规模	0.001	0.576	1.001			
农户规模	−0.005	0.910	0.995			
常数项	−1.673	0.692	0.188	0.054	0.012	1.055
预测准确性/%	81.7			81.1		
−2 对数似然值	139.254			143.984		
Nagelkerke 的 R^2	0.219			0.180		

注:*、**、*** 分别表示统计检验在 0.1、0.05 和 0.01 水平上显著。

根据表 4.16 的模型结果可以得出以下结论:

第一,家庭农场(大户)的品牌建设对标准化实施后质量安全保障绩效具有较大影响。从模型结果看,品牌建设的统计检验在 0.05 水平上显著,估计系数值为正。这个结果表明,在其他条件不变的前提下,家庭农场(大户)建立自有品牌,能有效保障质量安全保障绩效。

第二,家庭农场(大户)在发生农产品质量安全问题的时候能够实现追溯对质量安全保障绩效有一定的影响。从模型结果看,产品追溯的统计检验在0.1水平上显著,估计系数值为正。这个结果表明,在其他条件不变的情况下,家庭农场(大户)实行农产品追溯,能有效提高质量安全保障绩效。

第二节　新型农业经营主体农产品质量安全认证行为与绩效

一、农产品质量安全认证

"认证"是"第三方依据程序对产品过程或服务规定的要求给予书面保证(合格证书)"(国际标准化组织 ISO),或者"是指由认证机构证明产品、服务、管理体系符合相关技术规范、相关技术规范的强制性要求或者标准的合格评定活动"(《中华人民共和国认证认可条例》,2003)。由认证的定义可知,认证是对市场主体的活动是否符合标准的判断及证明,标准是认证的依据和准绳,认证是对标准实施成效的评判。

质量认证又称合格认证,是指认证机构确认某一产品或服务符合相应标准和相应技术要求,并颁发认证证书和认证标志的证明活动。质量认证通常可分为产品质量认证和质量体系认证,产品质量认证的认证对象是特定产品包括服务,质量体系认证的认证对象是企业的质量体系,或者说是企业的质量保证能力。产品质量认证又分两种:一种是安全性产品认证,它通过法律、行政法规或规章规定强制执行认证;另一种是合格认证,属于自愿性认证,是否申请认证,由企业自行决定。而质量体系认证都是自愿性的。不论是产品质量认证,还是质量体系认证,都由第三方实施以确保认证的公正性。

农产品质量认证始于 20 世纪初美国开展的农作物种子认证,到 20 世纪中叶,随着食品行业工业化的推进和国际食品贸易的日益发展,以及一系列重大食品安全事件的发生,许多国家在食品安全控制中引入"从农田到餐桌"的过程管理理念,把农产品质量认证作为确保农产品质量安全和降低政府管理成本的有效政策措施。于是,出现了 HACCP(食品安全管理体系)、GMP

（良好生产规范）、欧洲 EurepGAP、澳大利亚 SQF、加拿大 On-Farm 等体系认证形式以及日本 JAS 认证、韩国亲环境农产品认证、英国的小红拖拉机标志认证等多种农产品认证形式。

目前我国农产品市场上主要存在两类质量安全标准认证体系，一类是以"三品"为代表的产品认证（各主要特点参见表 4.17）；另一类是以 HACCP、GAP 为代表的过程管理认证。这些认证体系一方面已经成为消费者判定农产品安全质量的重要依据，并影响着消费者的支付意愿；另一方面也已经成为生产经营者进行产品差异化竞争、获取竞争优势的关键工具（Liu et al.，2013）。这些认证体系还已成为浙江省乃至农业部提升农产品质量安全监管能力的主要载体。截至 2019 年底，我国各类认证机构颁发的食品农产品认证有效证书共计 16 万余张，其中有机产品、绿色食品、无公害农产品、地理标志产品和以 HACCP、GAP 等为代表的管理体系认证各有 21764、36345、79105、2778 和 20382 张，各自所占的比重约为 13.6%、22.7%、49.3%、1.7% 和 12.7%（中国绿色食品发展中心，2020；国家认监委，2020；中国合格评定国家认可委员会，2020）。对比前几个季度的数据发现，相对于无公害农产品，绿色食品、有机产品及管理体系认证的比例在逐渐增加。

为落实生产经营主体第一责任，推进产地准出管理与市场准入管理的衔接机制建设，农业部开始在河北、黑龙江、浙江、山东、湖南、陕西等六省先行开展食用农产品合格证管理试点工作。2016 年 7 月，农业部出台《关于开展食用农产品合格证管理试点工作的通知》与《食用农产品合格证管理办法（试行）》，进一步明确食用农产品合格证的管理办法。2017 年 9 月，中共中央办公厅、国务院办公厅印发《关于创新体制机制推进农业绿色发展的意见》，明确提出"改革无公害农产品认证制度，加快建立统一的绿色农产品市场准入标准，健全与市场准入相衔接的食用农产品合格证制度"。2018 年 11 月，农业农村部农产品质量安全监管司在无公害农产品认证制度改革座谈会上提出停止无公害农产品认证工作，实现无公害农产品认证制度与合格证制度的平稳对接。

表 4.17　我国主要农产品质量认证的主要特征描述

	无公害农产品	绿色食品	有机产品	地理标志产品
认证标识				
主管机构	农业部农产品质量安全中心	农业部中国绿色食品发展中心	国家认证认可监督管理委员会	国家质量监督检验检疫总局
有效期	3 年	3 年	1 年	10 年
设立年份	2001	1990	1994	2005
关注目标	农兽药等化学残留符合标准	环境保护与可持续发展	食品生产方式	区域品牌
主要区别	控制和有限使用化肥、杀虫剂、植物生长调节剂、饲料添加剂以及基因工程技术;禁用高毒和高残留的杀虫剂	控制和有限使用化肥、杀虫剂、植物生长调节剂、饲料添加剂以及基因工程技术(A 类绿色食品)	禁止使用人工合成的化肥、杀虫剂、植物生长调节剂、饲料添加剂以及基因工程技术(包括 AA 类绿色食品)	产自特定地域,所具有的质量、声誉或其他特性本质上取决于该产地的自然因素和人文因素,经审核批准以地理名称进行命名

二、新型农业经营主体农产品质量安全认证行为分析

1.新型农业经营主体农产品质量安全认证行为分析框架

(1)技术接受模型

技术接受模型(TAM)是由 Davis(1989)提出的用于解释使用者技术接受的理论模型。在技术接受模型(TAM)(见图 4.2)中,用户的信息技术使用行为由行为意向决定,而使用意向受使用态度和感知有用性影响。此外,

使用态度由感知有用性和感知易用性决定,同时,感知易用性还会正向影响感知有用性。其中,行为意向是用户使用一项特定信息技术主观意向的强烈程度。使用态度是指用户对使用一项特定信息技术的正面或者负面的感受。感知有用性是指用户认为使用一项特定信息技术能够提高自身工作绩效的程度。感知易用性是指用户认为使用一项特定信息技术的难易程度。与理性行为中一样,技术接受模型(TAM)认为外部因素通过影响用户认知信念(也就是感知有用性和感知易用性)来影响用户的信息技术接受和使用行为。

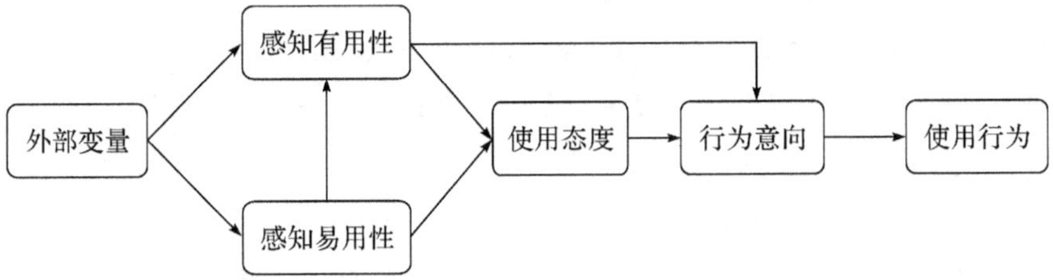

图 4.2　技术接受模型

Venkatesh 和 Davis 在 2000 年提出并检验了技术接受模型的理论扩展模型,通过社会影响和认知工具两个过程解释了感知有用性和行为意向的决定因素,在该模型中社会影响类变量包括主观规范、形象和自愿性,而认知工具类变量包括感知易用性、工作相关性、产出质量和结果可展示性。在同年的另一篇研究中,Venkatesh 和 Davis(2000)识别了决定感知易用性的一般因素,感知易用性的决定因素包括锚定因素和调整因素两大类。其中锚定类因素包括计算机自我效能、外部控制感知、计算机焦虑和计算机有趣;调整因素包括感知娱乐性和客观的可用性。

(2)基于技术接受模型的质量安全认证实施行为分析框架

在前面的分析中,我们指出经营主体在实施质量安全认证决策时,感知到了三个方面的环境障碍因子:交易成本、生产成本和人力资源局限。对于按照质量安全认证标准进行生产的一般农户而言,一方面,按照标准生产将导致其生产成本上涨,在市场不确定的情况下,农户的经营存在较大风险;另一方面,农产品标准化生产过程中的质量安全控制具有较强的专业技术性,高龄、受教育程度低的农业生产人员难以适应技术要求。要确保农产品质量安全认证的落实,促使农户按照质量安全认证标准进行生产,根据技术接受模型（TAM）理论，则必须使农户感知标准生产的有用性和易用性。对于新型经营主体而言，则一方面可以通过利益保障（如产品统一销售、提供保底价收购）来诱使农户参与标准化生产，即促使农户感知标准化生产的有用性；另一方面，则可通过技术标准的提供以及技术培训，提升农户的质量安全控制意识和能力，即促使农户感知标准化生产的易用性，进而推动质量安全认证标准的落实。

产品统一销售、提供保底价收购、技术标准的提供以及技术培训等促使农户感知标准化生产有用性和易用性的这些手段，都是为解决农户在产前、产中和产后所面临的各种问题而服务的，故又称为生产性服务。目前我国以农民专业合作社为代表的新型农业经营主体为成员提供的生产性服务主要体现在五个方面：技术培训与指导、统一农资提供、统一产品销售、生产管理服务（如产品检测与统防统治、耕种与收割等）以及融资服务（黄季焜，邓衡山，徐志刚，2010；陈新建、谭砚文，2013）。庄丽娟、贺梅英和张杰（2011）的研究指出，目前农户对农业生产性服务需求迫切，且偏好于技术服务、销售服务和农资购买服务。

有关农户安全生产行为的研究发现，加入产业化组织对于农户的安全生产行为都有着正向的影响（周洁红，2006；孙世民，张媛媛，张健如，2012）。其背后的原因可能在于：一方面产业化组织的介入改变了农户的信息、技术以及资源禀赋状况，使农户既有意愿又有能力去提高生产行为的安全性（华红娟，常向阳，2011）；另一方面，农民专业合作社等产业化组织通过将分散的农户集中形成规模经营，通过供应链管理，不仅可以实现农产品生产的质量安全标准，还能协助政府对食品安全进行监管（Zhang，xiangyu Guo，2010）。产业化组织对于农户行为的这些影响，都依赖于其向农户提供的生产性服务来发挥作用。Lemeilleur Sylvaine（2013）在秘鲁小规模芒果种植者的Global-GAP标准的采纳行为中发现，出口商通过提供技术支持和承担每年的认证成本，并以订单农业的方式，有力地推动了小农户的标准采纳行为。而Subervie Julie、Vagneron Isabelle（2013）的研究则反证了以出口商为代表的产业化组织，在小农户实施农业质量标准认证过程中的关键作用，在其有关马达加斯加荔枝行业的Global-Gap标准实施的研究中发现，随着出口商财务支持的枯竭，实施认证的农户数量很快下降。

因此，新型经营主体在选定质量安全认证标准后，通过提供生产性服务促使农户感知标准化生产的有用性和易用性，从利益诱导和能力提升两个维度来确保农户能够按照质量安全认证标准进行生产。故而最终形成质量安全认证实施行为的分析框架,如图 4.3 所示。

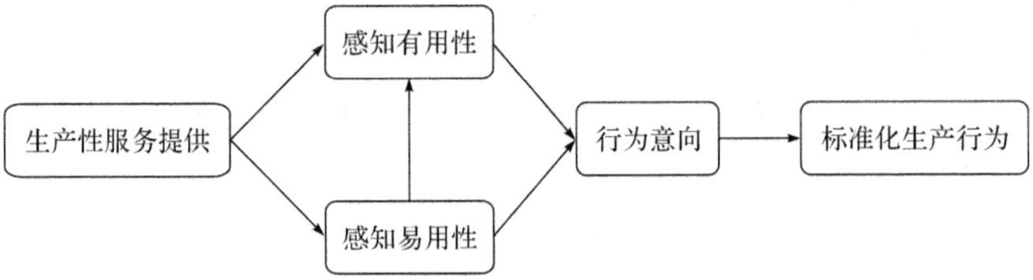

图 4.3　经营主体的质量安全认证实施行为

(3)模型的设定

经营主体的质量安全认证的实施行为是指在经营主体做出质量安全认证决策并选定认证的标准后,经营主体通过何种方式来确保质量安全认证标准得以落实的管理行为。根据前面的分析,经营主体通过生产性服务的提供,促使农户感知标准化生产的有用性和易用性,进而影响其标准化生产行为意向,实现农户标准化生产行为。从知识管理的角度来说,经营主体提供的生产性服务都属于组织显性知识资源的范畴,经营主体内部显然还存在能够影响产品质量安全控制的隐性知识资源,而经营主体的个体特征通常是这些隐性知识资源的表征。比如在农村以亲情为主要人际关系的社会环境里,合作组织的所有成员几乎都是亲戚或邻居,很容易做到相互监督,从而有利于合作组织对其产品质量进行有效的监控(卫龙宝,卢光明,2004)。因此,能否顺利通过由第三方对于经营主体的产品是否符合特定质量安全标准的判定,即是否能够实现认证,将受到经营主体生产性服务提供的能力和作为质量安全控制隐性知识表征的经营主体的个体特征的影响。故而我们可以将经营主体是否通过了质量安全认证视为经营主体提供的生产性服务和其个体特征的函数。

模型的自变量为影响经营主体质量安全认证能否实现的诸因素,即由 $x_1, x_2, \cdots, x_k$ 构成的向量 X,这里主要指经营主体提供的生产性服务以及经营主体的个体特征;因变量为经营主体能否通过质量安全认证,通过认证则 $y=1$,否则 $y=0$。设有一个不可观测的潜变量 y_i^*,其线性依赖于解释变量 X_i;而可观测的是 y_i,其有 0 和 1 两个取值,即:

$$y_i^* = X_i\beta + \mu_i \tag{4-1}$$

式中,β代表估计系数向量,μ_i为独立同分布的随机变量,$i=1,2,\cdots,N$,代表样本序号。因变量的取值如下:

$$y_i = \begin{cases} 1, & y_i^* > 0 \\ 0, & y^* < 0 \end{cases} \tag{4-2}$$

然后可以得到经营主体能否通过质量安全认证的 Logit 模型:

$$\begin{aligned} \Pr(y=1) &= \Pr(X_i\beta + \mu > 0) \\ &= \Pr(-\mu < X_i\beta) \\ &= F(X_i\beta) \\ &= e^{X_i x}/(1 + X_i\beta) \end{aligned} \tag{4-3}$$

但对于实现质量安全认证的经营主体而言,不同的质量安全标准所需要的质量安全控制水平不一样,因此要实现认证所需的生产性服务的各有侧重。因此,对于已经实现的不同质量安全标准认证,我们可以得到相互独立的多个取值的因变量 $y' = j,(j=1,\cdots,J)$,则各类不同质量安全标准实现认证的概率为

$$\text{Prob}(y_i = j \mid X) = \begin{cases} \dfrac{e^{X_i^* \beta_j}}{1 + \sum_{j=1}^{J} e^{X_i^* \beta_j}}, & (j = 2, \cdots, J) \\[3ex] \dfrac{e^{X_i^* \beta_j}}{1 + \sum_{j=1}^{J} e^{X_i^* \beta_j}}, & (j = 1) \end{cases} \tag{4-4}$$

这里不同质量安全标准实现认证的概率属于受限解释变量,可能存在样本选择偏差问题,因此仍然采取 Heckman(1979)两阶段模型来解决样本选择偏差问题,这里利用模型(4-3)作为第一阶段的选择模型。

2. 浙江省新型农业经营主体质量安全认证实施情况

经营主体质量安全认证的实施行为主要考察经营主体通过什么方式来确保质量安全标准的落实。通过分析发现,经营主体的生产性服务提供是确保质量安全认证最终实现的关键。故而质量安全认证的实施行为主要研究经营主体的生产性服务提供对于认证的最终实现的影响。因此,生产主体是否实现了质量安全认证以及生产主体实现了什么类型的质量安全标准的认证成为我们模型的被解释变量,而经营主体提供的生产性服务以及经营主体的个体特征就成了解释变量。解释变量的详情如下所述。

本书的数据主要来源于对浙江省 11 个市主要农业县(区、市)的新型农业经营主体的标准化建设的分层抽样调查,项目由浙江大学中国农村发展研究

中心与浙江省农业厅合作进行。整个调查分为两个阶段,2014 年 3—5 月通过与专业大户、合作社社长以及龙头企业负责人的深入访谈,就调查问卷的每一个具体问题的适宜性进行探讨并不断完善问卷。然后根据每个市的农业标准化发展状况,选择 5—6 个县区作为样本点,以实施过标准化项目建设的专业大户、合作社以及龙头企业为对象进行抽样,在 6 月到 9 月间通过电子邮件与面谈的方式进行调查,共回收问卷 1400 余份,剔除关键数据遗漏问卷,共获得有效问卷 1261 份。

(1)样本分布概况

样本涵盖了浙江省 11 个市的 55 个县(区、市)。除舟山因农业资源局限导致样本占比明显偏小外,其余 10 市的样本比例呈现三个等级,其中丽水、台州、杭州和宁波四市为第一等级,样本所占比例超过 10%,占比分别达到 15.9%、13.6%、12.8% 以及 11.1%;第二等级的为衢州、温州和湖州三市,各自样本所占比例分别为 9.8%、9.2% 和 8.3%;嘉兴、金华和绍兴的样本比例分别为 6.4%、6% 和 5.5%,属于第三等级,具体详情见表 4.18。样本的地区分布情况基本与各地农业发展状况相符,具备较好的代表性。

表 4.18　调查问卷的地区分布详情

地区	频率	比例/%	地区	频率	比例/%	地区	频率	比例/%
杭州淳安	30	2.4	丽水缙云	27	2.1	宁波宁海	29	2.3
杭州富阳	29	2.3	丽水景宁	23	1.8	宁波鄞州	32	2.5
杭州建德	25	2.0	丽水龙泉	30	2.4	宁波余姚	28	2.2
杭州临安	20	1.6	丽水青田	30	2.4	台州黄岩	28	2.2
杭州桐庐	30	2.4	丽水庆元	29	2.3	台州路桥	29	2.3
杭州余杭	28	2.2	丽水遂昌	33	2.6	台州三门	23	1.8
湖州安吉	30	2.4	丽水云和	28	2.2	台州天台	16	1.3
湖州长兴	28	2.2	衢州常山	24	1.9	台州温岭	29	2.3
湖州德清	28	2.2	衢州江山	29	2.3	台州仙居	25	2.0
湖州南浔	12	1.0	衢州开化	30	2.4	台州玉环	21	1.7

续表

地区	频率	比例/%	地区	频率	比例/%	地区	频率	比例/%
湖州吴兴	7	0.6	衢州柯城	11	0.9	温州苍南	23	1.8
嘉兴海宁	23	1.8	衢州龙游	30	2.4	温州鹿城	26	2.1
嘉兴海盐	15	1.2	绍兴上虞	29	2.3	温州平阳	25	2.0
嘉兴桐乡	19	1.5	绍兴绍兴	4	0.3	温州瑞安	15	1.2
嘉兴秀洲	24	1.9	绍兴新昌	4	0.3	温州泰顺	12	1.0
金华东阳	19	1.5	绍兴越城	5	0.4	温州文成	15	1.2
金华金东	16	1.3	绍兴诸暨	27	2.1	舟山定海	17	1.3
金华兰溪	21	1.7	宁波慈溪	35	2.7			
金华永康	20	1.6	宁波奉化	16	1.3	合计	1261	100.0

样本涉及的产业包括水果、蔬菜、畜禽、水产、茶叶、粮油以及混合种养七大类别,其中以蔬菜、水果、畜禽三类产品样本数量最多,各为 336、324 和 216家,所占比例分别为 26.6%、25.7%和 17.1%;水产样本数量最少,为 60 家,仅占样本的 4.8%;粮油、茶叶和混合种养居于其间,各自样本数量为 121、112和 92,所占样本比例分别为 9.6%、8.9%和 7.3%,基本符合浙江省农业行业各子产业发展现状。

(2)经营主体的基本特征

样本涉及的新型经营主体包括专业大户、合作社和龙头企业三类,各自数量分别为 157 家、764 家以及 340 家,各自样本占比为 12.5%、60.6%和27%,基本与参与标准化建设的新型农业经营主体的比例相吻合。在经营主体的行业分布中,畜禽行业的专业大户占比明显高于整体水平(20.4%>12.5%),畜禽、水产、茶叶三个行业的龙头企业占比要明显高于整体水平(41.7%>27.0%,40.0%>27.0%,45.5%>27.0%),粮油、水果、蔬菜个三行业合作社的占比要稍高于整体水平(见表 4.19)。

表 4.19　样本的主体类型与产品类别的联合分布

			农产品类别							合计
			水果	蔬菜	畜禽	水产	茶叶	粮油	混合种养	
经营主体类型	专业大户	计数/家	32	38	44	10	10	10	13	157
		农产品类别中的占比/%	9.9	11.3	20.4	16.7	8.9	8.3	14.1	12.5
	合作社	计数	234	228	82	26	51	92	51	764
		农产品类别中的占比/%	72.2	67.9	38.0	43.3	45.5	76.0	55.4	60.5
	龙头企业	计数	58	70	90	24	51	19	28	340
		农产品类别中的占比/%	17.9	20.8	41.7	40.0	45.5	15.7	30.4	27.0
合计		计数	324	336	216	60	112	121	92	1261
		农产品类别中的占比/%	100	100	100	100	100	100	100	100

　　经营主体的法人文化程度以高中(含中专)为主,其样本占比达 39.5%;大专文化程度和初中文化程度次之,分别占 22.9% 和 19.7%;而本科及以上与小学及以下的文化程度的样本占比最小,皆未超过 10%,各为 9.2% 和 8.7%。而从与经营主体类型的交叉分析来看,专业大户中法人文化程度为小学及以下样本所占比例明显偏高(与样本中专业大户的所占比例相比,15.5%＞12.5%),法人文化程度为本科及以上的样本占比显著偏低(6.9%＜12.5%);合作社的法人文化程度与专业大户的法人文化程度分布状况趋同,两者的法人文化程度分布状况与龙头企业的法人文化程度分布状况截然相反(见表 4.20)。

表 4.20　样本的主体类型与法人文化程度联合分布

			法人文化程度					合计
			小学及以下	初中	高中(含中专)	大专	本科及以上	
经营主体类型	专业大户	计数/家	17	35	59	38	8	157
		法人文化程度中的占比/%	15.5	14.1	11.8	13.1	6.9	12.5
	合作社	计数/家	82	168	335	143	36	764
		法人文化程度中的占比/%	74.5	67.7	67.3	49.5	31.0	60.6
	龙头企业	计数/家	11	45	104	108	72	340
		法人文化程度中的占比/%	10.0	18.1	20.9	37.4	62.1	27.0
合计		计数/家	110	248	498	289	116	1261
		法人文化程度中的占比/%	100	100	100	100	100	100

经营主体的法人年龄的均值为 46.74 岁，中值为 47 岁，尤以 51 岁和 45 岁所占比例为最高，所占比例各达 9.2% 和 8.3%；法人年龄 30 岁以下样本占比仅为 2.1%，60 岁以上样本占 3.1%，详细年龄分布见图 4.4。专业大户、合作社、龙头企业三类经营主体法人的年龄均值与中值相差无几，分别为 45.74、46.96、46.96 以及 46、47、47。

经营主体成立年限均值为 8.21 年，中值为 7 年，尤以 5—7 年所占比例为最高，所占比例各达 14.0%、12.7% 和 12.8%；成立年限在 3 年以内的样本占比为 6.2%，15 年以上样本占比 4.7%，详细成立年限分布见图 4.5。专业大户、合作社、龙头企业三类经营主体成立年限分别为 8.59、7.23、10.23 以及 7、7、9。整体而言，合作社的成立年限相对更短。

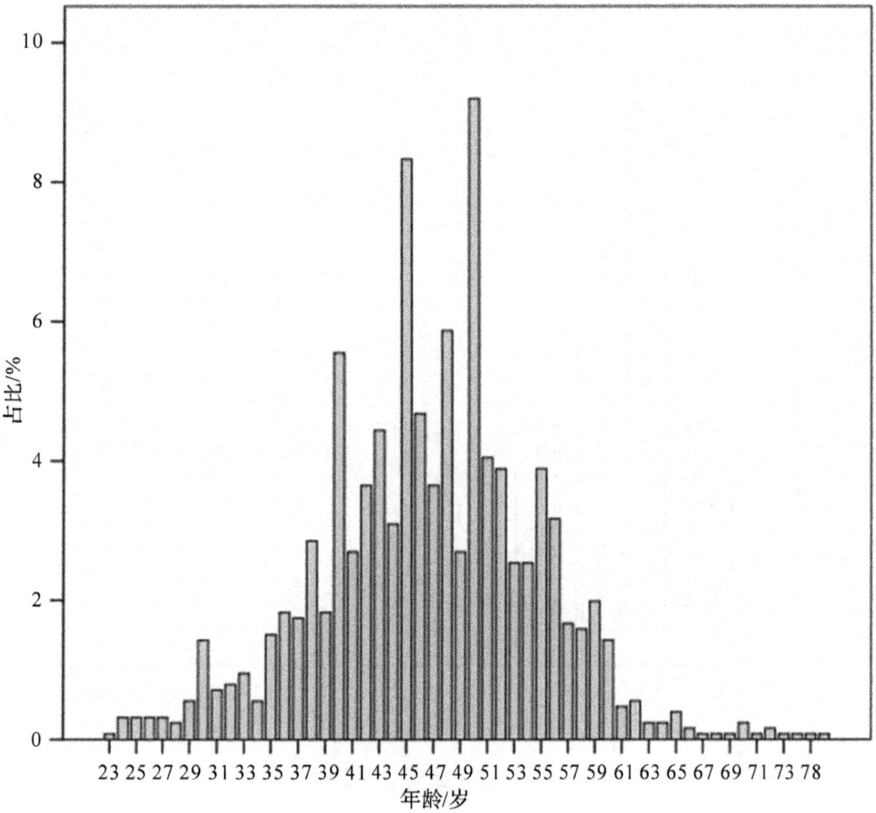

图 4.4　经营主体的法人年龄分布

　　经营主体的成员规模的均值为 64.08 人(户),中值为 29 人(户)。成员规模在 10 人(户)以内属于小微企业的样本占 21.5%;45.7% 的经营主体的成员规模为 11—50 人(户),属于小型企业;属于中型企业范畴的经营主体占 24.7%,即成员规模为 51—149 人(户);仅有 8.1% 的经营主体成员规模超过 150 人(户),属于大型企业范畴,详细经营主体成员规模见图 4.6。三类经营主体在成员规模上差异显著,专业大户、合作社与龙头企业的成员规模的均值和中值分别为 19.67 人(户)、67.69 人(户)、76.49 人(户)与 10 人(户)、30 人(户)、37 人(户)。

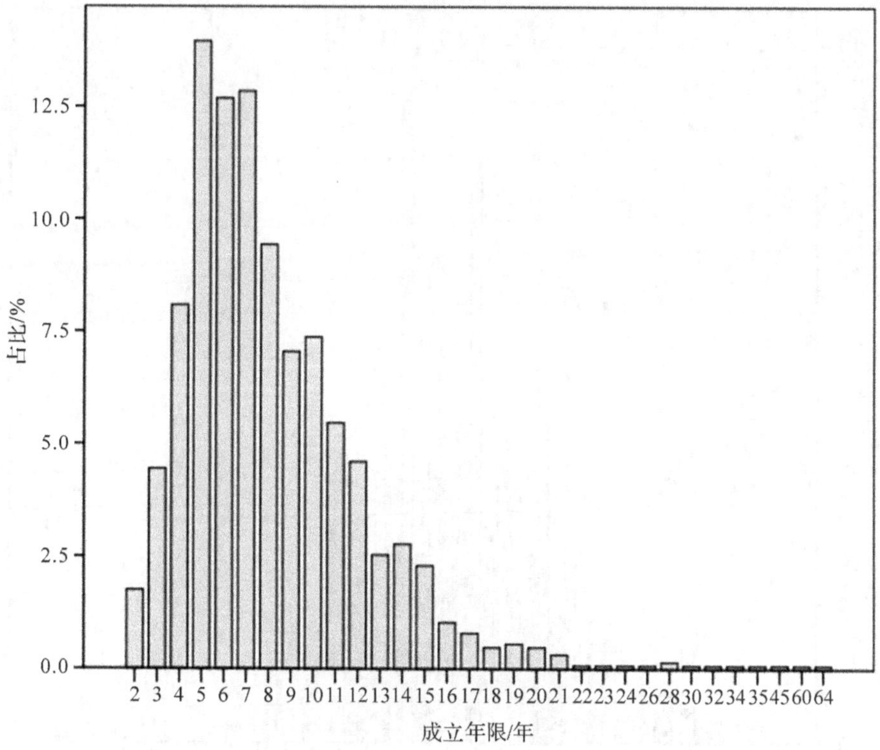

图 4.5　经营主体的法人年龄分布

(3)经营主体的生产性服务提供的类型

农业生产性服务是指专门为农产品的生产而提供的中间服务。从产业链的角度看,农业生产的产前、产中及产后都需要生产性服务的支撑,产前的服务主要有良种、农机具、农药化肥等农用物资的生产和供应等服务;产中的服务主要包括技术、信息、植保防疫、保险等服务;产后的服务则主要涉及农产品采后处理、保鲜储运、加工包装、营销等服务;资金服务则贯穿于整个产业链条(庄丽娟、贺梅英、张杰,2011)。高钰玲(2014)从农业产业价值链角度,将农民专业合作社的服务功能细分为四部分,即农资供应服务、标准化生产管理服务、产品销售服务、产品加工服务。在我们的调研中发现,目前新型农业经营主体在标准化实施过程中能够提供的生产性服务主要有生产标准和技术规范提供、资金支持、统一投入品采购、统一农产品销售、保底价格收购、检测服务和培训指导。

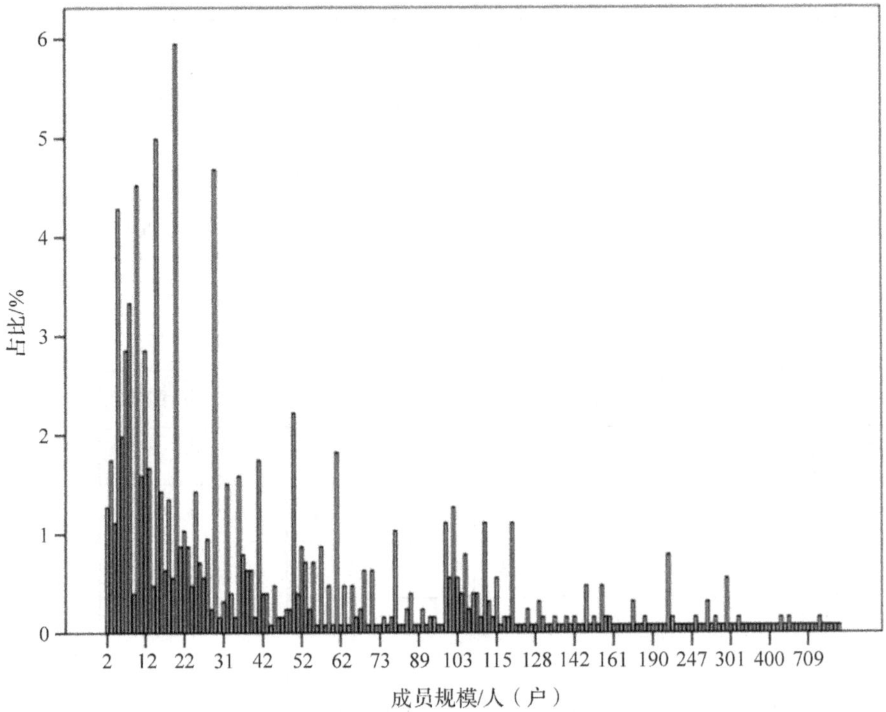

图 4.6　经营主体的规模（成员人数）分布

　　由表 4.21 可知，这七类生产性服务的提供比例在实施不同质量安全认证的经营主体间存在显著差异，因其卡方检验的显著性水平都在 99％以上。

　　在这七类生产性服务中，提供生产标准和技术规范是提供比例最高的生产性服务，有高达 88.5％的经营主体提供了这一服务，其中又以实施管理体系认证的经营主体和实施绿色食品认证的经营主体的提供比例最高，皆接近 95％的水平；其次是培训指导，有 76.6％的经营主体提供了这一服务，又以实施管理体系认证的经营主体提供比例最高，达到了 91.9％，而实施绿色食品认证的经营主体提供的比例最低，仅为 69.6％；统一投入品采购和统一农产品销售分别有 61.2％和 61.1％的经营主体提供，其中又以实施有机食品认证的经营主体比例最高，分别达到 73.1％和 71.3％；检测服务有 41.1％的经营主体提供，实施管理体系认证的经营主体也以 61.6％的提供比例位居第一；保底价格收购和资金支持分别只有 34.8％和 22.3％的提供率，又以实施管理体系认证的经营主体提供比例为最高。

表 4.21　生产性服务在不同质量安全认证经营主体中的提供情况

生产性服务		质量安全认证类型					合计/%	卡方检验
		无认证	管理体系认证/%	绿色食品认证/%	有机食品认证/%	无公害农产品认证/%		
提供生产标准和技术规范	否	18.8	5.1	5.4	7.4	12.1	11.5	29.882 (0.000)
	是	81.2	94.9	94.6	92.6	87.9	88.5	
资金支持	否	82.9	66.7	81.7	71.3	76.3	77.7	16.722 (0.002)
	是	17.1	33.3	18.3	28.7	23.7	22.3	
统一投入品采购	否	48.7	36.4	39.3	26.9	35.5	38.8	21.109 (0.000)
	是	51.3	63.6	60.7	73.1	64.5	61.2	
统一农产品销售	否	40.6	31.3	46.9	28.7	37.8	38.9	13.707 (0.008)
	是	59.4	68.7	53.1	71.3	62.2	61.1	
保底价格收购	否	69.5	41.4	73.2	59.3	65.1	65.2	35.106 (0.000)
	是	30.5	58.6	26.8	40.7	34.9	34.8	
检测服务	否	76.2	38.4	50.4	58.3	56.4	58.9	61.750 (0.000)
	是	23.8	61.6	49.6	41.7	43.6	41.1	
培训指导	否	27.5	8.1	30.4	19.4	21.6	23.4	23.675 (0.000)
	是	72.5	91.9	69.6	80.6	78.4	76.6	

注:括号内的数字为双侧显著性水平

(4)经营主体的个体特征

经营主体的个体特征通常是其所拥有的某种难以观察到的资源的表征。比如对于农产品质量安全认证而言,经营主体的法人文化程度、年龄和经营主体规模、成立年限、自有品牌拥有状况以及经营主体类型可能是某些质量安全控制的隐性知识的表征。前面的研究也表明,这些个体特征大部分都能显著影响经营主体对实施质量安全认证所感知到的环境的驱动因子和障碍因子。

除了法人年龄外,经营主体的法人文化程度和经营主体规模、成立年限、自有品牌拥有状况以及经营主体类型几类特征在实施不同类别认证的经营主体间都呈现显著区别。没有通过认证的经营主体中,小学及以下文化程度的经营主体占比达到了 19.4%,本科及以上文化程度的经营主体仅占 5.3%;而对应的通过管理体系认证的经营主体中,小学及以下文化程度的经营主体占比仅为 2%,本科及以上文化程度的经营主体占比达到了 21%。通过管理体系认证的经营主体中,较高文化程度(大专和本科及以上)的经营主体的占比显著高于其他认证类型的经营主体;而较低文化程度(小学及以下与初中)的经营主体的占比显著低于其他认证类型的经营主体;未通过认证的经营主体的文化程度分布状况恰好与之逆向对应。

在经营主体的人员规模上,未通过认证的经营主体中,微、小规模(49人以内)的经营主体占比显著高于其他通过认证的经营主体;而通过管理体系认证的经营主体中,中、大规模(50人以上)的经营主体占比显著高于其他通过认证的经营主体。此类情形还发生在经营主体成立年限、自有品牌拥有状况和经营主体类型上,未通过质量安全认证的经营主体与通过管理体系认证的经营主体在这些特征维度的分布趋势上基本上都截然相反。整体而言,未通过质量安全认证的经营主体文化程度相对更低、人员规模更小、成立时间更短、拥有自有品牌的比例更小以及专业大户的占比相对更高;而通过质量管理体系认证的经营主体整体上文化程度相对更高、规模更大、成立时间更长、拥有自有品牌的比例更大以及龙头企业的占比更高(见表 4.22)。

表 4.22　不同质量安全认证经营主体的个体特征情况

个体特征		质量安全认证类型					合计/%	卡方检验
		无认证/%	管理体系认证/%	绿色食品认证/%	有机食品认证/%	无公害农产品认证/%		
法人年龄	34 岁以下	5.6	4.0	3.8	4.6	2.8	4.0	4.690 (0.790)
	35—49 岁	65.2	64.0	67.7	65.1	67.3	66.4	
	50 岁以上	29.2	32.0	28.5	30.3	29.9	29.7	

续表

个体特征		质量安全认证类型					合计/%	卡方检验
		无认证/%	管理体系认证/%	绿色食品认证/%	有机食品认证/%	无公害农产品认证/%		
法人文化程度	小学及以下	19.4	2.0	6.0	9.2	4.4	8.7	137.176 (0.000)
	初中	22.3	12.0	17.0	17.4	21.3	19.7	
	高中(含中专)	39.2	22.0	36.2	39.4	44.8	39.5	
	大专	13.8	43.0	28.5	21.1	22.5	22.9	
	本科及以上	5.3	21.0	12.3	12.8	7.0	9.2	
经营主体规模	10人(户)以内	37.6	3.0	7.7	17.4	22.3	21.5	155.242 (0.000)
	11—50人(户)	47.0	38.0	44.7	47.7	46.6	45.8	
	51—149人(户)	12.5	38.0	35.3	23.9	24.9	24.7	
	150人(户)以上	2.8	21.0	12.3	11.0	6.2	8.1	
经营主体成立年限	5年以内	45.8	11.0	17.0	28.4	25.7	28.2	141.886 (0.000)
	6—9年	46.4	37.0	52.3	44.0	53.6	49.4	
	10年以上	7.8	52.0	30.6	27.5	20.7	22.4	
自有品牌拥有状况	未拥有自有品牌	70.8	8.0	8.5	15.6	32.1	34.2	307.594 (0.000)
	拥有自有品牌	29.2	92.0	91.5	84.4	67.9	65.8	
经营主体类型	专业大户	18.5	9.0	6.4	8.3	13.1	12.5	124.417 (0.000)
	合作社	66.1	25.0	63.8	54.1	64.1	60.6	
	龙头企业	15.4	66.0	29.8	37.6	22.9	27.0	

注:括号内的数字为双侧显著性水平。

（5）经营主体的行业和地区分布特征

通过不同质量安全认证的经营主体在行业和地区分布上都存在显著差异。

在经营主体的行业分布上，未通过质量安全认证的经营主体中，水产和茶叶两个行业的经营主体占比显著偏小，各自仅为2.8%和4.1%，相对于样本的行业占比各低了2个百分点和4.8个百分点；而粮油行业经营主体占比显著偏大，达到了17.9%，比样本的行业占比高了8.3个百分点。偏离度都超过了50%，最大的甚至超过了100%。在通过质量管理体系认证的经营主体中，水果（15%<25.7%）和粮油（5%<9.6%）两个行业的占比都显著低于样本的行业占比；畜禽（23%>17.1%）、水产（7%>4.8%）和茶叶（13%>8.9%）三大行业的占比都显著高于样本的行业占比。在通过绿色食品认证的经营主体中，水果行业（47.7%>25.7%）的占比显著高于样本的行业占比；而畜禽（7.2%<17.1%）、水产（2.6%<4.8%）和粮油（2.1%<9.6%）三大行业的占比都显著低于样本的行业占比。在通过有机食品认证的经营主体中，茶叶（22%>8.9%）和粮油（15.6%>9.6%）行业的占比都显著高于样本的行业占比；而水果（19.3%<25.7%）、蔬菜（18.3%<26.6%）和畜禽（12.8%<17.1%）三大行业的占比都显著低于样本的行业占比。在通过无公害农产品认证的经营主体中，畜禽（22.1%>17.1%）和水产（6.4%>4.8%）的占比都显著高于样本的行业占比；而水果（20.1%<25.7%）行业的占比则显著低于样本的行业占比（见表4.23）。

整体而言，水产和茶叶行业实施质量安全认证的相对比例较高，而粮油行业实施质量安全认证的相对比例最低，这意味着水产和茶叶行业实施质量安全认证的可能性更高，而粮油行业实施质量安全认证的可能性最低。同理，畜禽、水产和茶叶行业实施管理体系认证的相对可能性更大；水果行业实施绿色食品认证的可能性高于其他行业；茶叶和粮油行业相对于其他行业有更大可能实施有机食品认证；畜禽和水产进行无公害农产品认证的可能性相对于其他行业更高。

在经营主体的地区分布方面，未通过质量安全认证的经营主体中，杭州（9.7%<15.4%）和湖州（2.8%<8.3%）经营主体的占比都显著低于样本的地区占比；而丽水（23.8%>18.1%）、绍兴（8.5%>5.5%）和温州（15%>12%）经营主体的占比都显著高于样本的地区占比。在通过质量管理体系认证的经营主体中，衢州（16%>9.8%）和绍兴（14%>5.5%）的占比都显著高于样本的地区占比;金华(1%<6%)和台州(6%<15.9%)经营主体的占比都显著低于样本的地区占比。台州(34.5%>15.9%)的经营主体在通过绿色食品认证的经营主体中,占比显著高于样本的地区占比;而杭州(5.5%<15.4%)、绍兴(1.7%<5.5%)和温州(6%<12%)经营主体的占比则都显著低于样本的地区占比。在通过有机食品认证的经营主体中,湖州(11.9%>8.3%)和温州(22.9%>12%)的经营主体占比都显著高于样本的地区占比;金华(2.8%<6%)、丽水(12.8%<18.1%)和衢州(5.5%<9.8%)经营主体的占比则都显著低于样本的地区占比。杭州(23.9%>15.4%)和金华(8.4%>6%)的经营主体在通过无公害农产品认证的经营主体中,占比都显著高于样本的地区占比;绍兴(3.2%<5.5%)和台州(9.6%<15.9%)经营主体的占比则显著低于样本的地区占比(见表4.23)。

表 4.23　不同质量安全认证经营主体的行业和地区分布特征

行业和地区分布	质量安全认证类型					合计/%	卡方检验
	无认证/%	管理体系认证/%	绿色食品认证/%	有机食品认证/%	无公害农产品认证/%		
行业分布	水果	23.8	15.0	47.7	19.3	20.1	25.7	172.144 (0.000)
	蔬菜	28.5	30.0	23.8	18.3	27.9	26.6	
	畜禽	16.3	23.0	7.2	12.8	22.1	17.1	
	水产	2.8	7.0	2.6	5.5	6.4	4.8	
	茶叶	4.1	13.0	9.4	22.0	8.0	8.9	
	粮油	17.9	5.0	2.1	15.6	7.4	9.6	
	混合种养	6.6	7.0	7.2	6.4	8.0	7.3	
地区分布	杭州	9.7	12.0	5.5	17.4	23.9	15.4	224.703 (0.000)
	湖州	2.8	11.0	9.4	11.9	10.0	8.3	
	嘉兴	5.0	5.0	7.2	7.3	7.0	6.4	
	金华	6.0	1.0	4.7	2.8	8.4	6.0	

行业和地区分布	质量安全认证类型					合计/%	卡方检验
	无认证/%	管理体系认证/%	绿色食品认证/%	有机食品认证/%	无公害农产品认证/%		
地区分布 丽水	23.8	19.0	19.1	12.8	14.9	18.1	224.703 (0.000)
衢州	11.3	16.0	8.5	5.5	9.2	9.8	
绍兴	8.5	14.0	1.7	7.3	3.2	5.5	
台州	16.6	6.0	34.5	11.0	9.6	15.9	
温州	15.0	10.0	6.0	22.9	10.8	12.0	

注:括号内的数字为双侧显著性水平。

总而言之,杭州和湖州的经营主体实施质量安全认证的比例更高;衢州和绍兴的经营主体相对而言实施管理体系认证的可能性更大;台州的经营主体相对而言有着更大可能实施绿色食品认证;湖州和温州的经营主体实施有机食品认证的可能性相对更大;而杭州和金华的经营主体相对其他地区的经营主体而言更有可能实施无公害农产品认证。

3.新型农业经营主体质量安全认证行为影响因素分析

(1)描述性分析

模型的解释变量与被解释变量的描述性统计情况参见表4.24。

表4.24　样本变量的描述性统计(N=1261)

变量	变量定义及赋值	均值	标准差
被解释变量			
能否实现质量安全认证	1=通过认证,0=未通过认证	0.75	0.435
质量安全认证的类型	1=管理体系认证,2=绿色食品认证,3=有机食品认证,4=无公害农产品认证	3.07	1.095

续表

变量	变量定义及赋值	均值	标准差
解释变量			
生产性服务			
提供生产标准和技术规范	1=提供,0=未提供	0.89	0.32
资金支持	1=提供,0=未提供	0.22	0.42
统一投入品采购	1=提供,0=未提供	0.61	0.49
统一农产品销售	1=提供,0=未提供	0.61	0.49
保底价格收购	1=提供,0=未提供	0.35	0.48
检测服务	1=提供,0=未提供	0.41	0.49
培训指导	1=提供,0=未提供	0.77	0.42
经营主体个体特征			
法人年龄	分类变量:1=34岁以下,2=35—49岁,3=50岁以上	2.26	0.520
法人文化程度	分类变量:1=小学及以下,2=初中,3=高中(含中专),4=大专,5=本科及以上	3.04	1.069
自有品牌拥有状况	1=拥有自有品牌,0=没有	0.66	0.474
经营主体规模	分类变量:1=10人(户)以内,2=11—50人(户),3=51—149人(户),4=150人(户)以上	2.19	0.865
经营主体成立年限	分类变量:1=5年以内,2=6—9年,3=10年以上	1.94	0.709
经营主体类型	分类变量:1=专业大户,2=合作社,3=龙头企业	2.15	0.611
经营主体的行业与地区分布			

变量	变量定义及赋值	均值	标准差
地区分布	分类变量:1=杭州,2=湖州,3 嘉兴,4=金华,5=丽水,6=宁波,7=衢州,8=绍兴,9=台州,10=温州	5.57	3.108
行业分布	分类变量:1=水果,2=蔬菜,3=畜禽,4=水产,5=茶叶,6=粮油,7=混合种养	3.24	2.466

我们的模型是为了解释新型农业主体提供的生产性服务在农产品质量安全认证标准实施过程中的关键作用。首先我们利用 Logit 模型检验了生产性服务对于实现质量安全认证的影响,并将之作为后一个模型的基础,即作为 Heckman 两阶段模型的选择模型;然后在此基础之上,利用多项 Logit 模型检验了不同生产性服务对于实现不同类型质量安全认证的影响。

(2)Logit 模型

新型农业经营主体能否实现农产品质量安全认证的模型估计结果如表 4.25所示。对联合系数非零检验的 χ^2 统计量在 1% 的显著水平上显著,加上模型 83.99% 的预测精度说明模型拟合良好。

表 4.25　经营主体能否实现农产品质量安全认证的模型估计($N=1261$)

模型估计　　　　解释变量	系数估计(稳健标准误)			
	模型一	模型二	模型三	模型四
生产性服务				
提供生产标准和技术规范	0.676*** (0.195)	0.556** (0.233)	0.732*** (0.211)	0.688*** (0.245)
资金支持	0.198 (0.184)	0.156 (0.208)	0.257 (0.208)	0.107 (0.221)
统一投入品采购	0.362** (0.142)	0.437** (0.173)	0.415*** (0.157)	0.450** (0.185)
统一农产品销售	−0.0757 (0.146)	−0.225 (0.177)	−0.209 (0.160)	−0.302 (0.188)

续表

解释变量 \ 模型估计	系数估计(稳健标准误)			
	模型一	模型二	模型三	模型四
保底价格收购	0.00640 (0.158)	−0.194 (0.194)	−0.00924 (0.176)	−0.192 (0.205)
检测服务	0.935*** (0.161)	0.710*** (0.188)	0.969*** (0.171)	0.712*** (0.194)
培训指导	−0.0599 (0.166)	−0.0589 (0.194)	−0.206 (0.182)	−0.189 (0.206)
法人年龄				
34 岁以下	—	−0.522 (0.439)	—	−0.778 (0.475)
35—49 岁	—	−0.224 (0.178)	—	−0.387* (0.204)
50 岁以上(参照组)	—	—	—	—
法人文化程度				
初中	—	1.045*** (0.303)	—	0.937*** (0.323)
高中(含中专)	—	1.138*** (0.268)	—	1.009*** (0.299)
大专	—	1.078*** (0.302)	—	1.011*** (0.326)
本科及以上	—	1.339*** (0.404)	—	1.123** (0.440)
小学及以下(参照组)	—	—	—	—
自有品牌拥有状况	—	1.895*** (0.176)	—	1.729*** (0.192)

模型估计 解释变量	系数估计（稳健标准误）			
	模型一	模型二	模型三	模型四
经营主体规模				
10 人（户）以内	—	−0.447 (0.446)	—	−0.499 (0.467)
11—50 人（户）	—	−0.259 (0.422)	—	−0.354 (0.439)
51—149 人（户）	—	0.0814 (0.449)	—	−0.0628 (0.460)
150 人（户）以上（参照组）	—	—	—	—
经营主体成立年限				
5 年以内	—	−1.387*** (0.272)	—	−1.443*** (0.302)
6—9 年	—	−0.752*** (0.256)	—	−0.757*** (0.278)
10 年以上（参照组）	—	—	—	—
经营主体地区分布				
杭州	—	—	1.120*** (0.309)	0.872** (0.360)
湖州	—	—	2.398*** (0.518)	1.993*** (0.576)
嘉兴	—	—	0.887** (0.398)	0.397 (0.449)
金华	—	—	0.559 (0.365)	0.0549 (0.421)
丽水	—	—	0.192 (0.262)	0.102 (0.330)

续表

模型估计 解释变量	系数估计(稳健标准误)			
	模型一	模型二	模型三	模型四
宁波	—	—	1.930*** (0.738)	1.374** (0.700)
绍兴	—	—	0.0285 (0.336)	−0.0715 (0.394)
台州	—	—	0.430 (0.286)	0.141 (0.349)
温州	—	—	0.222 (0.299)	0.0574 (0.357)
衢州(参照组)	—	—	—	—
经营主体行业分布				
蔬菜	—	—	0.0637 (0.314)	−0.433 (0.399)
水果	—	—	−0.202 (0.313)	−0.331 (0.396)
畜禽	—	—	0.0397 (0.336)	−0.0596 (0.409)
水产	—	—	0.352 (0.503)	0.278 (0.622)
茶叶	—	—	0.935** (0.438)	0.407 (0.509)
粮油	—	—	−1.003*** (0.348)	−1.014** (0.427)
混合种养(参照组)	—	—	—	—
经营主体类型				
专业大户	—	—	−1.752*** (0.286)	−0.769** (0.348)

续表

模型估计 解释变量	系数估计(稳健标准误)			
	模型一	模型二	模型三	模型四
合作社	—	—	−0.729*** (0.207)	0.110 (0.249)
龙头企业(参照组)	—	—	—	—
常数项	0.0393 (0.228)	−0.467 (0.600)	0.363 (0.443)	−0.00768 (0.816)
预测准确率	76.81%	82.40%	80.17%	83.99%
Wald chi2	66.23***	251.04***	144.16***	265.54***
Pseudo R^2	0.0543	0.2648	0.1529	0.3041
Log pseudolikelihood	−636.61275	−494.92351	−570.23128	−468.43318

注：*** 、** 、* 分别代表1%、5%和10%的显著性水平。

如表4.25所示,新型农业经营主体提供的生产性服务中,生产标准和技术规范提供、统一投入品采购和检测服务都显著正向影响经营主体的质量安全认证的实现;而资金支持、统一农产品销售、保底价格收购和培训指导的作用不显著。经营主体的个体特征中,法人文化程度、自有品牌拥有状况、成立年限和经营主体类型皆显著影响着经营主体的质量安全认证的实现;而经营主体的地区分布和行业分布也对经营主体的质量安全认证的实现存在一定的影响。

(3)Heckman两阶段模型

为克服样本选择的偏差,Heckman两步估计的第一阶段选择模型(见表4.25)被用来生产逆米尔斯比率,并将之作为一个额外变量进入第二阶段的多项Logit模型。新型农业经营主体实现农产品质量安全认证类型的模型估计结果如表4.26所示。对联合系数非零检验的统计量在1%的显著水平上显著,加上模型Pseudo R^2 值达到了0.2285,说明模型拟合良好。逆米尔斯比率仅在绿色食品认证的样本上显著,意味着存在一定的样本选择偏差。在实现的质量安全认证类型的模型中,我们以无公害农产品认证标准作为参照组,主要原因在于这一标准是目前我国农产品质量安全认证标准中最为基础的标准,相对于其他认证标准,其实施的难度相对最小,应用的范围也最广,实现认证所需的生产性服务的需求较低,且通常成经营主体实施其他质量安全认证的基础。

表 4.26   经营主体实现农产品质量安全认证类型的模型估计($N=942$)

被解释变量＼解释变量	管理体系认证	绿色食品认证	有机食品认证	无公害农产品认证（参照组）
生产性服务				
提供生产标准和技术规范	0.221(0.541)	0.426(0.392)	0.186(0.440)	
资金支持	0.306(0.329)	−0.174(0.254)	0.303(0.282)	
统一投入品采购	−0.185(0.312)	0.300(0.225)	0.298(0.287)	
统一农产品销售	0.0562(0.331)	−0.390*(0.217)	0.138(0.269)	
保底价格收购	0.345(0.319)	−0.459*(0.239)	−0.109(0.268)	
检测服务	0.353(0.283)	0.554**(0.220)	0.0150(0.261)	
培训指导	1.433***(0.524)	−0.769***(0.249)	0.0381(0.319)	
法人年龄				
34 岁以下	0.735(0.760)	0.733(0.544)	0.486(0.620)	
35—49 岁	0.201(0.312)	0.410*(0.233)	0.0504(0.292)	
50 岁以上（参照组）	—	—	—	
法人文化程度				
初中	−0.547(1.019)	−0.684(0.639)	−1.131(0.706)	
高中(含中专)	−1.126(1.028)	−0.844(0.634)	−1.013(0.671)	
大专	−0.332(1.028)	−0.707(0.660)	−1.054(0.721)	
本科及以上	−0.134(1.064)	−0.490(0.726)	−0.529(0.813)	
小学及以下（参照组）	—	—	—	

被解释变量 解释变量	管理体系认证	绿色食品认证	有机食品认证	无公害农产品认证（参照组）
自有品牌拥有状况	0.138(0.815)	−0.358(0.563)	0.528(0.609)	
经营主体成立年限				
5 年以内	−0.448(0.589)	0.537(0.437)	0.438(0.499)	
6—9 年	−0.315(0.364)	0.362(0.272)	−0.143(0.344)	
10 年以上（参照组）	—	—	—	
经营主体规模				
10 人（户）以内	−2.151**(0.863)	−0.729(0.457)	−0.328(0.520)	
11—50 人（户）	−1.127***(0.435)	−0.539(0.350)	−0.514(0.431)	
51—149 人（户）	−0.562(0.415)	−0.598*(0.353)	−0.612(0.444)	
150 人（户）以上（参照组）	—	—	—	—
经营主体地区分布				
杭州	−1.151**(0.552)	−1.628***(0.487)	0.0393(0.551)	
湖州	−0.891(0.628)	−0.581(0.509)	0.204(0.600)	
嘉兴	−1.020(0.660)	−0.00296(0.497)	0.307(0.644)	
金华	−2.839**(1.174)	−0.744(0.527)	−0.828(0.752)	
丽水	0.267(0.490)	0.591(0.391)	0.381(0.540)	
宁波	0.480(0.816)	−0.945(0.616)	−0.744(1.192)	
绍兴	0.959(0.601)	−0.0355(0.681)	1.202*(0.621)	
台州	−0.366(0.644)	1.158***(0.404)	0.615(0.589)	

续表

被解释变量＼解释变量	管理体系认证	绿色食品认证	有机食品认证	无公害农产品认证（参照组）
温州	−0.386(0.535)	−0.394(0.443)	1.166**(0.518)	
衢州（参照组）	—	—	—	—
经营主体行业分布				
蔬菜	0.446(0.581)	0.995**(0.399)	0.264(0.506)	
水果	0.607(0.551)	0.181(0.393)	0.0848(0.489)	
畜禽	0.163(0.556)	−1.069**(0.486)	−0.255(0.523)	
水产	−0.0281(0.762)	−0.660(0.628)	−0.0720(0.625)	
茶叶	0.627(0.635)	0.358(0.465)	1.150**(0.514)	
粮油	0.345(0.823)	−0.418(0.648)	1.226**(0.602)	
混合种养（参照组）	—	—	—	—
经营主体类型				
专业大户	−0.0971(0.515)	−0.272(0.439)	−0.476(0.513)	
合作社	−1.748***(0.354)	−0.580**(0.274)	−0.695**(0.329)	
龙头企业（参照组）	—	—	—	—
逆比尔斯比率	−1.853(1.830)	−3.735***(1.283)	−0.563(1.234)	
常数项	−0.615(1.891)	1.602(1.266)	−1.181(1.456)	
Wald chi2(114)	403.65***			
Pseudo R^2	0.2285			
Log pseudo likelihood	−823.45382			

注：***、**、*分别代表1%、5%和10%的显著性水平。

如表 4.26 所示,与无公害农产品认证相比,培训指导更为显著地正向影响着管理体系认证的实现;检测服务也更为显著地正向影响着绿色食品认证的实现,而统一农产品销售、保底价格收购和培训指导更为显著地负向影响着绿色食品认证的实现;未有生产性服务显著影响着有机食品认证的实现。经营主体的个体特征中,与无公害农产品认证的实现相比,年龄在一定程度上影响着绿色食品认证的实现;经营主体规模影响着管理体系认证和绿色食品认证的实现;经营主体类型也显著影响着管理体系认证、绿色食品认证和有机食品认证的实现;经营主体的行业特征一定程度上显著影响着绿色食品认证和有机食品认证的实现;管理体系认证、绿色食品认证和有机食品认证的实现都在一定程度上受到经营主体地区分布的影响。

(4)结果分析

因本节是对经营主体的质量安全认证实施行为的研究,主要探究新型农业经营主体生产性服务提供对于农产品质量安全认证实现的影响,故而这里将有关经营主体的个体特征和行业、地区分布特征视为控制变量,而生产性服务成为主要分析对象。

①生产标准和技术规范的提供

生产标准和技术规范是质量安全认证实施过程中质量安全控制技术的核心蓝图,通过生产标准和技术规范的提供,为农户的生产行为提出了合规性要求,并为农户解决了安全生产中风险环节的识别问题并提供了相应的解决方案。特别是经营主体通过将生产标准和技术规范集成以标准化生产模式图的方式提供给农户,发挥其通俗易懂、指导性强和合作性强的特点,显著提升了农户的安全生产能力,使农户明显感知标准化生产的易用性。目前已有 75%的经营主体在生产管理中采用标准化生产模式图,从而在源头上解决了因"农业生产者的生产行为偏差和操作不当而引发的农产品安全风险"(王建华,马玉婷,李俏,2015)。故而这一服务能显著影响经营主体质量安全认证的实现;但这一服务是新型农业经营主体提供的生产性服务中提供比例最高的服务,其提供比例达到了 88.5%,且在已实现不同质量安全认证类别的经营主体中,其提供比例基本上不存在差异(见表 4.21),故而未在不同类别质量安全认证的实现中呈现显著差异。

②统一投入品采购

统一投入品采购,一方面不仅因规模化采购降低了投入品的购买成本,增强了经营主体与农户间的共生关系;另一方面,借助经营主体的技术人员的把关,可以在很大程度上杜绝高毒高残留农药及假冒伪劣投入品的流入,确保了农资投入品的质量,避免因投入品的风险而带来的农产品质量安全风险。故而这一服务的提供有助于促使农户感知标准化生产的易用性,从而有助于经营主体质量安全认证的实现。同生产标准和技术规范提供一样,统一投入品采购在已实现不同质量安全认证类别的经营主体中,其提供比例基本上不存在差异,故而未在不同类别质量安全认证的实现中呈现显著差异(见表4.21)。

③检测服务

产品检测是生产主体进行产品质量控制的主要方式,工业产品出厂前都会通过随机抽样检测来检验产品是否符合出厂标准的要求。国内已有的研究表明,政府的产品售前检测可以有效规范农户的农药施用行为(王常伟、顾海英,2013)。新型农业经营主体提供的产品检测服务有利于及时发现不安全的生产行为,对农户的机会主义行为形成震慑,杜绝不合格农产品流入市场。表4.27为新型经营主体农产品上市前的检测频率情况,由表可知,提供产品检测服务的经营主体,其产品上市前的检测频率显著高于不提供产品检测服务的经营主体。虽然浙江省自2013年来通过乡镇基层农业公共服务中心建设,每个乡镇都配置了定性检测设备,但由于检测人员大多兼职,工作负荷繁重,因而很难满足检测服务的需要。而新型经营主体通过产品检测服务的提供,可以更方便地满足成员的产品检测需要,从而更有利于农产品质量安全水平的控制。故而其能显著影响经营主体质量安全认证的实现。

表 4.27　新型经营主体农产品上市前的检测频率

		检测频率/%			合计/%	卡方检验
		少量检测	定时检测	每批都检		
检测服务	未提供	74.5	55.9	42.8	55.9	46.831 (0.000)
	提供	25.5	44.1	57.2	44.1	
合计		100.0	100.0	100.0	100.0	

注:括号内的数字为双侧显著性水平。

绿色食品认证标准更是在许多农残指标的允许值上要远比无公害标准严格,需要更为严苛的检测服务。故而相对于无公害认证,检测服务也更为显著地正向影响着绿色食品认证的实现。同理,有机食品认证的经营主体提供检测服务的比例与无公害农产品认证的经营主体差别不显著,也导致相对于无公害认证,检测服务并未显著地影响有机食品认证的实现。而对于管理体系认证而言,其认证的核心在于对于生产流程中关键风险环节的质量控制策略是否符合标准体系的要求,故而检测服务的提供相对而言对于其认证的实现并未与无公害认证存在显著差异。

④培训指导

培训指导同生产标准和技术规范一样,属于赋能机制,促使农户感知标准化生产的易用性。不少研究表明,通过培训能显著增强农户的安全生产行为认知,规范行为(周洁红,2006;吴林海、侯博和高申荣,2011),新型农业经营主体通过为成员提供培训和指导,可以减少农药化肥的滥施滥用,减少农残对环境的污染,提高农产品质量。故而相对于无公害农产品认证,培训指导能显著正向影响质量管理体系认证的实现。而由于实现绿色食品认证的经营主体中,培训指导服务的提供比例显著低于无公害农产品认证的经营主体(见表4.21),使得相对于无公害农产品认证,这一服务显著负向影响绿色食品认证的实现。这其实反证了培训指导对于质量安全认证标准实施的促进作用。

(5)统一农产品销售和保底价格价收购

统一农产品销售和保底价格收购都属于确保农户标准化生产的利益保障机制,有助于促使农户感知标准化生产的有用性。比如产品销售服务是合作社最为核心的功能,提供产品统一销售的合作社会把对农产品质量监控作为工作的重点,组织的所有活动都以此为中心展开(卫龙宝、卢光明,2004)。但由于实现绿色食品认证的经营主体这两项服务提供的比率是所有经营主体中最低的,甚至显著低于未实现质量安全认证的经营主体,从而导致这两类服务显著负向影响着绿色食品认证的实现。其背后的缘由可能在于,一方面,由于绿色农产品在市场上广受欢迎,供不应求,不需要经营主体提供销售服务,比如由表4.23可知,水果行业是绿色食品认证中占比最高的行业,而近年浙江的特色优质果品供不应求就是例证;另一方面,实现绿色食品认证的经营主体,通常具备较丰富的生产经验,这可从这类主体的培训指导服务提供的比例也显著低于样本整体得到验证(见表4.21),故而其成员农户可能很多都具有固定的客户,从而不需要新型经营主体的服务提供。这在某种程度上,也是从反面证实了统一农产品销售和保底价格收购对于质量安全认证实施的促进作用。

三、新型农业经营主体农产品质量安全认证的绩效研究

新型农业经营主体农产品质量安全认证的绩效研究主要关注质量安全认证的有效性问题,即实施农产品质量安全认证的目标是否得以实现。故而我们从经营主体实施农产品质量安全认证的目标分析出发,通过对实现认证与未实现认证以及实现不同质量安全类别认证的经营主体在相关认证目标达成情况的比较,来评判质量安全认证的绩效。

1.农产品质量安全认证绩效概述

(1)农产品质量安全认证绩效的概念分析

绩效就是业绩与效率,即管理学上所谓的效益与效率,前者指做正确的事,后者指正确地做事。结合起来就是用正确的方法做正确的事,即经济学意义上的成本一定条件下的利润最大化,或者利润一定条件下的成本最小化。

认证绩效就是通过认证后,认证目标的实现程度,以及实现认证所耗费的成本,即认证的成本效益分析,或者称之为认证的有效性。质量管理体系认证的有效性,是指质量管理体系认证带给组织的实际效果及其效果实现的程度(王新平、汪方军、万威武和苏秦,2008)。陆关新(2000)认为质量体系认证的有效性表现在五个方面:①生产效率的提高;②质量改进;③顾客满意度提高,订单增加;④市场应变能力提高;⑤质量损失减小,企业经济效益提高。

许多研究者认为质量管理体系的附加值依赖的不是体系本身,而是其有效实施的程度(Psomas et al. ,2013;Kafetzopoulos,& Fotopoulos,2013);因而质量管理体系的有效性应基于实现的组织绩效来度量(Terziovski,& Samson,2008;Koc,2007;Magd,2008)。

根据我们前面对于新型农业经营主体实施质量安全认证的驱动因素的研究表明,提升产品质量、降低农产品质量安全风险、满足消费者对于农产品质量安全需求并提升市场竞争力是新型农业经营主体实施农产品质量安全认证的内部动机;内部动机是对于外部利益相关者压力的反映,而外部的压力一方面与确保质量安全水平的规制要求(政府规制压力)密切关联,另一方面则主要与来自供应链降低交易成本的要求有关。

故而农产品质量安全认证的绩效,主要与通过质量安全认证后,经营主

体的农产品在质量安全保障、产品形象提升、价格提高、效益增加、市场竞争力增强以及成本增加等方面的表现密切相关。

(2)农产品质量安全认证绩效的测度研究

目前,国外有关食品质量标准认证绩效的文献主要聚焦于以下几个方面:一是针对实施质量标准认证的相关成本收益分析,如 Antle 等(2000)通过建立成本函数模型证实确保产品质量安全会影响生产效率,美国畜禽业实施食品安全规制的成本可能超过因质量提升带来的利润;进而论证推广HACCP 等食品质量管理体系认证的合理性和科学性(Caswell ,1998;Berthelot S. ,McGraw E. ,Coulmont M. et al. ,2003)。二是从多角度考察实施质量安全管理体系认证的收益,如获取进入新市场的机会,节省时间、提高生产效率并节约成本,有利于员工发展,改善信息传播和提高产品质量安全水平等(Taylor,2001;Romano et al. ,2004;Jayasinghe-Mudalige,Spencer Henson,2006;Trienekens and Zuurbier,2008)。三是探寻质量管理体系有效性对于企业各类绩效的影响,如 Dimitrios P. Kafetzopoulos 和 Katerina D. Gotzamani(2015)从聚焦客户满意度、防止产生不一致性和持续改进利用三个维度来度量 ISO 9001 体系的有效性,从风险识别、风险控制和风险评估三个维度来衡量 HACCP 的有效性,进而考察质量管理体系的有效性对于企业的产品质量、运行绩效和财务绩效的影响。四是研究质量标准认证对于市场结构的影响,如 Bardaji I. 、Iraizoz B. 和 Rapun M. (2009)证实经过 PGI(Protected Geographical Indications,地理标志保护)认证的牛肉,其价格更高,也更稳定,更能承受因消费者信心丧失而带来的风险,如疯牛病对牛肉行业的冲击,因此该标准认证能提升产品议价能力及改善农场的经营绩效。

相比于国外,当前我国对质量安全认证的成本收益的研究主要集中在描述性分析。如周洁红、叶俊焘(2007)在分析我国食品企业运用 HACCP 的动机时,也描述了当前我国食品企业实施 HACCP 认证的主要成本收益。骆浩文(2008)、金爱民(2010)等则运用指标体系综合评价法等开展了农业标准化的绩效评估,但主要集中在指标体系的理论设计上,对诸如标准化对产业化带动绩效等研究较少,评估缺乏全面性。而有关标准认证绩效的定量研究更是相当少见,且都存在一定的不足,如金爱民(2011)的研究范围涉及标准化对农业技术进步贡献、经济效益、农产品质量及生态效益等方面的影响,但其样本量只有 26 个,且除技术进步贡献外,其他效益也只是采用描述性分析;杨丽杰(2012)仅从价格及经济效益是否存在差异对有关标准化的经济效益进行分析。这些定量研究要么仅对是否存在效益进行影响因素判别,而对相关因素对效益影响程度未做深究;要么存在样本量少等方面的局限。

除了质量认证对于消费者支付意愿影响的相关实证研究较充分外外,从生产主体角度出发考察质量认证绩效的研究较为少见。在这少有的几篇当中,幸家刚、周洁红(2014)利用生产函数对标准化示范基地的绩效进行测评,发现管理体系认证能显著提升示范基地的经济效益,有机认证则显著降低了基地的经济效益,地理标志认证能显著增强基地的产业化带动能力。

2. 经营主体农产品质量安全认证绩效的描述性分析

对于新型农业经营主体农产品质量安全认证的绩效测评,一方面是通过对实施不同质量安全认证的经营主体在质量安全保障、产品形象提升、价格提高、效益增加、市场竞争力增强以及成本增加等方面的均值比较,从整体上得出不同质量安全认证的绩效差异;另一方面则是利用二元 Logit 模型,在控制经营主体的个体、行业及地区分布等特征后,从个体角度估计不同质量安全认证对不同维度绩效的影响。

(1)新型农业经营主体质量安全认证绩效概况

数据来源同前。表 4.28 为经营主体质量安全认证绩效的描述性统计,90％的经营主体表示实施质量安全认证标准后农产品质量安全更有保障;表示效益增加的经营主体占 71％;有 41％的经营主体认为成本增加了;表示产品形象提升了的经营主体达到 67％;有 70％的经营主体表示市场竞争力增强。

表 4.28　经营主体质量安全认证绩效的描述性统计

绩效		N	均值	标准差	标准误	最小值	最大值	ANOVA 检验	
								F	显著性
质量安全保障	无认证	319	0.87	0.339	0.019	0	1	1.638	0.162
	管理体系认证	100	0.94	0.239	0.024	0	1		
	绿色食品认证	235	0.88	0.325	0.021	0	1		
	有机食品认证	109	0.92	0.277	0.026	0	1		
	无公害农产品认证	498	0.91	0.290	0.013	0	1		
	总数	1261	0.90	0.305	0.009	0	1		

绩效		N	均值	标准差	标准误	最小值	最大值	ANOVA 检验	
								F	显著性
效益增长	无认证	319	0.70	0.458	0.026	0	1	2.784	0.026
	管理体系认证	100	0.79	0.409	0.041	0	1		
	绿色食品认证	235	0.77	0.422	0.028	0	1		
	有机食品认证	109	0.71	0.458	0.044	0	1		
	无公害农产品认证	498	0.67	0.470	0.021	0	1		
	总数	1261	0.71	0.454	0.013	0	1		
成本增加	无认证	319	0.37	0.484	0.027	0	1	5.089	0.000
	管理体系认证	100	0.34	0.476	0.048	0	1		
	绿色食品认证	235	0.54	0.500	0.033	0	1		
	有机食品认证	109	0.38	0.487	0.047	0	1		
	无公害农产品认证	498	0.40	0.490	0.022	0	1		
	总数	1261	0.41	0.492	0.014	0	1		
产品形象提升	无认证	319	0.60	0.490	0.027	0	1	5.268	0.000
	管理体系认证	100	0.64	0.482	0.048	0	1		
	绿色食品认证	235	0.78	0.413	0.027	0	1		
	有机食品认证	109	0.67	0.472	0.045	0	1		
	无公害农产品认证	498	0.68	0.468	0.021	0	1		
	总数	1261	0.67	0.469	0.013	0	1		
市场竞争力增强	无认证	319	0.66	0.476	0.027	0	1	2.775	0.026
	管理体系认证	100	0.76	0.429	0.043	0	1		
	绿色食品认证	235	0.77	0.422	0.028	0	1		
	有机食品认证	109	0.67	0.472	0.045	0	1		

续表

绩效		N	均值	标准差	标准误	最小值	最大值	ANOVA 检验	
								F	显著性
市场竞争力增强	无公害农产品认证	498	0.69	0.463	0.021	0	1	2.775	0.026
	总数	1261	0.70	0.459	0.013	0	1		
价格提高	无认证	319	0.35	0.477	0.027	0	1	7.301	0.000
	管理体系认证	100	0.45	0.500	0.050	0	1		
	绿色食品认证	235	0.56	0.498	0.032	0	1		
	有机食品认证	109	0.35	0.479	0.046	0	1		
	无公害农产品认证	498	0.40	0.490	0.022	0	1		
	总数	1261	0.41	0.493	0.014	0	1		

如表 4.28 所示，仅有 41% 的经营主体表示价格有了提高。方差分析的 ANOVA 检验显示，不同质量安全认证的经营主体在除质量安全保障外的其他五大绩效上，都存在显著差异。

(2)经营主体质量安全认证绩效的多重比较

由于样本在六大绩效上均未通过方差齐性检验，故而在均值的多重比较时都采用了 Tamhane T2 分析的结果。由表 4.29 可知，不同质量安全认证的经营主体在质量安全保障这一绩效上不存在显著差异；在效益增长这一绩效上，通过绿色食品认证的经营主体的比例(77%)以及通过管理体系认证的经营主体的比例(79%)显著高于无公害农产品认证的经营主体的比例(67%)；有 78% 的通过绿色食品认证的经营主体表示产品形象有了提升，显著高于无认证的经营主体的比例(60%)和无公害农产品认证的经营主体的比例(68%)；在市场竞争力增强这一绩效方面，通过绿色食品认证的经营主体的比例(77%)也显著高于无认证的经营主体的比例(66%)；有 56% 的经营主体表示实施绿色食品认证后价格有了明显提高，显著高于未实施认证的经营主体的比例(35%)、实施了无公害农产品认证的经营主体的比例(40%)以及实施了有机食品认证的经营主体的比例(35%)；而表示实施绿色食品认证后成本增加了的经营主体达 54%，显著高于实施了管理体系认证的经营主体的比例

（34％）、未实施认证的经营主体的比例（37％）、实施了无公害农产品认证的经营主体的比例（40％）以及实施了有机食品认证的经营主体的比例（38％）。

表 4.29　经营主体质量安全认证绩效均值的多重比较（Tamhane）

(I)认证类型	(J)认证类型	均值差(I-J)					
		质量安全保障	效益增长	产品形象提升	市场竞争力增强	价格提高	成本增加
无认证	管理体系认证	-0.072	-0.088	-0.038	-0.105	-0.102	0.033
	绿色食品认证	-0.013	-0.068	-0.181***	-0.115**	-0.209***	-0.163***
	有机食品认证	-0.049	-0.004	-0.068	-0.015	-0.001	-0.003
	无公害农产品认证	-0.039	0.032	-0.075	-0.034	-0.050	-0.025
管理体系认证	无认证	0.072	0.088	0.038	0.105	0.102	-0.033
	绿色食品认证	0.059	0.020	-0.143	-0.010	-0.107	-0.196***
	有机食品认证	0.023	0.084	-0.030	0.090	0.101	-0.036
	无公害农产品认证	0.032	0.119*	-0.037	0.071	0.052	-0.058
绿色食品认证	无认证	0.013	0.068	0.181***	0.115**	0.209***	0.163***
	管理体系认证	-0.059	-0.020	0.143	0.010	0.107	0.196***
	有机食品认证	-0.037	0.064	0.113	0.100	0.209***	0.160*
	无公害农产品认证	-0.027	0.100**	0.106**	0.081	0.160***	0.139***
有机食品认证	无认证	0.049	0.004	0.068	0.015	0.001	0.003
	管理体系认证	-0.023	-0.084	0.030	-0.090	-0.101	0.036
	绿色食品认证	0.037	-0.064	-0.113	-0.100	-0.209***	-0.160*
	无公害农产品认证	0.010	0.036	-0.007	-0.019	-0.049	-0.021
无公害农产品认证	无认证	0.039	-0.032	0.075	0.034	0.050	0.025
	管理体系认证	-0.032	-0.119*	0.037	-0.071	-0.052	0.058
	绿色食品认证	0.027	-0.100**	-0.106**	-0.081	-0.160***	-0.139***
	有机食品认证	-0.010	-0.036	0.007	0.019	0.049	0.021

注：***、**、*分别代表1％、5％和10％的显著性水平。

　　总而言之,实施绿色食品认证的经营主体在除质量安全保障的其他绩效方面,都要显著高于某类或某几类经营主体;而未实施质量安全认证的经营主体在产品形象提升、市场竞争力增强、价格提高和成本增加四个方面的绩效均显著低于实施绿色食品认证的经营主体;实施无公害农产品认证的经营主体则在效益增长、产品形象提升、价格提高和成本增加四个方面的绩效均显著低于实施绿色食品认证的经营主体;实施管理体系认证的经营主体和实施有机食品认证的经营主体分别在成本增加和成本增加与价格提升上显著低于实施绿色食品认证的经营主体。

　　(3)质量安全认证类型对经营主体效益增长幅度的影响

　　效益增长组织绩效的核心,组织所有其他维度的绩效,归根结底都是为获取收益增长而服务的(如表4.30所示)。在获得效益增长的所有经营主体中,效益增长幅度在10%以上的经营主体所占的比例中,尤以管理体系认证和无公害农产品认证的经营主体的占比为最高;而无认证与有机食品认证经营主体的占比最低。故而从这个角度来看,管理体系认证增效的能力最强,而有机食品认证的增效潜力最弱。

表 4.30　质量安全认证类型对经营主体的效益增长幅度的影响

效益增长幅度	质量安全认证类型/%					合计	卡方检验
	无认证	管理体系认证	绿色食品认证	有机食品认证	无公害农产品认证		
<5%	65.6	57.0	70.2	79.2	63.8	66.3	
5%—<10%	31.7	32.9	23.2	18.2	25.4	26.6	25.791 (0.001)
≥10%	2.7	10.1	6.6	2.6	10.8	7.2	
合计/%	100	100	100	100	100	100	

3.经营主体农产品质量安全认证绩效的影响因素分析

　　与从整体估计认证类型对于不同质量安全认证绩效影响的均值分析相比较,质量安全认证绩效的二元 Logit 估计模型,是在控制经营主体的个体、行业及地区分布等特征后,从个体角度估计不同质量安全认证对不同维度绩效的影响。

（1）模型的变量设定

由于我们的质量安全认证绩效如质量安全保障、产品形象提升、价格提高、效益增长、市场竞争力增强以及成本增加都是0、1二维变量，故而我们采用二元选择模型来估计质量安全认证类型对不同维度认证绩效的影响。由于影响经营主体质量安全认证绩效的因素众多，而经营主体的个体、行业及地区分布等特征可以看作是众多难以度量的投入要素资源的表征，根据柯布-道格拉斯生产函数，产出是各类投入的函数。且相关实证研究表明，企业的个体特征及市场特征会影响其质量安全控制行为（Jayasinghe-Mudalige Udith Krishantha，Henson Spencer，2006；Deepananda，Hassan Zuhair，Henson Spencer，2007）；Dimitrios P. Kafetzopoulos 和 Katerina D. Gotzamani（2015）的研究表明"员工特征""组织特征"和"内部业务动机"对于 HACCP 和 ISO9001 的有效实施影响显著，而两者的有效实施有利于希腊食品企业的业务绩效。故而我们的模型将经营主体的个体、行业及地区分布等特征当作控制变量，在此基础之上利用二元 Logit 模型来估计质量安全认证类型对不同维度认证绩效的影响，模型的各主要变量的描述性统计见表4.31。

表 4.31　样本变量的描述性统计（$N=1261$）

变量	变量定义及赋值	均值	标准差
被解释变量			
质量安全保障	1＝有，0＝没有	0.90	0.305
效益增长	1＝有，0＝没有	0.71	0.454
成本增加	1＝有，0＝没有	0.41	0.492
产品形象提升	1＝有，0＝没有	0.67	0.469
市场竞争力增强	1＝有，0＝没有	0.70	0.459
价格提高	1＝有，0＝没有	0.41	0.493
解释变量			
质量安全认证的类型	分类变量：0＝无认证，1＝管理体系认证，2＝绿色食品认证，3＝有机食品认证，4＝无公害农产品认证	2.29	1.635
控制变量			

续表

变量	变量定义及赋值	均值	标准差
法人年龄	分类变量：1＝34 岁以下，2＝35—49 岁，3＝50 岁以上	2.26	0.520
法人文化程度	分类变量：1＝小学及以下，2＝初中，3＝高中（含中专），4＝大专，5＝本科及以上	3.04	1.069
自有品牌拥有状况	1＝拥有自有品牌，0＝没有	0.66	0.474
经营主体规模	分类变量：1＝10 人（户）以内，2＝11—50 人（户），分类变量：3＝51—149 人（户），4＝150 人（户）以上	2.19	0.865
经营主体成立年限	分类变量：1＝5 年以内，2＝6—9 年，3＝10 年以上	1.94	0.709
经营主体类型	分类变量：1＝专业大户，2＝合作社，3＝龙头企业	2.15	0.611
市场结构指数	依据赫芬达尔-赫希曼指数原理计算得出	0.65	0.232
主导市场	1＝本地市场，2＝省内外地市场，3＝省外市场	1.60	0.733
地区分布	分类变量：1＝杭州，2＝湖州，3 嘉兴，4＝金华，5＝丽水，6＝宁波，7＝衢州，8＝绍兴，9＝台州，10＝温州	5.57	3.108
行业分布	分类变量：1＝水果，2＝蔬菜，3＝畜禽，4＝水产，5＝茶叶，6＝粮油，7＝混合种养	3.24	2.466

（2）模型的估计结果分析

如表 4.32 所示，对联合系数非零检验的统计量在 1% 的显著水平上显著，且所有变量通过了多重共线性检验，说明模型拟合良好，模型估计结果具体情况分析如下。

质量安全保障绩效的估计结果：相对于无公害农产品认证，绿色食品认证显著负向影响质量安全保障绩效，这表明相对于绿色食品认证，无公害农产品认证对于质量安全保障更为明显。其主要缘由在于，绿色食品认证在质量安全控制水平上要高于无公害农产品认证，故而大部分经营主体是在通过了无公害农产品认证,产品质量安全水平有了明显提升后再申请绿色食品认证,故而对于绿色食品认证的经营主体而言,其实施认证目标不再是确保质量安全,而是更多的是为了提升产品形象、增强市场竞争力与提高产品价格。而在相关控制变量中,相对于衢州的经营主体,湖州、金华和温州的经营主体表示质量安全认证标准实施显著负向影响质量安全保障绩效;相对于混合种养行业的经营主体而言,茶叶行业的经营主体表示质量安全认证标准实施显著正向影响着质量安全保障绩效。

效益增找绩效的估计结果:未实施认证相对于无公害农产品认证显著正向影响着效益增长绩效,从而表明未实施认证不必承担认证的相关费用,但能享受实施标准所带来的内部效率的显著提高。拥有自主品牌对效益增长绩效有着显著正向影响;市场结构指数对效益增长绩效有着显著负向影响,相对于省内外地市场主导,省外市场主导对效益增长绩效有着显著正向影响;相对于衢州,其他地区的地区虚拟变量对效益增长绩效均存在显著正向影响。

成本增加绩效的估计结果:无认证和管理体系认证相对于无公害农产品认证均显著负向影响成本增加绩效,而绿色食品认证则相对正向影响成本增加;这表明无公害农产品认证相对于无认证和管理体系认证成本增加显著,而绿色食品认证相对于无公害家产品认证的成本增加更为明显。拥有自主品牌对成本增加绩效有着显著负向影响;35—49 岁的法人年龄相对于 50 岁以上的法人年龄更为显著负向影响成本增加绩效;相对于省内外地市场主导,本地市场主导对成本增加绩效有着显著正向影响;相对于衢州,绍兴和丽水的地区虚拟变量对成本增加绩效存在显著正向影响,而湖州、杭州、金华和宁波的地区虚拟变量则对成本增加绩效存在显著负向影响;粮油业相对于混合种养更为显著负向影响成本增加绩效。

产品形象提升绩效的估计结果:无认证显著负向影响产品形象提升,而绿色食品认证则显著正向影响产品形象提升;这表明无公害农产品认证相对于未实施认证更能显著提升产品形象,而绿色食品认证比无公害认证更能提升产品形象。35—49 岁的法人年龄相对于 50 岁以上的法人年龄更为显著负向影响产品形象提升;市场结构指数对产品形象提升有着显著负向影响,相对于省内外地市场主导,本地市场主导对产品形象提升有着显著正向影响;相对于衢州,湖州和宁波的地区虚拟变量对产品形象提升存在显著负向影响;相对于混合种养,畜禽行业对产品形象提升有着显著正向影响。

　　市场竞争力增强绩效的估计结果：绿色食品认证相对于无公害农产品认证显著正向影响市场竞争力增强绩效，意即绿色食品认证相对于无公害农产品认证更能提升经营主体的市场竞争力。相对于省内外地市场主导，本地市场主导对市场竞争力增强有着显著正向影响；相对于衢州，嘉兴、丽水和绍兴的地区虚拟变量对市场竞争力增强存在显著正向影响。

　　价格提高绩效的估计结果：绿色食品认证相对于无公害农产品认证显著正向影响价格提高绩效，意即绿色食品认证相对于无公害农产品认证更能提升经营主体的产品价格。市场结构指数对价格提高有着显著负向影响；相对于衢州，除金华、丽水和宁波外，其他各地区的虚拟变量均显著正向影响价格提升。

表 4.32　新型农业经营主体农产品质量安全认证绩效的 Logit 估计

解释变量	系数估计(稳健标准误)					
	质量安全保障	效益增长	成本增加	产品形象提升	市场竞争力增强	价格提高
质量安全认证的类型						
无认证	−0.320 (0.259)	0.504*** (0.190)	−0.353** (0.175)	−0.415** (0.176)	−0.248 (0.177)	−0.0443 (0.174)
管理体系认证	0.348 (0.473)	0.231 (0.306)	−0.499* (0.271)	−0.0801 (0.264)	0.428 (0.290)	0.184 (0.262)
绿色食品认证	−0.515* (0.296)	0.0811 (0.209)	0.436** (0.192)	0.493** (0.215)	0.392* (0.210)	0.550*** (0.180)
有机食品认证	0.113 (0.436)	−0.0549 (0.271)	−0.105 (0.230)	−0.00727 (0.233)	−0.0619 (0.246)	−0.267 (0.239)
无公害农产品认证(参照组)	—	—	—	—	—	—
法人年龄						
34 岁以下	−0.680 (0.449)	−0.150 (0.389)	−0.137 (0.369)	−0.591 (0.366)	−0.180 (0.345)	−0.246 (0.353)
35—49 岁	−0.155 (0.261)	−0.166 (0.163)	−0.312** (0.146)	−0.471*** (0.156)	−0.0381 (0.157)	0.00263 (0.145)

解释变量	系数估计（稳健标准误）					
	质量安全保障	效益增长	成本增加	产品形象提升	市场竞争力增强	价格提高
50 岁以上						
（参照组）	—	—	—	—	—	—
法人文化程度						
初中	−0.440 (0.440)	−0.301 (0.319)	0.323 (0.262)	0.137 (0.274)	−0.293 (0.270)	0.435 (0.272)
高中（含中专）	−0.137 (0.443)	−0.193 (0.312)	0.225 (0.251)	−0.00469 (0.261)	−0.131 (0.260)	0.366 (0.261)
大专	−0.422 (0.475)	−0.123 (0.340)	0.209 (0.277)	−0.0281 (0.285)	−0.321 (0.281)	0.319 (0.280)
本科及以上	−0.308 (0.554)	0.339 (0.399)	0.416 (0.316)	0.368 (0.335)	−0.139 (0.338)	0.483 (0.324)
小学及以下（参照组）	—	—	—	—	—	—
自有品牌拥有状况	0.198 (0.235)	0.330* (0.172)	−0.380** (0.163)	−0.109 (0.166)	−0.279 (0.170)	−0.0708 (0.162)
经营主体成立年限						
5 年以内	0.176 (0.318)	−0.342 (0.218)	−0.218 (0.197)	0.124 (0.207)	0.159 (0.211)	−0.127 (0.196)
6—9 年	0.138 (0.269)	−0.0245 (0.193)	−0.141 (0.170)	0.0205 (0.181)	−0.0569 (0.181)	−0.213 (0.168)
10 年以上（参照组）	—	—	—	—	—	—
经营主体规模						
10 人（户）以内	−0.0953 (0.453)	−0.155 (0.331)	−0.451 (0.278)	−0.390 (0.299)	−0.319 (0.301)	0.0461 (0.278)

续表

解释变量	系数估计(稳健标准误)					
	质量安全保障	效益增长	成本增加	产品形象提升	市场竞争力增强	价格提高
11—50 人（户）	−0.204 (0.402)	−0.313 (0.296)	−0.210 (0.245)	−0.0992 (0.264)	−0.203 (0.268)	0.00589 (0.241)
51—149 人（户）	−0.133 (0.412)	−0.263 (0.298)	−0.147 (0.250)	−0.0873 (0.272)	−0.285 (0.274)	0.336 (0.246)
150 人（户）以上（参照组）	—	—	—	—	—	—
市场结构特征						
市场结构指数	−0.688 (0.478)	−1.426*** (0.339)	−0.213 (0.313)	−0.657** (0.320)	−0.454 (0.327)	−0.683** (0.306)
本地市场主导	0.163 (0.236)	0.0457 (0.163)	0.379** (0.150)	0.328** (0.155)	0.283* (0.158)	0.191 (0.149)
省外市场主导	0.0476 (0.321)	0.492** (0.241)	−0.170 (0.207)	−0.161 (0.207)	0.0309 (0.213)	0.240 (0.194)
省内外地市场主导(参照组)	—					
经营主体地区分布						
杭州	0.157 (0.449)	1.365*** (0.259)	−0.575** (0.258)	0.128 (0.255)	0.347 (0.261)	0.776*** (0.266)
湖州	−0.757* (0.435)	1.221*** (0.304)	−0.868*** (0.306)	−1.151*** (0.297)	0.379 (0.302)	1.134*** (0.300)
嘉兴	0.304 (0.620)	1.508*** (0.357)	0.285 (0.323)	0.118 (0.336)	0.885** (0.353)	1.747*** (0.332)
金华	−0.911* (0.475)	1.605*** (0.366)	−1.033*** (0.344)	0.168 (0.341)	−0.118 (0.332)	0.459 (0.340)
丽水	0.113 (0.443)	0.867*** (0.243)	0.445* (0.237)	0.272 (0.243)	0.506** (0.254)	0.284 (0.259)

解释变量	系数估计(稳健标准误)					
	质量安全保障	效益增长	成本增加	产品形象提升	市场竞争力增强	价格提高
宁波	−0.352 (0.639)	1.269*** (0.446)	−1.100** (0.464)	−0.856** (0.414)	0.416 (0.472)	0.225 (0.463)
绍兴	−0.163 (0.591)	2.754*** (0.527)	0.781** (0.335)	−0.0268 (0.344)	0.986** (0.390)	0.753** (0.350)
台州	−0.0892 (0.455)	1.970*** (0.305)	−0.132 (0.262)	0.202 (0.276)	0.180 (0.281)	0.902*** (0.276)
温州	−1.389*** (0.396)	1.034*** (0.265)	−0.259 (0.265)	0.286 (0.269)	−0.0320 (0.272)	0.962*** (0.279)
衢州(参照组)	—	—	—	—	—	—
经营主体行业分布						
蔬菜	0.354 (0.351)	0.129 (0.279)	−0.0333 (0.261)	0.298 (0.270)	0.441 (0.274)	0.415 (0.269)
水果	0.157 (0.349)	−0.0433 (0.270)	−0.302 (0.258)	−0.0661 (0.262)	−0.159 (0.263)	0.309 (0.265)
畜禽	0.378 (0.383)	0.273 (0.300)	−0.352 (0.278)	0.0823 (0.285)	0.378 (0.288)	0.432 (0.282)
水产	0.0944 (0.567)	0.563 (0.466)	−0.424 (0.383)	0.850** (0.414)	0.239 (0.398)	0.0151 (0.369)
茶叶	1.027* (0.539)	−0.464 (0.321)	−0.223 (0.310)	−0.386 (0.326)	−0.0559 (0.324)	−0.366 (0.323)
粮油	0.661 (0.459)	−0.0623 (0.331)	−0.781** (0.308)	−0.179 (0.309)	−0.174 (0.313)	0.298 (0.316)
混合种养(参照组)	—	—	—	—	—	—
经营主体类型						

续表

解释变量	系数估计(稳健标准误)					
	质量安全保障	效益增长	成本增加	产品形象提升	市场竞争力增强	价格提高
专业大户	−0.194 (0.343)	−0.365 (0.256)	0.0374 (0.242)	−0.0239 (0.240)	−0.226 (0.244)	−0.0302 (0.224)
合作社	−0.0564 (0.256)	−0.0891 (0.194)	−0.175 (0.166)	−0.0764 (0.173)	0.0359 (0.176)	−0.0768 (0.163)
龙头企业(参照组)	—	—	—	—	—	—
常数项	3.091*** (0.911)	0.879 (0.631)	0.725 (0.543)	1.498*** (0.568)	1.187** (0.576)	−1.315** (0.553)
模型拟合性检验						
Wald chi2(36)	62.01***	150.97***	111.95***	95.25***	63.45***	100.79***
Pseudo R^2	0.0737	0.1195	0.0731	0.0673	0.0419	0.0646
Log pseudo likelihood	−389.57731	−668.79396	−791.42554	−742.47311	−738.589	−800.35719
Observations	1261	1261	1261	1261	1261	1261

注:***、**、*分别代表1%、5%和10%的显著性水平。

(3)模型估计结果分析总结

根据上面估计结果的分析,可以总结出如下的分析结果:

相对于无公害农产品认证,未认证有利于增加效益、控制成本,但不利于产品形象的提升;管理体系认证有助于控制成本;绿色食品认证并未有助于质量安全保障的提升,虽然会导致成本增加,但有助于产品形象提升、市场竞争力增强以及价格提高。相对于未实施认证,无公害认证会显著导致标准化成本上升以及产品形象提升;相对于绿色食品认证,无公害农产品认证更有利于质量安全保障,而相对于管理体系认证,无公害农产品认证更可能导致成本上升。

相对于法人年龄在35—49年龄段的经营主体而言,法人年龄在50岁以上的经营主体更有可能认为标准化会导致成本增加以及产品形象提升;拥有自有品牌的经营主体实施标准化更有利于效益增长以及成本控制。

经营主体的市场结构越分散,经营主体越有可能通过标准化来增加收益、提升产品形象以及提高产品价格;相对于以本省外地市场为主导的经营主体,以本地市场为主导的经营主体更有可能通过标准化实施提升产品形象、增强市场竞争力,但会导致成本显著增加,而以省外市场为主导的经营主体通过标准化实施更有可能获得收益增长。

相对于混合种养,水产行业的经营主体表示标准化更有利于提升产品形象;茶叶行业的经营主体表示标准化更有利于质量安全保障;粮油行业的经营主体表示标准化更有利于成本控制。

相对于温州、金华和湖州,衢州的经营主体表示实施标准化有利于农产品的质量安全保障;相对于衢州,其他所有城市的经营主体表示实施标准化有利于收益增长;相对于杭州、湖州、金华和宁波,衢州的经营主体表示实施标准化会导致成本显著增加,而丽水和绍兴的经营主体实施标准化导致的成本增加相对于衢州的经营主体而言更为显著;相对于湖州和宁波,衢州的经营主体更有可能认为实施标准化有利于产品形象提升;相对于衢州,金华、丽水和绍兴的经营主体更有可能认为实施标准化有利于增强市场竞争力;而杭州、湖州、嘉兴、绍兴、台州和温州的经营主体认为实施标准化更有可能提高产品价格。

整体而言,经营主体的质量安全认证绩效除受质量安全认证类型的影响外,主要与经营主体的市场特征(品牌、市场结构、行业及地区分布)有更为紧密的关联。

本书在分析新型农业经营主体实施农产品质量安全认证动机的基础之上,提出了农产品质量安全认证的绩效维度——质量安全保障、收益增加、成本增加、产品形象提升、市场竞争力增强以及价格提高,然后分别利用均值分析和二元 logit 模型从不同层面来分析质量安全认证类型对于不同质量安全认证绩效的影响,得到的结论如下:

相对于无公害农产品认证,未认证有利于增加效益、控制成本,但不利于产品形象的提升;管理体系认证有助于控制成本;绿色食品认证的并未有助于质量安全保障的提升,虽然会导致成本增加,但却有助于产品形象提升、市场竞争力增强以及价格提高。相对于未实施认证,无公害认证会显著导致标准化成本上升以及产品形象提升;相对于绿色食品认证,无公害农产品认证更有利于质量安全保障,相对于管理体系认证,无公害农产品认证更可能导致成本上升。整体而言,经营主体的质量安全认证绩效除受质量安全认证类型的影响外,主要与经营主体的市场特征(品牌、市场结构、行业及地区分布)更为紧密关联。

第五章　新型农业经营主体的
农户带动作用评估

由于绿色安全高质量农业内涵广泛,包含的技术和管理措施众多,新型农业经营主体也包括了专业大户、家庭农场、合作社、龙头企业等多种主体,因此本书将质量安全控制作为各类新型经营组织带动小农户实现现代农业转型的主要评价标准。一方面是因为农产品质量安全既与当前消费者需求、法律法规等外部因素直接相关,又与经营主体内部治理结构、管理制度紧密相连,不仅是农业品牌化的基础,而且是实现高质量发展的基础,是一个理想的比较标准。另一方面是因为农产品质量安全首先是生产安全,不能全靠质量安全监管,因此唯有协调环境与质量安全治理的亲环境技术(绿色生产技术)和管理措施才能根本上解决农产品的质量安全问题。为此,本章以蔬菜为例,基于HACCP准则,从蔬菜的质量安全风险特征出发总结新型农业经营主体质量安全控制的关键点,并以此作为新型农业经营主体农户带动作用评价的标准,从而对新型农业经营主体的质量安全控制示范与农户带动作用以及不同类型新型农业经营主体的作用差异进行准确刻画。

第一节　新型农业经营主体质量安全控制带动
的关键点选择

食品安全风险控制的"风险分析、风险管理、风险沟通"基本框架,经联合国粮农组织与世界卫生组织的确认与推广,已经成为指导各国食品安全风险控制实践最重要的管理理念。作为食品安全风险控制框架的核心,HACCP体系在控制和识别风险方面非常有效。HACCP作为一种预防体系,食品安全能被设计进入产品以及产品生产的流程之中,故而它是一个产品设计和流程控制体系,不依赖于产品检测来确保食品安全。在其出现后的 30 余年里,HACCP 迅速为美国和其他国家的食品加工业所采纳。政府规制机构开始将他们不定期的现场检查,替换为基于连续 HACCP 记录的审计,从而以 HACCP 为基础的食品安全规制得到普及(Teixeira & Paulo Sampaio,2013)。国际标准化组织更是在 2005 年 9 月,发布了融合 ISO9001 要求和HACCP 方法的食品质量安全管理体系(FSMS)标准——ISO22000:2005,该标准成为协调国际食品安全管理的基础标准。

基于 HACCP 准则,结合我国食品安全风险特征分析,总结归纳出我国食品安全控制的关键措施,以此作为现代农业生产转型,实施绿色生产提高农业质量安全管理体系建设的重点。

一、蔬菜质量安全风险特征分析

选择蔬菜为研究对象,是出于两个方面的考虑:第一,随着居民收入的提高与健康意识的增强,蔬菜在居民消费结构中地位越来越高(周洁红,2005;青平等,2006;唐娅楠和刘合光,2013);第二,蔬菜是近年来质量安全事件爆发较为集中的农产品品类,农残超标、重金属超标等蔬菜产品的主要质量安全问题恰好是由于产地环境污染和化肥农药等投入品的不规范使用(周洁红,2005;周洁红,2006;刘畅等,2011;崔晓和张屹山,2014)。

从蔬菜抽检结果和相关文献来看,有害物质残留、重金属超标和有机物污染是蔬菜最主要的质量安全问题,农业面源污染与土壤重金属污染是直接原因,而农业生产过程中农药、化肥、塑料薄膜等化学投入品质量问题与不规范使用则是根本原因(马立珊等,1997;张维理等,2004;周洁红,2006;袁平,2008;饶静等,2011;金书秦等,2013)。有害物质残留主要是指农残超标,问题根源在于投入品的不规范使用。土壤重金属污染的来源则比较多样。刘荣乐等(2005)对中国 8 个省(市)商品有机肥的调查显示,有机肥中各种重金属均出现了不同程度的超标。卢东等(2005)对华东典型地区农业土壤重金属含量的调查表明,施用鸡粪等有机肥的农业土壤中 Cu、Zn 含量明显高于施用化肥的土壤。李树辉(2011)对山东寿光、河南商丘、吉林四平、甘肃武威四个地区设施菜地的重金属累计情况进行分析发现,虽然四个地区多数土壤重金属含量在国家标准之内,但设施菜地重金属含量随设施年限增加而不断累积的趋势非常明显。程韵韵(2014)对太湖流域农田中重金属元素 Cd、Pb、

Hg、As 含量与变化特征进行分析,发现土壤中存在 Cd、Pb、As 三类重金属累积,而人为影响是 Cd 和 Pb 变异性增强的重要原因。刘苹等(2008)对山东寿光设施菜地重金属累积的研究发现,设施菜地 Hg、Cd、Zn 含量明显高于自然背景值,且棚龄越大,Pb、Ni 之外的重金属含量累积越明显,而肥料等农用化学品、有机肥的大量投入是主要来源。此外,农用薄膜生产应用的热稳定剂中往往含有 Cd 和 Pb,在大量使用塑料薄膜的温室大棚和保护地中,如果不及时清除残留在土壤中的薄膜(或农膜),亦可能会使其中的重金属进入土壤并形成累积。

二、新型经营主体质量安全带动的关键点分析

基于 HACCP 准则,从蔬菜主要质量安全问题的成因出发,结合《食品安全法》和《农产品质量安全法》对新型农业经营主体在质量安全控制方面的责任界定,本书认为化肥农药使用不当与产地环境污染是质量安全控制的重点,蔬菜产业新型农业主体质量安全带动的关键措施应该集中在以下三个方面:

第一,产地环境控制。农业生态环境对农产品质量具有直接影响,因此需要对产地环境进行检测以确保产地环境适合农产品生产。产地环境控制是根据农产品品种特性,确保产地大气、土壤、水体中有毒有害物质状况等符合规定标准。但不像西方国家那样拥有专门的环境标签,我国产地环境检测通常包括在无公害、绿色、有机以及地理标志等认证中。因此,本书选择产品认证代表产地环境控制。

第二,投入品管理与生产过程控制。产地环境安全是农产品质量安全的基础,投入品的规范使用与生产过程信息可追溯则是保障农产品安全的关键。目前,多数产业化组织已经建立了销售台账制度,能够保证产品销售后如果出现问题能够追溯到组织。但要实现更高精度、广度、深度的追溯,必须对生产过程进行严格控制,确保危及农产品质量安全的农药、兽药、饲料和饲料添加剂规范使用,同时建立包含投入品使用信息、生产管理信息、销售信息在内的完整的生产档案。此外,严格的投入品管理与生产过程控制也可以在一定程度上降低售前检测能力不足可能导致的安全风险。

第三,售前农残检测。农药残留是蔬菜最突出的问题,也是消费者最关心的质量安全问题。各类产业化组织自检与批发市场抽检是杜绝农残超标

产品入市的关键,同时也是倒逼农户规范使用各种投入品的有力举措。2006年颁布的《中华人民共和国食品安全法》明确提出,从事农业生产的各类组织必须在产品上市前进行自检或委托第三方机构进行抽检。

　　在明确三项控制措施的基础上,本书进一步筛选出三项衡量指标。由于当前无公害、绿色、有机认证都包含了产地环境检测,因此本书选择将是否取得上述一种认证作为评价是否实现产地环境控制的主要依据。需要说明的是虽然三种认证对产地环境要求存在很大差别,但本研究仅仅关注环境安全这一基础属性,因此未对三种认证做分级处理。生产档案是农产品质量安全追溯体系建设的重要内容,也是管理者实现对组织成员投入品使用与生产过程管理的重要依据,因此本研究将要求农户建立生产档案作为评价各类产业主体质量安全控制的第二个衡量指标。而产品检测(包括送检和自检)作为农产品上市前的最后一步,同样是质量安全控制的重要环节,因此本研究将其作为第三个评价指标。

第二节　新型农业经营主体质量安全控制作用评价

一、农户视角下的新型农业经营主体的认证带动作用评价

　　研究以浙江省为例,因为浙江省很早就确立了绿色农业强省的农业发展目标,同时浙江省也是新型农业经营主体起步最早、发展最为先进的省份。在样本地点的选择上,本研究依据《全国蔬菜产业发展规划(2011—2020 年)》从浙江省选择了杭州、宁波、嘉兴、湖州、台州 5 个城市 8 个县区(规划名单中县区总数为 12 个),此外参考浙江省各城市蔬菜产量在规划名单之外选择了13 个县区,总计 7 个城市 21 个县区,具体地点如表 5.1 所示。

表 5.1 蔬菜种植户调查地点选择

县区类别	地点
《全国蔬菜产业发展规划(2011—2020 年)》名单县区	萧山(杭州) 鄞州、慈溪(宁波) 嘉善、平湖、桐乡(嘉兴) 长兴(湖州) 黄岩(台州)
名单外县区	富阳、临安、建德、余杭、西湖(杭州) 秀洲、海宁(嘉兴) 德清(湖州) 文成(温州) 柯城、衢江、龙游(衢州) 椒江(台州)

资料来源:《全国蔬菜产业发展规划(2011—2020 年)》与调研数据。

从每个县区随机抽取 1—3 个蔬菜合作社或蔬菜生产基地,然后随机走访蔬菜种植户。调查时间为 2014 年 3—10 月份,主要由作者所在研究团队成员完成,台州、温州等部分地区问卷由浙江大学管理学院农业经济管理专业本科生、台州科技职业学院学生完成。调查采取一对一问答的形式,合计发放问卷 768 份。调查收回合格问卷 605 份,有效率 78.78%。

1. 新型农业经营主体的农户带动情况

92 位(40%)菜农未加入任何形式的产业化组织(即未接受新型农业经营主体的带动),138 位(60%)菜农参加了合作社或者参与龙头企业的订单生产。随着当前农业生产补贴政策逐渐向各类新型农业经营主体倾斜,分散的小规模生产变得越来越困难。各类新型农业生产经营组织也是安全友好型技术推广的有效载体。从是否接受政策监管与是否加入产业化组织的交叉分析来看(见表 5.2),加入的菜农中接受过政府质量安全监管的比重(79.2%)远远高于未参加的(35.0%)。从是否参加与菜农环境知识的交叉分析来看(见表 5.3),0 得分菜农中未参加菜农比例显著高于入社菜农;而在1—2 分水平上,参加菜农比重反超未入社菜农;到 3—4 分水平上,90% 以上的菜农都是参加菜农,反映出合作社等产业化组织在菜农质量安全培训与相关技术指导方面存在明显作用。

表 5.2　政府监管与产业化组织参与交叉分析

| | | 是否参加产业化组织 | | 合计 |
		0	1	
政府监管	0	65 人	35 人	100 人
		65	35	100
	1	27 人	103 人	130 人
		20.8	79.2	100.0
合计		92 人	138 人	230 人
		40	60	100

资料来源:调查数据。

表 5.3　环境知识与产业化组织参与交叉分析

| | | 是否参加产业化组织 | | 合计 |
		0	1	
环境知识	0	57 人	44 人	101 人
		56.4	43.6	100
	1	23 人	39 人	62 人
		37.1	62.9	100
	2	9 人	19 人	28 人
		32.1	67.9	100
	3	2 人	23 人	25 人
		8	92	100
	4	1 人	13 人	14 人
		7.1	92.9	100
合计		92 人	138 人	230 人
		40	60	100

资料来源:调查数据。

2.新型农业经营主体对菜农认证的影响分析

(1)变量设计

研究以农户是否获得无公害或更高级别认证作为因变量,以是否加入产业化组织来衡量新型农业经营主体的带动作用。

在菜农生产经营风险方面,设置了价格风险、质量安全风险、自然风险和政策风险四个变量,因为政策风险主要与土地来源有关,加之政策风险感知比例较低,因此在回归中未将政策风险直接纳入回归中,而是以土地来源表示。在生计资本的设定上,选择以蔬菜收入占家庭收入的比重和是否老龄来表示。在政策法规方面,农业保险政策作为一种正式的风险防范机制,是菜农提升自身应对经营风险能力的重要途径,直接影响菜农的风险规避策略选择与生计输出,本研究将是否具有农业保险纳入分析框架。

除此之外,本研究还选择将文化程度、蔬菜种植面积等已被相关研究证实与农户环境友好型技术采纳行为或质量安全控制行为相关的变量作为控制变量纳入回归模型中,具体变量设定如表5.4所示。

表5.4　安全友好型生产行为回归变量设定

变量名称	变量描述	均值
是否取得认证	0=未取得认证,1=取得无公害或更高认证	0.4
质量安全风险	0=没感觉到,1=感觉到	0.24
价格风险	0=没感觉到,1=感觉到	0.55
自然风险	0=没感觉到,1=感觉到	0.7
土地来源	1=自有,2=部分自有部分流转,3=全部流转	2.14
有无农业保险	0=无,1=有	0.49
是否老龄	0=59岁以下,1=60岁以上	0.22
蔬菜收入比重	蔬菜经营收入占家庭总收入比重	0.84
文化程度	1=未上过学,2=小学,3=初中,4=高中或中专,5=大专及以上	2.76
蔬菜种植面积	亩	16.39

续表

变量名称	变量描述	均值
销售渠道	1＝商贩上门，2＝批发市场或农贸市场自销，3＝合作社，4＝企事业单位①	1.68
环境知识	0—5分	2.07
蔬菜质量安全形势	1＝很严重，2＝比较严重，3＝一般，4＝比较好，5＝没问题	3.20
是否加入产业化组织	0＝否，1＝是	0.43
风险规避指数	0—1	0.8

因变量都是二分变量，故可以采用二分类逻辑回归（Binary Logistic Regression）模型进行分析。根据前文的分析，二分类逻辑回归模型设定如下：

$$\ln\left(\frac{p}{1-p}\right) = \beta_0 + \sum_{i=1}^{n}\beta_i x_i + \varepsilon \tag{5-1}$$

式（5-1）中，p 为因变量为 1 的概率，β_0 为常数项，x_i 为农户取得认证、化肥农药规范使用的影响因素，β_i、α_i 为回归系数，ε 为随机误差项。

本书采用 SPSS 18 软件对数据进行回归分析。首先按照 Logistic 回归的一般程序分别对分类变量、虚拟变量与连续变量进行了相关性分析，对变量进行筛选。然后选择逐步向后回归（WALD）的方法进行回归分析，经过 10 步得到最终结果。从模型检验结果来看，Cox & Snell R^2 值为 0.362，Nagelkerke R^2 值为 0.489，表明模型的拟合效果较好。Hosmer Lemeshow 检验结果显示，Sig 值为 0.206，大于 0.05，表明拟合效果较好。具体结果及相关检验如表 5.5 所示。

---

①　无论是先前不同产业化组织对质量安全控制的研究（如胡定寰等，2006）还是关于农业纵向一体化组织中契约问题的研究（周立群和曹利群，2002；尹云松等，2003），都证明包括超市在内的企事业单位是一种更加稳定的合作形式，对质量安全的控制也更为严格。前一节描述性统计分析的结果也证明了这一点，因此将合作社赋值为 3，企事业单位赋值为 4。再者由于回归中是将销售渠道处理为虚拟变量纳入回归中，因此此处的赋值对结果没有影响。

表 5.5 菜农认证行为回归结果与相关检验

变量	系数	标准误	Wald 值	显著性
蔬菜收入比重	0.762	0.391	3.804	0.051
销售渠道虚拟变量① 1	−1.487	0.851	3.054	0.081
销售渠道虚拟变量 2	−0.675	0.836	0.652	0.419
销售渠道虚拟变量 3	−0.142	0.921	0.024	0.877
环境知识	0.316	0.089	12.640	0.000
是否加入产业化组织	2.147	0.226	90.531	0.000
有无农业保险	1.212	0.253	22.852	0.000
质量安全风险	0.629	0.262	5.764	0.016
常量	−2.452	0.932	6.919	0.009
模型检验	−2 对数似然值 =543.019	Cox & Snell $R^2=0.362$		Nagelkerke $R^2=0.489$
Hosmer Lemeshow 检验	卡方=10.928	自由度=8		Sig=0.206

(2)结果分析

新型农业经营主体对菜农认证具有显著正向影响。一方面,因为菜农单独申请认证的成本较高,以产业化组织为单位可以显著降低认证成本。另一方面,随着当前源头质量安全监管重点由分散的菜农转向合作社等平台,合作社等产业化组织除作为连接菜农与市场的纽带,更成为农业技术推广与农产品质量安全推广的平台。因此加入产业化组织的菜农能够更便利地接受农产品质量安全相关知识宣传与技能培训,加上合作社等产业化组织售前自检的实施,都使得菜农的质量安全风险感知与质量安全风险防范意识得以提高。

从回归结果来看,蔬菜收入占家庭收入的比重、销售渠道、菜农环境知识、是否加入产业化组织、质量安全风险感知与有无农业保险显著影响了菜农的认证行为。

在质量安全风险方面,菜农越能感觉到质量安全风险的存在,就越愿意

① 四类销售渠道以企事业单位为参照,处理为三个虚拟变量,三个虚拟变量(销售渠道虚拟变量 1、2、3)分别表示商贩上门、批发市场或农贸市场自销、合作社相对于企事业单位对认证概率的影响。

建立认证。印证了我们将质量安全风险与产品风险进行区分的合理性,也反映出质量安全风险的感知显著影响农户质量安全控制行为。

农业保险政策的实施对菜农认证具有显著的正向影响。当前的认证,无论是无公害认证还是更高的绿色、有机认证,都对投入品的使用与产品品质具有严格要求,因此需要菜农在设施建设与投入品管理上进行更多投资,而农业保险政策的存在无疑有助于降低投资风险。

与先前假设不同,土地来源并未对菜农认证行为产生显著影响。原因可能是随着蔬菜种植中土地流转变得十分普遍,无论是土地流出者还是土地流入者,合同意识与风险防范意识已经培育起来,正式合同的签订比例已经非常高。从土地流转的合同形式来看,达成口头或其他非正式合同的有 118 人,占土地流转菜农的 28.4%,签订书面或其他正式合同的菜农 297 人,占71.6%。

通过本地菜农和外地菜农土地流转合同形式交叉分析(见表 5.6)发现,外地菜农更多的选择签订正式合同,95 位外地菜农中 80 位(84.21%)签订了正式合同,非正式合同比例仅为 15.79%,而本地菜农中,非正式合同的比例则高达 29.32%。虽然看起来两类菜农在合同形式上存在明显的差异,他们的风险防范水平也应该存在差异,但从实际情况来看,本地菜农流转的土地多是来自亲戚、朋友或邻居,基于地缘和亲缘建立起来相对稳定的人际关系网络使得本地菜农不需要过多担心流转而来的土地随时被收回,即使存在这种风险正式合同也并非唯一的风险防范选择。而对外地菜农而言,由于不存在与土地流出者之间紧密的人际关系网络,因此在风险防范上只能通过正式合同来规避风险。

表 5.6 户籍与土地流转合同形式交叉分析　　　　单位:人

		合同形式	
		非正式合同	正式合同
是否本地人	0	15	80
	1	90	217
合计		105	297

资料来源:调查数据。

在菜农生计资本中,蔬菜收入占家庭收入的比重对认证具有显著的正向影响。具体而言,蔬菜收入占家庭收入的比重越高,表明蔬菜种植对菜农家庭生存的意义越重大,对于风险规避的菜农而言,对蔬菜生产中的质量安全风险的容忍程度越低,因此越愿意通过认证来防范风险。

在销售渠道方面,从回归结果来看,三个虚拟变量符号全部为负,但只有商贩上门这一虚拟变量通过了显著性检验,可以认为在控制了其他因素条件下相较于企事业单位这种销售渠道,通过商贩上门销售的菜农认证概率更低。这种结果与四种渠道下农产品检测与质量安全控制差异有关。上门收购的商贩一般不会对收购的产品进行详细检测,而多是采取外观检查,所采取的风险防范措施主要是通过只收购固定几位菜农的蔬菜或者利用写有菜农名字的包装箱来区分蔬菜来源,这种质量安全控制措施加上极小的退货率,几乎难以使菜农感受到质量安全风险。农贸市场、批发市场和合作社,都已经建立了抽检制度,能够在一定程度上提醒菜农质量安全问题的存在。企事业单位收购不仅检测相对严格,而且对产地、认证等条件要求较高,对产品的质量和可追溯程度更高,同时价格也更高,因此能够更好地激励菜农实施认证。

菜农的环境知识得分越高,表明菜农对环境、生产与农产品质量安全之间的关系了解越多,对农产品质量安全可能的原因认识也更加清晰,因此如果能够确定自身生产中不存在任何问题就会选择通过认证来撇清责任。同时,在当前农产品市场"柠檬市场"特征明显的背景下,对自身产品拥有足够信心的菜农也会选择认证来传递"质量安全"的信号,证明自身产品质量。

二、新型农业经营主体对农户化肥农药使用行为的影响

数据来源与自变量设计同上。在因变量设计上,如果农户能够严格按照产品说明、农技专家指导使用化肥农药,则视为其能够规范使用,否则视为不规范使用。从模型检验结果来看,Cox & Snell R^2 值为 0.174,Nagelkerke R^2 值为 0.235,Hosmer Lemeshow 检验结果显示,Sig 值为 0.474,大于 0.05,表明拟合效果较好(见表 5.7)。

表 5.7　菜农化肥农药使用行为回归结果及相关检验

变量	系数	标准误	Wald 值	显著性
文化程度	0.265	0.124	4.597	0.032
蔬菜种植面积	0.007	0.003	3.643	0.056
销售渠道虚拟变量 1	0.318	0.776	0.168	0.682
销售渠道虚拟变量 2	0.640	0.769	0.694	0.405
销售渠道虚拟变量 3	−0.483	0.810	0.356	0.551
蔬菜质量安全形势	−0.344	0.089	14.976	0.000
是否加入产业化组织	0.753	0.213	12.466	0.000
是否老龄	0.457	0.252	3.295	0.069
土地来源虚拟变量 1①	−0.557	0.227	6.018	0.014
土地来源虚拟变量 2	−0.217	0.256	0.721	0.396
有无农业保险	1.090	0.213	26.241	0.000
常量	−1.285	0.934	1.893	0.169
模型检验	−2 对数似然值＝700.158	Cox & Snell $R^2=0.174$		Nagelkerke $R^2=0.235$
Hosmer Lemeshow 检验	卡方＝7.595	自由度＝8		Sig＝0.474

从回归结果来看,菜农的文化程度、蔬菜种植面积、销售渠道、蔬菜质量安全形势、是否加入产业化组织、是否老龄、土地来源、有无农业保险影响了菜农化肥农药使用规范行为。

产业化组织参与同样对菜农化肥农药使用规范性具有显著正向影响。正如我们所提到的,合作社等产业化组织除了作为连接菜农与市场的纽带,更成为农业技术推广与农产品质量安全推广的平台。因此加入产业化组织的菜农能够更便利地接受化肥农药使用培训与农产品质量安全培训,这些都

① 与销售渠道的处理方式相同,将三类土地来源以土地系全部流转而来为基准处理为 2 个虚拟变量,土地来源虚拟变量 1、2 分别表示土地全部自有、部分流转相对于全部流转对化肥农药使用规范与否的影响。

有助于提升菜农化肥农药使用的规范性。加之合作社等产业化组织质量安全控制更为严格,也能够倒逼菜农规范使用化肥农药。

土地来源对菜农化肥农药使用的规范性具有显著影响。以土地系全部流转而来为基准,自有土地菜农化肥农药使用规范性更低。得益于民营经济发展带来多样化的就业途径,浙江本地菜农除蔬菜种植以外还经常外出打短工或从事季节性雇工工作。其他产业相对于蔬菜种植业更好的经济收益使得本地菜农将更多的劳动力投向其他产业,因此在蔬菜生产过程中会选择使用更多的化肥农药来替代劳动力投入。同时,由于浙江省人均耕地面积很小,只依靠自有土地的菜农往往生产规模较小,生产较为分散,因此接受化肥农药使用培训与农产品质量安全培训的机会更小,因此化肥农药使用不规范也就更加容易理解了。

农业保险政策的设立同样对菜农规范使用化肥农药具有正向影响。这可能也是由于农业保险政策的存在能够在一定程度上降低菜农设施等投入的风险,有助于降低菜农采用短期性生产方式的可能性。而一旦选择长期性经营策略,规范使用化肥农药对水土等生产环境、对蔬菜生产管理与蔬菜质量的优势就能得以发挥,能够激励菜农规范使用化肥农药。

在生计资本方面,是否老龄对菜农化肥农药规范使用具有正向影响。正如之前所提到的,蔬菜种植业虽然需要较多的劳动力投入,但劳动强度并不高,因此年龄增加所导致的精力、体力下降并没有对生产造成明显影响,因此也不需要使用更多的化肥农药来替代劳动。相反,随着种植年限的增加,老龄菜农不断修正化肥农药使用与产量关系的主观判断,通过依据贝叶斯选择法则对化肥农药使用量进行不断调整,逐渐接近最优投入量,因此老龄菜农一般不会过量施用化肥农药。

除此之外,菜农文化程度对化肥农药使用的规范性有显著影响,文化程度越高,化肥农药使用越规范。更高的文化程度有助于提高菜农学习速度,无论是化肥农药使用培训教育还是农产品质量安全控制培训,都促使菜农提升化肥农药使用的规范性以降低质量安全风险。

蔬菜种植面积越大,菜农化肥农药使用越规范。原因有二:第一,蔬菜种植面积较大的菜农通常是当地的种植能手,本身就对蔬菜生产中化肥农药管理较为擅长,而这类群体又往往是政府各种技术培训的主要面向对象,因此他们的化肥农药使用更规范。第二,蔬菜种植面积越大,菜农参与各类产业化组织以解决蔬菜销售问题的积极性越高,产业化组织的参与也在一定程度上督促菜农们规范化肥农药使用。

在销售渠道方面,销售渠道对菜农化肥农药使用的规范性具有正向影响,总体来看,销售渠道质量安全控制越严格,菜农化肥农药使用越规范。但值得注意的是,不同渠道的影响差别并不明显,这是因为虽然销售渠道质量安全控制措施的实施会对菜农化肥农药使用的规范性产生影响,但这种影响主要体现在对投入品品类、间隔期等要求上(例如不允许使用违禁农药)而非许可范围内化肥农药的使用量上。化肥农药使用量可能更多地取决于病虫害、天气等生产过程中不可控因素的影响,这也是政策风险、质量风险等四类风险未能显著影响菜农化肥农药使用的重要原因。

与销售渠道类似的是菜农对当前蔬菜质量安全形势的评价上,菜农认为当前的蔬菜质量安全形势越好(评价分越高),对蔬菜质量安全问题就不需要过多担心,由此在面对病虫害、异常天气等不可控因素时,会出于风险规避的心理增加化肥农药使用量以降低各种因素对产量的不利影响。

三、空间视角的新型经营主体质量安全带动作用分析

从浙江、福建两省农产品与农资质量安全风险特征分析来看,源头农产品质量安全风险控制的关键在于确保投入品规范使用。就生产环节的经营主体而言,各类新型经营主体在农资采购、农资施用、投入品存储等各个方面都有优势,这也是新型经营主体被认为是质量兴农主力军的关键。因而,小农户的投入品管理成为源头农产品质量安全管理的难点。本节以农户农药间隔期作为关键变量来衡量农户质量安全控制水平,从空间视角出发检验新型经营主体在控制小农户用药间隔期方面作用的大小以及存在的不足。

1. 理论分析与模型构建

(1)理论分析

本书之所以选择从空间视角进行新型经营主体控制作用的分析,主要基于两点原因:

首先,化肥农药使用技术,包括使用品种、用量和使用方式,都与特定地区的土壤和气候特征密切相关,因此较其他农业技术更容易产生地理位置上的空间集聚效应。

其次,罗杰斯(1962)指出,人际沟通是技术传播的重要渠道。在教育水

平普遍偏低的背景下,农户更倾向于通过他人和自己的主观判断来评价一项技术,因而基于地缘、亲缘关系形成的社会网络成为重要的技术学习渠道(张蕾等,2009)。此外,社会从众性也是影响农户行为的重要因素(Wollni and Andersson,2014),在典型的"熟人社会"中,农户希望自己的行为符合邻居的期望。合作社是衔接小农户与现代市场的有效形式,而合作社多是基于地缘关系建立的。就农药使用的间隔期而言,如果合作社内部存在有效的控制,或者合作社内部农户之间存在密切的交流学习,那合作社带动农户的农药使用行为理应具有空间集聚效应。从这一角度看,合作社等同于空间分析中常用的行政村、乡镇等概念。

(2)空间模型设定

空间计量经济方法是通过个体间的地理位置与空间联系建立计量关系,从而识别和测量造成空间结构特征以及影响空间变化规律的因素(Anselin,1988;吴玉鸣,2006)。由于考虑了空间上的行为相关性,空间计量模型更加符合农业生产决策的客观事实。

根据空间计量经济学的基本假设,农户农药施用间隔期的空间决策模型假设 Y_i^* 不仅取决于农户自身特征,还取决于同一个合作社内部的空间依赖性,其可表达为:

$$Y_i^* = U(X_i, S_i^*) + e \tag{5-2}$$

式中,S_i^* 代表不可观察的空间依赖性对农户 i 农药施用间隔期决策的影响,可表示为:

$$S_i^* = S(Z_t, Y_j(i)) + e \tag{5-3}$$

式中,Z_t 代表农户 i 所在的地区的一系列外生变量,$Y_j(i)$ 代表同合作社农户 i 的间隔期决策(i 不等于 j)。

根据 Anselin(1988)的表示法,空间计量模型基本形式为:

$$Y_i = \rho W \cdot Y_i + \beta X_i + u_i \tag{5-4}$$

$$u_i = \lambda M \cdot u_i + \varepsilon, u_i \sim N(0, \sigma^2 I_n) \tag{5-5}$$

式中,u 为误差项,W 和 M 分别是 Y 与 u 的空间权值矩阵,ρ 为空间自回归系数,λ 为误差项的空间自回归系数。目前主流的空间计量模型包括空间误差模型(SEM)、空间滞后模型(SLM)和空间杜宾模型(SDM)三类,其中空间误差模型与空间滞后模型基本假设分别对应于 $\rho=0$ 与 $\lambda=0$,空间杜宾模型的基本假设为系数均不为零且 $\rho \neq 0, \lambda \neq 0$。

由于本章所要分析的是同一个合作社的农户对其他农户农药施用间隔

期决策的影响,即具体考察 Y_i 是否对 Y_j 产生影响,因此适合用空间滞后模型(SLM)进行分析。空间滞后模型也称为空间自回归模型,可以表示为:

$$Y_i = \rho W \cdot Y_i + \beta X_i + u_i \tag{5-6}$$

$$u_i \sim N(0, \sigma^2 I_n) \tag{5-7}$$

式中,ρ 为空间自回归系数,考察的是空间自回归 $W \cdot Y_i$ 对 Y_i 的影响。若 $\rho \neq 0$ 则表明 Y_i 存在空间依赖性,即同一个合作社农户的农药施用间隔期决策对其他周边农户农药施用间隔期决策产生影响。

（3）确定空间权值矩阵

在进行空间计量分析之前首先需要确定空间权值矩阵 W_{ij},主要有两种方法:一种是基于邻接空间关系（以两个主体是否有相同的边界来判断）,另一种是基于距离关系（以两个主体之间的空间距离的倒数来表示）。本书以同一个合作社的农户方式来定义空间邻居,同一个合作社的农户不仅代表着地理距离上相互靠近,还代表相互之间迅速而密切的信息传递。因此本节构建的空间权值矩阵 W_{ij} 为 0-1 矩阵。当农户 i 与农户 j 为同一个合作社农户时,$W_{ij}=1$;当农户 i 与农户 j 不为同一个合作社农户时,$W_{ij}=0$。

2. 基于 SLM 模型的新型经营主体质量安全带动作用

（1）农药间隔期测算

良好农业规范（GAP）明确要求生产人员需严格按照收获前的停用期（Pre-Harvest Interval,PHI）使用农药,设定并推行农药安全间隔期能有效保障农产品质量安全。农户施用农药的安全间隔期越长,则农药残留可能性越低,生产安全程度越高,但这种处理方式仅适用于对同一类作物使用同一类农药的情况。为充分考虑不同作物的虫害和发病规律,以及多种农药安全间隔期的异质性,本书尝试构建一个综合性指标来刻画不同作物的平均农药安全间隔期。

首先,研究统计了样本合作社中农户主要的种植作物类型,并按照农业生物学特征将蔬菜分为叶菜、茄果、豆科和薯类,而水果由于其更易区分则直接按照品种归类,粮食则按照浙江、福建种植习惯区分为晚稻或者早稻。其次,本研究以中国农业农村信息中心主办的中国农业信息网中有关作物病虫害的信息为依据,统计夏季各作物常见病虫害（病害和虫害各至多统计三类）。再次,本书参考《农药合理使用准则九》中涉及的农药类型,统计针对各类病虫害常用的农药类型（至多三类）,并记录其对应的农药安全间隔期。最后,通过简单平均的方式计算每一类病虫害对应的平均农药安全间隔期,再计算每一类作物对应的平均农药安全间隔期。具体而言,假设作物 i 在夏季有 k^j 类病虫害,其中第 k^j 类病虫害对应了 t_k^j 类常用的农药,令第 t_k^j 类农药对应的农药安全间隔期为 I_{kt},那么作物的平均农药安全间隔期 $S_i = \frac{1}{k^j} \sum_1^{k^j} \left(\frac{1}{t_k^j} \sum_1^{t_k^j} I_{kt} \right)$。通过这样的处理方式,本书得以充分考虑病虫害类型、农药毒性方面的差异,从平均水平上衡量各类作物在成熟阶段的一般农药安全间隔期。

表 5.8 所示为样本合作社农户所涉作物的平均农药安全间隔期 S_i,本书以此为中心值对农户 $j(j=1,2,\cdots,312)$ 的农药安全间隔期 X_{ij} 进行中心化处理,记偏离程度为 $\mathrm{Gap}_j = X_{ij} - S_i$。若 Gap_j 大于 0 则说明农户的农药安全间隔期在最低标准线外,农户良好地执行了农药使用标准,反之则认为农户并未实施安全生产行为。负向偏离程度越大,农户生产行为风险越大;正向偏离程度越大,农户生产行为越安全。

表 5.8　作物平均农药安全间隔期

作物类型	间隔期/天	作物类型	间隔期/天	作物类型	间隔期/天	作物类型	间隔期/天
叶菜	6.3	雪藕	8	枇杷	10.67	草莓	10.25
茄果	5.8	葡萄	12.67	杨梅	9	蓝莓	8.25
豆科	5	蜜梨	12	柑橘	13	胡柚	13
薯类	8.5	黄桃	13	早稻	15	晚稻	25

资料来源:由作者根据《农药合理使用准则九》《2017 年国家禁用和限用的农药名录》以及由中国农业农村信息中心主办的中国农业信息网中的相关内容整理计算得出。

(2)变量选择与描述性分析

本书构建的空间滞后模型因变量为农户一季农产品的农药施用间隔期天数(Y_i)。自变量包括农户户主的年龄、学历,农户家庭劳动力数量、生产面积等农户个人特征与经营特征,还包括了合作社是否统一提供农资、是否提供防治建议、是否参与技术培训等常用控制措施来体现合作社是否进行了质量安全管理。变量具体说明见表 5.9,具体模型如下:

$$Y = \alpha_0 + \rho_1 W \cdot Y + \alpha_1 \mathrm{age} + \alpha_2 \mathrm{edu} + \alpha_3 \mathrm{lab} + \alpha_4 \mathrm{area} +$$

$$\alpha_5 \text{ mat} + \alpha_6 \text{ uni} + \alpha_7 \text{ tra} + u_1 \qquad\qquad (5\text{-}8)$$

式中，Y 为农户农药施用间隔期，一系列 α 代表农药施用间隔期为影响因素估计系数，ρ 代表空间自回归系数，W 为空间权值矩阵，u_1、u_2 和 u_3 为随机扰动项，服从独立正态分布。

表 5.9　模型变量说明与描述性分析

变量	变量说明与赋值	单位	平均值	标准差
农药间隔期偏离	农药施用的间隔期与标准间隔期的偏离天数	天	1.94	5.29
户主学历	1＝文盲,2＝小学,3＝初中,4＝高中或中专,5＝大专及以上	—	2.75	0.87
户主年龄	家庭决策者务农年限	年	52.34	9.96
劳动力数量	家庭劳动力数量	人	2.82	1.42
生产面积	农产品种植面积	亩	30.81	82.18
是否提供农资服务	1＝提供,0＝不提供	—	0.58	0.5
是否提供防治建议	1＝是,0＝否	—	0.67	0.47
是否参加技术培训	1＝参加,0＝不参加	—	0.76	0.43

从农药施用的间隔期与标准间隔期的偏离天数来看，最大为 36 天，最小为 −23 天，417 位农户的平均偏离无数为 1.94 天。64.7% 的农户能够确保农药间隔期等于或者超过标准间隔期（即间隔期偏离大于或者等于 0），即能够确保农药规范使用。

从农户个人特征来看，样本农户的平均年龄为 52.34 岁，年纪最大的农户为 74 岁，60 岁以上农户占 27.6%，50 岁以上农户占 65.7%，农户的老龄化特征明显。样本农户的平均文化程度为 2.75，尚达不到初中水平，总体文化程度偏低。样本农户家庭劳动力数量平均值为 2.82，家庭经营特征明显。平均生产面积为 30.81 亩，这是由于样本中水稻、果树种植户的平均种植面积往往较大。

从合作社质量安全控制来看，58% 的合作社提供农资服务，67% 的合作社提供防治建议，76% 的合作社提供技术培训。

（3）空间相关性检验

在进行实证分析前，首先利用全域莫兰指数（Global Moran's I）刻画农户

农药施用间隔期的得分值空间分布的自相关情况。Global Moran's I 指数计算公式为:

$$\text{Global Moran's I} = \frac{n \sum_i \sum_{i \neq j} w_{ij} (y_i - \overline{y})(y_j - \overline{y})}{\left(\sum_i \sum_{j \neq i} w_{ij}\right) \sum_i (y_i - \overline{y})^2} \quad (5\text{-}9)$$

Global Moran's I 的取值范围为[−1,1]。当 Global Moran's I>0 时,表示农户农药施用间隔期具有空间正相关性,间隔期天数相近的农户在地理位置上相互靠近。数值越大,相关性越强。当 Global Moran's I<0 时,表示农户农药施用间隔期具有空间负相关性,相同农药施用间隔期天数的农户在地理位置上相互远离。数值越小,相关性越强。当 Global Moran's I=0 时,表示农户的农药施用间隔期呈现空间随机性。

根据式(5-9)计算可得,样本农户农药施用间隔期的 Global Moran's I 为0.654,且在 1% 的水平上显著为正(见表 5.10),表明农户农药施用间隔期天数整体呈现出正向的空间相关性,因此适合运用空间计量模型进行实证分析。

表 5.10　Global Moran's I 指数检验结果

检验指标	农药间隔期偏离
Moran's I	0.654***
Moran's I-Probability	0.000

其次,通过拉格朗日乘子(Lagrange Multiplier)及其稳健性(Robust LM)的检验来考察空间滞后模型是否合适。从农药施用间隔期行为模型检验结果来看(见表 5.11),空间滞后模型的 Spatial Lag-LM 与 Spatial Lag-R-LM 均在 1% 水平上拒绝原假设,因此本书采用空间滞后模型(SLM)进行估计是合适的。

表 5.11　Lagrange Multiplier 检验结果

检验指标	Statistic	P 值
Spatial Error		
Lagrange Multiplier	330.690	0.000
Robust Lagrange Multiplier	1.408	0.235
Spatial Lag		
Lagrange Multiplier	349.438	0.000
Robust Lagrange Multiplier	20.157	0.000

（4）回归结果分析

从农户农药间隔期偏离的模型估计结果来看（见表5.12），P值为正且在1%水平上显著，表明在同一个合作社当中的农户农药施用间隔期偏离会对其他农户的间隔期决策行为产生影响。

学历系数为正且在5%水平上显著，说明学历越高的农户，施用农药的间隔期偏离越大，间隔期超过标准间隔期的幅度越大，农药使用越规范。而年龄的系数为负，劳动力的系数为正，表明越年轻的农户间隔期偏离越小，家庭劳动力越多的农户间隔期偏离越大，但是年龄和劳动力的影响均不显著。生产面积的系数为正但是也不显著，生产面积对间隔期偏离也没有显著的影响。

与个体和生产因素相比，合作社的质量安全控制对农户间隔期偏离的影响更为显著。统一农资、提供防治建议和参加技术培训均在1%水平上显著影响农户的间隔期偏离，说明合作社的质量安全控制有助于加大农户农药间隔期，可以有效提升农户农药使用的规范性。

表 5.12　农户农药施用间隔期行为模型估计结果

变量	系数	标准差	Z 值	P 值
P	0.0614***	0.0106	5.7700	0.0000
户主学历	0.3143	0.2825	1.1100	0.2660
户主年龄	−0.0345	0.0245	−1.4100	0.1600
劳动力数量	0.0451	0.1747	0.2600	0.7960
生产面积	−0.0011	0.0026	−0.4200	0.6740
是否提供农资服务	1.1288**	0.5287	2.1400	0.0330
是否提供防治建议	0.8712	0.5595	1.5600	0.1190
是否参加技术培训	0.9632	1.2573	0.7700	0.4440
Σ	3.7933***	0.1915	19.8100	0.0000
Log Likelihood		−739.322		

注：***、**、*分别表示在1%、5%和10%水平上显著，括号中数字为标准误。

综合来看，合作社的质量安全控制有助于提升农户农药的规范性，这意味着以合作社为主体进行质量安全控制具有可行性。但值得注意的是，仍有接近四成的农户尚未能规范使用农药，且不同质量安全控制措施对农户间隔期偏离的影响也存在差别，这预示着进一步分析各类质量安全控制措施与间隔期偏离之间的关系,找到最优的质量安全控制措施组合对于提升合作社质量安全管理效果至关重要。

第三节　不同类型新型农业经营主体的农户带动作用比较

一、样本新型农业经营主体概况

本书同样选择浙江省为样本地区,所调查的新型农业经营主体主要从事蔬菜或水果生产、初加工、销售业务。之所以选择浙江省作为调查地区,除之前所提到的原因之外,还有两方面原因:第一,蔬菜和水果在浙江农业产业结构中占据重要作用,且经济收益相对较高,从事蔬菜或水果行业是提升农民收入的有效途径;第二,浙江省是我国农业产业化与组织化起步较早的省份,也是产业化组织发展水平较高的地区,是国内最早建立农民专业合作和出台农民专业合作社地方性法规的地区。浙江省农业厅数据显示,2013 年已有农业龙头企业 7492 家,家庭农场 9401 个,农民专业合作社 37428 家,社员 114.6 万户,带动非社员农户 466.4 万户①。

本次调查采取分层抽样与随机抽样相结合的方法。首先对浙江省 11 个城市各县区蔬菜水果产量进行排序,确定浙江省蔬菜、水果重点县名单并将此作为调查重点,然后大致按照 3:1 的比例确立重点县区(600 份)与非重点县区调查样本数(200 份)。然后在各县区水果蔬菜产业化组织名单随机抽取调查对象,不区分组织类型。调查时间为 2014 年 3—9 月份,问卷通过线上与线下同步发放;线上主要利用浙江省农民信箱发放;而线下一部分通过浙江省农业厅质检处发放,另一部分通过浙江省农科院农村发展研究所产业化组织带头人培训班发放。调查共发放问卷 800 份,收回有效问卷 600 份,问卷有效率 75%。

---

①　数据来源:浙江农业概况 http://www.zjagri.gov.cn/html/main/zjny/。

从样本结构来看,主营水果产品的产业化组织有 343 家(57.2%),主营蔬菜的有 257 家(42.8%)。从产业化组织分类来看,合作社最多,有 383 家(63.8%),龙头企业 141 家(23.5%),家庭农场最少(这与家庭农场起步较迟有关),仅有 76 家(12.7%)。从地区分布来看,样本涵盖了浙江省 11 个城市。

二、三种质量安全控制措施的实施对比

从三种质量安全控制措施的实施情况来看(见表 5.13),售前检测实施比例最高,达到了 90.5%,其次是认证,比例达到了 76.17%,生产档案实施比例最低仅有 50.33%。随着收入水平的提高与食品消费结构的改变,消费者对食品安全的要求越来越高,加之当前政府对生产经营主体质量安全监管的要求不断提高,质量安全成为各类农产品生产经营主体生存的关键。但在当前农产品优质优价机制尚未建立的背景下,质量安全控制实施成本的高低与扶持政策的力度直接决定了不同产业化组织质量安全控制的差异。

产品检测一直是政府农产品监管的重点,《国家食品安全监管体系"十二五"规划》中明确提出将完善检验检测体系建设作为食品安全监管的重要内容。在此监管思路下,浙江省政府在明确了各类经营主体产品检测责任的基础上,为各类经营主体产品检测提供了大量优惠政策(如为各类主体免费配备快速检测设备、基层公共服务中心提供免费检测),极大降低了产品检测的实施成本。而售前检测又恰好处在组织产品流的聚合点,相对于生产档案这类贯穿生产过程全程的控制手段具有较高的实施效率,因而成为各类生产经营主体的最优选择。

相较于产品检测,三品认证虽然也有相关扶持政策,但认证费用与认证管理的复杂决定其实施比例相对较低。

而生产档案作为一种生产过程控制手段,虽能带来更高程度的追溯深度与准确度,但由于当前从事果蔬生产的菜农老龄化严重、文化程度较低,要求农户建立规范的生产档案实施成本偏高(除了记录所需花费的时间之外,监督组织内部成员如实规范记录也需要大量人工成本)。生产过程监管近些年才被列入政府农产品安全监管体系中,目前缺乏针对生产档案的奖惩政策,外部激励不足。

表 5.13　三种质量安全控制行为对比

	产品入市前检测		生产档案		认证	
	0	1	0	1	0	1
合作社	40 家 (10.44%)	343 家 (89.56%)	221 家 (57.70%)	162 家 (42.30%)	108 家 (28.20%)	275 家 (71.80%)
龙头企业	11 家 (7.80%)	130 家 (92.20%)	45 家 (31.91%)	96 家 (68.09%)	28 家 (17.02%)	113 家 (82.98%)
家庭农场	6 家 (7.89%)	70 家 (92.11%)	32 家 (42.10%)	44 家 (57.90%)	7 家 (9.46%)	69 家 (90.54%)
合计	57 家	543 家	298 家	302 家	143 家	457 家

资料来源:调查数据

三、基于有序 Logit 的质量安全控制对比分析

(1)模型设定

在因变量方面,上述三方面质量安全控制措施都是保障农产品质量安全的必要条件,因此本研究将未能实施上述任一措施、实施其中一方面措施、同时采取了两方面措施、采取全部三方面措施分别标为质量安全控制水平 1、2、3、4①。由于因变量合作社质量安全控制水平为有序变量,故本书采用有序概率模型。

在产业主体类型之外的自变量选取上主要借鉴了组织社会责任理论框架。履行社会责任对组织生存与发展的积极作用正得到越来越广泛的认可,食品质量安全直接影响消费者身体健康,进行规范的食品质量全控制并如实提供相关信息不仅是规避食品安全风险、防范食品质量安全事故的必要举

---

① 三种食品安全行为中,产品认证虽然要求建立生产档案和进行产品检测,但其要求的生产档案是企业层面的记录,其产品检测是产品认证时的检测,而本书所界定的生产档案是农户层面的记录,产后检测是持续性的日常检测,是完全不同的概念,所以三者之间基本是上独立的,并非互相包含的关系。而且,选择认证是以认证来反映产业化组织是否对产地环境进行了控制,三种行为分别对应产地环境、生产过程记录、产后检测,分别针对产前、产中、产后的问题。因此,由于分别针对三个环节的控制,且基本相互独立,可以认为三项措施是同样重要的,故此处采用了"加总"的处理方式。

措,也是组织履行社会责任的重要体现。准确识别利益相关者态度,对利益相关者的要求进行回应,将利益相关者引入组织治理中,进而对组织结构、资源配置、管理制度进行调整,成为当前组织履行社会责任的基本范式。

　　具体到食品安全问题上,消费者和政府是食品产业组织最重要的利益相关者。Caswell(1999)认为,消费者对真实的或感知的食品安全风险的潜在反应是促进食品加工商采取质量安全控制措施的动力。Golan et al(2004)也认为消费者严格的食品安全需求是促进美国肉类加工部门质量安全控制措施创新的主要驱动力。食品安全相关法律法规是克服食品市场失灵、规范食品市场运行的必然选择,而其一经确立,势必直接影响各类组织质量安全控制措施的采纳与实施(Henson et al. ,1995;Henson and Heasman,1998)。在组织内部动机方面,维持企业声誉、降低质量安全事故带来的风险与支出(Caswell,1998;Starbird,2000)被认为是企业实施质量安全控制的重要动机。Seddon et al(1993)指出大公司更倾向采纳 ISO 9000 质量体系,证明企业自身特征对质量安全控制措施实施具有影响。结合上述分析,在产业主体类型之外的自变量选取上,选择了是否拥有自主品牌(体现企业声誉)、降低质量安全风险动机强度、政策压力感知、消费者压力感知、政策支持力度,同时将各类主体经营年限、质量安全技术人员数量、组织成员人数、土地经营规模等组织特征作为控制变量纳入模型中。具体变量设定如表 5.14 所示,变量描述如表 5.15 所示。

表 5.14　新型农业经营主体质量安全控制变量设定

变量名称	定义	赋值
质量安全控制水平	各类主体质量安全控制水平	质量安全水平 1＝1 质量安全水平 2＝2 质量安全水平 3＝3 质量安全水平 4＝4
质量安全技术人员数量	组织内部负责质量安全监管与技术指导的人员数量(人)	
经营年限	组织成立至今的经营年限(年)	
土地经营规模	蔬菜水果种植面积(亩)	
组织成员人数	龙头企业、家庭农场员工数量,合作社社员数量(人)	

续表

变量名称	定义	赋值
是否拥有自主品牌	组织是否具有登记注册的农产品品牌	有＝1 没有＝0
降低质量安全风险动机强度	出于降低质量安全风险的目的实施质量安全控制	完全不认同＝1 不太认同＝2 一般＝3 比较认同＝4 完全认同＝5
政府压力感知	当前政府对农产品质量安全要求非常严格	完全不认同＝1 不太认同＝2 一般＝3 比较认同＝4 完全认同＝5
消费者压力感知	当前消费者对农产品质量安全非常关注	完全不认同＝1 不太认同＝2 一般＝3 比较认同＝4 完全认同＝5
政策支持力度	当前政府在资金、基础设置等方面对质量安全控制体系建设进行了补贴	完全不认同＝1 不太认同＝2 一般＝3 比较认同＝4 完全认同＝5

表 5.15　产业化组织质量安全控制变量描述

变量	变量取值	频率	百分比/％	均值	方差
质量安全控制水平	1	18	3	3.17	0.572
	2	75	12.5		
	3	294	49		
	4	213	35.5		

变量	变量取值	频率	百分比/%	均值	方差
治理结构	1	383	63.8	1.49	0.504
	2	141	23.5		
	3	76	12.7		
是否拥有自主品牌	1	426	71	0.71	0.206
	0	174	29		
降低质量安全风险动机强度	1	4	0.7	4.55	0.558
	2	5	0.8		
	3	54	9		
	4	129	21.5		
	5	408	68		
政府压力感知	1	8	1.3	3.86	1.328
	2	101	16.8		
	3	94	15.7		
	4	160	26.7		
	5	237	39.5		
政策支持力度	1	4	0.7	4.39	0.647
	2	8	1.3		
	3	74	12.3		
	4	175	29.2		
	5	339	56.5		
消费者压力感知	1	2	0.3	4.57	0.476
	2	6	1		
	3	39	6.5		
	4	156	26		
	5	397	66.2		

续表

变量	变量取值	频率	百分比/%	均值	方差
经营年限	≤3	109	18.2	6.43	11.992
	4—5	174	29		
	6—9	217	36.2		
	≥10	100	16.7		
质量安全技术人员数量	≤3	513	85.5	2.42	21.265
	4—9	81	13.5		
	≥10	6	1		
土地经营规模	<100	52	8.7	1015.59	3497845.984
	100—300	142	23.7		
	300—500	114	19		
	500—1000	116	19.3		
	≥1000	176	29.3		
组织成员人数	≤9	73	12.2	59.7	9469.200
	10—49	305	50.8		
	50—99	99	16.5		
	100—499	115	19.2		
	≥500	8	1.3		

(2)结果分析

本书利用 SPAW 18 对样本数据进行处理。将产业主体类型作为分类变量纳入回归模型中，将家庭农场作为参照标准，对比三类主体质量安全控制的差异。为了验证是否适合使用有序回归，首先进行了平行线检验，检验结果(见表 5.16)显示 $P=0.165(P>0.05)$，说明各回归方程互相平行，可以使用有序回归进行分析。模型拟合信息检验($P<0.001$)说明模型中至少有一个自变量的偏回归系数不为 0，模型是有意义的(具体检验结果见表 5.17)。参数估计结果如表 5.18 所示。

表 5.16　平行线检验

模型	−2 对数似然值	卡方	自由度	显著性
零假设	911.394			
广义	883.068	28.326	22	0.165

表 5.17　模型拟合信息

模型	−2 对数似然值	卡方	自由度	显著性
仅截距	1298.784			
最终	911.394	387.390	11	0.000

联接函数：Logit

表 5.18　产业化组织质量安全控制有序 logit 回归结果

变量	系数	标准误	Wald 值	显著性
质量安全控制水平＝1	−4.356	0.780	31.227	0.000
质量安全控制水平＝2	−2.416	0.760	10.098	0.001
质量安全控制水平＝3	1.149	0.756	2.306	0.129
经营年限	−0.023	0.028	0.666	0.414
质量安全技术人员数量	0.024	0.023	1.105	0.293
土地经营规模	$-4.763E-5$	$4.960E-5$	0.922	0.337
组织成员人数	−0.002	0.001	5.211	0.022
政府压力感知	−0.193	0.087	4.966	0.026
政策支持力度	0.255	0.126	4.098	0.043
消费者压力感知	0.427	0.161	7.035	0.008
降低质量安全问题风险动机强度	0.032	0.147	0.047	0.829
是否拥有自主品牌＝0	−0.565	0.208	7.377	0.007

续表

变量	系数	标准误	Wald 值	显著性
治理结构虚拟变量1①	−3.227	0.320	101.822	0.000
治理结构虚拟变量2	−1.075	0.367	8.562	0.003

联接函数:Logit

回归结果验证了三类产业化组织在质量安全控制上的差异,其中龙头企业质量安全控制水平最高,家庭农场其次,合作社最低。

农产品市场上农产品质量安全信息是不充分的,消费者与生产者掌握的信息也往往是不对称的。在这样的柠檬市场上,品牌是生产者向消费者传递信息的重要途径,也是实现优质安全农产品溢价的重要途径。与龙头企业、家庭农场相比,专业合作社品牌拥有率远远低于后两类主体。究其原因,治理结构的差异导致品牌建设与维护成本的差异是重要原因。合作社成员异质性与集体决策特征决定了其品牌建设决策的达成往往更加困难,而品牌一旦建立,就成为合作社的公共物品,为避免品牌被社员过度使用(如将合作社品牌用于自己生产的其他产品上)或违规使用(比如使用合作社品牌却未执行生产标准与产品标准),需要花费额外的排他成本与监督成本。同样的问题也会出现在三品一标认证的管理上。

与家庭农场和专业合作社相比,龙头企业往往覆盖生产、加工、流通、销售等整个农产品供应链,能够更系统、更严格地实施质量安全控制(张蓓等,2014;汪普庆等,2015),环节对接成本低,同时由于与消费者连接更加紧密,对消费者质量安全需求更加敏锐,因此开展质量安全控制的动机也更强。

组织成员人数是一个关键变量,组织成员人数与治理结构共同决定了组织质量安全控制的成本。家庭农场与龙头企业往往依靠正式契约连接农户或者直接采取内部控制(雇工管理)的方式开展农产品生产与质量安全控制。专业合作社内部成员关系相对松散,往往通过非正式规则维系,生产过程管理与质量安全监管通常依靠管理层与社员互相监督来实施。但随着社员人数增加,监督的难度大幅增加,实施成本越来越高,同时识别每个社员贡献并

---

① 将治理结构变量以家庭农场为参照,处理为两个虚拟变量,两个虚拟变量(治理结构虚拟变量1、2)分别表示合作社、龙头企业相对于家庭农场对质量安全控制水平的影响。

进行选择性激励的成本不断提高,导致质量安全控制陷入困境。通过正式规则与契约进行质量安全控制的成本却不会随着成员人数的增加而急剧增长。

从回归结果来看,合作社虽然在质量安全控制方面起到了显著作用,但与家庭农场、龙头企业相比仍存在很大差距。而正如我们所预期的,治理结构是一个重要的原因。但由于三类组织结构差异,本节并未将具体的组织结构因素纳入回归模型中。因此,接下来本书将在质量安全控制方面具有劣势的合作社筛选出来,将结构变量与治理规则等变量纳入回归中,从集体行动的视角对合作社在质量安全控制上的劣势进行分析。

第四节　新型农业经营主体的绿色
生产带动作用评价

一、果蔬产业绿色生产技术界定

根据前文分析,绿色生产应该是能够协调农业经济效益、社会效益和生态效益的生产方式(郑微微、沈贵银,2018),是包括在农业农村生态系统运作过程中推动资源节约、环境友好、污染控制、废弃物循环、产品优质、生态协调的一系列相互配套、兼容的产业技术体系(张宇、朱立志,2018)。

农业绿色生产方式体现在亲环境技术的采纳上。亲环境生产技术即在农业生产的产前、产中和产后使用从而保护生态环境、提升农产品品质的农业生产技术。国内果蔬产业常见的亲环境技术包括了病虫害绿色防控、高效环保肥料等。如采用缓释肥、水溶肥能够更科学地控制肥料的使用量,套种技术则通过田间管理增强了土壤肥力,从而达到化肥减施的目的;辅助类绿肥不仅可以通过绿肥的生长使土地松软、增加土壤的养分,从而形成对化肥的替代,而且可以释放一些害虫畏惧的气味,实现生物治病害的效果,这一技术充分利用了土地周围的生态系统,产生了生态系统的奇效;穴盘基质育苗、嫁接育苗以及病虫害绿色防控技术则是从作物生长的不同阶段入手从生物角度减少农药的施用,其中病虫害绿色防控技术在实际操作中有很多可选择的措施,如粘虫板、灭虫灯等,有效减少了石油物质的使用;水肥一体化、多膜覆盖保温技术则减少了水资源和其他资源的浪费。

为进一步聚焦河南、浙江两省果蔬常用的亲环境技术,我们首先对果蔬生产的整个过程中涉及的各种技术通过期刊、网页等进行收集和整理,分类列出其优点、推广中存在的局限等。然后在查阅文献的基础上,走访 23 位河南省和浙江省农科院及农业厅的专家、农技推广站的技术人员以及多年从事果蔬生产的农场经营户,咨询了查找整理的技术发挥环境友好实际效果的情况、技术的先进性以及在河南省和浙江省实施的情况。之后,初步拟定了能代表亲环境生产技术的范围,再通过邮件收集 23 位专家在缩小范围后的技术中圈定的实用亲环境技术。这样经过 3 轮的反复推敲,我们认为果蔬产品主要亲环境技术在于减少化肥、减少农药施用的相关替代技术以及节水灌溉技术。最后,选取产中的几种亲环境生产技术进行研究:有机肥、缓释肥、水溶肥、辅助类绿肥、水肥一体化、多膜覆盖保温技术、绿色防控技术等。

二、样本农户亲环境生产技术采纳状况

我们以 2018 年在河南和浙江两省采集的果蔬种植户微观调查数据为例,对果蔬种植户亲环境生产技术采纳情况进行了分析。本次调查先通过预调查的结果和发现的问题对问卷进行了修改,随后分别在河南和浙江两省根据分层随机抽样的原则进行访谈调查。从调查中发现,从已经采纳的亲环境各项技术的采用情况来看(见表 5.19):(1)节肥型技术。其中采用比例最高的是有机肥,90%的采用比例也是所有技术中最高的;其次是水溶肥,占比37%;休耕的采用比例为 25%;嫁接育苗的采用比例为 24%;22%的农户采用了套种技术;轮作的采用比例为 20%;缓释肥的采用比例为 16%;穴盘基质育苗的采用比例为 15%;综合种养的采用比例最低,仅为 9%。(2)节药型技术。微粉剂农药凭借其易用性,获得了最高的采用比例,达 54%;辅助类绿肥的采用比例为 17%;绿色防控的采用比例为 11%;施药无人机的采用比例最低,仅为 1%。(3)节约资源型技术。多膜覆盖保温技术的采用比例为 34%,水肥一体化的采用比例为 26%,周年茬口安排的采用比例仅为 4%。

从浙江省果蔬种植户亲环境生产技术采用情况来看:(1)节肥型技术。其中采用比例最高的是有机肥,76%的采用比例也是所有技术中最高的;其次是水溶肥,占 36%;再次为套种技术,占 31%;轮作的采用比例为 23%;缓释肥的采用比例为 20%;休耕的采用比例为 13%;嫁接育苗的采用比例为 11%;综合种养的采用比例为 11%;穴盘基质育苗的采用比例最低,仅为

6%。(2)节药型技术。浙江省农户绿色防控的采用比例最高,为27%;微粉剂农药的采用比例为16%;辅助类绿肥的采用比例为13%;施药无人机的采用比例最低,仅为2%。(3)节约资源型技术。多膜覆盖保温技术的采用比例为52%,水肥一体化的采用比例为32%,周年茬口安排的采用比例仅为8%。

从河南省果蔬种植户亲环境生产技术采用情况来看:(1)节肥型技术。其中采用比例最高的是有机肥,99%的采用比例也是所有技术中最高的;其次是水溶肥,占37%;再次为休耕技术,占34%;嫁接育苗的采用比例为33%;穴盘基质育苗的采用比例为21%;轮作的采用比例为18%;套种技术占比15%;缓释肥的采用比例为13%;综合种养的采用比例最低,仅为8%。(2)节药型技术。河南省农户微粉剂农药的采用比例最高,为78%;辅助类绿肥的采用比例为19%;绿色防控仅仅达到了和施药无人机相当的采用比例,只有1%。(3)节约资源型技术。水肥一体化的采用比例为23%,多膜覆盖保温技术的采用比例为22%,周年茬口安排的采用比例仅为2%。

从两省技术采纳情况的对比来看:(1)节肥型技术中均为有机肥采用比例最高,但河南省比浙江省的采用比例还要高近20个百分点;缓释肥、水溶肥、轮作技术以及综合种养技术两省相差不大;休耕技术、嫁接育苗、穴盘基质育苗河南省更高;套种技术则是浙江省采用比例更高。(2)节药型技术中辅助类绿肥和施药无人机两省相差不大,但浙江省绿色防控技术采用比例远高于河南省,微粉剂农药的采用状况则完全相反。(3)浙江省果蔬种植户节约资源型技术的采用比例全部高于河南省。

表 5.19 浙江省与河南省果蔬种植户亲环境技术采纳情况分组均值 t 检验

亲环境技术	总体		浙江省		河南省		
	均值	标准差	均值	标准差	均值	标准差	P 值
有机肥	0.90	0.30	0.76	0.43	0.99	0.07	0.00
缓释肥	0.16	0.37	0.20	0.40	0.13	0.34	0.14
水溶肥	0.37	0.48	0.36	0.48	0.37	0.48	0.83
穴盘基质育苗	0.15	0.36	0.06	0.24	0.21	0.41	0.00
嫁接育苗	0.24	0.43	0.11	0.31	0.33	0.47	0.00
休耕	0.25	0.44	0.13	0.33	0.34	0.48	0.00

续表

亲环境技术	总体		浙江省		河南省		
	均值	标准差	均值	标准差	均值	标准差	P 值
轮作	0.20	0.40	0.23	0.42	0.18	0.38	0.26
套种	0.22	0.41	0.31	0.47	0.15	0.36	0.00
综合种养	0.09	0.29	0.11	0.31	0.08	0.28	0.33
微粉剂农药	0.54	0.50	0.16	0.37	0.78	0.41	0.00
辅助类绿肥	0.17	0.37	0.13	0.34	0.19	0.39	0.17
绿色防控	0.11	0.32	0.27	0.44	0.01	0.10	0.00
施药无人机	0.01	0.11	0.02	0.15	0.01	0.07	0.15
周年茬口安排	0.04	0.20	0.08	0.27	0.02	0.14	0.01
多膜覆盖保温	0.34	0.47	0.52	0.50	0.22	0.41	0.00
水肥一体化	0.26	0.44	0.32	0.47	0.23	0.42	0.06

数据来源:根据调研资料整理所得。

三、合作社的亲环境生产技术带动作用评价

数据来源于 2018 年采集的果蔬种植户微观调查数据,先通过访谈结果和实际问题对问卷进行了修改,随后我们于 2018 年 6—7 月前往浙江省嘉兴市海盐县、桐乡县、浦江县、南湖区、平湖区等地以及河南省郑州市、新密市等地进行调研。问卷由调研员依据分层随机抽样的原则进行访谈调查,内容详见附录,包括个人、家庭特征、投入产出情况、种植经营特征、技术采纳情况和农业生产经营组织参与情况等方面,而未加入合作社的农户也是从与加入合作社的农户所在村庄类似经济水平的村庄进行选取。经整理和删除部分关键问题回答缺失的问卷,最终获得 322 份果蔬种植户的有效问卷,其中加入合作社的农户占 62.73%(202 份),未加入合作社的农户占 37.27%(120 份)。

1. 亲环境技术采纳水平组间对比

加入与未加入合作社的果蔬种植户的有机肥、施药无人机、周年茬口安排、轮作和综合种养技术采用情况没有显著差异,微粉剂农药、休耕则显现出显著的反向影响,缓释肥、水溶肥、辅助类绿肥、水肥一体化、穴盘基质育苗、

嫁接育苗、套种、多膜覆盖保温技术和绿色防控技术均有显著的正向差异（见表5.20）。

表5.20　加入合作社与未加入合作社果蔬种植户亲环境技术采纳情况分组均值t检验

亲环境技术	总体		未加入合作社		加入了合作社		
	均值	标准差	均值	标准差	均值	标准差	P值
有机肥	0.90	0.30	0.93	0.26	0.89	0.32	0.26
缓释肥	0.16	0.37	0.07	0.25	0.21	0.41	0.00
水溶肥	0.37	0.48	0.18	0.39	0.48	0.50	0.00
微粉剂农药	0.54	0.50	0.65	0.48	0.47	0.50	0.00
辅助类绿肥	0.17	0.37	0.12	0.32	0.20	0.40	0.06
水肥一体化	0.26	0.44	0.05	0.22	0.39	0.49	0.00
施药无人机	0.01	0.11	0	0	0.02	0.14	0.12
周年茬口安排	0.04	0.20	0.05	0.22	0.04	0.20	0.66
穴盘基质育苗	0.15	0.36	0.07	0.25	0.20	0.40	0.00
嫁接育苗	0.24	0.43	0.15	0.36	0.30	0.46	0.00
休耕	0.25	0.44	0.38	0.49	0.18	0.39	0.00
轮作	0.20	0.40	0.16	0.37	0.22	0.41	0.19
套种	0.22	0.41	0.11	0.31	0.28	0.45	0.00
多膜覆盖保温	0.34	0.47	0.23	0.42	0.40	0.49	0.00
绿色防控	0.11	0.32	0.03	0.16	0.16	0.37	0.00
综合种养	0.09	0.29	0.11	0.31	0.08	0.27	0.38

数据来源：根据调研资料整理所得。

2.果蔬种植户亲环境生产技术采纳水平的测算方法

果蔬种植户亲环境市场技术采纳水平的测度需要涵盖农户对于一整套亲环境生产技术的采纳状况，每种生产技术的难度不同，采用农户的数量也不同，因此有必要对每一种技术进行赋权。常用的确定指标权重的方法包括专家德尔菲法、客观法、层次分析法、经验估算法、熵值法、主成分分析法、因子分析法等综合集成赋权法。专家德尔菲赋权法很大程度上受调查组织者和专家的主观影响，并且成本高；主成分分析法和因子分析法需要大样本；客观赋权法的主观随意性和成本较低,也很容易计算。本书采用变异系数法反映各指标的差异程度。

变异系数法赋权:根据数据的分布与特征计算出权重W_i,为了消除各种技术分布差异的影响,先确定反映各种技术农户采纳数据差异程度的变异系数,

$$var = S_i / \overline{X_i} \qquad (i = 1, 2, \cdots, n)$$

其中,S_i、$\overline{X_i}$分别表示第i项技术采纳情况的标准差和平均值,那么各个技术的权重为

$$W_i = var_i / \sum var_i \qquad (i = 1, 2, \cdots, n)$$

根据这个公式可以计算出各项技术的指标权重W_i。

本书选取指标体系综合评价法,以不同亲环境生产技术的采纳情况为截面数据,采用变异系数法对各项技术赋权,采用加权综合评分法进行比较计算。针对每一项技术,如果农户采用了则为1,否则为0,得到每种技术采用情况的样本平均值以及标准差,再依据变异系数法的原理测算出每一种技术全体样本的变异系数,然后据此经过进一步计算得到各项技术的权重。各项技术的样本平均值、标准差以及变异系数和最终获得的权重见表5.21。

表5.21 用变异系数赋权法确定的各项指标权重

亲环境技术	样本平均值	标准差	变异系数	权重
有机肥	0.90	0.30	0.33	0.01
缓释肥	0.16	0.37	2.31	0.06
水溶肥	0.37	0.48	1.32	0.03
微粉剂农药	0.54	0.50	0.93	0.02
辅助类绿肥	0.17	0.37	2.23	0.06
水肥一体化	0.26	0.44	1.67	0.04
施药无人机	0.01	0.11	8.93	0.23
周年茬口安排	0.04	0.20	4.70	0.12
穴盘基质育苗	0.15	0.36	2.39	0.06
嫁接育苗	0.24	0.43	1.77	0.04
休耕	0.25	0.44	1.71	0.04
轮作	0.20	0.40	2.03	0.05

亲环境技术	样本平均值	标准差	变异系数	权重
套种	0.22	0.41	1.90	0.05
多膜覆盖保温	0.34	0.47	1.41	0.04
绿色防控	0.11	0.32	2.82	0.07
综合种养	0.09	0.29	3.18	0.08

注:多项变异系数数值大于1,表明该项目各数值离散程度高,代表各农户差异大。

　　通过变异系数法建立权重,得到不同区域、加入合作社农户组和未加入合作社农户组的亲环境生产技术采纳值,具体结果如表5.22所示。

　　由表5.22可以看出,全体样本农户亲环境生产技术采纳值的最小值为0,最大值为0.67,均值为0.15,标准差为0.11。

表5.22　样本总体亲环境生产技术采纳值

变量	总体均值	标准差	最小值	最大值
亲环境生产技术采纳值	0.15	0.11	0	0.67

数据来源:根据调研资料整理所得。

　　按样本果蔬种植户亲环境生产技术采纳值大小进行分组(见表5.23)。采纳值不足0.1的农户数量最多,占比达38.20％。其次为采纳值介于0.1与0.2之间的农户,占比为36.96％。随着采纳值超过0.2,采纳值每增加0.1,农户数量都会锐减,采纳值介于0.2与0.3之间的农户占比仅为13.98％,而采纳值介于0.3与0.4之间的农户占比更是下降到5.90％。

表5.23　亲环境生产技术采纳值分组占比

组别	农户数量/人	占比/％
[0,0.1)	123	38.20
[0.1,0.2)	119	36.96
[0.2,0.3)	45	13.98
[0.3,0.4)	19	5.90
[0.4,0.5)	8	2.48
[0.5,0.6)	6	1.86
[0.6,0.67)	2	0.62

不同省份之间(见表 5.24),浙江省农户亲环境生产技术采纳值均值为 0.16,标准差为 0.11,而河南省农户亲环境生产技术采纳值均值为 0.14,标准差为 0.12,两省农户亲环境生产技术采纳值并不存在差异。加入了合作社的果蔬种植户的亲环境生产技术采纳值均值为 0.17,未加入合作社的果蔬种植户的亲环境生产技术采纳值均值为 0.1,两类农户的采纳值在 1%的显著性水平下存在差异。

表 5.24　农户亲环境生产技术采纳值的分组比较

分组类别	分组	均值	标准差	P 值
省份	浙江省	0.16	0.11	0.20
	河南省	0.14	0.12	
是否加入合作社	加入合作社	0.17	0.12	0.00***
	未加入合作社	0.1	0.09	

注:*** 表示在 1%的显著性水平下存在差异。

3.合作社对农户亲环境技术采纳水平的影响

现有实证研究大都借助于传统 Probit 模型、Logit 模型以及 OLS 方法来判定合作社是否对农户行为产生影响,构建农户亲环境生产技术采纳行为的方程为:

$$Y_i = \alpha_i X_i + \beta_i C_i + \varepsilon_i$$

式中,Y_i 表示农户 i 的亲环境生产技术采纳行为,可以用减肥减药、亲环境生产行为赋值等表示;X_i 为影响农户亲环境生产技术采纳行为的可观测因素,如户主个人特征、家庭特征及种植特征等;C_i 为虚拟变量,$C_i = 0$ 表示农户未加入合作社,$C_i = 1$ 表示农户加入合作社;ε_i 为残差项,α 和 β 分别为对应的估计系数。

该方程存在一个暗含的假设是农户加入合作社对亲环境生产技术采纳行为的边际影响是同质的,但现实中这一假设并不完全成立。首先,农户是否加入合作社成为社员是具有主观性的,受农户的一系列特征影响。如果加入合作社的选择随机存在,则 OLS 回归即能达到实证目的,得到合作社对农户亲环境生产技术采纳行为的无偏估计。研究表明,众多因素都可以影响农户是否选择加入合作社的决策。其次,理性的农户会根据自己预期的收益和成本核算决定是否加入合作社。如果农户明确感受到加入合作社的联合生产优于现有生产方式，就会更愿意加入合作社。与此同时，合作社也会对农户的资质进行限制，年龄过大、学历过低、生产经营规模过小的农户可能被合作社拒之门外。有能力、有资源的农户有更多资历，是合作社愿意接纳的对象，但其也可能寻求其他途径来解决生产中的问题从而选择不加入合作社。因此，农户加入合作社的决策变量不能被视为外生变量。

据此，采用倾向得分匹配方法对农户加入合作社的情况和其对农户亲环境生产技术采纳行为的影响因素进行估计，构建农户是否加入合作社的二值选择方程，农户是否加入合作社是农户根据自身特征、家庭特征、生产需求以及成本收益的综合分析作出的决策。

（1）处理效应估计

要精准地对合作社社员身份对于亲环境技术采纳情况的影响进行评判，最理想的状态是评判同一个农户选择加入合作社和选择不加入合作社的亲环境技术采纳情况差异。但这在实际操作中是无法实现的，即使观测到农户加入合作社后其亲环境生产技术采纳水平，也不可能观测到若该农户未加入合作社时的亲环境生产技术采纳水平，也无法得知未加入合作社的农户如果加入合作社其亲环境生产技术采纳水平，这实际上是一种"数据缺失"问题，会导致所用样本成为总体的一个非随机样本，造成估计结果产生偏误。同时，农户加入合作社是一种"自选择"行为，其行为受自身及家庭等条件综合影响而非随机发生，而样本自选择问题及由此带来的模型内生性问题将导致模型结果出现偏差。已有研究多使用二元或多元选项模型等估计农户亲环境生产技术采纳的影响因素，但这些模型不能很好地解决样本自选择偏误的问题并且难以进行反事实分析，还在假定函数形式及误差项等方面存在诸多限制。因此，本书按照加入合作社的影响因素对合作社成员和非合作社成员进行倾向得分匹配，使得两类农户在入社前的条件相当，以减少农户异质性问题对其亲环境技术采纳的影响。

首先根据可观测变量区分出与加入了合作社的农户（处理组）有相似特征的未加入合作社的农户（对照组），在这一步需要构建一个决策模型，包含能够影响农户选择加入合作社的各个变量，当所有变量的条件都被满足时，认为农户完全倾向于加入合作社，因此，每一个农户都会获得一个"倾向得分"，用以估计农户加入合作社的可能性。

倾向得分（PS_i）通过如下 Logit 模型进行估计：

$$PS_i = Prob(C_i = 1 \mid D_i) = E(C_i = 0 \mid D_i) \tag{5-10}$$

式中,i 表示不同的农户;$C_i=1$ 表示加入了合作社的农户,$C_i=0$ 表示未加入合作社的农户;D_i 表示控制变量。

估计倾向得分后,需根据匹配估计量对加入了合作社的农户与未加入合作社的农户进行匹配。一个好的匹配估计量要求匹配后加入了合作社的农户与未加入合作社的农户的倾向得分有较大的共同支撑域。

结果变量(亲环境生产技术采纳情况)Y_i 的平均差异取决于是否加入合作社,表示为:

$$Y_i=Y_{0i}+(Y_{1i}-Y_{0i})C_i=\alpha+\beta X_i+\Delta C_i+\varepsilon_i \tag{5-11}$$

式中,i 表示农民个体编号。虚拟变量 $C_i=\{0,1\}$,表示农户个体 i 是否加入合作社(1 为加入,0 为未加入)。结果变量(亲环境生产技术采纳情况)Y 受到一组解释变量影响的同时,其平均水平的差异也受到是否加入合作社 C 的影响。$(Y_{1i}-Y_{0i})$ 或 Δ 即为合作社的平均处理效应(Average Treatment Effect,ATE)。加入合作社的农户亲环境技术采纳的平均处理效应(Average Treatment Effect of the Treated,ATT):

$$ATT=E(Y_{1i}|C_i=1)-E(Y_{0i}|C_i=1)=E(Y_{1i}-Y_{0i}|C_i=1) \tag{5-12}$$

式中,Y_{1i} 表示农户加入合作社产生的对亲环境生产技术采纳的效果,Y_{0i} 表示匹配后得到的假如处理组农户未加入合作社产生的对亲环境生产技术采纳的效果。同时,在计算平均处理效应(ATT)时,为避免其余因素的干扰,将研究样本限定在处理组($C_i=1$),从而比较加入合作社的农户在加入合作社和未加入合作社状态下的亲环境生产技术采纳状态差异。然而,在公式中我们只能观测到 $E(Y_{1i}|C_i=1)$ 的结果,而对于 $E(Y_{0i}|C_i=1)$ 是无法观测到的,即反事实结果。因此,本书将运用倾向得分匹配方法构造出 $E(Y_{0i}|C_i=1)$,从而更为精确地研究果蔬种植农户加入合作社对亲环境生产技术采纳产生的效应。

(2)共同支撑域与平衡性检验

基于果蔬种植户加入合作社决策模型的估计结果可以计算出果蔬种植户的倾向得分,依据倾向得分的分布查看共同支撑域。如果共同支撑域太窄,落在之外的样本会得不到有效匹配,造成样本损失;共同支撑域范围越广,匹配过程中的样本损失就越小。统计显示,加入合作社与未加入合作社的果蔬种植户的倾向得分区间分别为[0.25,0.98]和[0.20,0.93],共同支撑域为[0.25,0.93]。

不同的匹配方法可能产生不同的样本损失量,为了保证结果的稳健性,本书采用了多种匹配方法进行匹配,匹配结果显示,除了半径(卡尺)匹配样本损失量为 25,近邻匹配、核匹配等样本损失量仅为 7,可以认为样本得到了较好的匹配。Pseudo R^2 由匹配前的 0.083 下降到 0.007—0.023(见表 5.25),LR 统计量由 35.26 下降到 3.77—12.3,均值偏差由 24.6% 下降到 4.2%—9.5%,中位数偏差由 24.1% 下降到 2.6%—8.3%。由此可见,匹配后样本总偏误大大降低,两组样本具有类似的特征,即平衡性检验得到通过。

表 5.25　匹配前后解释变量的平衡性检验结果

匹配方法	Pseudo R^2	LR 值	P 值	均值偏差/%	中位数偏差/%
匹配前	0.083	35.26	0.00	24.6	24.1
一对一近邻匹配	0.023	12.3	0.27	9.5	8.3
一对四近邻匹配	0.009	4.68	0.91	5.2	6.0
卡尺内一对四匹配	0.007	3.77	0.96	4.2	2.6
半径卡尺匹配	0.009	4.41	0.93	4.5	3.1
核匹配	0.007	3.87	0.95	5.1	6.3

数据来源:根据调研资料整理所得。

具体到各个变量(见表 5.26),本书查看了不同匹配方法的各变量的情况,发现结果大致相似,因此此处选择一对四近邻匹配的变量情况进行展示。匹配后所有变量的标准化偏差(%bias)都远小于 10%,并且 t 检验的结果都不能拒绝加入合作社农户与未加入合作社农户在样本特征上不存在显著差异的原假设。标准化偏差相比匹配前下降幅度都在 30% 以上,说明数据得到了较好的平衡。

表 5.26　一对四近邻匹配各变量的平衡性检验结果

变量	未匹配与已匹配	平均值		%bias	% reduct |bias|	t 检验	$P>\|t\|$
		加入合作社农户	未加入合作社农户			t	
性别	未匹配	0.90	0.82	24.3	87.9	2.18	0.030
	已匹配	0.898	0.90	−2.9		−0.34	0.734
年龄	未匹配	50.52	53.24	−28.1	73.0	−2.41	0.017
	已匹配	50.61	51.35	−7.6		−0.74	0.460

续表

变量	未匹配与已匹配	平均值		%bias	% reduct |bias|	t 检验	
		加入合作社农户	未加入合作社农户			t	P>|t|
受教育程度	未匹配	3.47	3.28	24.0	93.5	2.05	0.041
	已匹配	3.46	3.45	1.6		0.16	0.876
果蔬种植劳动力数量	未匹配	2.25	1.92	37.9	93.8	3.16	0.002
	已匹配	2.18	2.16	2.3		0.22	0.823
兼业状况	未匹配	0.24	0.15	23.4	75.2	1.98	0.048
	已匹配	0.23	0.25	−5.8		−0.53	0.596
果蔬种植年限	未匹配	14.81	16.25	−14.5	46.0	−1.29	0.199
	已匹配	14.91	14.14	7.8		0.86	0.391
是否党员	未匹配	0.29	0.18	24.6	87.7	2.09	0.037
	已匹配	0.28	0.26	3.0		0.28	0.777
是否村干部	未匹配	0.17	0.11	17.4	59.6	1.47	0.141
	已匹配	0.15	0.18	−7.0		−0.64	0.519
是否从事过农产品或农资贩销	未匹配	0.17	0.05	39.8	84.5	3.25	0.001
	已匹配	0.16	0.14	6.2		0.53	0.595
自有土地面积	未匹配	4.26	3.06	12.2	37.4	0.98	0.327
	已匹配	3.54	4.29	−7.7		−0.92	0.360

数据来源：根据调研资料整理所得。

（3）实证结果

为了构造出同一个体的两次对照实验的结果（加入合作社、未加入合作社），本书为每个加入合作社的样本匹配一个未加入合作社的样本，同时保证这两个样本之间除了加入合作社的决策不同之外，其余各方面的特征均相似，所构造出的未加入合作社样本组被称为对照组。具体而言，构建每个农户选择加入合作社的决策方程，运用 Logit 模型计算出农户 i 选择加入合作社的条件概率 p_i，即倾向得分；在此基础上，为每个加入合作社的样本匹配一个 p 值相近的未加入合作社的样本。由此，通过 PSM 方法构建了一个随机实验的条件，从而比较实验组与对照组的结果差异。

对调查数据中会影响果蔬种植户加入合作社的决策的变量进行 logit 回归分析,得到的结果如表 5.27 所示。虽然 Logit 模型估计的主要目的是获得倾向得分,估计结果也依然值得拿来判断这些因素是否在影响农户加入合作社中发挥重要作用。从回归结果看(见表 5.27),模型的 LR 统计量通过了1%的显著性水平检验,说明模型的整体拟合情况较好。在户主特征和家庭特征变量中,户主性别在 5%的显著性水平下正向影响农户加入合作社的概率,即户主为男性的农户有较高的概率加入合作社。而果蔬种植劳动力数量在 1%的显著性水平下正向影响农户加入合作社的概率,即果蔬种植劳动力数量越多,农户加入合作社的概率越高。是否从事过农产品或农资贩销在1%的显著性水平下正向影响农户加入合作社的概率。

表 5.27　倾向得分的 Logit 模型估计

变量	系数	标准误	z 统计量
性别	0.55**	0.22	2.47
年龄	−0.02	0.01	−1.62
受教育程度	0.02	0.10	0.09
果蔬种植劳动力数量	0.23***	0.09	2.61
兼业状况	0.21	0.19	1.05
果蔬种植年限	−0.01	0.01	−0.16
是否党员	0.11	0.22	0.49
是否村干部	0.13	0.26	0.50
是否从事过农产品或农资贩销	0.73***	0.26	2.75
自有土地面积	0.01	0.01	0.84
常数项	−0.09	0.71	−0.13
Pseudo R^2	0.08		
LR 统计量	35.26***		

注:***、**、* 分别表示 1%、5%和 10%的水平上显著。

为减弱农户异质性的影响,本书选择了 6 种匹配方法考察其匹配效果的差异,以选择最为合适的匹配方案。近邻匹配有一对一匹配和一对四匹配两种,为减少样本损失,进行有放回匹配,且允许并列。一对一匹配是指针对每个样本寻找 1 个不同组的最近样本进行匹配;一对四匹配则需要 4 个。卡尺匹配或半径匹配一般限制倾向得分的绝对距离小于样本标准差。核匹配是指用二次核函数来估计权重和计算核回归估计量。局部线性回归匹配是指用局部线性回归来估计权重和计算核回归估计量，本书使用默认核函数与带宽进行计算。马氏匹配是指使用马氏距离进行匹配。

　　为了检验估计结果的稳健性，本书采用多种匹配方法分别对平均处理效应进行估计。如表 5.28 所示，结果具有一致性，均在 1％ 的显著性水平上通过检验。总体来看，加入了合作社的果蔬种植户如果没有加入合作社，其亲环境生产技术采纳率约为 10％—12％，但由于加入合作社，其亲环境生产技术采纳率增加到约 17％，增加了 5—7 个百分点。

表 5.28　加入合作社对果蔬种植户亲环境生产技术采纳影响总体效应的估计结果

匹配方法	Treated	Controls	Diff	S. E.	T-stat
匹配前	0.172	0.105	0.067	0.013	5.27
一对一近邻匹配	0.172	0.109	0.063	0.015	4.10
一对四近邻匹配	0.175	0.116	0.059	0.014	4.30
卡尺内一对四匹配	0.173	0.115	0.058	0.014	4.26
半径卡尺匹配	0.173	0.117	0.055	0.013	4.13
核匹配	0.175	0.118	0.057	0.013	4.32
局部线性回归匹配	0.175	0.120	0.055	0.016	3.43
马氏匹配	0.172	0.113	0.059	0.014	4.17

数据来源：根据调研资料整理所得

　　整体来看，加入了合作社与未加入合作社的两类农户的特质存在较大的系统性差异，在亲环境生产技术采纳方面也存在显著差异，加入了合作社的果蔬种植户缓释肥、水溶肥等多种亲环境生产技术的采纳率均显著高于未加入合作社的果蔬种植户。采用倾向得分匹配方法处理农户的自选择问题后发现，加入合作社农户的亲环境生产技术采纳水平明显依然高于未加入合作社农户的亲环境生产技术采纳水平，合作社对农户的亲环境生产技术采纳行为有显著正向作用。

第六章　新型农业经营主体的农户带动模式选择与优化

主体多元既是中国现代农业经营体系最重要的基础特征,也是农业向现代农业演进中的必然现象(陈锡文,2013),家庭农场、农民合作社、农业企业、社会化服务组织等各类新型农业经营主体的功能定位不同(张红宇,2018),导致其农户带动的作用存在显著差异。因此,在充分肯定各类新型农业经营主体带动作用差异的基础上,明确各类新型经营主体的比较优势,探索多样化的带动模式与利益联结机制,成为正确处理扶持小农户发展和促进各类新型农业经营主体和服务主体发展的关系,实现新型农业经营主体和服务主体高质量发展与小农户能力持续提升相协调的关键。本章从安全优质产品供给的角度分析工商企业、合作社等新型农业经营主体的带动模式选择机理,为探索多样化的带动模式提供借鉴。

第一节　农业企业带动农户生产转型的关键点与带动模式

从全球农业发展经验和中国实践看,农业企业是现代农业经营体系不可或缺的重要组成,农业企业在高端农产品生产、精深加工、品牌打造、营销渠道建设等方面具有突出优势(张红宇,2018)。《中国农村经营管理统计年报(2016)》显示全国各类龙头企业达13万家,年销售收入9.2万亿元,提供的农产品及加工制品占农产品市场供应量的1/3;超过50％的企业通过了"三品一标"认证、注册了商标品牌。因此,本书认为农业企业的优势在于其产品品质和品牌上,因此龙头企业的农户带动模式应围绕农产品产品控制来进行分析,并以此为核心分析对比不同组织模式的优劣,让企业与农户形成更为多样且牢固的利益共同体。

一、农产品品质及品质控制关键点

1.农产品品质的基本内涵

林克惠(1996)认为农产品品质包括两个方面,分别是商品品质和食用品质。张宏志等(2002)认为农产品品质包括营养品质、加工品质和商业品质三个方面。而苏华等(2005)研究指出蔬菜品质包括商品品质、风味品质、营养品质、加工品质和卫生品质。周洁红(2005)在研究蔬菜质量安全管理问题时,将蔬菜的品质分为理化性质、结构学特征、产品用途、工艺流程、储藏保鲜五大方面,又可分为14种不同的类型。她提到了质量的概念,并认为质量和品质的概念本质上没有差别,都是"一组固有特性满足要求的程度"。王昌全等(2001)在研究有机、无机复合肥对农产品产量和品质的影响中提到,玉米品质的评价指标为蛋白质含量、维生素 C 含量和可溶性糖含量;水稻品质的评价指标为蛋白质含量和直链淀粉含量;蔬菜品质包括商品品质、风味品质、营养品质和卫生品质四个部分,营养品质和卫生品质尤为重要,卫生品质可以用硝酸盐含量和重金属含量来衡量,营养品质可以用维生素 C、可溶性糖等来衡量。Kramer 和 Twigg(1970)指出农产品特性包括客观的产品的基本属性和主观的"一定的需要",在现代农业科技高度发达的今天,在一定程度上已经能够控制农产品的客观属性,消费者主观的需要是农产品客观属性控制的依据。因此,农产品品质的指标应该尽可能明确,以便供应链上游生产环节对农产品品质进行有针对性的改造,供应链下游主体来根据品质指标进行有依据的产品购买选择。

本书以市场需求为导向将农产品品质的内涵总结为:某种农产品的一组指标能够满足需求的程度,一组指标主要包含三个方面,即该种农产品的安全性、营养性和商品性。安全性也即农产品的安全程度,包括生理性有害物质含量、外源性农兽药残留量及病原微生物数量;营养性包括各种人类需要的营养物质(碳水化合物、油脂、蛋白质、维生素和矿物质)的含量;商品性包括外观特性和储运特性。其中,安全性是最基本的品质特性,营养性是建立在安全性得到保障的基础之上的品质特性,而商品性则是保障农产品能够流通销售到需求方的品质特性(见图 6.1)。

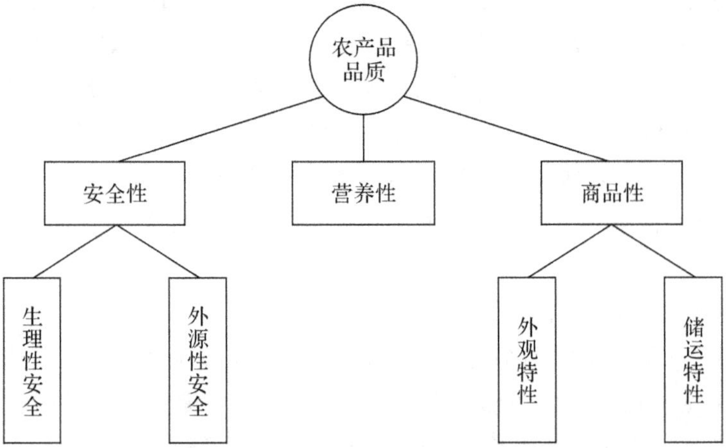

图 6.1　农产品品质的内涵

2.农产品品质的衡量标准

（1）"三品一标"所对应的农产品品质内涵

目前国内评价农产品品质的主要标准为"三品一标"。"三品一标"即为无公害农产品、绿色农产品、有机农产品和地理标志农产品。无公害农产品的要求是允许限量、限品种、限时间地使用人工合成的安全的农药等，它的特点是比较优质，基本安全。绿色农产品包含两个等级，A 级允许使用限定的化学合成物质；AA 及绿色农产品标准更加严格，基本等同于国际有机食品标准。而有机农产品则绝对禁止使用任何农药化肥、激素化工合成物质和基因工程技术，对自然环境的要求更高。"三品"主要以化学合成物使用的多少来划分，主要衡量的是农产品的安全性品质，从无公害到绿色再到有机，安全性依次增强。对于营养性品质则不一定，农产品的营养品质会因为农药化肥的使用方法和使用量的不同而不同，因此无公害农产品和绿色农产品在保障安全性的基础上可以有不同的营养品质。而有机农产品营养品质则取决于有机种植的方法，因为有机种植完全杜绝了农药化肥，利用动物、植物、微生物和土壤这四种生产因素的有效循环，通过生物循环链来进行农产品的生产，所以有机农产品营养品质的优劣取决于种植者对于自然规律掌握的程度。在商品品质上，无公害农产品和绿色农产品都可以做到外观优、耐储藏，但是有机农产品就不一定符合大众对于农产品外观的需要，许多有机农产品个头小、形状畸形，如果没有有机农产品的认证一般不会被顾客购买。"一品"则是地理标志农产品,指来源于特定地域,产品和相关特征主要取决于自然生态环境和历史人文因素,并以地域名称冠名的特有农产品,如"龙井茶""百色芒果""双流枇杷"等。地理标志农产品在保证安全品质的基础上,更强调因特有的地理环境因素形成的农产品营养性品质和商品性品质的独特性,比如"龙井茶"具有色翠、香郁、味醇、形美四个独有品质特征组合,"百色芒果"具有果皮鲜艳、核小肉厚、纤维少等特征,"双流枇杷"具有个大、肉厚、耐运输等特征。

(2)当前市场中的品质指标内涵

除了"三品一标"这样官方的品质指标之外,市场上对农产品品质的衡量指标最常见的是优质率和优果率,这一指标多用来衡量农产品的商品性品质。农产品优质率是指市场交易中市场(顾客)认可的优质农产品占总产品的百分比,即优质农产品量/农产品总产量×100%,农业生产标准化程度越高,农产品优质率越高(皮竟,2014)。农产品优果率多用于有果型的农产品,在苹果优果率的判断中,病虫果、日灼果、裂果、畸形果、伤果及锈斑果等统称为劣果,没有这些瑕疵的称为优果,苹果优果率即为无瑕疵果质量/总产量×100%(林良方等,2010)。综合这些指标,无论是优质率还是优果率都是合格农产品产量/农产品总产量×100%。如何鉴定农产品是否合格,可以从企业收购的比例来看,企业收购的农产品即为市场需要的农产品,可以认定为合格的农产品,因此可以确定:农产品达标率=企业收购的农产品量/农产品总产量×100%。

另外,市场上也逐渐开始出现一些营养性品质指标比较明确的农产品,如17.5°橙、雪花牛肉和富硒米等。美国农业部 USDA 的分级标准将 A 类橙汁的糖酸比范围界定在 12.5 至 20.5°之间,平均糖酸比为 17.5°,在这个范围内的橙子酸甜可口。农夫山泉 2007 年开始研究橙子的种植和果园的管理,经过七年的摸索,于 2014 年推出名为 17.5°橙的鲜橙产品,上市以后受到消费者的青睐,受欢迎的最大原因在于每箱农夫山泉 17.5°橙都经过严格的筛选,果型、大小、口感都基本一致,保持了极高水准。糖酸比为 17.5°是典型的营养性品质指标,而果型、大小和口感则是商品性品质指标,这些品质指标的明确,不仅便于消费者辨识,也有利于形成品牌效应。雪花牛肉是指脂肪沉积到肌肉纤维之间形成明显的红白相间状似大理石花纹的牛肉,这种牛肉的营养价值比普通牛肉高出很多,而雪花牛肉的大理石纹即是判断牛肉营养品质的关键指标。富硒米中的硒是一种维持人体正常机能不可缺少的微量元素,硒具有抗氧化、增强人体免疫力、延缓衰老的作用，而我国是缺硒大国，中国营养学会对我国 13 个省(市)的调查结果显示，每人日均硒摄入量远低于世界卫生组织推荐的最低限量(张万业等，2015)。富硒米是通过在种植稻米时候补硒，从而生长出来富含硒的大米，天然的富硒米则从富硒产区中生产出来，因此富硒米中硒含量是一种营养性品质指标，而富硒米则是功能性农产品，具有保健的功能。从以上几个例子可以看出，品质可以用一组明确的指标来衡量，这些指标能够满足消费者的需要，因此对于高品质农产品来说，品质指标应该尽可能明确，以便消费者按照自己的需要选择相应品质的农产品。

3.农产品生产过程中品质控制的关键因素分析

农产品品质的影响因素包括两个方面：一是作物的品种特性，属于遗传因素；二是环境因素，包括温度、光照、水分、养分等(林克惠，1996)。有学者认为，除了品种和环境因素以外，还有人们的生活习惯和文化氛围也决定了农产品的品质，即不同地方的人的生活习惯和文化差异导致对农产品外观、口感等的主观评价不同，从而决定了农产品的品质好坏(朱志伟，2007)，这种认识更偏向于消费者需要方面，并不是影响农产品品质的本质因素，因此影响农产品品质的因素主要是品种和环境。

在农产品生产过程中，农产品品质主要受到品种的影响，品种也即遗传基因，决定了农产品的大小、营养成分、色泽、口感等，因此品种的选择对于农产品的品质有至关重要的作用，也就是俗话说的"种瓜得瓜，种豆得豆"。在此基础上，保障适宜的环境因素才能达到该品种最好的品质，如果外界环境不能达到该品种需要的最优生长条件，那么就会出现"橘生淮南则为橘，生于淮北则为枳"的情况。环境因素包括光照、温度、水分、空气、土壤等，这些因素都可以通过种植方式来进行调节，日光灯补光可以增加光照时长，相反用遮阴网可以减少光照；温度可以用日光温室或大棚来调节；水分可以通过灌溉设施来控制；通风可以通过合理密植和疏枝来进行调节；土壤肥力和通气性可以通过合理施肥来提高。因此，影响生产环节的农产品品质的因素来自于两个方面：品种选择和种植方式。

控制农产品品质可以从品种选择和种植方式两个方面入手。在小农经济下，农户选择品种主要凭借种植和销售经验，同时受种子种苗销售商的推销影响，缺乏判断力的农户经常会受到种子种苗销售商的欺骗，选择不适宜当地种植环境的品种，或者种植方式与已有种植经验差异较大的品种，从而造成当年的农产品品质下降、产量减少甚至绝收。农业企业一般承担着选择品种的责任,企业会统一慎重选择品种,建议品种选择或发放种子种苗给合作农户种植,这样就会大大降低农户被欺骗的概率。更进一步,企业一般比较容易获取社会上各种科技资源,通过与高校、农科院等科研院所合作,共同研发品质更优的农产品。因此,农业企业更容易通过战略联盟来控制和研发种质资源,从而更容易从源头控制农产品的品质。

在生长环境控制方面,传统耕作模式下的农户会根据经验,结合作物生长情况疏花疏果、施用农药化肥和控制水分来保持作物生长的最佳状态。在传统农业中,农户实现了生产者与管理者的统一,单个农户既是生产者也是经营者,农户既要自己生产又要自己销售,农户既是生产过程的实施者也是监督者,农户既是受益者也是风险承担者。一般情况下,农户投入的劳动越多,农产品品质越好,具有商品性的农产品比例越高,最终的市场价越高。但正如恰亚诺夫研究的那样,农户投入劳动的多少取决于"辛苦程度"和"消费满足感",只要一定品质的农产品得到的收益能够换取他相对应的消费满足感,他就不会再去追加劳动,使品质更好。因此,传统农业中的农户生产农产品的行为带有天然的"保守性",并不会对品质进行过度的追求,而工商资本农业企业不同,天然的逐利性会促使他们追求更加优质的品质以取得竞争优势。

工商资本农业企业下,农户要么成为企业的工人,要么成为企业农产品的上游供货商,或者形成一种介于两者之间利益共同体关系,原来的传统农业生产过程由于企业主体的介入在不同程度上有了更加明确的分工。农户负责生产,企业负责经营,农户是劳动的实施者,企业是劳动的监督者,农户希望得到更加有保障的收入,而企业更多承担自然风险和市场风险。但由于工商企业整体缺乏对农业生产管理的经验,企业与农户之间对于生产技术的信息不对称情况严重,因此无法合理分配农户与企业的利益,最终导致农户在生产过程中表现出强的机会主义倾向,更多地倾向于降低"辛苦程度"同时能够获取相应的利益。拿具体种植环节来说,高品质农产品种植过程不能用除草剂,需要人工除草,如果雇佣的农户是按工时计算工资的,那么就会出现管理人员在的时候农户积极除草,管理人员不在的时候"磨洋工"的现象,农户除自家的草可能半天就能除掉2亩地的草,而同样除企业2亩地的草则需要一天,劳动力成本大大提高。在果树管理中,适当时候需要修剪树枝,修剪是要去除消耗营养的"非果枝"留下"果枝",保障果树的营养有效供给到水果里。技术员的培训指导可以让农户分辨"果枝"和"非果枝",但在具体修剪过程中,清晰分辨两种果枝需要一定时间,农户很可能追求速度而不按技术员的指导随意修剪,从表面上看也花费了很多劳动,完成了规定的任务,但剪掉的可能大部分是"果枝",留下了不能结果的"非果枝",最终导致果园减产,造成的严重后果也找不到对应的农户,也难以确定是否是该环节的问题。果菜类蔬菜和水果的疏花疏果也有这个问题,每根果枝上保留的果子的数量决定了果子的品质,留的果子越多,果子的个头越小,甜度越低,因此需要对作物进行疏花疏果。进行疏花疏果劳动时,企业如果按照工时来算工资,农户就会出现"磨洋工"现象;如果按照面积来算,农户随便摘掉花和果应付工作,企业如果要检查质量需要每棵都检查,监督成本又太高。从农产品整个种植过程来看,除了机械能够完成的环节,几乎每个人工环节都不能实现有效的监督与控制,农户随时都有"偷懒"的倾向,农户的劳动投入不够,最终必然导致农产品品质的下降。因此,控制农产品的品质首先要有标准的种植方式,然后企业要对农户的劳动行为进行控制,使农户遵循企业的生产要求进行农产品标准化品质型生产,产出符合企业标准的高品质农产品。

4. 农产品生产过程中品质控制目标

农产品品质是某种农产品一组明确的指标满足需要的程度,对于企业来说,明确市场的需要是生产农产品首先要考虑的问题,特别是对于工商资本企业来说,进入农业生产领域首先要明确市场对于某类农产品的需要是怎样的,将市场对于农产品品质的需要转化为明确的指标。有了明确的品质指标,工商资本企业就可以利用其强大的资源组织能力的优势,在最大范围内寻找满足需要的相应农产品,如果市场上的农产品不能够满足当前的市场需要,工商资本就会实行后向一体化战略,投资现代农业生产基地,生产符合市场需要的品质型农产品。根据本章的探究,影响农产品品质的因素主要是品种和种植方式,而品质控制的关键因素则在于品种的选择或者研发以及品质型农产品标准化生产管理。因此,对于工商资本进入农业生产环节来说,农产品生产过程中品质控制的目标应是在保障安全性品质的前提下,以市场对于品质的需要为导向,制定农产品生产过程中的全面质量管理标准,通过建立与农户的利益共同体关系来激励农户对企业标准的有效实施。

市场需求导向下工商资本农业企业农产品生产品质控制一般过程可以通过图 6.2 来表示。企业通过市场研究明确市场对于农产品品质的需要,将需要量化为具体的三类品质指标,这些明确的品质指标指导企业的品质管理。企业一方面联合科研机构或者自建研发部门对品质型农产品品种和生产管理标准进行研究和试验,另一方面与农户建立合理的生产组织形式,结合品质型农产品生产管理标准、运用适宜的企业管理方法对农户的生产行为进行控制,最终生产出满足市场需要的品质型农产品。

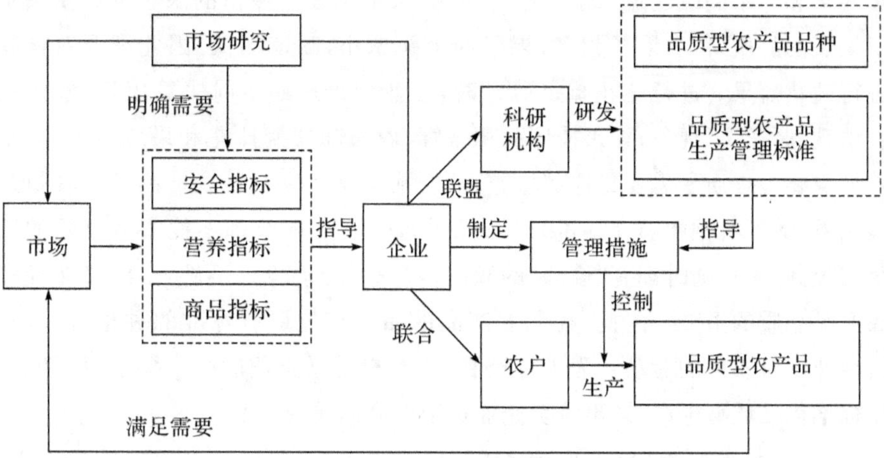

图 6.2　市场需求导向下工商资本农业企业农产品生产品质控制的一般过程

二、农业企业带动农户品质提升的组织模式与绩效

1.杭州萧山舒兰农业有限公司案例研究

杭州萧山舒兰农业有限公司(简称舒兰农业)是一家以绿色蔬菜生产、保鲜、加工、配送产业化为特征的农业企业。1989 年尚淑兰夫妇到萧山围垦区创业,进行农产品的生产,发展到目前共在萧山垦区流转土地 1200 亩,核心蔬菜基地 800 亩,并在萧山、绍兴垦区等地建有配套生产基地 6000 亩,全年绿色蔬菜生产保鲜配送能力达 1.2 万吨。舒兰农业被评为全国设施农业装备与技术示范单位、浙江农业科技示范园、杭州市最大应急性叶菜生产功能区、杭州市"菜篮子"工程建设先进基地和浙江农华优质农产品配送中心优质蔬菜生产供应基地。基地生产的萝卜、黄瓜、鲜食大豆等 13 种主导产品被认证为国家 A 级绿色食品,"尚淑兰"牌生鲜蔬菜多次荣获浙江农业博览会"金奖","尚淑兰"蔬菜被认定为浙江省名牌产品,产品 80% 供应于杭州市世纪联华超市,20% 配送至机关食堂,现有专卖店超市专柜 15 家,已经形成尚舒兰省级名牌。

2015 年销售额 7800 万元,税后利润 110 万元;2016 年销售额 8600 万元,税后利润 120 万元;2015 年被评为消费者信得过单位。

之所以选择舒兰农业作为研究对象,主要是因为舒兰农业的蔬菜长期保持良好的品质,广受消费者青睐,其对农产品生产过程品质控制过程和生产组织形式具有很重要的研究价值。舒兰农业采用典型的产业工人模式,这种模式从理论上来说并不是最优的生产组织形式,但舒兰农业经过长期的管理实践成功运用了产业工人模式,这对工商资本农业企业的生产组织形式的选择具有很重要的借鉴意义。

根据前文对品质控制流程的梳理,本书重点关注三部分内容:一是企业是否能够明确消费者对于农产品品质的需要;二是企业是否具有高品质农产品的品种和生产流程研发功能,功能的实现效果如何;三是企业如何组织农户的生产,是否能够有效保证农产品的品质型生产,其保证条件是什么。针对每部分问题,将其细分为各子问题,如表 6.1 所示。

表 6.1　舒兰农业案例研究重点关注内容

品质控制流程	详细内容
市场需要的明确	①市场研究情况;②消费者需求反馈情况
品种及生产流程研发	②科研院所支持情况;④生产流程试验情况
生产过程的品质控制	⑤组织管理架构;⑥人员管理方式;⑦农户生产行为控制

(1)市场需求的明确

舒兰农业对于市场信息的采集工作主要由商超导购员承担,商超导购员负责上报每天蔬菜的销售情况,预估第二天蔬菜的种类和需求量。导购员在与消费者频繁交流的过程中获取消费者对于产品的品类、口感、商品性的需求,并及时反馈到生产端,生产端进行相应的调整。舒兰农业对于市场的把握主要依靠长期的经验积累和导购员对于消费者需求变化的及时反馈,没有专门的市场需求研究部门,这方面的欠缺导致生产端每季的生产计划制定并不科学。2016 年,基地根据上一季的销量情况种植了大量大葱,结果造成严重滞销,而且基地每季度种植的叶菜类都有一定程度滞销,滞销的产品只能用来制作腌菜。

(2)品种及生产流程研发

舒兰农业长期与浙江省农科院合作,专门为农科院开辟一块试验田,供科研人员进行新品种大田推广试验和水肥试验。基地品控员负责新品种的跟踪试验,主要记录新品种种子的出芽率、长势、产量和口感,确定新品种是否可以引进。另外,品控员针对每种农药化肥施用的效果进行记录,选出效果相对较好的农药化肥。拿毛毛菜来说,农科院会不定期研发出新的毛毛菜品种,新品种会在舒兰农业的试验田中进行试种,最终的产品会先供应基地内部员工食堂,让员工先评价新品种的口感,然后再供应到消费端。对于毛毛菜的种植过程,公司经过长期试验,发现多施用有机肥、控制农药的使用量确实能明显提高毛毛菜的口感,因此公司通过生物发酵技术,将猪粪与秸秆发酵以后的沼液通过水肥一体化设施喷洒在毛毛菜地里,既能防止土壤板结,又能够提高蔬菜产量和口感,形成了行业独有的竞争优势。再比如散花菜,散花菜是农科院研制的新品种,与普通花菜相比,烹饪的时间更短一些,而且口感脆嫩,有甜味,普通花菜在炒的时候,火候久了容易烂,但散花菜不易烂。这种花菜最先在舒兰农业基地试种,产品口感受到基地员工的一致好评,但推往市场时却大量滞销。原因是普通花菜长老了以后的形态与散花菜相似,很多消费者认为散花菜是长老了的普通花菜,因此无人问津。但舒兰农业坚持在市场上推广,虽然第一季滞销严重,但此后销量逐渐上升,散花菜成功被市场接受,目前杭州市面上的散花菜已基本取代普通花菜。

(3)生产过程的品质控制

①组织管理架构

舒兰农业员工近 100 人,48 人负责生产,40 人负责销售,其他为行政财务人员。其中,48 人中基地主要管理人员为 3 人,1 人负责瓜果类蔬菜生产,1人负责叶菜类蔬菜生产,1 人负责新品种试验、水肥和农药试验、农资发放和其他生产管理。其余 40 余人均为生产工人,多是外地农民,来自河南、广西、湖南等地,文化程度低,都不识字,常年住在基地宿舍。40 个销售人员不在基地工作,分布于世纪联华超市内,作为蔬菜导购员,主要负责蔬菜的上下架和导购。

③人员管理方式

舒兰农业为典型的产业工人式管理,农民工有大致的分工,比如 2017 年下半年有 4 人负责育苗,3 人负责种苗的移栽,4 人负责茄子生产,4 人负责番茄生产,4 人负责丝瓜生产,7 人负责叶菜类的收割,6 个男工负责开垄和装卸货等重活。生产负责人有 2 个,谢师傅负责瓜果类生产管理,韦师傅负责叶菜类生产管理。每天早上 6 点左右农民工陆续开始工作,工作前到负责人处领取任务,同时负责人记录该工人开始工作的时间和工作内容。工作期间,负责人在田里监工,农民工做完任务以后去负责人处报告,领取下个任务,负责人同时兼有技术员的身份,负责所管辖的蔬菜地块的技术指导工作。在完成一天工作以后,农民工到负责人处报告,负责人统计该工人一天的工时和工作内容,并记录该工人当天的工作表现。工资按小时计,一年一付,如遇特殊情况可预支部分工资。每个月每个农民工可拿到3500—3600元工资,一年可净赚3万元左右,夫妻共同工作一年可净赚至少6万元。

③生产管理过程

农资控制方面。基地采购的农资品种由董事长确认,采购完以后统一堆放在仓库,基地不能使用其他任何外来农资。两个基地负责人判断地块要施用的农药化肥种类和数量,报品质管理员审批,品质管理员记录农资出库的种类、数量、施用的地块等,一方面容易溯源,另一方面便于进行对比试验。

技术培训方面。前几年公司每年会给农户集中培训一到两次,培训的老师为农科院专家,但是生产负责人发现培训的效果不明显,对于品质和质量安全把控还是需要生产负责人监工,因此现在不对农户进行技术培训,只对负责人进行培训,负责人再对农户进行田间技术指导。

生产过程中的管理。因为舒兰农业已经有研发部门对品种和生产过程进行研究,也有相应比较标准的种植技术,因此对于生产的管理主要是监督标准的实施。负责人兼任技术员都是种植经验非常丰富的专业农民,谢师傅对果菜类蔬菜种植的经验有30年以上,韦师傅对于叶菜类蔬菜种植的经验有15年,他们对农户生产过程进行技术指导或动作指导,同时对农户劳动过程实施监督并打分。负责人有提高或降低某农户小时工资的权利,农户劳动的态度和表现决定其能拿到多少额外工资,这样的方式有效防止了农户的机会主义行为,促使农户按照技术员指导的生产标准来进行劳动。

质量安全管理方面。舒兰农业产品质量安全信息纳入政府的质量安全管理平台,每年政府会给予6万—7万元的检测补贴,要求基地每年上传1000个批次的农产品质量安全检验结果,每个批次为8个不同种类的农产品,意味着平均每天要检测近3个批次的24种农产品,检测结果自动上传。在集中成熟季节,检测的农产品会更多,检测更频繁,基本每种蔬菜每天都要检测一遍,如果检出农残超标,数据也会自动上传,该批蔬菜必须销毁,并报备案。除了基地按要求上传检测结果之外,政府每个月都会到基地检测一次。另外,公司还加入了政府的气象记录平台,每天需上传每个数据点的照片和气象数据等。

　　这种农业产业工人式的生产组织形式面临的最大问题是如何有效管理农户的生产过程，这个问题与西方资本主义发展初期企业管理遇到的问题有很大相似之处。在资本主义初期，大部分工人是从家庭劳动中脱离出来进入工厂工作的，工厂主对劳工工作效率的评价多是主观的、经验式的，工人劳动的效率参差不齐，"磨洋工"现象普遍存在。泰勒的《科学管理的原理》最先对"磨洋工"现象进行了科学研究，开启了现代企业科学管理的大门。泰勒认为员工的"磨洋工"现象根源于人的天性、工人的误解、旧的经验主义管理方法及管理体制的缺陷等。首先他认为应该对工人操作的每个动作进行研究，规范每个动作，使操作条件和流程标准化；另外，他主张科学地根据岗位选择合适的人并进行培训教育，使之成为该岗位标准的员工；而且，他认为管理部门应该和工人分工合作，管理部门要进行科学的工时、动作和工具研究，制定标准、方法和计划来激励和约束员工；最后，他主张实行计件工资制，提倡管理者和工人密切协作。泰勒的科学管理理论对研究企业约束农户行为有很重要的借鉴意义。

　　舒兰农业的农民工也是从家庭劳动中脱离出来的，每个农民工的工作效率参差不齐，而且这些农民也都有"磨洋工"的倾向，舒兰农业相应地做了类似于泰勒的科学管理的探索过程。首先是在浙江省农科院的支持之下，公司的品控员和生产负责人对每种农产品的生产过程进行研究，使生产操作步骤相对标准化，虽然没有形成一定的标准化文件，但这些标准的操作流程已经被生产负责人严格执行。另外，泰勒主张的根据岗位选择合适的人并使之成为标准的员工，这方面在舒兰农业的管理实践中主要体现在对于农民工的分工，比如开垄和装卸货这些重活固定由男工来承担，其他种植采摘的农活主要由女工来承担，而且也针对每个人特点的不同为他们分配不同的生产环节岗位，包括育苗、定植、生产管理和采收，每个人都相对应固定的岗位，这样能够大大提高工作的熟练度。并且，泰勒提出的管理部门专门负责监督和激励，这也在舒兰农业的管理实践中得以体现，比如生产负责人专门对工人动作进行指导、监督和考核。对于农民工的激励方面，由于农民工的劳作成果不能马上呈现，所以公司并不能采取计件工资制，只能根据农民工工作的时间来发放工资，这里有一个关键点是生产负责人有提高或降低小时工资的权利，再加上负责人时刻对农民工进行监督，因此农民工没有实施机会主义行为的机会。

　　对于这样的管理方式，虽然能够有效控制农产品的生产过程，但遇到了泰勒科学管理方式实施时同样的问题,就是员工在"工头"的监工之下异常劳累导致罢工或离职。舒兰农业的农民工每天工作时间在 10 个小时以上,最多的达到 17 个小时,农民工数量从 2015 年的 100 人,减少到 2016 年的 60 多人,到 2017 年底只剩下 40 多人,其中一个生产负责人说已经 18 年没回家过年,现在舒兰农业最大的问题就是用工问题。公司也曾尝试招聘本地的农民,然而本地农民往往工作不到一周就辞职,原因是无法接受这么大的劳动量,也不愿意服从两个外地生产负责人的"监工"。诚然,舒兰农业蔬菜达标率为 90% 以上,农产品的品质控制绩效较好,而且部分农产品已经走出国门销往韩国、日本等地,舒兰农业对于农产品品质的控制也在行业内处于领先地位,但作为现代企业来说在追求企业目标的同时也应该关注员工的福利问题。

另外,本案例中的品控员是园艺专业毕业的大学生,从 2015 年开始实习到现在一直在舒兰农业进行品种试验和生产过程试验,能够和农科院专家进行有效对接,实现企业的新品种和标准化流程的研发目标。技术员是种植经验丰富的农户,能够掌握农作物的生长规律,而且对于新技术有一定的接受和转化能力,能够指导农户的种植过程,实现标准化种植技术的落地实施。农户则来自河南、湖南和广西等偏远地区,是 40—50 岁的壮年劳动力,这类群体没有其他谋生本领,又需要赚钱来供子女上学,机会主义行为倾向较小,经济激励能起到比较明显的效果。

在产业工人模式下,舒兰农业在品种及生产流程研发方面的做法很值得借鉴,企业内设立研发岗位,与农科院联合研发推广新品种,并进行标准化生产过程的研究,能够将科技与产业紧密结合,形成品种和技术优势。在生产组织形式方面,舒兰农业通过"品控员+技术员+农户"的管理模式,设立技术员兼负责人的岗位,安排经验丰富的专业农民监督记录农户的生产过程,将农户生产过程中的态度和表现与工资挂钩,控制了农户的机会主义行为,防止农户"磨洋工",从而有效将品质型农产品生产标准落地实施,形成了企业的生产管理制度优势。另外,产业工人模式下农民工的劳动量比较大,而且要受到更加频繁的监督,因此这种模式更加适用于有大量外地农民工资源的企业。

2.浙江义远生态农业有限公司案例研究

浙江义远生态农业有限公司的有机农场(简称义远有机农场)位于莫干山山脚下的劳岭村,成立于 2010 年,由海明控股有限公司投资,总投资 1 亿元,截至 2016 年完成投资总额 6000 余万元,流转土地 2000 余亩,主要经营业务为有机稻谷、特色瓜果、有机蔬菜、有机农作物、生态旅游等产业开发等。公司领导人梁铭为海明控股有限公司经理，杭州十大女装品牌"古木夕羊"品牌创始人之一，旗下还有多个服装品牌。梁铭大学学习的是农业工程专业，一直对农业有情怀，在他的女儿出生以后，希望女儿能够吃得健康，穿得漂亮，因此他打造了 Mitti 童装并投资建设了义远有机农场，因此，义远有机农场是典型的工商资本农业企业。

义远有机农场是浙江省最大的有机农场之一，农产品生产遵照国际有机农业生产标准，土地流转过来以后先进行了 4 年的休耕和土壤改良，休耕改良后的土壤检测达标之后才开始投入生产，生产中不使用转基因种子，不使用化学合成的农药、化肥、生长调节剂、饲料添加剂等物质，选取符合国家标准的有机肥来作为肥力来源，采取物理防治结合符合国家标准的生物药剂防治来减少病虫害，遵循自然规律和生态学原理，协调种植业和养殖业的平衡，采用一系列可持续发展的农业技术以维持持续稳定的农业生产，为消费者提供高品质的有机农产品，促进和倡导健康的有机生活方式。义远有机农场现已搭建单体大棚 115 亩，连栋大棚 3000 平方米，玻璃温室大棚 250 平方米，物流中心稻谷存放面积 500 平方米，配送周转车间 100 平方米，包装加工中心面积 300 平方米。产品主要面向本地高端客户，配送上海、杭州近 800 户家庭，配送范围锁定在三小时车程以内，确保会员家庭随时可以享受到营养、新鲜的有机蔬果。在杭州大厦设有零售专柜，产品价格一般为普通农产品的 10 倍以上，可以说是农产品中的奢侈品。公司现已被评为湖州市重点农业龙头企业、德清县诚信农产品基地、德清县食品药品安全工作先进单位、莫干山镇休闲度假先进单位等。

义远有机农场选作本书研究的对象，主要基于两点：一是有机种植由于不施用常规农药化肥，对于种植技术方面要求更高，需要公司更多地对农户生产过程进行控制；二是义远有机农场内部的生产组织形式是产业工人模式和反租倒包模式并存，便于进行生产组织形式的对比研究。

（1）义远有机农场农产品生产组织形式及品质控制分析

义远有机农场有 400 亩蔬菜，包括 237 个蔬菜大棚和露天蔬菜种植地块。笔者在 2017 年 4 月调查时，蔬菜种植面积实际利用 300 亩，大棚实际利用 150 多个。生产组织架构为技术部（2 个技术员）、种植部（3 个技术员）和农民工（11 个人）。技术部主要负责育苗和每批次农产品的农药残留检测；种植部主要负责蔬菜的种植技术指导和农民工工作的分配；农民工分为两种，一种是反租倒包模式下的农民（6个），另一种是产业工人模式下的农民（5个）。

产业工人模式下农民的主要工作是协助技术部进行育苗和蔬菜的种植，也负责整个园区的日常维护，例如机耕路边的除草等，工作服从技术员的安排，工资为每天110—120元，每月结算工资并发放，每年根据具体态度和表现情况会发放一定的奖金，如果技术员发现某农民工作态度不好，可劝退该农民。反租倒包模式下的农民主要负责自己承包地块或大棚的蔬菜种植，公司提供种子、种苗、肥料等农资，统一生产标准，并提供技术指导和培训。公司会在每季度开始之前，根据销售端的需要发布某品类农产品的需求量、达标产品的要求以及收购价，认为自己能够生产出符合要求的农产品的农户可以来承包公司土地进行相应农产品的生产并服从技术员的指导。据调查统计，每个承包农户平均承包15个左右的蔬菜大棚，合7亩左右，种植2—3个蔬菜品种，每户每年收入为5万—6万元。

在品种选择和生产技术研发方面，义远的5个技术员都是学农业技术的大学生，对于技术探索和试验比较有优势，他们会对不同品种蔬菜的品质进行对比试验，还会对种植技术规程进行对比试验，探索更好的施肥方式以及寻找和研发优质有机肥料，技术员每天对农民的种植流程进行纸质化记录，然后录入电脑，比较容易追溯质量问题并进行技术改良。另外，公司还聘请了浙江省农科院蔬菜所的专家作为技术顾问，每个月都会到园区进行现场指导，对于品种的选育和品种的优化提出改良的建议，并且为农场提供丰富的品种资源；在植物保护方面，专家会详细分析解答所发生的新型病虫害，并与技术员共同寻找解决方案，优化种植流程。

在生产管理方面，对于产业工人模式下的农民，义远有机农场的管理方式类似于舒兰农业的管理方式，即有具体分工，每天由技术员安排工作，年度奖励主要看工作态度和表现；区别于舒兰农业的主要是这里的农民都是本地人，每天下班回家，工资月结，工作压力没有舒兰农业那么大。对于反租倒包模式下的农户，企业控制了农资的输出，保障了农产品基本的安全性品质，另外有机种植不用常规农药和化肥，病虫害的防治、产量和品质的提升主要依靠技术指导，而农户最终的收入取决于产量和品质，因此农民只要遇到种植问题就会主动来寻求技术员和专家的帮助。

（2）对于义远有机农场两种组织模式下农户的调查及分析

农户基本情况方面，义远有机农场的农民工都是本地人，大多都为50

岁以上,60 岁以上的有 4 人,老龄化严重。所有农民工中仅有 1 个男性,该男性处于反租倒包模式下。所有农民工的文化水平都为小学及小学以下,文化程度很低。收入来源方面,两种生产组织形式下农户的收入来源都不仅限于农业。卡方检验表明,两种生产组织形式下农户的基本情况都没有显著差异。

农户态度方面,问卷统计分析表明,在对农产品的品质重要性认知方面,义远 6 个反租倒包模式下的农民有 5 个都认为农产品的品质十分重要,而 5 个产业工人模式下的农民有 2 个认为重要,2 个认为一般,还有 1 个认为不重要(见表 6.2)。

表 6.2　两种生产组织形式下农户对于品质农产品的认知交叉分析　单位:人

		生产组织形式		合计
		产业工人	反租倒包	
品质重要性	十分重要	0	5	5
	重要	2	1	3
	一般	2	0	2
	不重要	1	0	1
合计		5	6	11

在品质型农产品的生产意愿方面,反租倒包模式下的 6 个农民都十分愿意为企业生产优质农产品,因为优质农产品的数量决定了他们的收入;而产业工人模式下的 5 个农民,有 4 个对于是否愿意为企业生产优质农产品感觉无所谓,有 1 个甚至不愿意为企业生产优质农产品,认为优质农产品生产与他的收入无关,而且会更加辛苦(见表 6.3)。

表 6.3　两种生产组织形式下农户对于品质农产品的生产意愿交叉分析　单位:人

		生产组织形式		合计
		产业工人	反租倒包	
是否愿意生产	十分愿意	0	6	6
	一般	4	0	4
	不愿意	1	0	1
合计		5	6	11

在两种生产组织形式下对农户对于品质的态度和是否愿意为企业生产高品质农产品进行相关性检验,由于两者都为定序变量,因此用 Spearman 等级相关系数进行相关性检验,检验结果 P 值小于 0.01,表现出极显著的相关性,结合 Fishbein 提出的多属性态度理论,农户对于农产品品质的态度决定了农户为企业生产高品质农产品的行为意向(见表 6.4)。

表 6.4 农户对于品质型农产品的认知与生产意愿相关性检验

			品质重要性	是否愿意生产
Spearman 的 rho	品质重要性	相关系数	1.000	0.893**
		Sig.(双侧)	—	0.000
		N	11	11
	是否愿意生产	相关系数	0.893**	1.000
		Sig.(双侧)	0.000	—
		N	11	11

注:** 表示在置信度(双测)为 0.01 时,相关性是显著的。

在对待技术员的技术指导和专家培训的态度方面,反租倒包模式下的农民都认为技术指导和专家培训对提高农产品品质非常有用;而产业工人模式下的农民有 3 个认为技术员的指导比较有用,2 个认为一般,5 个农民都认为专家培训对于提高农产品的品质效果一般(见表 6.5、表 6.6)。

表 6.5 不同生产组织形式下农户对待技术员指导的态度交叉分析 单位:人

		合作关系		合计
		产业工人	反租倒包	
技术员指导是否有用	非常有用	0	6	6
	比较有用	3	0	3
	一般	2	0	2
合计		5	6	11

表 6.6　不同生产组织形式下农户对待专家指导的态度交叉分析　　单位：人

		合作关系		合计
		产业工人	反租倒包	
专家培训是 否有用	非常有用	0	6	6
	一般	5	0	5
合计		5	6	11

卡方检验表明，不同合作模式下农户对于品质的态度、是否愿意生产品质农产品、认为技术员的技术指导和专家的技术培训对提高农产品品质是否有用都是显著不同的（$P<0.05$）。综上，两种模式下的农户对于品质和技术有着截然不同的态度，在反租倒包模式下，农户对生产高品质农产品的积极性更高，对于高品质农产品的认知、对于技术培训和指导的看法都显得更加积极。

企业管理措施方面，反租倒包模式下的农户一致表示在种植过程中会经常受到技术员的指导，每个月都会参加一次专家的技术培训，而且技术员对他们的监督会更频繁；产业工人模式下的农户一致表示在种植过程中技术员偶尔会指导他们，他们也没有参加过技术培训，而且技术员对他们的监督也比较少。用 t 检验来确定两种生产组织形式下企业对农户的培训和监督是否具有差异，结果显示 $P<0.01$，说明反租倒包模式下农户受到的培训和监督更多。结合农户的态度来分析，产业工人模式下的农户既没有认识到品质的重要性和专家、技术员指导的重要性，也没有受到相应的监督和培训；反租倒包模式下的农户在受到频繁的指导和监督的情况下，没有表现出态度上的抵触，反而更愿意为企业生产高品质农产品，也愿意听从技术员和专家的指导。在薪酬支付方式和奖励依据方面，反租倒包模式下的薪酬支付方式为企业定价收购，按照品质和产量进行奖励，产业工人模式下的薪酬支付方式为固定薪酬，按照工作态度和表现进行奖励。

对影响品质农产品生产绩效的因素进行分析。由于变量多为定序变量，因此先用 Spearman 等级相关系数来进行相关性分析。Spearman 相关性分析结果显示，生产组织形式、年龄、收入来源、对于专家培训的态度、技术员的田间指导频率、技术员的监督频率、薪酬支付方式和奖励依据与达标率呈显著相关（$P<0.05$）。利用两独立样本 t 检验来对产业工人模式和反租

倒包模式下达标率的平均值进行检验,结果显示反租倒包模式下样本达标率的平均值为 0.82,大于产业工人模式下的达标率 0.70,且在置信区间百分比为 95％的情况下,对应的概率 P 值为 0.027,因此两种组织模式下的农产品达标率均值具有显著性差异,反租倒包模式下的平均达标率显著高于产业工人模式下的平均达标率。用 Spearman 相关性检验表明年龄对达标率的影响为正,可以说年龄越大达标率越大,但年龄和达标率都为等距变量,因此再用 Pearson 检验两变量的相关性,结果不显著,因此可以否定年龄影响达标率的结论。收入来源与达标率呈负相关关系,由于问卷设计的收入来源中农业占比越高相应数字越小,因此可以说收入来源中农业收入占比越高,达标率越高。对于专家培训的态度和技术员的田间指导频率以及技术员的监督频率与达标率呈负相关关系,也由于问卷设计成程度越高相应数字越小,因此可以说农户对于专家培训能提高达标率的态度越积极,最终生产的农产品达标率越高,技术员的田间指导频率和监督频率越高,达标率越高。由于已经证明两种生产组织形式下达标率平均值有显著性差异,而生产组织形式的差别就体现在薪酬支付方式和奖励依据方面,这两个变量是组织形式所决定的变量,因此薪酬支付方式和奖励依据自然对于达标率具有显著影响,在定价收购与按照品质和产量进行奖励下的达标率显著更高。

值得注意的是农户对于高品质农产品的态度和生产意愿并没有显著影响最终的达标率。计划行为理论认为行为意向直接决定了行为,但本案例中农户的行为意向并没有直接决定达标率,这一结果可能有两个原因:一是说明品质型农产品的生产行为与达标率之间可能并不是直接对应关系,可能存在其他中间变量;二是如果达标率可以作为高品质农产品生产行为绩效的综合指标,那么就可能是扩展的计划行为理论中诸多学者提到的农户心理因素之外的变量影响了农户的高品质农产品生产行为绩效,比如障碍因素、外在环境变量、个体技能和个体行为目标等(Plight & Vries,1995;Willock,Deary & McGregor et al.,1999;Bergeovet,Ondersteijn & Saatkamp et al.,2003),在本案例中,障碍因素和外在变量可以解释为企业对农户的管理方式或农户所在的生产组织形式,而个体技能和个体行为目标可以解释为农户对于有机农产品生产技术的掌握程度和农户对于农业收入的目标(如已经证明农户的收入来源显著影响达标率)。另外,农户对于技术员田间指导的态度也没有显著影响最终的达标率,这一点可以解释为,在义远有机农场中,由于专家指导比较频繁,而技术员更多的是进行日常的田间指导和监督,因此农户在心理上更加依赖于专家的指导。

在市场需求把握方面,义远有机农场定位于高端客户,将农产品的品质和产量与家庭配送和体验店专柜客户的需要相对应,并且制定了农产品的达标标准,实现了产销对接。在品种及生产流程研发方面,义远有机农场聘请浙江省农科院技术专家定期频繁地对农场的生产活动进行指导,并且专家与企业的技术员进行了系统的品种和种植方式试验,探索标准的种植技术流程,农场的农户一致认为技术专家的技术指导对提高农产品品质有用。在生产组织方面,义远有机农场采用两种生产组织形式,产业工人模式下的农户完成标准化程度比较高或者不容易"磨洋工"的任务,每天固定上下班时间,加班会有加班工资,农户的工作压力较小;反租倒包模式下的农户完成单品类的季度生产任务,最终产品的产量和品质决定了农户的薪酬,农户的态度和高品质农产品生产行为都比较主动。

对这两种组织形式的实证分析表明,反租倒包模式下农户生产的农产品品质显著高于产业工人模式,并且反租倒包模式下的农户更愿意采用企业的技术标准进行品质型农产品的生产。这两种形式的特征主要由薪酬发放形式和奖励依据来决定,产业工人模式采用固定薪酬,奖金由工作态度和表现决定,反租倒包模式的薪酬发放采用定价收购方式,收入由农产品的品质和产量决定,两种形式的经济激励方式不同。相对来说,反租倒包模式更有利于提高农产品的品质,品质和产量与收入挂钩也更有利于激励农户生产高品质农产品的积极性。

因此,工商资本农业企业在应用反租倒包模式时,应该统一提供农药化肥来保证农产品的质量安全,也应该与科研院所密切合作来研究农产品品种和标准化生产流程,以此形成技术竞争优势。在管理农户方面应该先制定农产品收购的品质标准,将品质和农户的收入挂钩,那么农户对于技术员指导和专家培训的态度就会由被动接受变为主动采纳,标准化生产流程的落实也将更加有效率,从而形成企业的生产管理制度优势。这种模式下农户的劳动时间更加自由,更加符合农户的原有生产习惯,企业相当于社会化服务组织,比较容易组织当地农户进行生产,相对来说适宜工商资本进入农村带动当地农户增收致富。

3.蓝城农业科技有限公司案例研究

蓝城农业科技有限公司(简称蓝城农业公司)前身为绿城现代农业开发有限公司(简称绿城农业公司),其投资母公司为绿城集团,董事长为著名房地产商宋卫平。绿城集团在 2006 年上市以后,开始以多元化发展为战略目标,在保留房地产产品和服务优势的同时,逐步进入代建、医疗服务、养老地产、现代农业等领域,绿城农业公司应集团发展需要而产生,是典型的工商资本农业企业。2012 年,绿城集团和浙江省农科院合作成立绿城农业公司,定位为科技型农业企业,生产基地于 2012 年 11 月在嵊州甘霖、崇仁两镇开始建设,规划面积 13000 亩,其中 504 亩的现代农业科技生产示范区于 2014 年 5 月建成并对外开放,生产基地被授予浙江省省级农业高科技园区、浙江省农业科技企业、绍兴市院士专家成果产业化培育基地等称号。另外,公司于2016 年初在杭州市余杭区建成近 7000 平方米的供应链中心,长期为杭州市及周边 28 家世纪联华超市专柜供货,并为杭州市 69 所学校食堂供货,2016年销售额约为 3000 万元。除此之外,在 2014 年专门成立蓝城检测公司,科学保障农产品的质量安全,蓝城检测在两年时间内迅速发展,并在 2016 年的G20 峰会中承担食品安全检测的任务。

蓝城农业为典型的工商资本农业企业,公司的农产品专柜遍布杭州世纪联华超市,平均价格是普通农产品的 3 倍左右,品质相对较好,而且有稳定的客户,因此本研究将蓝城农业选作研究案例。蓝城农业农产品生产过程中对于农户生产行为的控制经历了三个阶段的变化,从最初的产业工人模式到反租倒包模式再到订单农业模式,公司与农产品生产端的关系越来越松散,产品品质控制能力逐渐加强,公司的规模也越来越大,因此对蓝城农业的生产组织形式演变过程进行深入研究是很有意义的。

(1)第一阶段:产业工人模式遇困境

在基地建成之初,公司召入 3 个刚毕业的农业专业大学生作为技术员,分别分管设施温室、露天种植和果树种植,每个区域再按照一定规模划分小区域,每个小区域配备一个当地的农民作为主管,再为每个主管配备 2—3 个固定农民,农忙时技术员会协助主管招聘临时工。每天固定上下班时间,早上 7点上班到下午 6 点下班,中午休息 1.5 个小时左右。技术员和主管为正式员工,农民工为合同工,农民工工资为每天 80 元左右,如果农忙需要加班,则会发放加班工资。不对主管和农民工进行考核,只要这个生产小组服从技术员安排，完成相应分配的工作就能够拿到工资。

　　这种生产组织形式下产生了两个主要问题：一是缺乏先进的农业标准化生产流程。刚毕业的大学生虽然具有很强的技术研究和技术理解能力，但缺乏实践经验，本身还处于学习摸索阶段，因此不能很好地指导主管进行农业标准化种植。而且主管一般是当地有丰富种植经验的老农，常常出现主管指导技术员的情况。二是农民工"磨洋工"现象严重。由于农民工工资每天是固定的，没有相应的处罚和激励措施，他们经常会放慢工作速度，降低自己的辛苦程度，以消极的态度对待技术员和主管安排的工作。由于这两个问题，第一季的生产产生了高昂的用工费用，而且农产品的数量和质量都不能得到保障。在这种情况下，公司并没有采取舒兰农业的解决措施，比如加强与科研院所合作，加快制定科学的生产标准，实行弹性工资的制度等，而是转而用"生产责任承包制"来解决问题。

　　(2)第二阶段：反租倒包模式节成本

　　2014年年底，基地开始在果树区和温室区推行"生产责任承包制"。这种"生产责任承包制"是在企业与农民签订的合作协议的保障下实行的。即先由企业和农民共同核定农产品的单位成本和用工数量，并确定单位目标的产量和品质要求（如果树区要求优果率达到75％以上），最终以定额工资的形式承包给农民自发组建的生产小组。同时，生产小组必须服从企业的统一安排，按照企业制定的生产技术流程标准进行生产操作，遵从企业技术人员的指导，生产肥料和物资等都由企业提供。以160亩的果树区为例，分别承包给了由主管某带队的甲组和主管陈某带队的乙组，两个小组的年定额工资共为37万元，果树区的日常管理就由两组主管带领农民工进行。另外，甲组和乙组之间相互竞争和学习，通过最终产品产量和质量的比较，竞争下一年单品承包权的归属，如果某组的产量和质量比之前预估的要好，则会另外发放奖金。对于每季表现特别突出的农民，企业还会采用发放奖状和奖金的方式给予奖励。

　　实行"生产责任承包制"之后，人工成本大大降低。果树区和温室区2014年上半年农民工工资总额为59.2万元，2015年同时期，在生产面积增加了102亩的情况下，农民工工资总额反而下降至42.4万元。基地的生产总成本比2014年同时期下降29％，农产品产量增加24％，达标率提高18％。此外，农民的工作积极性也有了很大提升。农忙时，生产小组的成员甚至会动员老婆和孩子一起下地抢进度，并且时常会给技术人员带些自做的土特产如笋干菜、榨面等，要求技术人员进行额外的单独指导，用甲组主管俞某的话来说就是："种得好有奖金,大伙儿都上心!"

这也是一种反租倒包的操作形式,这种形式通过划定地块、组建生产小组以及明确责任分工来将农产品产量和品质同农民收入挂钩,用奖金激励农户的生产积极性,农户由被动管理变为主动劳动,对于技术员的指导态度从抵触变为主动寻求帮助,既节约了成本,又提高了产品的品质和产量。

(3)第三阶段:订单合同模式稳供应

工商企业的一大优势在于能够通过先进的营销手段迅速获取市场,蓝城农业凭借母公司的房产客户资源和新媒体营销手段,短期内获取了一大批客户。但由于基地的产品供应量小、种类不全,而且基地距离杭州市较远,农产品不能及时到达客户手中,或者因为长途运输导致品质下降,经常接到客户投诉。2015年,企业开始将储运分拣仓从嵊州生产基地迁往杭州市。2016年初,杭州市余杭区勾庄供应链正式启用,并先后开拓世纪联华超市专柜和学校、机关食堂配送业务,需求量急剧上升,嵊州生产基地的生产量和生产种类远远不能满足销售端的需求,因此在2016年以后,嵊州基地仅作为蓝城农业的标准化农业示范展示区,更多承担的是参观游览的功能。

当农产品的量供不应求时,公司自有的生产基地由于种植品种和数量有限,加之每个品类上市时间不同,不能满足市场端的需求,蓝城农业的供应链开始寻求新的生产模式,即联盟基地模式。供应链内部成立产品管理部,在全国范围内寻找优质的农产品生产基地,每种农产品寻找2—3个基地,然后实地考察并互相对比,最终确定一个主要供货基地,然后签订订单,约定具体的时间和价格,到期交货,如果交货的品质不达标,则令其尽快更换品质达标的产品,否则会有相应惩罚措施。另外,产品管理部还会在市场上寻找数个供应商,保证一旦由于突发原因断货能够及时补货。在品质控制方面,产品管理部会按照《生产基地现场检查表》来对联盟基地进行考核,考核内容包括5大类27个项目的近80个指标,主要包括基地基本信息、产品种类数量和预计上市时间、周围环境检测报告、种子及农投品使用管理情况、生产采收过程、农药残留检测等,考核结果由供应链总经理审批,通过后才能纳入联盟基地范畴。除此之外,供应链还设置品质管理部门,对到货的产品进行验收,包括农药残留的检测及仓储、分拣、包装、运输流程的制定与监督。据2016年年底统计,公司的联盟基地共44家,分布在浙江、江苏、江西、台湾、黑龙江、吉林、陕西、四川等地,全年产品管理部对基地的生产过程进行指导干预共计34次。产品到货后共检测14000余批次,平均每天检测

40 余批次,全年到货发现的不合格产品共 60 余批次,合格率为 99.5%,不合格原因主要为外观质量、新鲜度、成熟度和产品规格等不合要求。目前,蓝城农业供应链系统已经形成了控制农产品品质的标准化流程,业务规模不断扩大,签约的学校和机关食堂数量稳步增长,超市端消费者需求量稳定,并且在 2017 年初与上市公司绿城服务(股票代码 HK2869)达成战略合作协议。

(4)反租倒包和订单合同模式的对比讨论

从农产品供应的稳定程度上来说,在蓝城农业嵊州基地的反租倒包模式下,基地土地承包经营权归属于企业,相应的农产品的产权归属于企业,因此农户不能将农产品卖给其他主体,企业对产品具有绝对的控制力;而在订单合同模式下,联盟基地对于优质农产品具有处置权,供应链只是通过订单的形式与基地进行联盟,提前预订产品,基地有权将优质农产品卖给其他出价更高或者需求量更大的企业,因此订单合同模式下的优质农产品供应从理论上来说并不稳定,现实情况也确实如此。在 2016 年初,由于供应链的销售端需求量小,大型优质的生产基地以每单量太小为由,经常拒绝供应链的订货,无奈之下,供应链只能退而求其次,寻找品质相对较差的小型基地作为联盟基地。当销售端逐渐打开,进货量变大时,供应链才有一定的话语权,联盟基地本着对未来收入的良好预期,愿意同供应链长期合作,供应优质农产品。然而在农产品的交易关系中,优质农产品相对稀缺,因此优质农产品的交易市场是卖方市场,供应链只能被动接受价格,更不必说对生产环节进行控制。所以从产品供应的稳定程度上来说,订单合同模式对于优质农产品的控制远不如反租倒包模式。

从对农产品的生产过程控制程度上来说,在反租倒包模式下,农户在企业的土地上耕作,最终的收入由企业发放,因此具体的生产操作过程由企业主导;而在订单合同模式下,基地不属于企业,联结基地与企业的只是农产品的买卖关系,因此企业无权干涉基地如何进行生产操作,虽然企业可以对基地进行监督和指导,但由于在制度上无法设置相应的惩罚和奖励机制,因此企业无法主导基地的生产过程。从前面资料分析中可以发现,蓝城农业会对联盟基地的生产进行一定的指导和干预,实际上这样的指导和干预对于生产流程已经非常规范的基地是没有必要的,只有那些自身难以获取相应的技术资源的基地才需要这样的服务,因此在订单合同模式下,对于生产过程的控制取决于科学的生产技术和标准掌握在哪一方。如果从这个角度来重新审视蓝城农业嵊州基地的反租倒包模式其实并不成功,从表面上看,企业控制了农产品的生产过程,但是由于缺乏对品质型农产品生产流程和标准的研究与探索,虽然生产出了农产品,却没有生产出优质的农产品,因此在销售量激增以后,供应链直接放弃自有的生产基地,转而寻求产品质量更好的外部联盟基地。从这个意义上来说,只要拥有了科学的生产标准和技术,并用一定的生产组织形式将标准落实,生产出高品质农产品,那么这个基地或者农业企业就能够形成竞争优势。

综上,订单合同模式是产品组织的形式,仅仅能够保证企业农产品的足量供应,并不能对实际的生产过程施加影响,也不能提升农产品的内在品质,产生的价值也仅限于交换价值;反租倒包模式是生产过程中企业对于生产者的管理形式,通过一组制度安排来约束生产人员的行为,企业需要先研究优质农产品的标准化生产流程才能够明确生产人员应该对操作对象农作物施加怎样的行为,然后再根据现实情况安排相应的管理制度。

从蓝城农业产业工人模式到反租倒包模式的转变来看,企业必须拥有三种核心能力:一是要能够与科研院所密切合作,研发高品质农产品品种和种植技术标准;二是能够拥有一批经验丰富的技术员,他们负责技术标准的落地实施;三是能够设计合理的激励制度,将品质和生产农户的收入挂钩,激励更多高品质农产品的生产。

从蓝城农业反租倒包模式到订单合同模式的转变来看,当母公司品牌强大,产品渠道开拓能力强,有稳定的潜在客户后,由于需求品类和数量的急剧增多,生产基地的管理难度加大,生产和销售难以匹配,这种情况下企业最好采取订单合同模式。在这种模式下,企业也应该设立如产品管理或品质管理的岗位,同农业科研机构联合,对大批量购入的农产品进行生产或分拣过程的品质控制。

从蓝城农业将近五年的发展探索历程上来看,从最开始的基地主导型,发展到之后的供应链主导型,现在又在向基地回归,整体呈现一种螺旋式发展态势。纵观这样一个企业发展历程,其实核心不变的仍然是对于品质的追求,品质即是价值,对于工商资本农业企业来说,农产品的品质就是企业的核心价值。工商资本进入农业生产领域,应该将发展品质型农产品作为长期的战略,利用其资源整合优势,上游联合科研院所,中游联合生产基地,下游联合销售终端,用科技引领农产品品质的提升,用合理的生产组织形式来生产优质农产品,用新颖的营销手段来主导优质优价的农产品市场。

三、三个案例的对比分析与总结

(1)市场研究方面

三家企业都有直接面向消费者的销售端,或是直接配送到个体消费者,或是在商超或卖场设置专柜。销售端每天都会直接反馈消费者对于农产品数量和品质的需求,有生产基地的企业会根据需求采摘产品并进行下一阶段生产安排,没有生产基地的企业会组织货源并调整库存。但是这些企业都没有专门的市场研究部门,没有对客户进行具体的品质需求的调研,相关人员只是对品质有大致的概念,比如外表的光滑度和成色等,大多都是根据经验判断。对于工商资本农业企业来说,应该将工商业的营销理念运用到农产品方面,通过科学的市场需求调研来明确农产品的品质指标和相应的支付意愿,并将市场研究结果反馈到生产端,生产端根据需求进行相应农产品品种试验和生产流程的研发。

(2)品质型农产品生产流程研发方面

三家企业中义远有机农场在品种试验和生产流程研发方面比较成熟,技术员一共有5个,而且签约了农科院技术专家,专家每个月都会进行技术指导,技术员负责生产流程的研发、技术推广以及监督农户对于标准生产流程的执行。义远有机农产品之所以比较重视品种试验和生产流程的研发,是因为他们的农产品种植方式为有机种植,常规农药化肥和种植方式都不能使用,因此更加依赖于品种试验和对种植流程的改进。而舒兰农业负责品种试验和生产流程研发的技术员只有1个,技术员平时的工作被农药残留检测和育苗所充斥,没有太多精力进行品种试验和生产流程的研发,对于农民工的监督工作由两个经验丰富的生产负责人负责,对于生产技术的指导凭借多年的经验,技术改进速度较慢。而对于蓝城农业来说,前期基地的生产虽然有技术员,但公司和技术员没有重视生产流程的研发,导致生产的农产品品质和普通农户的没有差别,因此前期只能将产品卖往批发市场,陷入与一般农产品的竞争中。后期供应链系统逐渐完善,设置了产品管理部和品质管理部,产品管理部负责联盟基地的考核和审核,品质管理部对到货产品进行品质检验,这种方式对农产品品质的控制仅限于流通方面,并不能生产出高品质农产品,因此会陷入与其他同类型企业的价格竞争中。

(3)不同生产组织形式对于农产品品质控制绩效方面

产业工人模式一般是生产负责人对农户每天的工作内容进行详细安排,并对农户劳动过程进行指导和监督,每个农户有擅长的生产环节,生产过程有明确的分工,比如育苗或收割,这样能够大大提高农户单一环节的劳动效率。技术员掌握品质型农产品生产技术,并通过培训和指导传授给生产负责人,生产负责人监督农户执行,有时技术员也兼任生产负责人。生产负责人监督考核农户劳动是否偷懒,并有权力降低或提升农户的劳动工资,也有权力分给农户奖金,频繁的监督和经济的激励保障了产业工人模式下品质型农产品生产技术的实施。产业工人模式对于农民工的监督力度比较大,而且劳动比较辛苦,适合于拥有大量外地农民工资源的企业,对于雇佣当地农户的企业并不适用。

反租倒包模式下农户的收入与农产品的品质和数量挂钩,而品质的标准又是技术员制定的,农户遇到技术问题会主动寻求技术员的帮助,因此在这种模式下技术员不用时刻监督农户的生产活动,监督成本大大降低,技术员可以有充足时间进行品种试验和标准生产流程的研发。这种模式下应把握四个关键控制条件,一是土地产权归属应该是企业的,以此来保证企业对于农产品具有绝对的控制权;二是企业应该制定明确的品质标准,以此来保障农户积极主动采纳企业的生产技术;三是品质应该与农户的收入挂钩,以此来保障农户生产高品质农产品的积极性,降低企业监督成本;四是种子种苗和农资都应由企业提供,以此来保障农产品的质量安全。运用这种模式对企业有三个能力要求:一是要能够研发高品质农产品品种和种植技术标准;二是能够获取一批经验丰富的技术员以负责技术标准的落地实施;三是能够设计合理的激励制度以激励农户生产更多高品质农产品。

应用订单合同模式的企业类似于规模型的农产品中间商,对于农产品品质的控制仅限于基地的选择和最终产品的分拣,并不能对农户具体的生产过程进行干预。这种模式虽然不能控制农产品的生产过程,但是在农产品相对比较丰富的市场中,这种模式能够迅速调货来满足消费者的各种需求。在企业拥有大量客户时,可以与农科院等技术研发机构联合,对相应的生产基地实行后向一体化战略,从一定程度上干预农产品的生产过程,通过订单生产来满足其需要的品质型农产品。理论分析表明订单合同模式并不适用于企业与农户的合作,但其实案例中的订单合同模式并不是与农户的合作,而是类似于企业与企业间的订单合同合作。甲方企业向乙方企业/基地下派采购订单,真正组织农户生产的是乙方企业,甲方企业并不用控制农户的生产过程。因此采用订单合同模式的工商资本企业应该与正规的基地或者企业进行合作，避免与众多小农户进行合作。

四、工商资本农业企业农产品生产环节品质控制建议

1.建立市场需求导向下的农产品全面质量管理体系

农产品生产过程中品质的控制既不是单一的技术问题，也不是单一的管理问题，而系统性的问题，需要通过建立完善的体系来对农产品品质进行控制，而这个体系应该依托于工商资本农业企业实体，以市场需求为出发点，在企业内部建立以市场需求为导向的农产品全面质量管理体系，进而通过营销手段完成对消费者的教育，逐渐形成农产品的优质优价市场氛围。

工商资本农业企业以市场需求为导向的农产品全面质量管理体系的建立应该围绕三个方面。

(1)通过需求研究明确市场对于某种农产品的品质需求

农产品品质的优劣是一组能够满足市场需要的指标的高低，不应由生产人员或采购人员根据个人主观经验来判断。企业应该设立农产品市场研究部门或岗位，通过科学的市场需求调研和消费者试验，明确不同细分市场中消费者对于农产品品质的需求指标，以此来指导农产品的生产。

(2)以品质为导向进行品种试验和生产技术的研发

高品质农产品属于稀缺品，企业拥有了高品质农产品就能与其他企业形成差异化竞争，获得竞争优势，而生产高品质农产品的前提就是拥有种质资源和相应的标准化生产技术。工商资本农业企业应该利用其强大的资源整合能力，联合高校和科研院所等科研机构，以品质需求为导向进行农业科技的市场化转化，通过企业力量推动农业新品种的推广，实现农业技术科研与市场的有效对接。

(3)以品质为导向与农户建立松弛有度的合作关系

高品质农产品的生产有相应的标准化技术，技术的执行最终由农户来完成，企业如何处理与农户的关系决定了企业的生产效率。工商资本农业企业应该灵活运用反租倒包这种准一体化模式，在确保农产品的绝对控制权和质量安全的情况下，通过品质标准的制定来明确农户的生产目标，用与品质挂钩的激励手段来鼓励农户多生产品质型农产品。

2.建立以技术人员为核心的企业技术创新推广体系

在以品质农产品生产为目标的企业中,技术的应用和持续改进能力是企业保持竞争力的关键,而技术的应用和改进的核心人员为技术员。技术员位于科研与生产的交叉点,农业科技需要通过技术员来进行推广和实施,生产中的技术问题需要由技术员来发现、总结并反馈到科研部门,技术员是我国现代农业产业体系中的"新农人"。技术员在技术研发能力和技术转化能力方面比较有优势,但如果技术员缺乏相应的生产经验,则需要另一批"老农人"来配合。这批"老农人"可以理解为技术能手或专业大户,他们既有一定的新技术接受能力又有一定的风险意识,能够对新技术进行初步的判断并结合实践经验将技术落地,因此这批"老农人"可以协助技术员共同进行技术研发和推广。在生产操作环节,基于目前我国的"三农"现状,具体的生产环节多由中老年普通农户完成,这些人一定程度上丧失了其他行业的就业能力,只能通过农业来维持生活,因此是国家重点要求工商资本农业企业带动的人群。普通农户也有鲜明的特征:勤劳、能吃苦、利益导向、"小农"思维。企业只要明确普通农户的利益和责任,能够让利给他们,他们也会乐意按照企业的标准进行生产。对于生产环节,"技术员＋技术能手＋普通农户"是目前工商资本农业企业比较理想的组织管理结构,再加上市场研究和科研部门,则会形成以下理想的组织管理架构(见图 6.3)。

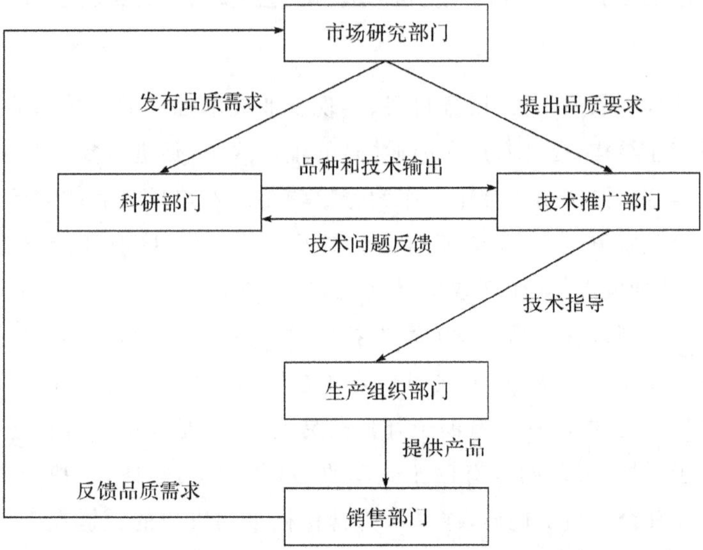

图 6.3　品质农产品生产型工商资本农业企业组织管理架构

3.建立以创新经济激励方式为动力的组织管理制度

农产品品质的提升带动我国农业产业的转型升级，会产生巨大的社会价值，也能够为企业带来可观的经济回报，而这些利益能否在企业内进行合理分配决定了企业内部管理运行的稳定性。在工商资本农业企业应用产业工人模式时，应多关注农民工的福利问题，在保障品质型生产的前提下，合理安排农民工的劳动时间，降低对农民工的监督频率以减小农民工心理的压力，将其最终的劳动成果同收入挂钩，激发农民工生产高品质农产品的积极性。应用反租倒包模式时，以控制产品归属、明确品质标准和统一提供农资为基础，根据现实情况灵活运用品质和产量与农户收入挂钩的原则，探索当地农户能够欣然接受的组织管理制度，保障农户对企业技术标准的落实。应用订单合同模式时，企业应主动承担带动联盟基地农产品品质提升的责任，与农业科研院所合作，共同提升生产基地农产品的品质，合理制定高品质农产品溢价所获得的利润的分配方式，从而激励各方共同提升农产品品质。因此企业应该以品质农产品生产为战略目标，创新经济激励方式，建立相应的组织管理制度，最终形成以生产高品质农产品为目标的利益共同体关系，更好承担起工商资本农业企业在我国现代农业产业转型升级中的责任。

第二节　合作社质量安全带动模式分析

合作社具有联系农民、服务自我、实现农业技术推广的独特功能，在引导农民调整产业结构、提升农产品品质、降低生产成本、促进各类经营主体融合发展方面具有重要作用。合作社作为分散弱小的农户代表者的角色，既能够有效组织分散农户生产，又能够与企业展开有效合作，同时还能够协助政府监管，降低监管成本，从而获取消费者的信任，在促进安全农产品营销、增加农民收入以及规范农产品经营方面发挥着重要的作用（郑淑斐等，2016）。国内外实践已经充分证明，农民之间的合作是增强谈判能力、实现小农户融入大市场的最重要方式：一是有助于降低交易费用；二是有助于降低生产成本；三是有助于增加收入；四是有助于共享收益（张红宇，2018）。基于合作社的功能定位和其合作组织性质，本书认为合作社带动农户的关键在于确保产品质量安全。所以本节的分析以合作社的质量安全带动模式为重点。

一、合作社质量安全带动模式的选择机理

1.分析框架

Olson(1965)在其《集体行动的逻辑》中指出,共同利益并非集体行动的充要条件。随着集体中成员数量的增加,个体对集体行动的贡献减少,识别个体对集体行动贡献的成本却不断增加,搭便车的激励由此产生。他还总结了集体行动能否成功的三个关键因素:集体规模、结构(成员异质性)与治理规则(强制与选择性激励)。秉承着将"经济人"这一经济学基本行为假设带入集体行动决策研究的基本思路,众多学者从博弈模型、公共产品细分等方面对集体行动理论进行了修正与拓展。尤其是在促进集体行动、集体的治理规则制定方面,Bates(1988)、Ostrom(1990)都认为规则供给正如集体内部公共物品供给一样,存在着行动困境,即规则不会自发产生。Elster(1989)认为,如果激励是通过互相监督的方式提供,那么就会产生二阶搭便车问题(如果没有针对监督的选择性激励,理性人不会自己去监督规则的执行)。综合以上研究,我们在集体行动分析框架的基础上增加产品属性、集体运作时间两个变量,建立一个扩展的集体行动分析框架,具体如图 6.4 所示。

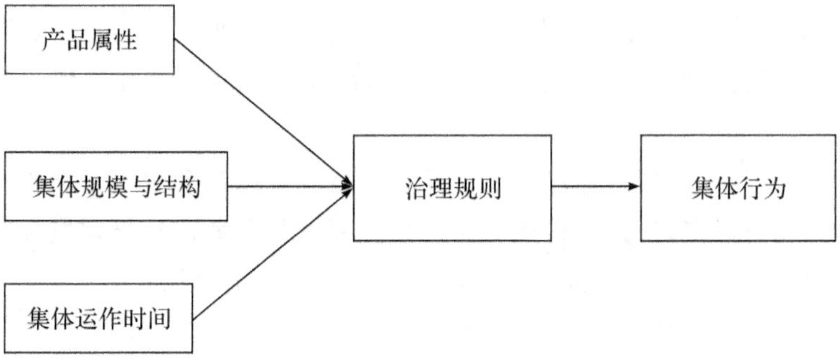

图 6.4　扩展的集体行动分析框架

基于以上分析框架,本书将合作社质量安全控制水平视为合作社质量安全控制集体行动的结果,分析探讨规模、结构及内部治理对合作社质量安全控制的影响。

第一,合作社规模。Olson(1965)对比了小集团与大集团在集体行动上的差别,认为小集团在集体行动方面存在优势,原因是小集团中每位成员对

公共品的相对贡献容易被识别,成员相互间便于直接监督,也便于提供选择性激励;在大集团中,强制则是更为有效的促进集体行动的手段。然而也有学者认为集体规模对集体行动的影响并非如此简单,Oliver et al(1985)指出,规模对集体行动的影响取决于提供公共产品的成本,当公共产品供给成本随集体规模改变不大时,大规模集体由于拥有更多的资源反而有助于集体产品的供给。此外,他还认为规模对于公共产品供给的积极作用会随着集体内部成员的异质性和非随机社会关系的增加而增强。

第二,合作社成员的异质性。不仅集体规模对集体行动具有直接影响,集体成员的异质性也是影响集体行动的关键因素。早期的研究,如 Olson (1965)、Hardin(1982)、Oliver et al(1989)大多认为集体成员的异质性有助于促成集体行动,但他们异质性的界定主要体现在集体内部的权力和利益分配上。Heckathorn(1993)首次将异质性拓展到集体成员对公共产品的兴趣以及成员在提供公共产品方面的差异,他发现异质性、集体行动以及管理规则之间关系十分复杂。在中国的农民专业合作社中,社员与带动农户间生产生活方式的差异导致彼此利益诉求并非完全一致,因此将社员的异质性从集体内部权力、利益分配上的异质性拓展到成员利益诉求上的异质性无疑是十分必要的。

第三,合作社运作时间。Axelrod(1984)将原理论中静态博弈修改为 S 人 D 次性模型,证实当 D 很大时,总得分最高的是一种被称为"一报还一报"的策略,只要博弈的一方有理性的学习能力,双方就能逐渐在博弈中采取合作策略。

第四,合作社内部治理与监督。成熟规范的内部治理规则是合作质量安全控制行动得以实现的保障,其中社员大会制度与财务信息披露制度是两项至关重要的基础制度。除此之外,林毅夫(1990)认为灵活的退出机制是社员参与合作社治理的重要途径,也是保障合作得以执行的关键因素。除了基础制度之外,如果合作社能够制定专门的农产品质量安全治理规则,明确界定社员与合作社的具体职责,必将有助于克服质量安全控制的困境。

第五,产品属性。按照 Ostrom(1999)的划分,收费产品与公共产品的主要区别在于是否可排他。如果产品是可排他的,集体就能够降低搭便车的程度。合作社是否对"质量安全控制"进行排他则在很大程度上取决于控制行为的结果——安全农产品能否额外增加收益,如果合作社能够以品牌或者其他特定销售渠道来实现优质优价的话,那么就会有动力去进行排他,使"质量安全控制"成为一种收费产品,反之无法实现额外收益也就没有动力进行排他。

2.合作社的质量安全带动模式选择机理

(1)合作社质量安全带动模式界定

调查地点的选择与第四章第三节相同。前后样本量存在较大差别是因为本节意在讨论合作社规模、结构以及内部治理对质量安全控制的影响,需要合作社治理结构方面的详细信息,因此在原有合作社样本的基础上进行了追踪调查。本次追踪调查发放问卷 200 份,但由于当前合作社治理尚不完善、股权结构不清等客观原因,回收问卷中股权结构相关问题信息缺失较多,仅获得有效问卷 76 份。

在因变量设定上,合作社质量安全控制措施的选择标准与前一节基本一致,即从产地环境控制、投入品管理与生产过程控制、生产档案记录、产品检测等四个方面对合作社农产品质量安全控制水平进行评价。但是指标的选取与前文略有不同。

第一,由于售前农残自检实施已经较为普遍(前一节的研究表明合作社自检的实施率已接近 90%),这就意味着是否实施农残检测这一指标的区分度不高,但合作社年度检测次数在很大程度上又与其产品种类、规模、成员数密切相关,因此也不适合作为衡量标准。考虑到三品一标认证也包含了产品检测(虽然并非持续性的),且检测标准相对较高,因此选择是否取得认证来表示合作社产地环境控制与产品控制。

第二,在因变量的处理上,不同于前一节直接加总的处理,本节尝试考虑产品控制和过程控制实现的难易程度,将未通过任何认证作为基准质量安全控制水平(质量安全控制水平 1),将至少通过一种认证但未能实现投入品管理和生产过程控制归为第二层质量安全控制水平(质量安全控制水平 2),在第二层的基础上进行了生产过程控制并能保证产品可追溯作为最高的质量安全控制水平(质量安全控制水平 3)。因变量与自变量如表 6.7 所示。

只有完整采取了某环节的全部质量安全管理措施,才被视为实施了该环节的质量安全管理。将未执行任一环节的管理措施作为无质量安全控制模式(赋值为 0)。如果合作社只执行了某一个环节的质量安全管理措施,记为质量安全管理模式 1(赋值为 1)。合作社执行了生产过程和其他任一环节的质量安全管理措施(生产过程管理是最有效的管理措施,因此只有在执行生产过程管理的基础上再执行其他环节管理才能进一步提升质量安全管理水平,如果执行的两项措施为源头控制和产后控制,则视同质量安全管理模式1),记为质量安全管理模式2(赋值为2)。合作社完整执行了三个环节的所有质量安全管理措施,记为质量安全管理模式3(赋值为3)。从无质量安全控制到产前、产中、产后全程管理,合作社质量安全管理一体化程度逐渐增加。

总体来看,样本合作社质量安全控制水平较高,证实合作社在控制源头农产品质量安全方面确实发挥了很大作用。从调查数据来看,76家农民专业合作社中仅有16家合作社(21.05%)质量安全控制水平处在水平1上,即产品未取得任何认证,也未对社员的投入品使用进行管理,产品无法追溯到个人。23家(30.26%)合作社处在质量安全控制水平2上,37家合作社(48.69%)达到了质量安全控制水平3上。虽然样本合作社整体质量安全控制水平较高,但质量安全控制水平差异也是十分显著的。

(2)模型设定与描述性统计分析

从样本合作社的规模来看,76家合作社平均规模约为121人,但规模最小的合作社仅有5名正式社员,规模最大的合作社有1036名社员,规模差异非常明显。从合作社带动人数来看,76家合作社平均带动农户数为604户,最少带动农户数为10户,最多为12635户,同样差别巨大。合作社带动农户数量与辐射总人数之比均值在60%以上,带动农户数量超过正式社员数量。

从合作社的治理结构来看,76家合作社中55家合作社(72.37%)第一大股东所占股份低于40%,仅有6家合作社第一大股东所占股份超过80%。从前十大股东所占股份来看,76家合作社中前十大股东所占股份均值为70%,60家合作社(78.95%)前十大股东所占比重超过60%。综合来看,可以认为样本合作社治理采取的是正式社员或合作社核心群体集体决策的方式。样本合作社虽然初步建立了内部治理与监管机制,但仍有待完善。从合作社社员大会召开次数和财务信息公开次数来看,仅有1家合作社在2013年未召开过社员大会,未公开过财务信息,80.26%的合作社社员大会召开次数在4次以下(每季度一次),75%的合作社财务信息公开次数在4次以下。在针对社员与带动农户实施质量安全控制的奖惩制度方面,样本合作社还存在很大不足。虽然合作社要求社员记录生产档案,也会不定期抽查生产档案记录情况,但没有一家合作社对不规范的生产档案记录行为进行经济惩罚,也不会对规范记录的社员进行奖励。鉴于此,在进行回归处理时,没有将合作社质量安全控制奖惩制度这一专门治理规则纳入模型中(见表6.7)。

表 6.7　合作社质量安全控制变量设定

变量	变量说明	变量描述	
		均值	方差
合作社质量安全控制水平	未通过认证＝1； 通过认证但未进行投入品控制与生产过程控制＝2； 在通过认证的基础上进行了严格的生产过程控制与追溯管理＝3	2.43	0.62
合作社运作时间	截至 2014 年合作社已运作年数	6.74	15.41
正式社员人数	合作社正式社员人数	120.45	18561.64
带动农户人数与辐射总人数之比	经合作社进行产品销售的农户人数与带动农户、正式社员总和之比	0.61	0.83
第一大股东比例	≤20％＝1；20％—40％＝2；40％—60％＝3；60％—80％＝4；＞80％＝5[①]	1.55	0.83
前十大股东比例	≤20％＝1；20％—40％＝2；40％—60％＝3；60％—80％＝4；＞80％＝5[②]	3.50	1.55
2013 年社员大会召开次数	2013 年合作社全体社员大会召开次数	4.20	19.65
2013 年财务信息公开次数	2013 年合作社财务信息公开次数	4.10	13.76
正式社员退出权	很弱＝0；较弱＝1；较强＝2；很强＝3	1.31	1.46
是否拥有自主品牌	0＝没有；1＝有	0.87	0.10

注：①②采用"下限不在内"原则进行统计。

(3)结果分析

为了验证是否适合使用有序回归,首先进行了平行线检验,结果显示 $P=0.707(P>0.05)$,说明可以使用有序回归。模型拟合信息检验($p<0.001$)说明模型中至少有一个自变量的偏回归系数不为 0,模型是有意义的(见表 6.8)。

表 6.8　合作社质量安全控制行为分析与检验

变量	系数	标准误	Wald 值	显著性
合作社运作时间	0.237	0.111	4.544	0.033
正式社员人数	0.009	0.004	4.909	0.027
带动农户人数与辐射总人数之比	−0.817	0.326	6.286	0.012
第一大股东比例	−0.295	0.336	0.771	0.380
前十大股东比例	0.356	0.259	1.889	0.169
2013 年社员大会召开次数	−0.058	0.068	0.710	0.399
2013 年财务信息公开次数	0.298	0.106	7.914	0.005
正式社员退出权	−0.807	0.291	7.677	0.006
是否拥有自主品牌＝0	−2.374	0.814	8.503	0.004
模型拟合信息	−2 似然对数值		107.908	
	卡方		50.200	
	显著性		0.000	

联接函数:Logit。

合作社运作时间与合作社质量安全控制存在显著的正相关关系,这意味合作社成立时间越长,其质量安全控制水平越高。证明合作社长时间的存在使得集体成员倾向于采取合作的策略来促进集体行动的实现。

合作社正式社员人数与合作社质量安全控制水平存在显著的正向相关关系,说明合作社成员规模增加并不必然导致质量安全控制水平下降。而带动农户数量越多,合作社质量安全控制水平越低,显示出合作社社员与带动农户两类群体对合作社质量安全控制的不同影响。这恰好印证了 Oliver et al (1985)提出的"关键群体"(Critical Mass)理论,即关键群体成员的增加能够为集体行动提供更多的信息、知识、资本等资源,能够为集体行动提供更多的启动成本,从而促进集体行动的达成。在关键群体之外,普通成员的增加虽然未必导致公共产品供给成本的增加,却不可避免地导致集体内部识别成员贡献与监督决策执行成本的提升，从而对集体行动产生消极影响。在我国，亲缘等关系是合作社建立的基础(黄祖辉和徐旭初,2006;万江红和耿玉芳,2015)，这些关系以及因这些关系而形成的信任是社员在质量安全控制上相互合作与监督的关键。带动农户间却可能缺乏这样稳定的关系网络，因此难以实施有效的内部监督，这就意味着合作社内部的监督要在很大程度上由社员来承担。因此，更多的正式社员能够带来更多的监管资源，有助于保障合作社质量安全，而更多的带动农户则意味着更高的监管成本，且这种成本会随着带动农户生产经营异质性的增强而不断上升，两类群体的不同影响充分印证了成员异质性对合作社质量安全控制的影响。

合作社第一大股东所占股份比例与前十大股东所占股份比例的影响并不显著，这或许与当前合作社的利益分配方式有关。第一大股东所占股份比例与前十大股东所占股份比例能够反映合作社内部权力分配的异质性，按照奥尔森的结论这种集体成员权力的异质性应该是有助于促成集体行动的。但促成集体行动是以权力大小与获取收益多少相匹配为前提的，而样本合作社在利益分配上却较少采取按股分配的方式，而是主要采取按交易额(量)分配或者按交易额(量)和按股分配相结合的方式，这就意味着社员权力与利益分配可能并非匹配，股份较大的农户未必能够获得更多的安全农产品收益。

合作社社员大会的召开次数对合作社质量安全控制水平的影响并不显著，而财务信息公开次数却对合作社质量安全控制水平有着显著影响，这意味着通过财务信息公开对合作社质量安全控制进行监督更有意义。正式社员退出权与合作社质量安全控制水平间呈现显著负相关，意味着社员退出越自由，合作社质量安全控制水平反而越低，这与王鹏等(2015)退出自由不利于合作社成立初期发展的结论是一致的。这是因为当前多数合作社尚未针对社员质量安全控制行为建立具有针对性的奖惩制度，如记录生产档案会给予奖励，出现不合格产品会进行经济惩罚等，导致社员违规的成本低。没有针对性奖惩制度，退出越自由，搭便车的激励越高，合作社监管难度越高，质量安全控制水平越低。

没有自主品牌与合作社质量安全控制存在显著负向关系。在没有形成自主品牌的情况下，合作社缺乏进行排他的经济动力，因此质量安全控制更接近于公共物品而不是收费物品，质量安全控制水平难以保障。一旦合作社建立品牌，合作社为了获取品牌溢价以及长期运行，就有了加强质量安全监管的激励，而品牌溢价的实现也反过来可以补贴合作社质量安全控制的成本，使合作社质量安全控制成为一种收费物品。

受到样本量的限制，本书并未对规模、结构与治理规则等变量之间的关系进行更深入的分析，但将每个变量回归分析结果进行综合，还是能对当前合作社质量安全控制水平的差异做出一个初步解读。

在当前合作社的社员大会、财务信息披露等基础治理制度尚不健全，针对质量安全控制的奖惩制度也未建立的背景下，合作社质量安全控制主要依赖于合作社内部关键群体的推动与监督。在这一阶段，关键群体的规模对合作社质量安全控制具有积极的影响，原因就在于更多的正式成员能够提供更多的集体行动启动资源。但从长远来看，完善的内部治理规则才是保障合作社质量安全控制的根本（徐旭初和吴彬，2010），若不能逐步完善内部治理规则，"以人治事"的成本必将随着合作社带动农户数量的增加、合作社成员关系与利益诉求异质性的增强而迅速提升，最终变得不可持续，合作社质量安全控制将无法保证。这就意味着合作社带动能力的建设不是简单的提升带动人数，而是应该把重点放在内部治理规则的完善上，真正实现规范治理。

同时，合作社治理规则的建立与完善是一个长期的过程，合作社成员通过彼此模仿与学习最终选择合作策略也需要时间，保障合作社运行的稳定就变得非常必要。在合作社成立之初内部运营尚不够规范的情况下，适当限制社员退出自由有助于保证合作社稳定。但要实现长远发展，除了要求有关部门加强合作社资质审查，加强合作社经营管理制度建设扶持之外，更多需要合作社走品牌建设之路。走品牌之路，就是以品牌为契机强化质量安全控制，以产品的标准化带动生产过程的标准化，以产品质量塑造产品差异以实现产品溢价，同时以品牌的收益反补质量安全控制的成本，确保合作社能够逐步发展完善。

二、合作社质量安全管理模式优化分析

1. 分析框架

新制度经济学认为制度是人际交往的规则和社会运行的机制，制度环境能够影响人的经济行为，在经济发展中起决定性作用。合作社成员农户"惠顾者与所有者同一"的特征要求合作社基于服务性质实施组织管理。本书由此构建了图 6.5 所示的合作社组织行为逻辑，并重点探究合作社组织如何通

过调整内部管理模式来构建组织制度环境,引导农户进行安全生产以提高合作社质量安全实施绩效,从而满足市场需求并实现收益目标。

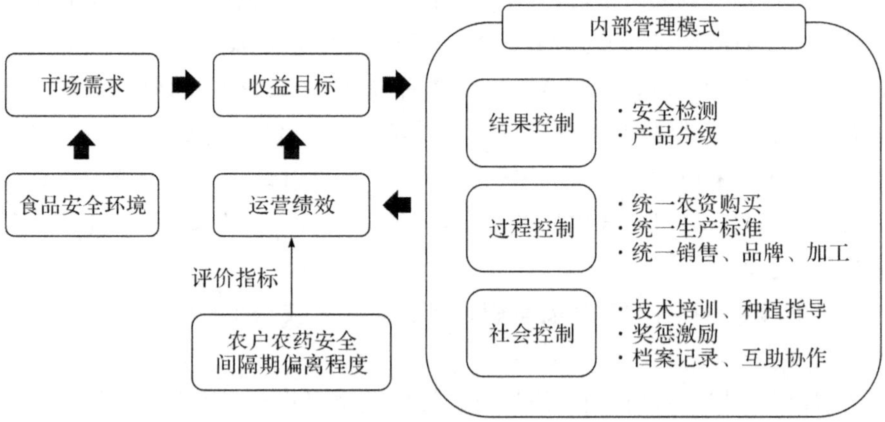

图 6.5　分析框架

Vázquez(2008)在对特许经营组织管理的研究中提出了以结果、行为和社会为基础的控制机制。本书在此基础上,结合果蔬合作社组织的实际运营特点和管理特征,将合作社内部管理模式分为结果控制、过程控制和社会控制。结果控制围绕初级农产品展开,包括限定产品数量和品级等;过程控制是指合作社对生产过程的严密把控;社会控制主要是通过组织内部信息交换以及组织文化的构建来影响农户社会特征(楼栋等,2012)。本书根据果蔬合作社组织的实际运营特点将常见的质量安全管控措施具体分为三类。

结果控制措施与农产品质量安全水平紧密相关,具体包括:①安全检测,合作社对农户收获的农产品进行统一的农药残留检测等;②产品分级,合作社对农户收获的农产品进行质量分级,实行差价收购,评判标准包括产品外观、重量、口感等。

过程控制措施则与整个产前、产中和产后的农户生产行为直接相关,具体为:①农资供应,合作社统一提供生产过程中所需的农药化肥,或要求农户购买和使用指定的农资种类和品牌;②生产标准,合作社为农户制定标准的生产历,规定种植品种、农药化肥使用量与使用时间、收获时间与处理方式等;③统一加工,适用于可进行初加工的农产品,如腌菜、干果等,合作社统一对农产品进行初加工;④统一品牌,合作社要求社员使用统一的商标、产品包装等;⑤统一销售,合作社统一收购社员生产的农产品,并以合作社的名义统一销售农产品。

社会控制措施主要围绕组织内部信息交换和组织文化构建,与农户技能培养和价值观形成关系密切,具体包括:①奖惩考核,合作社对农户进行生产监督,并定期评选生产行为较好的农户进行表彰,对违反合作社相关要求的农户实施处罚;②技术培训,合作社针对种植技巧、农资使用、特殊灾害的防治等内容进行授课培训;③种植指导,合作社在关键农时点或特殊灾害期间,给予农户统一的应对指导;④档案记录,合作社对组织的整体运营情况进行档案记录;⑤互助协作,合作社将社员分为若干个生产小组,由生产小组内部进行自我管理。

本书对合作社各类质量安全管理措施对农户安全生产行为的影响提出如下假设:

假设一:结果控制正向作用显著。结果控制聚焦于农产品的质量安全特征,安全检测和产品分级具体根据农药残留量、甜度、含水量等指标判断农产品质量安全水平,从而决定农户收益,因而能有效规范农户的农药使用行为(Zhou et al.,2016;于冷,2004)。

假设二:与农户产前和产中生产行为相关的过程控制正向作用显著。农资供应限定了农药的品牌和种类,有助于控制农药质量安全;生产标准为农户提供了全面的农药使用方式,减少了使用过程中的风险(Asfaw et al.,2000;Jin and Zhou,2011)。

假设三:与农户产后生产行为相关的过程控制的作用方向不确定。产后生产行为均是产品增值的重要手段,与合作社销售绩效和收益目标密切相关。陈新建、谭砚文(2013)认为统一销售、品牌和加工有助于构建合作社良好的市场声誉并提高收益水平,能有效降低农户违约风险,并在合作社销售绩效和农户生产质量安全间形成良性循环。但此良性循环得以成立的前提是不存在农户搭便车行为或道德风险,反之合作社很可能陷入集体行动困境(李凯等,2015;Zhang and Li,2016)。因此产后环节控制措施的作用效果更多受限于农户的集体意识、风险偏好程度和质量安全认知等。

假设四:社会控制的正向作用显著。Wu和Hou(2012)认为知识技能的匮乏以及环境意识的薄弱是我国农户未能实施安全生产的重要原因。种植指导和技术培训两项措施均可通过培养农户的个人种植技能、提高安全生产意识等来达到保障食品质量安全的目的(Okeuo and Okello,2010;项诚等,2012)。人力资源激励理论认为组织可以通过设置合理的激励措施来调动人的积极性,对具有良好生产行为的农户进行表彰并惩罚具有违规行为的农户,能强化农户合理行为动机并削弱不合理行为动机,形成良好的组织风气(Quiat et al.,2017)。档案记录是可追溯体系中的一部分,有助于确保食品生产源头信息流的清晰透明,同时协助农户明晰生产过程并培养农户自我管理和约束的行为习惯(周洁红,2013)。谭智心、孔祥智(2012)认为我国合作社内部出现"搭便车"行为的原因是监督的缺乏,而提高农户互助程度能显著减少机会主义行为的发生率,因而农户结成互助小组实施互助协作有助于及时传递生产信息并培养农户集体意识和责任感。

2.数据来源与描述性统计

果蔬类农产品是我国消费量仅次于粮食作物的第一大经济作物,主要以初级农产品和初级加工品的形式在市场上流通,与人们日常饮食习惯极为相关。我国东南沿海地区的夏季高温湿热,在此期间果蔬作物(尤其是蔬菜)的生长周期短、收获次数多,且相关病虫害发生概率较高,农户极有可能加大农药的使用频率并缩短农药安全间隔期。因此,本书基于浙江省、福建省农业厅提供的全省果蔬产销合作社名录随机抽取了 100 个合作社,并于 2017 年 6月至 9 月按照 1 个合作社对应 3—4 个社员农户(包含社长)的模式进行调查,充分考虑合作社和社员的异质性,最终筛选获得 100 家果蔬合作社 312 位农户的调研数据。

(1)合作社安全管理措施

83%的样本合作社是县级及以上的合作社示范社[①],有 14%的合作社实施了全部 12 项管理措施,超过一半的合作社的管理措施在 9 项以上,所有管理措施的平均实施率达 70.9%,"结果控制"两项措施(A—B)的平均实施率在 70.7%,"过程控制"五项措施(C—G)的平均实施率在 69.5%,"社会控制"五项措施(H—L)的平均实施率为 72.3%,基本可以认定样本合作社在运行规范上符合基本要求,且具备一定的管理基础。整体来看,合作社的安全管理实施率和农户覆盖率十分接近,说明样本合作社和社员农户的对应比例关系保持较好,为组织内部和组织间的差异分析奠定了基础(见表 6.9)。

---

① 合作社示范社,是指在民主管理、财务管理、经济实力、服务水平、质量安全水平、社会声誉等方面表现突出的农民专业合作社,是政策重点扶持对象,采取名额分配、逐级申报的方式进行。《国家农民专业合作社示范社评定及监测暂行办法》,www.moa.gov.cn/nybgb/2014/dyq/201712/t20171219_6104119.htm。

表 6.9　合作社管理措施的实施情况

指标	A:安全检测	B:产品分级	C:农资供应	D:生产标准
合作社数量/个	63	80	59	83
农户覆盖率/%	62.2	79.2	61.2	82.4
指标	E:统一加工	F:统一品牌	G:统一销售	H:种植指导
合作社数量/个	47	83	75	100
农户覆盖率/%	45.5	83.3	75	100
指标	I:奖惩考核	J:技术培训	K:档案记录	L:互助协作
合作社数量/个	60	76	62	59
农户覆盖率/%	60.3	76.6	63.5	61.2

种植指导的实施率达到 100%,所有样本合作社均能在关键农时点或特殊灾害期进行生产信息的及时传递,具备保证生产完整进行的能力。除此之外,统一品牌和统一生产标准是两项实施率最高(83%)的管理措施,这与连续 11 年中央一号文件对农民专业合作社的政策扶持有关,合作社作为新型农业经营主体之一,承担着带动小农户实施标准化生产的责任。同时近年来农业生产经营主体的市场参与意识增强,愈发重视以品牌建设为核心的营销手段(娄锋,2013)。产品分级体现了农产品市场的多样化需求和市场运行效率,是农业现代化过程中的必然趋势,这一措施的实施率高达 80%,充分说明了样本合作社具备较高的市场需求意识。技术培训的实施率为 76%,这是因为地方农业部门普遍将合作社作为农业技术推广品牌,间接促进了合作社组织内部技术培训。另外,安全检测和统一农资供应要求合作社具备一定的资金储备和管理资源,因此近 40% 的合作社受限于较高的实施门槛而未采取该两类管理措施。档案记录和互助协作的实施门槛虽然较低,但仍有 40% 左右的合作社因为缺少管理经验而忽视了组织生产信息的掌控和组织文化的构建。统一加工的实施率最低,为 47%,因为多数果蔬产品无需进行再加工销售,或合作社尚没有纵向整合供应链的能力。

(2)农药安全间隔期

表 6.10 所示为样本合作社农户所涉作物的平均农药安全间隔期 S_i,本书以此为中心值对农户 $j(j=1,2,\cdots,312)$ 的农药安全间隔期 X_{ij} 进行中心化处理,记偏离程度为 $Gap_j = X_{ij} - S_i$。若 Gap_j 大于 0 则说明农户的农药安全

间隔期在最低标准线外,农户良好地执行了农药使用标准,反之则认为农户并未实施安全生产行为。负向偏离程度越大,农户生产行为风险越大;正向偏离程度越大,农户生产行为越安全。在 312 个样本农户中,负向偏离程度最大为 23 天,正向偏离程度为 32.33 天,平均偏离程度为 1.61 天,平均偏离方差为 6.47 天,约 40% 的农户未能严格执行农药使用标准,存在农药残留问题和农产品质量安全风险(见图 6.6、图 6.7)。与合作社平均 70.9% 的管理措施实施率相比,样本农户在执行农药使用标准上的表现不尽如人意,说明合作社管理存在效率损失。

表 6.10　作物平均农药安全间隔期

作物类型	间隔期/天	作物类型	间隔期/天	作物类型	间隔期/天	作物类型	间隔期/天
叶菜	6.3	雪藕	8	枇杷	10.67	草莓	10.25
茄果	5.8	葡萄	12.67	杨梅	9	蓝莓	8.25
豆科	5	蜜梨	12	柑橘	13	胡柚	13
薯类	8.5	黄桃	13				

数据来源:以上数据由作者根据《农药合理使用准则九》《2017 年国家禁用和限用的农药名录》以及由中国农业农村信息中心主办的中国农业信息网中的相关内容整理计算得出。

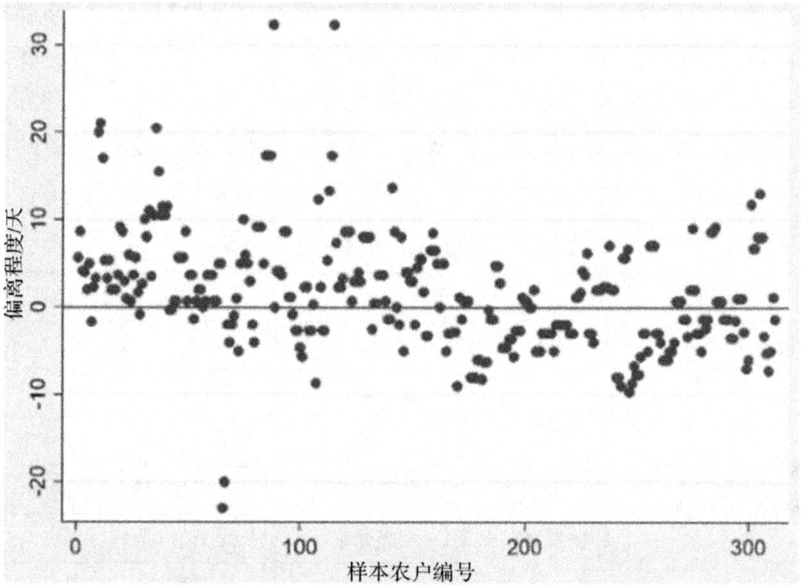

图 6.6　偏离程度散点

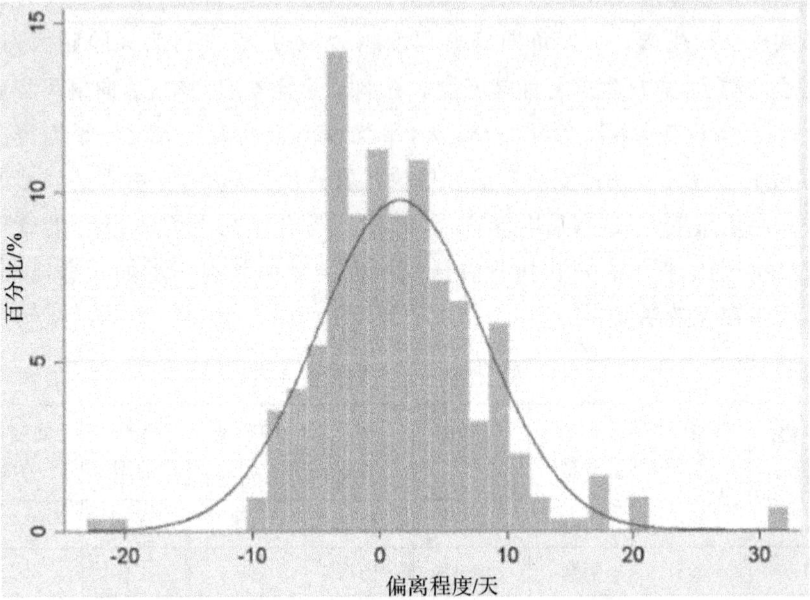

图 6.7　偏离程度

3. 用药安全导向下的合作社质量安全管理模式优化

（1）变量选择

本书选取的变量如表 6.11 所示，被解释变量为农户农药安全间隔期的偏离程度，用于测度农户对农药使用标准的执行水平。主要的解释变量为合作社 11 项质量安全管理措施，其中种植指导由于其在样本中不存在异质性而被剔除，农户个人、家庭及经营特征作为控制变量以提高模型的解释力度。

表 6.11　变量选择、变量含义与赋值

变量类型	变量名称		变量含义与赋值
被解释变量	农户农药安全间隔期的偏离程度		连续变量，近正态分布
解释变量：合作社质量安全管理措施	结果控制	A：安全检测	二元变量；是＝1，否＝0
		B：产品分级	二元变量；是＝1，否＝0
	过程控制	C：农资供应	二元变量；是＝1，否＝0
		D：生产标准	二元变量；是＝1，否＝0
		E：统一加工	二元变量；是＝1，否＝0

变量类型	变量名称		变量含义与赋值
解释变量：合作社质量安全管理措施	过程控制	F：统一品牌	二元变量；是＝1，否＝0
		G：统一销售	二元变量；是＝1，否＝0
	社会控制	I：奖惩考核	二元变量；是＝1，否＝0
		J：技术培训	二元变量；是＝1，否＝0
		K：档案记录	二元变量；是＝1，否＝0
		L：互助协作	二元变量；是＝1，否＝0
控制变量：农户个人、家庭及经营特征	家庭务农人数		连续整数变量；单位为人
	受访者年龄		连续变量；单位为岁
	受访者文化水平		序次变量；没有受过教育＝1，小学＝2，初中＝3，高中/中专＝4，本科/大专＝5，研究生及以上＝6
	家庭种植面积		连续变量；单位为亩
	种植户类型		分类变量；水果种植户＝1，蔬菜种植户＝0

（2）单一质量安全管理措施对农户农药安全间隔期执行的影响

合作社单一质量安全管理措施对农户农药安全间隔期偏离程度的边际影响如表 6.12 所示，模型 1 的方差膨胀因子最高为 5.37，可认定不存在严重多重共线性问题，系数是无偏的。但经怀特异方差检验发现模型 1 存在显著异方差性，因此本书进一步估计了稳健标准差（模型 2）以改善估计系数的有效性。家庭务农人数对增加农户农药安全间隔期表现出了显著的正向作用，这是因为小规模家庭经营中的农业生产绝非个人行为，在很大程度受整个家庭特征的影响，如家庭内的其他务农成员，成员数量越多的家庭中年龄层越多样，除年长的成员外的年轻成员对农药安全间隔期的理解和掌握会更加充分，因而在质量安全标准执行效果上的表现更好。另外，家庭决策人的年龄越小、教育水平越高均有助于提高农药安全间隔期，保障农产品质量安全，这与已有文献的研究结果一致（Gong et al.，2016；Wilson and Tisdell，2001）。相较于蔬菜种植户，水果种植户普遍表现出更小的农药安全间隔期偏离程度，这是因为多数水果在种植过程中存在套袋行为，套袋能直接减少果实接触农药的概率并在一定程度上降低农药残留水平,因而弱化了农户对农药安全间隔期的执行意愿。

合作社各项管理措施中,产前和部分产后环节的过程控制对农户农药安全间隔期偏离程度的作用效果积极且显著。生产标准和统一品牌作为两项实施率最高的管理措施,均能有效提高农户农药安全间隔期偏离程度,说明以市场需求为导向的管理方式能有效激发农户的集体行动意识,印证了本书分析框架中对合作社组织行为逻辑的分析。因此对还未实施任何管理措施的合作社而言,生产标准和品牌建设的实施门槛较低且作用效果显著,是合作社首当考虑实施的管理措施。统一农资供应对农户农药安全间隔期偏离程度的边际正向影响仅次于统一生产标准,但受限于流动资金和管理资源匮乏,多数合作社尚无能力采取农资统一供应的措施。组织农户技术培训也能显著提高农户农药安全间隔期偏离程度,验证了 Wu 和 Hou (2012)、Henson、Masakure 和 Boselie (2005)的研究结论。然而,产后的统一加工环节显著不利于农户提高农药安全间隔期,可能是因为合作社为保证供应链环节的连续性,出于节约时间成本的考虑会弱化对初级农产品质量的评定,反而掩盖部分农户的安全生产行为风险,因此合作社在实施统一加工之余应配合实施其他措施以保障初级农产品质量安全。

表 6.12　合作社单一质量安全管理措施的边际影响

被解释变量	农户农药安全间隔期偏离程度	
	模型1:一般估计系数	模型2:稳健估计系数
控制变量		
家庭务农人数	0.327(0.137)**	0.327(0.102)***
受访者年龄	−0.0797(0.0344)**	−0.0797(0.0378)**
受访者文化水平	0.685(0.391)*	0.685(0.394)*
家庭种植面积	−0.00237(0.00344)	−0.00237(0.00300)
水果种植户	−2.763(0.684)***	−2.763(0.640)***
解释变量		
安全检测	0.922(0.777)	0.922(0.757)
产品分级	−2.619(1.744)	−2.619(1.746)
农资供应	2.750(0.836)***	2.750(0.905)***

续表

被解释变量	农户农药安全间隔期偏离程度	
	模型 1：一般估计系数	模型 2：稳健估计系数
生产标准	3.222(1.036)***	3.222(1.030)***
统一加工	−1.424(0.736)*	−1.424(0.717)**
统一品牌	2.623(1.133)**	2.623(1.292)**
统一销售	1.285(1.442)	1.285(1.076)
奖惩考核	−0.280(0.783)	−0.280(0.838)
技术培训	2.975(1.057)***	2.975(1.029)***
档案记录	−0.0277(0.778)	−0.0277(0.763)
互助协作	−0.315(0.795)	−0.315(0.824)
样本总量	312	312
Adj. R^2	0.304	0.304
F 值	9.503	27.14

注：1. 括号内参数为标准差。

2. * 表示 $P<0.10$，** 表示 $P<0.05$，*** 表示 $P<0.01$。

(3)质量安全管理措施组合方式及其对农户农药安全间隔期执行的影响

在假设合作社各项管理措施独立的基础上，表 6.12 中的模型 2 估计了合作社结果控制、过程控制和社会控制对农户农药安全间隔期偏离程度的边际影响，其中，结果控制中的安全检测和产品分级、过程控制中的统一销售、社会控制中的奖惩考核、档案记录和互助协作均未表现出显著作用，可能的原因是各项管理措施间并非完全独立，存在一定程度上的互补或替代关系。因此本书使用偏相关系数和主成分分析法对管理措施进行提炼整合，并比较不同组合方式对农户农药安全间隔期的作用效果。

表 6.13 所示的 55 组偏相关系数中，产品分级和统一销售的偏相关系数最高(0.745)，其次为产品分级和统一品牌(0.458)、生产标准和技术培训(0.442)。在品牌建设过程中，合作社为提高市场议价能力一般要求社员农户统一通过合作社销售产品，这同时要求对农产品进行分等分级以筛选出质量上乘且安全可信的农产品，有助于合作社提高品牌声誉进而提高市场竞争力。实际生产管理过程中，合作社一般通过组织技术培训向农户传达生产标

准和技术要求,地方政府部门也经常以合作社为媒介向农户推广现代农业经营方法等。除此之外,安全检测和档案记录是负相关程度最高的一组措施(−0.178),可能的原因是档案记录和安全检测分别侧重于生产投入记录和产出结果检验,而根据投入可以预测产出,根据产出可以推断投入,因此合作社出于管理成本考虑可能会择其一实施。本书进而对管理措施变量进行KMO 检验和 Bartlett 球形检验,认为变量适合做主成分分析。

表 6.13　偏相关系数

	A	B	C	D	E	F	G	I	J	K	L
A											
B	−0.041										
C	0.155***	0.179***									
D	0.011	−0.046	0.234***								
E	0.062	−0.051	0.070	−0.009							
F	0.081	0.458***	−0.107*	0.066	0.042						
G	0.050	0.745***	0.011	−0.042	0.164***	−0.107*					
I	0.288***	−0.062	0.048	0.055	0.239***	0.214***	−0.018				
J	0.078	0.169***	0.082	0.442***	0.109*	−0.007	−0.075	−0.093			
K	−0.178***	−0.002	0.299***	−0.052	−0.094	0.068	0.017	0.168***	0.038		
L	0.243***	−0.069	−0.099***	0.043	0.130***	0.004	0.024	−0.032	0.293***	0.296***	

注:1. A:安全检测;B:产品分级;C:农资供应;D:生产标准;E:统一加工;F:统一品牌;G:统一销售;I:奖惩考核;J:技术培训;K:档案记录;L:互助协作。

2. * 表示 $P<0.10$,** 表示 $P<0.05$,*** 表示 $P<0.01$。

在 Greiner 和 Gregg 分析方法的基础上,本书对合作社管理措施进行主成分分析并保留特征值大于 1 的三项主成分,进行旋转后的因子载荷矩阵如表 6.14 所示,解释了原始数据中 60.7% 的方差。主成分 1 是结合产前过程控制和社会控制的管理措施组合,具体以生产标准和技术培训为主,辅以互助协作、农资供应和档案记录。主成分 2 是结果控制和产后过程控制并重的管理措施组合,具体以产品分级和统一销售为主,辅以实施统一品牌。主成分 3 是综合结果控制、产后过程控制和社会控制的管理措施组合,具体以奖惩考核为主,辅以安全检测和统一加工。根据因子载荷矩阵计算样本农户的三项主成分得分 $pc_k(k=1,2,3)$,替代原有各项管理措施作为解释变量进行线性回归分析。

表 6.14　旋转后的因子载荷矩阵

原始变量	主成分 1(pc_1)	主成分 2(pc_2)	主成分 3(pc_3)
安全检测	0.0881	−0.0492	0.5445
产品分级	0.0177	0.6189	−0.0595
农资供应	0.3590	0.1705	−0.0197
生产标准	0.5396	−0.0921	−0.0326
统一加工	0.0178	0.0888	0.4592
统一销售	−0.0230	0.5951	−0.0269
统一品牌	−0.0504	0.4490	0.1663
奖惩考核	−0.0722	−0.0249	0.6514
技术培训	0.5273	0.0277	−0.0296
档案记录	0.3490	0.0829	−0.0787
互助协作	0.4043	−0.0711	0.1670
方差解释率	0.2221	0.2220	0.1629

表 6.15 所示为控制农户个人家庭经营特征后,三项主成分(管理措施组合)对农户农药安全间隔期偏离程度的边际效应。考虑到同一合作社的社员农户在生产行为上可能存在相关性导致系数标准差被低估,本书同时采用一般估计、稳健估计和聚类估计来比较系数显著的变化情况(模型 3—5)。主成分 1 代表的管理措施组合对农户农药安全间隔期偏离程度的边际影响最高且最为显著。农资供应和生产标准是产前生产过程控制中的管理措施,直接影响农户的农药使用行为,技术培训、档案记录与互助协作分别是社会控制中的人力资本培养措施和组织文化构建措施,能提高农户生产技术水平和质量安全管理意识,增强农户间的互助协作以进一步推进标准化生产,在组合内部形成良性循环。然而,主成分 2 和 3 均未对农户农药安全间隔期产生显著影响,一方面可能是因为主成分分析损失了部分原始数据信息,另一方面可

能是因为具有显著正向边际效应的管理措施与具有显著负向边际效应的措施在组合使用后相互抵消了彼此的作用效果。

表 6.15 合作社质量安全管理措施组合的边际影响

被解释变量	农户农药安全间隔期偏离程度		
	模型 3:一般估计系数	模型 4:稳健估计系数	模型 5:聚类估计系数
控制变量			
家庭务农人数	0.322(0.138)**	0.322(0.0991)***	0.322(0.128)**
受访者年龄	−0.0841(0.0349)**	−0.0841(0.0384)**	−0.0841(0.0393)**
受访者文化水平	0.888(0.390)**	0.888(0.415)**	0.888(0.515)*
家庭种植面积	−0.00148(0.00301)	−0.00148(0.00228)	−0.00148(0.00295)
水果种植户	−2.785(0.660)***	−2.785(0.643)***	−2.785(1.016)***
解释变量			
主成分 1	1.680(0.241)***	1.680(0.191)***	1.680(0.281)***
主成分 2	0.184(0.232)	0.184(0.187)	0.184(0.273)
主成分 3	−0.0587(0.277)	−0.0587(0.335)	−0.0587(0.526)
样本总量	312	312	312
Adj. R^2	0.269	0.269	0.269
F 值	15.34	36.06	19.54

注:1. 括号内参数为标准差。

2. * 表示 $P<0.10$,** 表示 $P<0.05$,*** 表示 $P<0.01$。

(4)结论与建议

本节首先构建了基于结果控制、过程控制和社会控制的合作社内部管理模式,并使用农户农药安全间隔期的偏离程度来度量农户对农药使用标准的执行情况,最终利用实证调研数据探究合作社三类质量安全管理措施及其组合方式对农户安全生产行为的影响。

在合作社各项质量安全管理措施中,过程控制对规范农户农药使用行为的边际效果显著优于结果控制和社会控制,其中统一生产标准和农资供应是最直接有效的产前过程控制措施,统一品牌是最为有效的产后过程控制措施。社会控制中的技术培训有助于农户人力资本积累，能够及时传达生产标准以及种植相关技术，是提高农户质量安全认知和生产技术水平的有力途径。除此之外，以产前过程控制为主，辅以人力资本培养和组织文化构建的社会控制是最高效的管理措施组合。

统一加工在本书中显示出不利于农户实施安全生产的原因在于合作社农户在生产过程中存在机会主义倾向，需要合作社致力于提高农户质量安全意识和生产技术。具备初级农产品再加工能力的合作社在实施统一加工前同样应该注意对农产品的质量安全检测，以减少农户投机行为发生的可能性。类似于奖惩考核的人力资源激励措施和档案记录、互助协作等组织文化构建措施，合作社应该充分考虑农户的接受程度和执行能力，同时应当公正透明地执行。

因此，对还未实施任何控制管理措施的合作社而言，应选择难度较低且单一实施效果较优的管理措施，如组织技术培训、推广生产标准或注册合作社统一品牌以更好契合市场需求提高合作社竞争力。在积累一定流动资金和管理资源后，合作社可考虑采用实施难度较高但效果显著的管理措施，如统一农资供应以规范农户生产投入和产出行为。在完善产前产后过程控制的技术上，合作社可进一步实施人力资本培养措施和组织文化构建措施，培养农户质量安全生产意识和技能，采用合理激励方式引导农户进行自我管理，充分发挥过程控制和社会控制的组合效应。同样，政府也应充分意识到目前制约我国农民专业合作社管理水平提高的关键在于流动资金匮乏、管理人员和经验缺失，因此政府需考虑加强合作社或小农融资渠道的建设，重视对合作社社长和管理人员的指导和培训，以助力合作社突破当前的发展瓶颈，进一步深化农业生产标准化以保障农产品质量安全。

第三节　合作社亲环境技术带动模式优化

亲环境生产技术的采纳与农户安全生产行为略有不同，采用亲环境生产技术生产农产品的农户在品质上更有追求，因此相比于合作社的监督机制，合作社提供服务帮助农户克服采纳亲环境生产技术时的困难会更有效果。与此同时，合作社的服务功能是克服小农户的局限性，带动其向现代农业转型的最有效方式。

一、合作社服务功能内容

合作社为农服务的功能的发挥是合作社推进小农户与现代农业有机衔接的关键,只有服务功能得到充分发挥,其带动效果才明显(朋文欢,黄祖辉,2017)。果蔬种植户采纳亲环境生产技术的困境主要在于能力和动力不足。能力方面,农户面对新的农业技术时,原有的知识框架受到冲击,导致短期内无法对新的农业技术形成确切的认知和评价体系,而合作社向农户提供服务增强社员之间的生产经验交流,提供技术指导、技术培训等,能够帮助农户了解和认识新技术,掌握新技术的使用方法。动力方面,农户面临的高成本和高风险是主要问题。合作社可以通过提供统一的销售服务使农户之间形成联合,实现规模经济,并打破企业的垄断,获取更多议价权。

结合实际调查,样本合作社主要从技术指导与培训、肥药供应、介绍客户等市场信息、资金服务等方面为加入了合作社的农户提供技术采用方面的服务。表 6.16 汇总了合作社对样本农户提供服务的情况。其中,介绍客户等市场信息提供得最多,有 140 户,占所有加入了合作社的农户的 69.3%。其次是技术指导与培训,有 125 户农户所在合作社提供了这项服务,占 61.9%。再次为病虫害防治,有 91 户,占 45%。供应良种的和供应肥药的分别有 88 户和 76 户,占比分别为 43.6% 和 37.6%;提供耕整地服务的有 42 户,占 20.8%;提供资金服务的有 35 户,占 17.3%;在上市前提供产品检测服务的有 30 户,占 14.9%;提供育苗服务的仅有 28 户,占 13.9%。各类服务中被提供的农户数量不足 10 户的包括收获、运输和农膜回收服务。

表 6.16　合作社提供的服务

服务种类	数量/户	占比/%	服务种类	数量/户	占比/%
介绍客户等市场信息	140	69.3	病虫害防治	91	45
供应良种	88	43.6	收获	7	3.5
供应肥药	76	37.6	运输	7	3.5
技术指导与培训	125	61.9	统一销售	25	12.4
资金服务	35	17.3	产地环境检测	11	5.4

续表

服务种类	数量/户	占比/%	服务种类	数量/户	占比/%
育苗	28	13.9	售前产品检测	30	14.9
耕整地	42	20.8	保存生产记录	10	5
施肥	15	7.4	农膜回收	3	1.5

数据来源:根据调研资料整理所得。

选取其中提供数量最多的几种服务对浙江省和河南省进行对比,如表6.17所示。两省农户接受合作社提供的供应肥药服务的比例大致相当,而供应良种的比例则是浙江省比例远高于河南省。河南省农户接受介绍客户等市场信息、技术指导与培训以及病虫害防治服务的比例均远高于浙江省。

表 6.17 浙江省与河南省合作社提供服务占比

服务种类	浙江省		河南省	
	数量/户	占该省加入合作社农户数量比重/%	数量/户	占该省加入合作社农户数量比重/%
介绍客户等市场信息	56	51.38	84	90.32
技术指导与培训	37	33.94	88	94.62
病虫害防治	37	33.94	54	58.06
供应良种	71	65.14	17	18.28
供应肥药	39	35.78	37	39.78

数据来源:根据调研资料整理所得。

二、农户亲环境技术采纳目标下的合作社服务内容优化

1. 模型设定

本章使用合作社的亲环境生产技术采纳行为综合值来表征加入了合作社的农户亲环境生产技术采纳水平。亲环境生产技术采纳行为值是一个连

续变量,取值范围为 0—0.67,因此,采用 OLS 的方法来说明合作社服务功能对农户亲环境生产技术采纳行为的影响。

农户亲环境生产技术采纳行为用 Y 表征,合作社的介绍客户等市场信息、技术指导与培训、病虫害防治、供应良种和供应肥药服务分别用 A、B、C、D、E 表示,则合作社服务功能对农户亲环境生产技术采纳行为影响的 OLS 模型表示为:

$$Y = b_0 + \beta_1 A + \beta_2 B + \beta_3 C + \beta_4 D + \beta_5 E + \beta_j \text{control} + e_i$$

式中,Y 表示农户亲环境生产技术采纳值,农户亲环境生产技术采纳值越高,亲环境生产技术采纳水平越高;β 为不同变量的回归系数;A、B、C、D、E 分别为主要解释变量;control 代表可能影响农户亲环境生产技术采纳行为的特征控制变量,包括户主性别、年龄等;j 为控制变量的个数,e_i 为随机扰动项。

根据本章理论分析,本章的计量模型主要包括以下方面:

因变量:本章模型依然采用亲环境生产技术采纳值指标来测度合作社服务功能对农户亲环境生产技术采纳行为的影响效果。

核心变量:介绍客户等市场信息服务功能(以下简称介绍客户)指合作社为农户提供可能的销售渠道信息以及农产品市场价格、波动情况等。技术指导与培训服务功能(以下简称指导培训)是指合作社或以合作社名义组织、安排的关于果蔬种植过程中各项具体生产行为的交流、主题培训、参观学习、田间指导等多种形式的服务内容。病虫害防治服务功能(以下简称病虫害防治)是指合作社为农户提供相关设备进行病虫害的防治,或是帮助农户寻找渠道购买其他服务机构病虫害防治的服务行为。供应良种服务功能(以下简称供应良种)指合作社为农户提供农作物改良品种的服务行为。供应肥药服务功能(以下简称供应肥药)指合作社为农户提供具有化肥和农药同等效用的农资产品的服务,合作社所提供的产品可能为某种化肥或是农药,也可能为化肥农药的绿色替代品。为说明合作社服务功能的影响,以上服务功能以合作社提供为基准。

其他控制变量:户主个人特征、农户家庭特征、种植特征和区域变量。

2.描述性分析

鉴于前文已经对农户基本特征的分布进行过详细描述,这里仅对合作社服务功能的分布作出分析。由表 6.18 可知,未被提供介绍客户和指导培训的农户亲环境生产技术采纳水平均值均 0.12,未被供应良种和肥药的农户亲环境生产技术采纳水平均值为 0.13,均与被提供了相关服务的农户的亲环境生产技术采纳水平在 1% 的显著性水平下存在差异。而未被提供病虫害防治服务的农户亲环境生产技术采纳水平均值为 0.14,与被提供了病虫害防治服务的农户的亲环境生产技术采纳水平并不存在显著差别(见表 6.18)。

表 6.18　不同服务类型亲环境生产技术采纳水平 t 检验

服务类型	是否提供	采纳水平均值	标准差	P 值
介绍客户	无	0.12	0.10	0.00
	有	0.18	0.13	
技术指导	无	0.12	0.09	0.00
	有	0.18	0.13	
病虫害防治	无	0.14	0.11	0.15
	有	0.16	0.12	
供应良种	无	0.13	0.10	0.00
	有	0.19	0.14	
供应肥药	无	0.13	0.10	0.00
	有	0.20	0.13	

数据来源:根据调研资料整理所得。

3. 实证结果

合作社服务功能的影响分析见表 6.19,为使用 OLS 一般估计和稳健估计所得的合作社各类服务功能对农户亲环境生产技术采纳水平的边际作用。从 OLS 回归结果来看,合作社的各类服务功能中,部分产前和产中的服务对于农户亲环境生产技术采纳水平的作用效果积极且显著。指导培训、供应肥药和供应良种均在 5% 的显著性水平下正向影响农户亲环境生产技术采纳水平,而病虫害防治则在 5% 的显著性水平下负向影响农户亲环境生产技术采纳水平。从农户的其他特征来看,年龄和果蔬种植劳动力数量分别在 1% 和 10% 的显著性水平下负向影响采纳水平,即年龄越大、果蔬种植劳动力数量越多,亲环境生产技术采纳水平越低;受教育程度和是否从事过农产品或农资贩销均在 5% 的显著性水平下正向影响农户的亲环境生产技术采纳水平。

(1)介绍客户未能显著影响农户亲环境生产技术采纳水平

合作社为农户介绍客户虽然能够有效增加农户所获取的市场信息,但是单个农户的生产规模十分有限,难以满足客户大规模的需求。而相对容易满足的客户对农产品的品质要求较低,农户会缺乏采纳亲环境生产技术的市场激励。

(2)指导培训显著正向影响农户亲环境生产技术采纳水平

指导培训作为提供率第二高的服务,有效地提高了农户亲环境生产技术采纳水平,说明合作社技术服务方面的提升能显著改善农户对新型技术的认知和应用。因此对于还没有提供任何服务的合作社而言,指导培训的提供门槛相对较低,且作用效果显著,是合作社可以优先考虑提供的服务内容。

(3)供应肥药和良种显著正向影响农户亲环境生产技术采纳水平

供应肥药对农户亲环境生产技术采纳水平的边际正向影响仅次于指导培训,供应良种的影响紧随其后。如果合作社不供应,农户就需要自己搜寻品质优良的产品,单个农户在谈判中明显处于不利地位,导致生产成本较高。合作社统一采购则能够有效降低成本。但受限于流动资金和管理资源的匮乏,很多合作社没有能力进行肥药和良种供应。

(4)病虫害防治显著负向影响农户亲环境生产技术采纳水平

合作社统一提供病虫害防治显著不利于农户亲环境生产技术采纳水平的提升,可能是因为合作社进行统一的病虫害防治没有从根本上提升农户的亲环境生产意识,因而农户可能不关心也不了解相关的亲环境生产技术,进而对自身的亲环境生产技术采纳水平产生了负向影响。

表 6.19　合作社服务功能的边际影响

被解释变量	农户亲环境生产技术采纳水平					
	模型1:一般估计系数			模型2:稳健估计系数		
	系数	标准误	t 值	系数	标准误	t 值
解释变量						
介绍客户	0.014	0.016	0.86	0.014	0.028	0.90
指导培训	0.042**	0.018	2.29	0.042*	0.03	1.96
病虫害防治	−0.034**	0.016	−2.20	−0.034**	0.017	−1.98
供应良种	0.036**	0.017	2.07	0.036*	0.02	1.78
供应肥药	0.04**	0.017	2.38	0.04**	0.018	2.26

被解释变量	农户亲环境生产技术采纳水平					
	模型 1：一般估计系数			模型 2：稳健估计系数		
	系数	标准误	t 值	系数	标准误	t 值
控制变量						
性别	−0.027	0.018	−1.51	0.027	0.027	0.32
年龄	−0.01***	0.001	−2.94	−0.002***	0.001	−2.66
受教育程度	0.01**	0.01	2.11	0.008**	0.01	2.18
果蔬种植劳动力数量	−0.01*	0.01	−1.65	−0.008*	0.01	−1.67
兼非农与否	0.02	0.02	0.90	0.02	0.026	0.87
果蔬种植时间	−0.01	0.01	−0.12	−0.01	0.01	−0.14
是否党员	0.04	0.03	1.47	0.04	0.03	1.42
是否村干部	−0.03	0.03	−1.07	−0.03	0.03	−0.87
是否从事过农产品或农资贩销	0.06**	0.03	2.06	0.06	0.038	1.63
自有土地面积	0.01	0.01	0.28	0.01	0.01	0.49
是否河南省	−0.02	0.02	−0.95	−0.02	0.02	−0.92
样本总量	322			322		
Adj. R	0.2596			0.2965		
F 值	8.04			7.24		

注：***、**、*分别表示 1%、5%和 10%的水平上显著。

整体来看，对于还未提供任何服务的合作社而言，应选择供应难度较低、单独来看也能产生明显效果、对于生产过程会产生直接影响并且有利于农户自身能力提升的服务，如进行技术指导与培训。在流动资金和管理资源的掌握达到一定程度后，一些相对较难提供但提供后能获得立竿见影的效果的服务内容可以被合作社提上日程，如为农户统一供应农资的服务。合作社在进一步完善服务内容的过程中，还是应该重视人力资本的培育，培养农户亲环境生产的意识，提高农户亲环境生产的技能，采用合理的激励方式引导农户主动采纳亲环境生产技术。

　　综上，合作社对加入了合作社的农户提供的服务比例最高的 5 种分别是介绍客户等市场信息、技术指导与培训、病虫害防治、供应肥药和供应良种，占比分别达 69.3%、61.9%、45%、37.6% 和 43.6%。对比浙江省与河南省合作社提供服务的比例则发现，浙江省合作社提供比例最高的服务为供应良种服务，占比达 65.14%，河南省合作社提供比例最高的服务为技术指导与培训，占比达 94.62%。两省仅有供应肥药的比例大致相当，供应良种服务浙江省比例高于河南省，其余均为河南省高于浙江省。

　　本章分析合作社提供的服务对农户亲环境生产技术采纳行为的影响，研究结果表明，合作社提供的技术指导与培训、供应良种和肥药服务功能能够显著提升农户的亲环境生产技术采纳行为，病虫害防治服务产生了负向影响，而介绍客户等市场信息服务并未对农户的亲环境生产技术采纳行为产生显著影响。

第七章 促进新型农业经营主体引领农业绿色安全高质量发展的政策和制度创新

第一节 促进新型农业经营体系构建的政策和制度创新

一、农地产权制度

我国在改革开放初期推行家庭联产承包责任制的"两权分离"制度,而2013年十八届三中全会、中央农村工作会议和2014年中央一号文件逐步明确指出,在稳定农村集体土地的所有权基础上,进行土地所有权、土地承包权和土地经营权的"三权分置"。2015年中央一号文件指出"在保证土地的公有制不改变前提下,按照党中央部署,谨慎推动农村的土地制度改革"。在"三权分置"背景下,创新农业经营方式的核心在于盘活土地经营权,基本方向是农地产权细分、深化农业分工与家庭经营空间的扩展(罗必良、胡新艳,2016)。2017年中央一号文件指出"规模经营可以通过流转经营权、代耕、代种等方式"(杨继瑞,2018)。2019年中央一号文件则提出深化农村土地制度改革,保持农村土地承包关系稳定并长久不变,研究出台配套政策,指导各地明确第二轮土地承包到期后延包的具体办法。

要以激活要素活力和增加农民财产性收入为导向,深化农业农村制度改革。一是完善承包地"三权分置"制度,探索多样化的土地经营方式。进一步探索入股、托管等多样化土地经营方式，合理引导土地有序流转。全面推行农村宅基地"三权分置"改革，鼓励村集体经济利用闲置建设用地和宅基地发展农村二三产业，重点用于乡村公园、农（文）旅产业等项目建设。二是稳妥推进村集体资产确权和股份制改革，确保资产增值与农民增收。深化集体建设用地、宅基地和资源性资产的改革，明确村集体在宅基地监管中的主体性作用，在宅基地退出补偿中引入收益分享机制。三是推动激活农村要素与促进城市资本下乡高效对接，引导城市资本、技术、人员合理有序进入农业农村。注重发挥政府资本进入农业农村的杠杆撬动功能。建立回乡创业人员的医保体系和住房公积金补贴缴存机制，支持农村居民利用自有宅基地与回乡创业人员合作建设自住房屋。

二、农民社会保障制度

推动农业规模化经营是实现农业生产方式创新和农业现代化建设的重要途径，改造小农生产方式是推进农业现代化的重要改革方向。但是城乡二元结构分割，因此我国不断深化户籍制度和社会保障制度改革，以期降低对失地农民的影响，减轻进城农民对农村土地的依赖，增加其长期流转土地的意愿，并且稳定土地流转价格（闵继胜、孔祥智，2016）。社会保障制度主要包括农民养老保险制度、农村最低生活保障以及合作医疗制度。

2009年国务院出台《关于开展新型农村社会养老保险试点的指导意见》，探索建立综合统一的农村社会养老保险制度，相比于1956年至2002年形成的五保制度的传统农村社会养老保险制度以及2002年至2009年新型农村社会养老保险制度，综合统一的农村社会养老保险制度是个人缴费、集体补助和政府补贴相结合的制度，其将社会养老与家庭养老、土地保障和社会救助等措施相配套，为我国的城镇化进程提供了养老保障，为农村人口向城市的有序转移的新型城镇化建设和农村进一步的土地流转改革奠定了基础（周卉，2015）。

农村最低生活保障制度的建立晚于城市低保制度的发展与完善，2007年国务院政府工作报告提出建设新农村的一项重要举措是在全国范围内建立农村最低生活保障制度。2010年民政部《关于进一步规范农村最低生活保障工作的指导意见》指出，要搞好农村低保与其他社会救助制度的有效衔接。2012年国务院下发的《关于进一步加强和改进最低生活保障工作的意见》对城乡低保的对象认定、标准制定、规范管理、能力建设等提出了明确要求。农村低保金近年来不断得到提高,从 2006 年的 850.8 元逐步提高到 4300.7 元,占农村居民人均可支配收入的比重也提高到 32%。农村低保制度与扶贫开发政策也在进行衔接(杨穗、鲍传健,2018),以期形成政策合力,对符合低保标准的农村贫困人口进行政策性保障兜底。国务院颁布的《社会救助暂行办法》将最低生活保障和多项救助制度以及社会力量参与作为基本内容,确立了完整清晰的社会救助制度体系,在打破部门分割、城乡分割等方面有了重大进展,实现了救济向救助理念的转变。

医疗卫生服务、教育等社会福利一直存在城乡差别,随着工业化和城镇化的快速推进,分散化的小规模土地经营已经难以满足发展需求,因此大批农民尤其是青壮年纷纷选择外出务工。而农业的生产经营环境相对恶劣,也长期面临农药和化学药剂的危害,更需要及时的医疗服务,因病致贫或返贫的现象在农村尤其是欠发达的农村地区极其普遍。2002 年提出建立以大病统筹为主的新型合作医疗制度和医疗救助制度,2009 年在深化医疗卫生体制改革过程中确立新农合作为农村基本医疗保障制度的地位。为了解决城乡之间二元失衡的问题,2016 年国务院发布《关于整合城乡居民基本医疗保险制度的意见》,将城镇居民医保和新农合合并为统一的城乡居民医疗保险。2018 年国家医保局则联合多部门提出 2019 年将在全国范围内全面启动实施统一的城乡居民医保制度。新农合制度一定程度上减弱了农民对土地保障的依赖程度,对于年轻农户而言,新农合在改善其健康状况的基础上增加了非农劳动时间供给的可能性,会增加其土地转出意愿;而老年农户的健康水平可以通过此制度获得改善,增强了劳动能力(张尧,2016)。

三、农村金融和保险制度

构建新型农业经营体系的关键在于确保相关的生产经营主体获得必要的资金进行扩大再生产,加快农村金融制度创新是促进城乡产业融合、要素流动、实现农业现代化的必要前提。农村金融制度创新是由政府主导的自上而下的制度变革(张宁宁,2016)。在主体方面培育和引入各类新型农村金融机构,除了农业银行、农村信用社等主体之外,出现了更多保险公司、农村资金互助组织等机构以适应农村经济的发展和市场多元化的需要,在贷款评估成本、监管难度等方面更有优势。

采取的主要方式包括:①创建农村担保体系,当前我国新型农业经营主体在融资过程中面临的问题主要有申请手续复杂、缺少抵押物、利率高,面对这些问题,中央一号文件提出允许承包土地的经营权担保融资。②创新质押贷款方式,当前质押贷款主要有三种方式,有土地承包经营权质押贷款,即农民用自己的土地承包权或林权作为抵押以获取银行贷款(黄祖辉,俞宁,2010);还有订单质押贷款,即企业凭借可靠订单证明潜在现金流入,以获得银行信贷;此外还有大中型农机具抵押贷款。

涉农保险业务在数量上不断增加,在范围上不断扩大,农业保险由最初在5个省试点拓展至全国,基本实现了对农林牧副渔业的覆盖,政府的政策支持力度逐年增强,同时为中国农业保险设计出"政府与市场合作"的制度模式,发展多种形式的农业保险,创设了针对各地特点的各级财政支持下的政策性农业保险品种,尽可能地降低家庭农场、合作社等新型农业经营主体的模式创新风险。

四、农业服务制度

2016年中央一号文件首次将"新型农业服务主体"与"新型农业经营主体"并列作为建设现代农业的骨干力量,新型农业经营体系建设中开始出现多种类型的新型农业服务主体,主要分为合作服务型、企业服务型和科技服务型。2019年中央一号文件提出加快培育各类社会化服务组织,为一家一户提供全程社会化服务。合作服务型以专业服务型农民专业合作社为代表,如农机合作社、植保合作社等,它们为合作社自身成员及周边农民提供各种专业化的服务,促进农业生产的专业化、规模化和标准化。企业服务型是涉农企业或投资者从利润最大化角度出发,成立各类农业专业服务组织,为各类新型农业经营主体和小农户提供产前、产中和产后各个环节的生产服务。科技服务型是各类院校、科研单位或科技人员通过产学研、农教科相结合等方式成立的各类农业科技服务组织,以科技项目转化为支撑,以提高农业效益为目标(苑鹏,张瑞娟,2016)。农业社会化服务新机制的构建是按照"主体多元化、服务专业化、运行市场化"的方向,建起的公益性服务与经营性服务相结合、专项服务与综合服务相协调的新型农业社会化服务体系。

五、人才培育制度

新型农业经营主体农业经营模式的创新离不开高素质的职业农民。随着农业物质装备、劳动生产率等不断提高,生产、加工、销售、社会化服务等领域分工的逐渐细化,岗位职业化、职能专业化的趋势需要大批高素质精英引领现代农业的发展。2005年农业部首次提出培育职业农民,之后随着新农村建设战略的实施,"职业农民"这一词更多被"新型农民"的表述代替,而2012年中央一号文件后则采用了"新型职业农民"这一术语。一方面,农业部门开展了越来越多的免费培训项目,覆盖包括经营管理理念、种养业专业技能、农产品质量安全控制等在内的现代农业经营理念、生产方式的培训,设置了新型职业农民认证制度;另一方面,在创业资金、项目审批等方面,制定优惠政策,鼓励掌握一定管理技能或是具备一定生产资金的农民工返乡从事涉农产业创业,鼓励大中专院校毕业生成为新农人,充实新型农业经营主体的人才队伍。

第二节　促进新型经营主体带动农户绿色转型的政策建议

一、农业经营主体带动小农户实施绿色生产转型的建议

产业化组织参与有助于推动亲环境生产管理技术采纳,但当前作用差别明显:第一,从亲环境友好产品认证、规范施肥施药及生产档案记录看,虽然三者差别较大,但三类产业化组织在绿色生产技术或管理方面的作用比较明显。从三种质量安全控制措施的实施情况来看,售前检测实施比例最高(75.4%),其次是生产档案(71.7%),产品认证最差(63.5%)。第二,从措施的实施比来看,龙头企业质量安全控制综合效果最好,家庭农场虽刚刚起步但质量安全控制仍优于合作社。第三,治理结构差异是导致质量安全控制差异的重要原因,具有集体决策、民主管理、社员利益最大化为导向等治理特征

的合作社在带动方面明显逊于权责明晰、治理规范的龙头企业和家庭农场。但每类产业化组织带动小农户绿色发展中都存在问题并需要完善,龙头企业主要体现在经营模式的完善,合作社体现在内部制度规范,家庭农场体现在适度规模与内部运营管理。

总体来说,各经营主体应树立现代管理思想,完善内部管理制度,向"制度治事"转变,改变"以人治事"的管理方式,以降低随着带动农户增加、成员异质性增强而成本急速提升,使品质和质量安全控制陷入不可持续发展的困境。

针对合作社质量安全控制上存在的天然劣势,需要将以下几点作为合作社带动能力建设的关键点:首先,将内部治理规则的建立与完善作为合作社带动能力建设的重点,逐步实现治理的规范化。其次,适当限制社员退出自由以保证合作社初期稳定运营,促进内部成员在质量安全控制上形成真正"合作",从而能够真正发挥内部监督在品质控制中的作用。最后,以品牌为契机强化质量控制,以产品的标准化带动生产过程的标准化,以产品质量塑造产品差异,实现产品溢价,同时以品牌的收益反补绿色生产技术和管理的投入,确保合作社能够逐步发展完善。

针对龙头企业在内部管理制度建设和渠道开拓上的优势,除了继续以市场需求为出发点,在企业内部建立以市场需求为导向的农产品全面质量管理体系,进而通过营销手段完成对消费者的教育,逐渐形成农产品的优质优价市场氛围外,最重要的,是要建立整个市场、运营的系统品质控制体系,提升运行效率,降低成本。农产品生产不同于工业品,农产品生产过程中品质的控制既不是单一的技术问题,也不是单一的管理问题,而是系统性的问题,需要通过建立完善的体系来对农产品品质进行控制。而该体系中,探索创新经济激励方式为动力的组织管理制度,建立与农户的合作关系是关键。企业如何处理与农户的利益分配关系决定了企业的生产效率和内部管理运行的稳定性,决定品质提升能否为企业带来可观的经济回报,进而带动我国农业产业的转型升级。农业企业应该灵活运用反租倒包等各种合作模式,在确保农产品的绝对控制权和质量安全的情况下,通过品质标准的制定来明确农户的生产目标,让小农户在品质溢价中享有该有的成果,才能使经营持续化。

家庭农场具备较高的劳动生产效率,且在实施绿色生产方式上优于小农户,是未来小农户转型的理想范例,但家庭农场目前受雇佣劳动力成本和土地流转租金增加的压力,面临着大规模、高成本、低收益的窘迫局面,部分家庭农场的土地经营规模超出了其经营能力,其亩均毛收入甚至低于传统小农户,这对实施绿色农业发展的持续性带来挑战。为此,家庭农场除了完善内部流程管理外,针对其在机械化作业、市场营销、品牌经营等方面存在明显的规模不适度、专业程度低的问题,鼓励家庭农场组建经营服务社,通过"家庭农场＋合作社"模式联合农业生产类型相同或相近的家庭农场组成利益共同体,开展农业专业化生产、企业化管理、社会化服务和产业化经营,着眼于全产业链;针对家庭农场自身开展不经济、不专业的环节,开展以提升市场竞争力为目标的合作社服务。通过制度创新,实现家庭经营、规模适度、专业化生产、产业化经营优势特征的完美结合,从而提升家庭农场市场竞争的综合实力。

二、政府促进现代农业经营主体带动小农户实施绿色转型的配套措施

1. 树立绿色发展理念,推动农业技术推广体系改革与完善

鉴于当前农业发展面临问题重大的困境与挑战,在全社会树立中国特色社会主义绿色发展观念,营造绿色生产氛围和绿色生活氛围,迫在眉睫、刻不容缓。从思想观念到方式方法,从政策举措到工作安排,从科技研发到制度设计,都要转到绿色导向上来。

由于老龄农户往往受教育程度更低,学习能力较差,因此要使老龄农户接受安全友好型技术就必须通过田间指导等高成本的推广方式。但在当前的农业技术服务体系中,分散的小规模生产的老龄农户本就不是推广与监管的重心,可以说老龄农户的技术需求与当前农技推广方式的矛盾不可调和。因此,在老龄化不可逆的背景下,只能调整基层技术推广方式来保障综合治理的实施。一方面大力发展专业化服务体系,将施肥用药等质量安全控制的关键环节外包,通过适当的分工提升生产效率同时降低质量安全风险;另一方面要注重基层农业产业化组织建设,充分发挥合作社等产业化组织在投入品控制、技术推广中的平台作用,同时将追溯管理等老龄农户无力解决的问题交由合作社等产业化组织统一管理。

2.加强减量增效绿色技术研发与集成,降低技术复杂性

加快推进重大科研攻关和技术模式创新与集成是推进化肥农药减量增效技术推广的前提与基础。需要构建一个减量增效技术创新体系,以减量、增效、安全、低碳、循环为技术目标,力争在保持产量、提高化肥农药利用机制等基础理论方面实现突破,同时针对不同品种、不同区域集成一批绿色减量增效技术模式与技术规范,在测土配方、机械深施、生物防治、物理防治等重点领域和核心技术、高效缓释肥料、高效低毒低残留农药、生物肥料、生物农药等新型物资以及施肥施药机械方面实现突破性研究成果,提高技术成熟度和稳定性。化肥农药减量增效技术的研发必须要考虑技术的适用性和复杂性,选择与本地区生产环境、农户习惯和经济发展水平相适应的减量增效技术,通过简化技术步骤、提高技术稳定性、研发与技术施用相配套的工作、制定技术规范等多种途径降低农户的技术的复杂性和采纳成本。

大力开展技术的研发与集成需要加大对减量增效技术研发体系和研发队伍建设投入,组织实施好相关重大科技项目和重大工程,鼓励高等学校、职业院校、科研院所等科研主体开展深度合作,进一步完善各层级创新主体协同攻关机制,加强绿色生产技术领域的科技人才队伍建设,吸引社会资本参与科技创新,加强减量增效技术研发能力。

3.完善农产品销售渠道建设,实现优质优价

政府在介入农产品质量安全市场时,应把监管资源重点投入保障市场机制有效运行的工作机制的建设中。第一,注重充分发挥生产主体质量安全第一责任人的作用,落实经营主体第一责任人的制度建设;第二,加强对认证机构的监管,维护认证市场的有效运行,确保认证信息的可靠性;第三,加强产品市场认证标志的监管,确保经营主体信息发布的真实性;第四,充分听取生产主体的反馈,推动标准的持续修订完善,加强标准技术推广培训,确保标准的实用性。在此基础上,完善农产品销售渠道建设,实现优质优价。

虽然近年来食品质量安全事故的频发已经促使政府在质量安全监管各方面的投入力度不断加强,但在源头环节有限的监管资源与分散的家庭生产之间的矛盾仍然是制约监管效率提升的关键。因此,调整监管思路,将有限的资源投入到批发市场这一物流与信息流聚合点上,从销售渠道的完善入手发挥市场的倒逼作用成为必然选择。但调查发现,当前主要的果蔬销售渠道中农产品抽检与身份信息等追溯要求仍然偏低,多数农户对农产品质量安全

风险感知不足,因此也无意建立完备的生产档案来规避自身风险。鉴于当前农产品销售仍以批发市场和商贩上门为主,必须同时加强传统渠道改造和加快现代农产品销售渠道建设。一是通过建设公益性批发市场建设来实现质量安全监管与产业发展职能的分离,保证严格监管、检测的落实。二是落实严格的市场准入制度,杜绝不合格产品进入市场,并将消费者对安全优质农产品的需求信息传递到生产环节,激励生产者提升质量安全风险管理意识与安全生产意识,这才是市场倒逼的应有之意。三是加快农产品电子商务平台等新型农产品销售渠道建设,加大冷链物流等现代流通体系基础设施建设,提升农产品效益。第四,推动农产品安全智慧监管,支持和引导新闻媒体开展舆论监督。

4.完善扶持策略,加强各类产业化组织带动能力建设

以提升农业保护政策整体性和协同性为导向,完善乡村产业扶持政策体系。一是加大农业支持保护力度,优化政策体系设计。充实发展绿箱补贴政策,组合利用政策工具。探索政策性保险和商业险保险联动的农业混合保险机制,鼓励支持农村合作金融的发展。二是加快完善支持保护政策创新,构建统一协调机制。以内外围相结合的双层治理模式构建新型农业政策支持体系,强化产业政策、收入政策和市场调控政策等内围政策支撑,完善相应公共基础设施建设、社会化服务体系和农地整备建设等协同配套体系等外围政策。三是强化加强乡村振兴政策与项目资金的动态监管,建立完善的评价机制。完善内部审计、交叉审计、第三方审计相结合的监督审计制度,探索建立社会监管机制。实行推进关口前移,强化源头监管,有条件地加大乡镇街道的监管权重。

坚持激励与监管并重、扶持与规制并行。在经营主体的内部管理与运行机制上,政府既要给予充分的激励,又要给予足够的监管。按照是否具有市场竞争力为主要标准进行定期考核,引导产业组织从靠政策盈利走向靠经营能力;重点引导新型农业经营主体在农业现代化的薄弱环节上发挥作用;在业务领域和发展方向上,政策既要有具体的支持措施,也要有明确的规制手段,根据不同类型新型农业经营主体的组织特征,引导和调控好新型农业经营主体的发展方向。针对家庭经营类主体,既要强化对家庭农场等专业家庭经营组织的扶持,也要引导兼业农户特别是以农为主的兼业农户发展现代农业;针对合作经营类主体,要重点使其成为克服家庭经营类组织局限性的纽

带和桥梁;针对企业经营类主体,应坚持扬长避短、趋利避害的政策导向,引导其进入适宜企业化经营的领域,避免其争夺小农的利益。尤其要合理运用农业股份合作制和土地股份合作制,处理好农业家庭经营和企业经营的关系,防止新型农业主体培育中的主体异化和虚化。此外,政策支持体系需强化顶层设计。在支持对象上,要统筹各类农业经营主体,促进以适度规模经营为导向的多种经营方式共同发展。这就要求:不能用过去面向普通农户的惠农思路来指导制定新型农业经营主体的支持政策,而应根据新型经营主体相较于普通农户的优势来设置鼓励引导政策;不能把不同类型的新型农业经营主体的关系割裂对待,应引导建立不同类型新型农业经营主体之间的良性互动关系。在支持内容上,应采取共性与个性相结合的扶持策略。针对补贴、保险、信贷、用地等各类主体的共性需求,应以非排他的普惠型扶持政策为主。针对不同新型农业经营主体的特殊需求,应以明确目标群体的特惠型扶持政策为主。家庭经营类主体应重点解决其流动资金、设施用地、作业服务对接等问题;合作经营类主体应重点推动其规范化运行、合理化分配等;企业经营类主体应重点探索工商企业租种、托管耕地的准入监管办法和"非农化""非粮化"等经营风险的防范措施。鉴于新型经营主体在快速融合态势下,"一个主体多种身份"的情况较为普遍,不建议将主体身份作为政策扶持的主要标准,防止国家补贴"垒大户"现象的发生,而应重点以主体开展的具体业务类型来确定扶持方式与力度。

5.完善小农户职业教育培训体系,推进全面职业农民制度

一方面,注重广泛衔接,完善农民培育体系。培训要与现代农业发展进程相适应,依托县域乡村特色产业的发展要求,充分依托各地农业特色资源,从发展特色产业和产品入手,将农民的发展与"一村一品""一村一特"等优势产业建设结合起来。注重农民职业素质和能力的长期养成,构建短期培训、学历教育、实践锻炼相衔接,多渠道、多层次、多形式的农民教育培训体系,使小农户提升为家庭农场经营主体或能建合作社,开展自我服务及能够很好地融入企业化经营模式,以此路径逐步实现小农户与现代绿色农业的衔接。另一方面,铺设畅通有序的农业退出通道,引导有条件的小农户依法自愿有偿转让土地承包权、宅基地使用权、集体收益分配权,有助于使务农劳动力的减少与我国经济和现代农业发展水平、工业化城镇化进程相适应,提高农村资源利用效率,提升第一产业劳动生产效率和实现职业农民制度。

参考文献

[1] Abebaw D, Haile M G. The impact of cooperatives on agricultural technology adoption: Empirical evidence from Ethiopia. Food Policy, 2013,38(1):82-91.

[2] Abhilash P C, Singh N. Pesticide use and application: An Indian scenario. J. Hazard. Mater, 2009,165:1-12.

[3] Adams, C. HACCP applications in the foodservice industry. Journal of the Association of Food and Drug Officials, 2000,94(4):22-35.

[4] Aggelogiannopoulos D, Drossinos H & Athanasopoulos P. Implementation of a quality management system according to the ISO 9000 family in a Greek small-sized winery: A case study. Food Control, 2007,18(9):1077-1085.

[5] Ajzen I, & Fishbein M. Attitude-Behavior relations: A theoretical analysis and review of empirical research. Psychological Bulletin, 1977,34(5): 888-918.

[6] Ajzen I. From intentions to actions: A theory of planned behaviour. In action-control: from cognition to behavior. (J. Kuhle and J. Beckman, eds), Heidelberg: Springer, 1985:11-39.

[7] Akerlof G A. The market for "lemons": Quality uncertainty and the market mechanism. Quarterly Journal of Economics, 1970,84:488-500.

[8] Arvanitoyannis I S, Choreftaki S & Tserkezou P. An update of EU legislation (directives and regulations) on food-related issues (safety, hygiene, packaging, technology, GMOs, additives, radiation, labelling): presentation and comments. Int. J. Food Sci. Technol. , 2005,40:1021-1112.

[9] Asfaw S, Mithöfer D, Waibel H. EU food safety standards, pesticide use

and farm-level productivity: The case of high-value crops in Kenya. Journal of Agricultural Economics,2009,60(3):23.

[10] Asfaw S,Mithofer D & Waibel H. What impact are EU supermarket standards having on developing countries' export of high-value horticultural products? Evidence from Kenya. Journal of International Food & Agribusiness Marketing,2010a,22(3/4):252-276.

[11] Asfaw S,Mithofer D & Waibel H. Agrifood supply chain,private-sector standards,and farmers' health:evidence from Kenya. Agricultural Economics, 2010b,41(3/4):251-263.

[12] Augustyn M M & Pheby,J. D. ISO 9000 and performance of small tourism enterprises:a focus on Westons Cider Company. Managing Service Quality,2000,10(6):374-388.

[13] Bailey Alison P,& Garforth Chris. An industry viewpoint on the role of farm assurance in delivering food safety to the consumer:The case of the dairy sector of England and Wales. Food Policy,2014,45(4):14-24.

[14] Banterle,Alessandro & Stranieri,Stefanella. The consequences of voluntary traceability system for supply chain relationships. An application of transaction cost economics. Food Policy,2008,33(6):560-569.

[15] Bas M,Yoksel M & Havuooflu T. Difficulties and barriers for the implementing of HACCP and food safety systems in food businesses in Turkey. Food Control,2007,18(2):124-30.

[16] Bayati A,& Taghavi A. The impacts of acquiring mISO 9000 certification on the performance of SMEs in Tehran. The TQM Magazine,2007,19(2): 140-149.

[17] Beedell J D C & Rehman T. A meeting of minds for farmers and conservationists—some initial evidence of attitudes towards conservation from Bedfordshire. Farm Management,1996,9(6):303-313.

[18] Bergevoet R H M,Ondersteijn C J M,Saatkamp H W,et al. Entrepreneurial behaviour of dutch dairy farmers under a milk quota system:Goals, objectives and attitudes. Agricultural Systems,2004,80(1):0-21.

[19] Bertolini M,Rizzi A & Bevilacqua M. An alternative approach to HACCP system implementation. Journal of Food Engineering, 2007, 79 (4):

1322-1328.

[20] Bhuiyan N & Alam N. An investigation into issues related to the latest version of ISO 9000. Total Quality Management,2005,16(2):199-213.

[21] Bonanno A & D H. Constance. Stories of globalization: Transnational corporations,resistance,and the state. University Park,PA: Pennsylvania State University Press,2008.

[22] Bravo C P,Spiller A & Villalobos P. Are organic growers satisfied with the certification system? A causal analysis of farmers' perceptions in Chile. International Food and Agribusiness Management Review,2012, 15(4):115-136.

[23] Buckley,Jenifer A. Food safety regulation and small processing: A case study of interactions between processors and inspectors. Food Policy, 2015,51(2):74-82.

[24] Busch L & Bain C. New Improved? The transformation of the global agrifood system. Rural Sociology,2004. 69(3):321-346.

[25] Busch L. Can fairy tales come true? The surprising story of neoliberalism and world agriculture. Sociologia Ruralis,2010,50(4):331-351.

[26] Busch L. The private governance of food: equitable exchange or bizarre bazaar?. Agriculture and Human Values,2011,28 (3):345-352.

[27] Cheng M, Andrew D & Moore D. Implementing a new performance management system within a project-based organization. International Journal of Productivity and Performance Management, 2007, 56 (1): 60-75.

[28] Clapp J & Fuchs D. Agrifood corporations, global governance, and sustainability: a framework for analysis. In: Clapp, J. & Fuchs, D. (Eds.),Corporate Power in Global Agrifood Governance. MIT Press, Boston,MA,2009:1-26.

[29] Cobanoglu F,Karaman A D & Tunalioglu R. Critical Evaluation for Adoption of Food Safety Systems in the Turkish Dairy and Meat Processing Businesses. Journal of Agricultural Science and Technology, 2013,15(1):101-114.

[30] Cobanoglu, Ferit. Is export orientation a major motivator for the

adoption of food safety systems in the Turkish dried fig firms?. Journal of Agriculture and Rural Development in the Tropics and Subtropics,2012, 113(1):31-42.

[31] Codex Alimentarius Commission (CAC). Proposed draft revised guidelines for the application of the HACCP system in small and/or less developed businesses (SLDBs). Joint FAO/WHO Food Standards Programme Codex Committee on Food Hygiene,Report of the 34th Session,Agenta Item 10,CX/FH 01/10,CAC,Rome,2001.

[32] Conner M,Armitage C J. Extending the theory of planned behavior:A review and avenues for further research. Journal of Applied Social Psychology,1998,28(15):1429-1464.

[33] Cotty P J & Jaime-Garcia R. Influences of climate on aflatoxin producing fungi and aflatoxin contamination. Int. J. Food Microbiol. , 2007, 119: 109-115.

[34] Cuyno L C M,Norton G W,Rola A. Economic Analysis of Environmental Benefits of Integrated Pest Management:A Philippine Case study. Agricultural Economics,2015,25(2-3):227-233.

[35] Darby M R, & Karni E. Free competition and the optimal amount of fraud. Journal of Law and Economics,1973,16:67-88.

[36] De Quidt J,Fallucchi F,Kolle F,et al. Bonus versus penalty:How robust are the effects of contract framing?. Journal of the Economic Science Association-Jesa,2017,3(2):174-182.

[37] Donovan J, Blare T, Poole N. Stuck in a rut:Emerging cocoa cooperatives in Peru and the factors that influence their performance. International Journal of Agricultural Sustainability, 2017, 15 (2): 169-184.

[38] Dora,Manoj,Kumar,Maneesh & Van Goubergen,Dirk,et al. Food quality management system:Reviewing assessment strategies and a feasibility study for European food small and medium-sized enterprises. Food Control, 2013,31(2):607-616.

[39] Drescher,Larissa S. , Grebitus,Carola & Herzfeld,Thomas. Spread of retailer food quality standards A transition countries perspective. Leibniz Inst

Agr Dev Central & Eastern Europe Outlook on Agriculture,2009,38(1):15-21.

[40] Ehiri E,Morris P & McEwen J. Implementation of HACCP in food businesses:the way ahead. Food Control,1995,6(6):341-345.

[41] Enneking U,Obersojer T,Balling R,et al. Enhancing the acceptance of quality systems by German farmers: The Case of Quality Management and Quality Assurance. Paper Presented at the 92nd EAAE Seminar,2005,3:2-4

[42] Erdem,Seda,Rigby,Dan & Wossink,Ada. Using best-worst scaling to explore perceptions of relative responsibility for ensuring food safety. Food Policy,2012,37(6):661-670.

[43] Escanciano,Carmen & Leticia Santos-Vijande,Maria. Implementation of ISO-22000 in Spain:Obstacles and key benefits. British Food Journal,2014,116(10):1581-1599.

[44] Escanciano,Carmen & Leticia Santos-Vijande,Maria. Reasons and constraints to implementing an ISO 22000 food safety management system:Evidence from Spain. Food Control,2014,40(6):50-57.

[45] EvesA & Dervisi P. Experiences of the implementation and operation of hazard analysis critical control points in the food service sector. Hospitality Management,2005,24(1):3-19.

[46] Fallah A A,Pirali-Kheirabadi K,Shirvani F & Saei-Dehkordi S S. Prevalence of parasitic contamination in vegetables used for raw consumption in Shahrekord,Iran:Influence of season and washing procedure. Food Control,2012,25:617-620.

[47] Fearne A. The evolution of partnerships in the meat supply chain: Insights from the british beef industry. Supply Chain Management,1998,3(4):214-231.

[48] Fearne A,Hornibrook S & Dedman S. The management of perceived risks in the food supply chain:A comparative study of retailer-led beef quality assurance schemes in Germany and Italy. International Food and Agribusiness Management Review,2001,4:19-36.

[49] Feng M,Terziovski M,& Samson D. Relationship of ISO 9001:2000

quality system certification with operational and business performance. Journal of Manufacturing Technology Management, 2008, 19 (1): 22-37.

[50] Fernando,Yudi,Hooi Huang Ng & Yusoff, Yusliza. Activities,motives and external factors influencing food safety management system adoption in Malaysia. Food Control,2014,41(7):69-75.

[51] Fotopoulos C, Kafetzopoulos D, & Gotzamani K. Critical factors for effective implementation of the HACCP system: A Pareto analysis. British Food Journal,2011,113(5):578-597.

[52] Fotopoulos C, Kafetzopoulos D, & Psomas E. Assessing the critical factors and their impact on the effective implementation of a food safety management system. International Journal of Quality and Reliability Management,2009,26(9):894-910.

[53] Fuchs D A. Kalfagianni & T. Havinga. Actors in private food governance: The legitimacy of retail standards and mutlistakeholder initiatives with civil society participation. Agriculture and Human Values,2011,38(3): 353-367.

[54] Galt R E. Beyond the circle of poison: significant shifts in the global pesticide complex,1976—2008. Global Environment. Change,2008,18: 786-799.

[55] Galt R E. Scaling up political ecology: The case of illegal pesticides on fresh vegetables imported into the United States, 1996—2006. Ann. Assoc. Am. Geogr. ,2010,100:327-355.

[56] Ge C,Lee C & Lee J. The impact of extreme weather events on Salmonella internalization in lettuce and green onion. Food Res. Int. , 2012, 45: 1118-1122.

[57] Genius M, Pantzioos C, Tzouvelekas V. Information acquisition and adoption of organic farming practices: evidence from farm operaion in Crete. Agricultural Resource Economics,2006,31(1):93-113.

[58] Genius M, Koundouri P,Nauges C, et al. Information transmission in irrigation technology adoption and diffusion: Social learning, extension services,and spatial effects. American Journal of Agricultural Economics,

2014.

[59] Gilling S J, Taylor E A, Kane K & Taylor J Z. Successful hazard analysis critical control point implementation in the United Kingdom: understanding the barriers through the use of a behavioural adherence model. Journal of Food Protection,2001,64(5):710-725.

[60] Gong J H, Huang M S, Ma Y S, et al. Cultural Background, Eco-Environment Awareness and Pesticide Application Behavior of Farmers. Journal of Ecology and Rural Environment,2016,32(4):546-551.

[61] Gonzalez A A & Nigh R. Smallholder participation and certification of organic farm products in Mexico. Journal of Rural Studies, 2005, 21 (4):449-460.

[62] Gotzamani K, & Tsiotras. The true motives behind ISO 9000 certification, their effect on the overall certification benefits and long term contribution towards TQM. International Journal of Quality and Reliability Management, 2002,19(2):151-169.

[63] Griffith C. Food safety in catering establishments35. in Farber,J. M. & Todd,E. C. (Eds),Safe Handling of Foods,Marcel Dekker,New York, NY,2000:235-256.

[64] Halkier,Bente & Holm,Lotte. Shifting responsibilities for food safety in Europe:An introduction. Appetite,2006,47(2):127-133.

[65] Hao J, Bijman J, Gardebroek C, Heerink N, Heijman W, Huo X. Cooperative membership and farmers' choice of marketing channels: Evidence from apple farmers in Shaanxi and Shandong provinces, China. Food Policy,2018,74:53-64.

[66] Hashemi S M,Damalas C A. Farmers' perceptions of pesticide efficacy: Reflections on the importance of pest management practices adoption. Journal of Sustainable Agriculture,2010,35 (1):69-85.

[67] Hassan F,Caswell J A & Hooker N H. Motivations of fresh-cut produce firms to implement quality management systems. Review of Agricultural Economics,2006,28(1):132-146

[68] Hatanaka M,Busch L. Third-party certification in the global agrifood system: an objective and socially mediated governance mechanism.

Sociologia Ruralis,2008,48:73-91.

[69] Hatanaka M,Bain C,& Busch L. Differentiated standardization,standardized differentiation: The complexity of the global agrifood system. In Between the local and the global,volume 12:Confronting complexity in the contemporary agri-food sector, ed. T. Marsden, & J. Murdoch, London:JAI Press,2006:39-68.

[70] Hennessy D A, Roosen J & Jensen H H. Systemic failure in the provision of safe food. Food Policy,2003,28(1):77-96.

[71] Henson S, & Holt G. Exploring incentives for the adoption of food safety controls: HACCP Implementation in the U. K. dairy sector. Review of Agricultural Economics,2000,22:407-420.

[72] Henson,Spencer,Masakure,Oliver & Cranfield,John. Do fresh produce exporters in Sub-Saharan Africa benefit from global-GAP certification?. World Development,2011,39(3):375-386.

[73] Herath,Deepananda & Henson,Spencer. Barriers to HACCP Implementation: Evidence from the food processing sector in Ontario,Canada. Agribusiness, 2010,26(2):265-279.

[74] Herath,Deepananda & Henson,Spencer. Does Canada need mandatory HACCP? Evidence from the Ontario food processing sector. Canadian Journal of Agricultural Economics Revue Canadienne D Agroeconomie, 2006,54(4):443-459.

[75] Herath, Deepananda, Hassan, Zuhair & Henson, Spencer. Adoption of food safety and quality controls do firm characteristics matter? Evidence from the Canadian food processing sector. Canadian Journal of Agricultural Economics-Revue Canadienne D Agroeconomie,2007,55(3):299-314.

[76] Hidayat, Nia Kurniawati, Glasbergen, Pieter & Offermans, Astrid. Sustainability certification and palm oil smallholders' livelihood: A comparison between scheme smallholders and independent smallholders in Indonesia. International Food and Agribusiness Management Review, 2015,18(3):25-48.

[77] Higgins V & Lawrence G. Introduction:Globalization and agricultural governance. In:Higgins,V. & Lawrence,G. (Eds.),Agricultural Governance:

Globalization and the New Politics of Regulation. Routledge, NY, 2005: 1-15.

[78] Hobbs J E. Public and private standards for food safety and quality, international trade implications. Estey Centre Journal of International Law and Trade Policy, 2010, 11(1): 136-152.

[79] Holleran E M, Bredahl E & Zaibet L. Private incentives for adopting food safety and quality assurance. Food Policy, 1999, 24(6): 669-683.

[80] Holzapfel, Sarah & Wollni, Meike. Is GlobalGAP Certification of Small-Scale Farmers Sustainable? Evidence from Thailand. Journal of Development Studies, 2014, 50(5): 731-747.

[81] Huang J, Xiang C, Jia X, Hu R. Impacts of training on farmers' nitrogen use in maize production in Shandong, China. Journal of Soil and Water Conservation, 2012 (4): 321-327.

[82] Hueske, Anne-Karen, Endrikat, Jan & Guenther, Edeltraud. External environment, the innovating organization, and its individuals: A multilevel model for identifying innovation barriers accounting for social uncertainties. Journal of Engineering and Technology Management, 2015, 35 (1): 45-70.

[83] Hunecke, C. , Engler, A. , Jara-Rojas, R. , Poortvliet, P. M. Understanding the role of social capital in adoption decisions: An application to irrigation technology. Agricultural Systems, 2017, 153: 221-231.

[84] Ito, J. , Bao, Z. S. , Su, Q. Distributional effects of agricultural cooperatives in China: Exclusion of smallholders and potential gains on participation. Food Policy, 2012 (6).

[85] Jaffee S & Masakure O. Strategic use of private standards to enhance international competitiveness: Vegetable exports from Kenya and elsewhere. Food Policy, 2005, 30(3): 316-333.

[86] Jang W, & Lin C. An integrated framework for ISO 9000 motivation, depth of ISO implementation and firm performance. Journal of Manufacturing Technology Management, 2008, 19(2): 194-216.

[87] Jayasinghe-Mudalige, Udith & Henson, Spencer. Identifying economic incentives for Canadian red meat and poultry processing enterprises to

adopt enhanced food safety controls. Food Control, 2007, 18 (11): 1363-1371.

[88] Jayasinghe-Mudalige, Udith Krishantha & Henson, Spencer. Economic incentives for firms to implement enhanced food safety controls: Case of the Canadian red meat and poultry processing sector. Review of Agricultural Economics, 2006, 28(4): 494-514.

[89] Jessop B. Governance and meta-governance: On reflexivity, requisite variety, and requisite irony. Lancaster, UK: Department of Sociology, Lancaster University, 2002.

[90] Jevsnik M, Hlebec V, & Raspor P. Meta-analysis as a tool for barriers identification during HACCP implementation to improve food safety. Acta Alimentaria, 2006, 35: 319-353.

[91] Jia X P, Huang J K, Xu Z G. Marketing of farmer professional cooperatives in the wave of transformed agrofood market in China. China Econ Rev, 2012, 23(3): 665-674.

[92] Jill E. Hobbs. Public and Private Standards for food safety and quality: International trade implications. Estey Centre Journal of International Law and Trade Policy, 2010, 11(1): 136-152.

[93] Jin S S, Zhou J H. Adoption of food safety and quality standards by China's agricultural cooperatives. Food Control, 2011, 22(2): 204-208.

[94] Ju X, Gu B, Wu Y. and Galloway, J. N. Reducing China's fertilizer use by increasing farm size. Global Environmental Change, 2016 (41): 26-32.

[95] Kafetzopoulos D, Gotzamani K, & Fotopoulos C. Quality system and competitive performance of food companies. Benchmarking: An International Journal, 2013, 20(4): 463-483.

[96] Kallas Z. Farmers' objectives as determinants of organic farming adoption: The case of Catalonian vineyard production. Agricultural Economics, 2010, 6(2): 178-182.

[97] Karaman, Ayse Demet, Cobanoglu, Ferit & Tunalioglu, Renan et al. Barriers and benefits of the implementation of food safety management systems among the Turkish dairy industry: A case study. Food Control,

2012,25(2):732-739.

[98] Kersting S &. Wollni M. New institutional arrangements and standard adoption: evidence from small-scale fruit and vegetable farmers in Thailand. Food Policy,2012,37(4):452-462.

[99] Khatri Y,&. Collins R. Impact and status of HACCP in the Australian meat industry. British Food Journal,2007,109(5):343-354.

[100] Kirezieva K,Bijman J,Jacxsens L,et al. The role of cooperatives in food safety management of fresh produce chains:Case studies in four strawberry cooperatives. Food Control,2016,62(2):299-308.

[101] Kirezieva K,Nanyunja J,Jacxsens L,van der Vorst J G A J,Uyttendaele M &. Luning P A. Context factors affecting design and operation of food safety management systems in the fresh produce chain. Trends Food Sci. Technol. ,2013,32:108-127.

[102] Kirezieva,Klementina,Luning,Pieternel A. &. Jacxsens,Liesbeth et al. Factors affecting the status of food safety management systems in the global fresh produce chain. Food Control,2015,52(6):85-97.

[103] Klementina Kirezieva,Liesbeth Jacxsens,Geoffrey J. L. F. Hagelaar, Martinus A. J. S. van Boekel,Mieke Uyttendaele &. Pieternel A. Luning. Exploring the influence of context on food safety management:Case studies of leafy greens production in Europe. Food Policy,2015,51: 158-170.

[104] Kramer A, Twing B A. Quality Control for the Food Industry. Westport. Connectivut AVI,1970(1).

[105] Kumar A,Saroj S,Joshi P K,Takeshima H. Does cooperative membership improve household welfare? Evidence from a panel data analysis of smallholder dairy farmers in Bihar,India. Food Policy, 2018,75:24-36.

[106] Larochelle C L C,Alwang J A J,Travis E T E,et al. Did you really get the message using text reminders to stimulate adoption of agricultural technologies. Journal of Development Studies,2017(55):548-564.

[107] Latruffe L,Piet L. Does land fragmentation affect farm performance? A case study from Brittany,France. Agricultural Systems,2013(129):68-80.

[108] Lee D R. Agricultural sustainability and technology adoption:Issues and policies for developing countries. American Journal of Agricultural Economics,2010,87(5):1325-1334.

[109] Lemeilleur, Sylvaine. Smallholder compliance with private standard certification:The case of global GAP adoption by mango producers in Peru. International Food And Agribusiness Management Review, 2013,16(4):159-180.

[110] Lena Dzifa Mensah & Denyse Julien. Implementation of food safety management systems in the UK. Food Control,2011,22:1216-1225.

[111] Lipper L,McCarthy,et al.. Adoption and intensity of adoption of conservation farming practices in Zambia. (Special Issue:Evaluating conservation agriculture for small scale farmers in Sub-Saharan Africa and South Asia.). Agriculture, Ecosystems and Environment:An International Journal for Scientific Research on the Relationship of Agriculture and Food Production to the Biosphere,2014.

[112] Liu R D,Pieniak Z,Verbeke W. Consumers' attitudes and behaviour towards safe food in China:A review. Food Control, 2013, 33 (1): 93-104.

[113] Liu Z,Rommel J,Feng S,Hanisch M. Can land transfer through land cooperatives foster off-farm employment in China?. China Economic Review,2017,45:35-44.

[114] Loconto A, & Busch L. Standards,techno-economic networks,and playing fields:Performing the global market economy. Review of International Political Economy,2010,17:507-536.

[115] Lowe,Juliette Patricia & Taylor,Joanne Zaida. Barriers to HACCP amongst UK farmers and growers:An in-depth qualitative study. British Food Journal,2013,115(2-3):262-278.

[116] Luning A, & Marcelis J. A techno-managerial approach in food quality management research. Trends in Food Science and Technology,2006, 17(7):378-385.

[117] Luning P A,Kirezieva K & Hagelaar G. et al. Performance assessment of food safety management systems in animal-based food companies in view

of their context characteristics: A European study. Food Control, 2015,49(SI):11-22.

[118] Luning P, Bango L, Kussaga, Rovira J, & Marcelis W. Comprehensive analysis and differentiated assessment of food safety control systems: A diagnostic instrument. Trends in Food Science and Technology, 2008,9(10):522-534.

[119] Luning P A, Marcelis W J, Rovira J, van Boekel M A J S, Uyttendaele M & Jacxsens L. A tool to diagnose context riskiness in view of food safety activities and microbiological safety output. Trends Food Sci. Technol. ,2011,22 (Supplement 1):S67-S79.

[120] Magd H. ISO 9001: 2000 in the Egyptian manufacturing sector: Perceptions and perspectives. International Journal of Quality & Reliability Management,2008,25(2):173-200.

[121] Maldonado-Siman Ema, Bai Li & Ramirez-Valverde Rodolfo, et al. Comparison of implementing HACCP systems of exporter Mexican and Chinese meat enterprises. Food Control,2014,38(4):109-115.

[122] Manning L & Baines R. Effective management of food safety and quality, British Food Journal,2004,106(8):598-606.

[123] Mariano M J, Villano R, Fleming E. Factors influencing farmers' adoption of modern rice technologies and good management practices in the Philippines. Agricultural Systems,2012,110:41-53.

[124] Marsden T, Flynn A, & Harrison M. Consuming interests: The social provision of foods. London: UCL Press. 2000.

[125] Martinez-Costa M, Martinez-Lorente A, & Choi T. Simultaneous consideration of TQM and ISO 9000 on performance and motivation: An empirical study of Spanish companies. International Journal of Production Economics,2008,113(1):23-39.

[126] Ma W, Abdulai A. Does cooperative membership improve household welfare? Evidence from apple farmers in China. Food Policy,2016,58: 94-102.

[127] Ma W, Renwick A, Nie P, et al. Off-farm work, smartphone use and household income: Evidence from rural China. China Economic Review,

2018,52:80-94.

[128] McCarthy J & Prudham S. Neoliberal nature and the nature of neoliberalism. Geoforum,2004,35:275-283.

[129] Meizhang,Xiangyuguo. Study on Functions of the Agriculture Cooperative in Food Safety//Xu S,Zhang Q,Chen K,et al. International Conference on Agricultural Risk and Food Security,2010:477-482.

[130] Mensah L D & Julien D. Implementation of food safety management systems in the UK. Food Control,2011,22(8):1216-1225.

[131] Moustier P,Tam P T G,Anh D T,et al. The role of farmer organizations in supplying supermarkets with quality food in Vietnam. Food Policy,2010, 35(1):69-78.

[132] Mishra A K,Kumar A,Joshi P K,Alwin D. Cooperatives,contract farming,and farm size:The case of tomato producers in Nepal. Agribusiness,2018,34(4):865-886.

[133] Morris M L, Doss C R. How does gender affect the adoption of agricultural innovations? The case of improved maize technology in Ghana. Agricultural Economics,2001,25(1):27-39.

[134] Muriithi B W,Mburu J & Ngigi M. Constraints and determinants of compliance with EurepGap Standards:A case of smallholder French bean exporters in Kirinyaga District, Kenya. Agribusiness, 2011, 27 (2):193-204.

[135] Mutersbaugh T,Klooster D,Renard M C & Taylor P. Certifying rural spaces:Quality certified products and rural governance. Journal of Rural Studies,2005,21:381-388.

[136] Nelson P. Information and consumer behavior. Journal of Political Economy,1970,78:311-329.

[137] Nkomoki W, Bavorova M, Banout J. Adoption of sustainable agricultural practices and food security threats:Effects of land tenure in Zambia. Land Use Policy,2018,78:532-538.

[138] Okello J J,Okello R M. Do EU pesticide standards promote environmentally-friendly production of fresh export vegetables in developing countries? The evidence from Kenyan green bean industry. Environmental Development

Sustainability,2010,12(3):341-355.

[139] Panisello P & Quantick P. Technical barriers to Hazard Analysis Critical Control Point (HACCP). Food Control,2001,12(3):165-73.

[140] Panisello P, Quantick P & Knowles M. Towards the implementation of HACCP:results of a UK regional survey. Food Control,1999,10(2): 87-98.

[141] Papadopoulos S, Karelakis C & Zafeiriou E. Et al. Going sustainable or conventional? Evaluating the CAP's impacts on the implementation of sustainable forms of agriculture in Greece. Land Use Policy,2015,47 (9):90-97.

[142] Patz J A, Campbell-Lendrum D, Holloway T & Foley J. A. Impact of regional climate change on human health. Nature,2005,438:310-317.

[143] Peine E & McMichael P. Globalization and global governance. In agricultural governance:Globalization and the new politics of regulation,ed. V. Higgins & G. Lawrence,19-34. New York:Routledge,2005.

[144] Pennerstorfer D, Weiss C R. Product quality in the agri-food chain:Do cooperatives offer high-quality wine?. European Review of Agricultural Economics,2013,40(1):143-162.

[145] Pligt J V D, Vries N K D. Belief Importance in Expectancy-Value Models of Attitudes 1. Journal of Applied Social Psychology,1998,28 (15):16.

[146] Psomas E, Fotopoulos C, & Kafetzopoulos D. Critical factors for effective implementation of ISO 9001 in SME service companies. Managing Service Quality,2010,20(5):440-457.

[147] Reardon T, Codron J -M, Busch L, Bingen J & Harris C. Global change in agrifood grades and standards:Agribusiness strategic responses in developing countries. International Food and Agribusiness Management, 1999,2(3):421-435.

[148] Rezaei M M, Hayati D, Rafiee Z. Analysis of administrative barriers to pistachio integrated pest management:A case study in Rafsanjan city. International Journal of Modern Management and Foresight,2014.

[149] Rouvière E & Caswell J. A. From punishment to prevention:A French

case study of the introduction of co-regulation in enforcing food safety. Food Policy,2012,37:246-254.

[150] Ruben R. & Zuniga G. How standards compete:Comparative impact of coffee certification schemes in Northern Nicaragua. Supply Chain Management:An International Journal,2011,16(2):98-109.

[151] Sattlera C,Nagel U. J. Factors affecting farmer' acceptance of conservation measures—A case study from north-eastern Germany. Land Use Policy, 2010,27 (1):70-77.

[152] Schultz T W. Transforming traditional agriculture. Science,1964,144 (144):688-689.

[153] Serra T,Zilberman D,Goodwin B K & Hyvonen K. Replacement of agricultural price supports by area payments in the European Union and the effects on pesticide use. Am. J. Agric. Econ. ,2005,87:870-884.

[154] Singh P, & Smith A. An empirically validated quality management measurement instrument. Total Quality Management, 2006, 10 (1): 95-106.

[155] Snider A,Gutiérrez I,Sibelet N,Faure G. Small farmer cooperatives and voluntary coffee certifications:Rewarding progressive farmers of engendering widespread change in Costa Rica?. Food Policy,2017,69: 231-242.

[156] Soroush,Marzban,Allahyari,Mohammad,Sadegh,Damalas,Christos, A. Exploring farmers' orientation towards multifunctional agriculture: Insights from northern Iran. Land Use Policy,2016,59:121-129.

[157] Spence M. Informational aspects of market structure:An introduction. Quarterly Journal of Economics,1976,90:591-597.

[158] Sroufe R,& Curkovic S. An examination of ISO 9000:2000 and supply chain quality assurance. Journal of Operations Management,2008,26 (9):503-520.

[159] Stephen B. Economic Governance and Institutional Dynamics. Oxford University Press,USA. ,2003.

[160] Stoker G. Governance as theory:Five propositions. International Social Science Journal,1998,50(155):17-28.

[161] Subervie,Julie & Vagneron,Isabelle. A Drop of Water in the Indian Ocean? The impact of globalGap certification on lychee farmers in Madagascar. World Development,2013,50(10):57-73.

[162] Swyngedouw E,Page B & Kaika M. Sustainability and policy innovation in a multi-level context:Crosscutting issues in the water sector. In Participatory governance in multi-level context:Concepts and experience,ed. P. Getimis,H. Heinelt,G. Kafkalas,R. Smith & E. Swyngedouw, Opladen: Leske & Budrich,2002:107-131.

[163] Taylor E & Kane K. Reducing the burden of HACCP in SMEs. Food Control,2005,16(10):833-839.

[164] Taylor E. "HACCP in small companies, benefit or burden", Food Control,2001,12(4):217-22.

[165] Taylor E and Taylor J. Using qualitative psychology to investigate HACCP implementation barriers. International Journal of Environmental Health Research,2004,14(1):53-63.

[166] Teixeira, Sofia & Sampaio, Paulo. Food safety management system implementation and certification:Survey results. Total Quality Management and Business Excellence,2013,24(3-4):275-293.

[167] Teklewold H,Kassie M,Shiferaw B,et al. Cropping system diversification, conservation tillage and modern seed adoption in Ethiopia:Impacts on household income,agrochemical use and demand for labor. Ecological Economics,2013,93(Complete):85-93.

[168] Tey,Yeong Sheng,Arsil,Poppy & Brindal,Mark et al. A means-end chain approach to explaining the adoption of good agricultural practices certification schemes:The case of Malaysian vegetable farmers. Journal of Agricultural and Environmental Ethics,2015,28(5):977-990.

[169] Theocharopoulos A,Melfou K & Papanagiotou E. Analysis of decision making process for the adoption of sustainable farming systems:The case of peach farmers in Greece. American-Eurasian Journal of Sustainable Agriculture,2012,6(1):24-32.

[170] Thierfelder C, Rusinamhodzi L, Ngwira A R, et al. Conservation agriculture in Southern Africa:Advances in knowledge. Renewable

Agriculture and Food Systems,2015,30(04):328-348.

[171] Tomasevic, Igor, Smigic, Nada & Djekic, Ilija et al. Serbian meat industry:A survey on food safety management systems implementation. Food Control,2013,32(1):25-30.

[172] Tornatzky L G,& Fleischer M. The processes of technological innovation. Lexington,MA:Lexington Books,1990.

[173] Tovar L G, Martin L, Cruza M A G & Mutersbaugh T. Certified organic agriculture in Mexico:market connections and certification practices in large and small producers. Journal of Rural Studies,2005, 21(4):461-474.

[174] Trienekens J,& Zuurbier P. Quality and safety standards in the food industry,developments and challenges. International Journal of Production Economics,2008,113(1):107-122.

[175] Tsekouras K,Dimara E & Skuras D. Adoption of a quality assurance scheme and its effect on firm performance:A study of Greek firms implementing ISO 9000. Total Quality Management, 2002, 13(6): 827-841.

[176] Tunalioglu,Renan,Cobanoglu,Ferit & Karaman,Ayse Demet. Defining economic obstacles to the adoption of food safety systems in table olive processing firms. British Food Journal, 2012, 114 (10-11): 1486-1500.

[177] Van der Plight & de Vries Opinions and attitudes:Measurement, models and theory (in Dutch). Boom,Amsterdam,1995:56.

[178] Van der Spiegel M,Boer W,Luningy P,Ziggers G,& Jongen W. Validation of the instrument IMAQE-food to measure effectiveness of food quality management. International Journal of Quality and Reliability Management,2007,24(4):386-403.

[179] Van der Spiegel M,Luning P,Ziggers G,& Jongen W. Development of the instrument IMAQE-food to measure effectiveness of quality management. International Journal of Quality and Reliability Management, 2005,22(3):234-255.

[180] Vázquez L. The choice of control devices in franchise chains. Service

Industries Journal,2008,28(9):1277-1291.

[181] Vignola R,Koellner T,Scholz R W,McDaniels T L. Decisionmaking by farmers regarding ecosystem services: Factors affecting soil conservation efforts in Costa Rica. Land Use Policy,2010,27 (4):1132-1142.

[182] Walker E,Pritchard C & Forsythe S. Hazard analysis critical control point and prerequisite programme implementation in small and medium size food businesses. Food Control,2003,14(3):169-74.

[183] Ward G. HACCP: Heaven or hell for the food industry?. Quality World,2001,3:12-15.

[184] Ward P S,Bell A R,Droppelmann K,Benton T G. Early adoption of conservation agriculture practices: Understanding partial compliance in programs with multiple adoption decisions. Land Use Policy,2018, 70:27-37.

[185] Willock J,Deary I J,Gareth Edwards-Jones,et al. The role of attitudes and objectives in farmer decision making: Business and environmentally-oriented behaviour in Scotland. Journal of Agricultural Economics, 1999,50(2):18.

[186] Willock J, Deary I J, McGregor M M. et al. Farmers' attitudes, objectives,behaviors,and personality traits: The Edinburgh study of decision making on farms. Journal of Vocational Behavior,1999,54 (1):5-36.

[187] World Health Organisation (WHO). Report of a WHO consultation strategies for implementing HACCP in small and/or less developed businesses. WHO/SDE/PHE/FOS/ 99. 7, Food Safety Programme World Health Organization,The Hague,1999,6:16-19.

[188] Wu L H,Hou B. China's farmer perception of pesticide residues and the impact factors. China Agricultural Economic Review,2012,4(1): 84-104.

[189] Yaguana V C,Alwang J,Norton G,et al. Does IPM have staying power? Revisiting a potato-producing area years after formal training ended. Journal of Agricultural Economics,2016,67(2):308-323.

[190] Yapp C & Fairman R. Factors affecting food safety compliance with

small and medium-sized enterprises: Implications for regulatory and enforcement strategies. Food Control,2006,17(1):42-51.

[191] Zaibet L & Bredahl M E. Gains from ISO certification in the UK Meat sector. Agribusiness,1997,13:375-386.

[192] Zhang L G, Li X R. The impact of traditional culture on farmers' moral hazard behavior in crop production: Evidence from China. Sustainability,2016,8(7):1-15

[193] Zhang M,Jin Y H,Qiao H,et al. Product quality asymmetry and food safety:Investigating the "one farm household,two production systems" of fruit and vegetable farmers in China. China Econ Rev,2017,45(2):32-43.

[194] Zhou J H, Yan Z, Li K. Understanding farmer cooperatives' self-inspection behavior to guarantee agri-product safety in China. Food Control,2016,59:320-327.

[195] Zhou,Jiehong,Helen,Jensen H. & Liang,Jing. Implementation of food safety and quality standards:A case study of vegetable processing industry in Zhejiang,China. Social Science Journal,2011,48(3):543-552.

[196] Zu X,Zhou H,Zhu X, & Yao D. Quality management in China: The effects of firm characteristics and cultural profile. International Journal of Quality and Reliability Management,2011,28(8):800-821.

[197] A. 恰亚诺夫. 农民经济组织. 萧正洪,译. 北京:中央编译出版社,1996.

[198] 蔡荣. 合作社内部交易合约安排及对农户生产行为的影响. 浙江大学博士学位论文,2012.

[199] 蔡荣,蔡书凯. 保护性耕作技术采用及对作物单产影响的实证分析——基于安徽省水稻种植户的调查数据. 资源科学,2012,34(9):1705-1711.

[200] 蔡书凯. 经济结构、耕地特征与病虫害绿色防控技术采纳的实证研究——基于安徽省 740 个水稻种植户的调查数据. 中国农业大学学报,2013,18(4):208-215.

[201] 蔡颖萍,杜志雄. 家庭农场生产行为的生态自觉性及其影响因素分析——基于全国家庭农场监测数据的实证检验. 中国农村经济,2016(12):33-45.

[202] 曹慧.粮食主产区农户粮食生产中亲环境行为研究.西北农林科技大学博士学位论文,2019.

[203] 陈灿.当前国外关系契约研究浅析.外国经济与管理,2004(12):10-14.

[204] 陈建校.企业战略管理理论的发展脉络与流派述评.学术交流,2009(4):75-79.

[205] 陈丽华,张卫国,田逸飘.农户参与农产品质量安全可追溯体系的行为决策研究——基于重庆市214个蔬菜种植农户的调查数据.农村经济,2016(10):106-113.

[206] 陈梅,茅宁.不确定性、质量安全与食用农产品战略性原料投资治理模式选择——基于中国乳制品企业的调查研究.管理世界,2015(6):125-140.

[207] 陈锡文.构建新型农业经营体系刻不容缓.求是,2013(22):38-41.

[208] 陈晓华.大力培育新型农业经营主体——在中国农业经济学会年会上的致辞.农业经济问题,2014,35(1):4-7.

[209] 陈新建,谭砚文.基于食品安全的农民专业合作社服务功能及其影响因素——以广东省水果生产合作社为例.农业技术经济,2013(1):120-128.

[210] 陈义媛.资本下乡:农业中的隐蔽雇佣关系与资本积累.开放时代,2016(5):92-112.

[211] 陈雨生,乔娟,闫逢柱.农户无公害认证蔬菜生产意愿影响因素的实证分析——以北京市为例.农业经济问题,2009(6):34-39.

[212] 储成兵.农户病虫害综合防治技术的采纳决策和采纳密度研究——基于Double-Hurdle模型的实证分析.农业技术经济,2015(9).

[213] 戴化勇,陈金波.基于供应商开发行为的农产品采购质量安全保障研究.求索,2013(11):22-24.

[214] 戴琳,于丽红,兰庆高.农户参与土地股份合作社收入效应的实证检验——基于辽宁省朝阳市的调查.干旱区资源与环境,2020,34(6):42-47.

[215] 邓衡山,徐志刚,应瑞瑶,廖小静.真正的农民专业合作社为何在中国难寻?——一个框架性解释与经验事实.中国农村观察,2016(4):72-83,96-97.

[216] 豆志杰,郝庆升.农业生态安全与农产品质量安全的传导机制研究.生

态经济,2012(8):144-147.

[217] 费威.供应链生产、流通和消费利益博弈及其农产品质量安全.改革,2013(10):94-101.

[218] 丰军辉,何可,张俊飚.家庭禀赋约束下农户作物秸秆能源化需求实证分析——湖北省的经验数据.资源科学,2014,36(3):530-537.

[219] 傅琳琳,李海涛,朋文欢,黄祖辉.农户参与农民合作社对其绩效的影响——来自生猪养殖户的证据.中国畜牧杂志,2019,55(4):137-143.

[220] 高娟.保障农民利益 引领资本下乡.合作经济与科技,2012(9):34-35.

[221] 高强,孔祥智.我国农业社会化服务体系演进轨迹与政策匹配:1978—2013年.改革,2013(4):5-18.

[222] 高杨,张笑,陆姣,吴蕾.家庭农场绿色防控技术采纳行为研究.资源科学,2017,39(5):934-944.

[223] 高瑛,王娜,李向菲,王咏红.农户生态友好型农田土壤管理技术采纳决策分析——以山东省为例.农业经济问题,2017,38(1):38-47,110-111.

[224] 耿明斋.河南科迪食品集团土地"承租返包"模式研究.中国农村经济,2000(7):31-33

[225] 耿宇宁,郑少锋,陆迁.经济激励、社会网络对农户绿色防控技术采纳行为的影响——来自陕西猕猴桃主产区的证据.华中农业大学学报(社会科学版),2017(6):59-69.

[226] 苟露峰,高强,汪艳涛.新型农业经营主体技术选择的影响因素.中国农业大学学报,2015,20(1):237-244.

[227] 郭斌.农业企业"公司＋农户"的生产经营模式创新.西北农林科技大学学报(社会科学版),2014(6):76-82.

[228] 郭利京,赵瑾.农户亲环境行为的影响机制及政策干预——以秸秆处理行为为例.农业经济问题,2014(12):78-84.

[229] 郭庆海.小农户:属性、类型、经营状态及其与现代农业衔接.农业经济问题,2018(6):25-37.

[230] 郭伟珍,赵京献,杜子春,李联地.氯化钙、臭氧及1-甲基环丙烯对黄冠梨室温保鲜效果的影响.北方园艺,2013(16):149-151.

[231] 何秀荣.公司农场:中国农业微观组织的未来选择?中国农村经济,2009(11):4-16.

[232] 胡鞍钢,吴群刚.农业企业化的内涵、特征和组织模式.经济研究参考,
2001(31):30.

[233] 胡定寰,陈志钢,孙庆珍,多田稔.合同生产模式对农户收入和食品安全
的影响——以山东省苹果产业为例.中国农村经济,2006(11):17-
24,41.

[234] 胡林英,杜佩,陈富桥,姜爱芹,姜仁华,鲁成银.茶农绿色防控技术采用
行为影响因素实证研究.茶叶科学,2017,37(3):308-314.

[235] 华红娟,常向阳.供应链模式对农户食品质量安全生产行为的影响研
究——基于江苏省葡萄主产区的调查.农业技术经济,2011,(9):
108-117.

[236] 黄季焜,邓衡山,徐志刚.中国农民专业合作经济组织的服务功能及其
影响因素.管理世界,2010(5):75-81.

[237] 黄宗智.长江三角洲小农家庭与乡村发展.北京:中华书局,1992.

[238] 黄祖辉,王祖锁.从不完全合约看农业产业化经营的组织方式.农业经
济问题,2002(3):28-31.

[239] 黄祖辉,俞宁.新型农业经营主体:现状、约束与发展思路——以浙江省
为例的分析.中国农村经济,2010(10):16-26.

[240] 纪尽善.我国农村推行"公司+农户"问题研究.经济理论与经济管理,
1995(6):42-45.

[241] 姜长云,杜志雄.关于推进农业供给侧结构性改革的思考.南京农业大
学学报(社会科学版),2017(1):1-10.

[242] 姜长云.关于发展农业生产性服务业的思考.农业经济问题,2016,37
(5):8-15,110.

[243] 蒋焕煜,应义斌,王剑平,饶秀勤,徐惠荣,汪懋华.水果品质智能化实时
检测分级生产线的研究.农业工程学报,2002(6):158-160.

[244] 蒋永穆,高杰.不同农业经营组织结构中的农户行为与农产品质量安
全.云南财经大学学报,2013(1):142-148.

[245] 焦润安,张舒涵,李毅,李朝周,王建平,焦健.生草影响果树生长发育及
果园环境的研究进展.果树学报,2017:1-20.

[246] 景隽.褚时健 从"烟王"到"橙王".品牌,2013(6):56-57.

[247] 孔祥智,楼栋.农业技术推广的国际比较、时态举证与中国对策.改革,
2012(1):12-23.

[248] 孔祥智.新型农业经营主体中合作社的角色定位.中国农民合作社, 2013(11):29.

[249] 李后建.农户对循环农业技术采纳意愿的影响因素实证分析.中国农村 观察,2012(2):28-36,66.

[250] 李凯,周洁红,陈潇.集体行动困境下的合作社农产品质量安全控制.南 京农业大学学报(社会科学版),2015(4):70-77,133.

[251] 李敏.我国农产品品牌价值及品牌战略管理研究.华中农业大学博士学 位论文,2008.

[252] 李晓静,陈哲,刘斐,夏显力.参与电商会促进猕猴桃种植户绿色生产技 术采纳吗?——基于倾向得分匹配的反事实估计.中国农村经济,2020 (3):118-135.

[253] 李阳,安玉发,古川.中国生鲜农产品食品安全事件分析及关键控制点 定位.经济与管理,2013(5):31-35.

[254] 梁巧,吴闻,刘敏,卢海阳.社会资本对农民合作社社员参与行为及绩效 的影响.农业经济问题,2014,35(11):71-79,111.

[255] 廖西元,王磊,王志刚,阮刘青,胡慧英,方福平,陈庆根.稻农采用节水 技术影响因素的实证分析——自然因素和经济因素效应及其交互影响 的估测.中国农村经济,2006(12):13-19.

[256] 林克惠.施肥对农产品品质的影响.云南农业大学学报,1996(2): 114-120.

[257] 林乐芬,顾庆康.农户入股农村土地股份合作社决策和绩效评价分 析——基于江苏1831份农户调查.农业技术经济,2017(11):49-60.

[258] 林良方,林顺权.果袋类型、套袋层数和套袋时间对枇杷优果率和效益 的影响.福建果树,2010(1):40-42.

[259] 林其屏."公司加农户":引导农民走向市场的有效形式.农业经济问题, 1994(5):6-9.

[260] 刘畅,张浩,安玉发.中国食品质量安全薄弱环节、本质原因及关键控制 点研究——基于1460个食品质量安全事件的实证分析.农业经济问 题,2011,32(1):24-31,110-111.

[261] 刘畅.黑龙江垦区农业龙头企业农产品质量控制研究.东北农业大学硕 士学位论文,2014.

[262] 刘刚,张晓林.基于农民合作社的农产品质量安全治理研究.农业现代

化研究,2014,35(6):710-714.

[263] 刘克春,张明林,包丽.多元化非农经营战略对农业龙头企业产出绩效影响的实证分析——基于江西省农业龙头企业的经验数据.中国农村经济,2011(12):25-34.

[264] 刘乐,张娇,张崇尚,仇焕广.经营规模的扩大有助于农户采取环境友好型生产行为吗——以秸秆还田为例.农业技术经济,2017(5):17-26.

[265] 刘同山,孔祥智.加入合作社能够提升家庭农场绩效吗?——基于全国1505个种植业家庭农场的计量分析.学习与探索,2019(12):98-106.

[266] 刘晓敏,王慧军.黑龙港区农户采用农艺节水技术意愿影响因素的实证分析.农业技术经济,2010(9):73-79.

[267] 娄锋.农民专业合作社产品品牌建设及其影响因素分析.经济问题,2013(3):107-113.

[268] 娄旭海,王芳,陈松,尹志洁.河南省小农户农业标准化生产意愿的影响因素分析.农业经济问题,2007(1):51-54.

[269] 楼栋,孔祥智.新型农业经营主体的多维发展形式和现实观照[J].改革,2013(2):65-77.

[270] 楼栋,林光杰,林宇洁.农民专业合作社对社员安全生产的控制机制与效果研究——基于3个农民专业合作社的案例分析[J].农产品质量与安全,2012,(05):51-53,65.

[271] 卢华,胡浩.土地细碎化增加农业生产成本了吗?——来自江苏省的微观调查.经济评论,2015(5).

[272] 罗必良,胡新艳.农业经营方式转型:已有试验及努力方向.农村经济,2016(1):3-13.

[273] 罗小娟,冯淑怡,Reidsma Pytrik,石晓平,曲福田.基于农户生物—经济模型的农业与环境政策响应模拟——以太湖流域为例.中国农村经济,2013(11):72-85.

[274] 罗亚轩.工商资本下乡对农村的影响.农村经济与科技,2015(2):175-176.

[275] 马立.农产品质量管理与农业产业化合作模式发展的互动分析.生产力研究,2011(1):43-45.

[276] 满明俊,周民良,李同昇.农户采用不同属性技术行为的差异分析——基于陕西、甘肃、宁夏的调查.中国农村经济,2010(2):68-78.

[277] 毛衍伟,张一敏,朱立贤,高淑娟,郝剑刚,罗欣.澳大利亚牛肉安全、品质控制技术和销售策略及对我国牛肉工业的启示.食品工业科技,2017:1-10.

[278] 苗小玲.农民合作经济组织产生的成本—收益分析.经济经纬,2005(6):119-122.

[279] 闵继胜,孔祥智.新型农业经营主体经营模式创新的制约因素及制度突破.经济纵横,2016(5):66-70.

[280] 尼尔森电商研究.中国生鲜电商市场研究白皮书.2015(10):41.

[281] 农业部软科学委员会课题组.中国农业进入新阶段的特征和政策研究.农业经济问题,2001(1):3-8.

[282] 朋文欢,黄祖辉.农民专业合作社有助于提高农户收入吗?——基于内生转换模型和合作社服务功能的考察.西北农林科技大学学报(社会科学版),2017,17(4):57-66.

[283] 皮竟,魏萍,葛昭宇,蒋信一,蒲昌权.九龙坡区农产品商品率及优质率指标实现路径研究.南方农业,2014(28):55-59.

[284] 齐琦,周静,王绪龙.农户风险感知与施药行为的响应关系研究——基于辽宁省菜农数据的实证检验.农业技术经济,2020(2):72-82.

[285] 乔瑞庆,任大廷."反租倒包"中的交易类型及其契约治理.经济与管理,2012(1):33-38.

[286] 邵科,于占海.客观认识工商资本进入农业.农村经营管理,2017(4):38-39.

[287] 宋金田,祁春节.农户农业技术需求影响因素分析——基于契约视角.中国农村观察,2013(6):52-59,94.

[288] 宋燕平,滕瀚.农业组织中农民亲环境行为的影响因素及路径分析.华中农业大学学报(社会科学版),2016(3):53-60,134.

[289] 苏华,金宝燕,张福漫,任华中.施肥和灌溉对蔬菜品质影响的研究进展.中国蔬菜,2005(增刊):49-52.

[290] 苏昕,刘昊龙.农户与企业合作下的农产品质量安全演化博弈仿真研究.农业技术经济,2015(11):112-122.

[291] 苏昕,王可山.农民合作组织:破解农产品质量安全困境的现实路径.宏观经济研究,2013(2):76-79.

[292] 苏毅清,王志刚.农户施用测土配方肥及效果满意度的影响因素——基

于山东省平原县的问卷调查数据.湖南农业大学学报(社会科学版),2014,15(6):25-31.

[293] 孙亚范,余海鹏.农民专业合作社制度安排对成员行为及组织绩效影响研究.南京农业大学学报(社会科学版),2012,12(4):61-69.

[294] 孙亚楠.地理标志农产品的品质控制及监管效果研究——以地方畜禽品种为例.南京农业大学博士学位论文,2014.

[295] 谭智心,孔祥智.不完全契约、内部监督与合作社中小社员激励——合作社内部"搭便车"行为分析及其政策含义.中国农村经济,2012(7):17-28.

[296] 唐博文,罗小锋,秦军.农户采用不同属性技术的影响因素分析——基于9省(区)2110户农户的调查.中国农村经济,2010(6):49-57.

[297] 唐季.高原特色农业企业企业文化战略探析.当代经济,2015(4):52-53

[298] 汪发元.中外新型农业经营主体发展现状比较及政策建议.农业经济问题,2014,35(10):26-32,110.

[299] 王昌全,李廷强,夏建国,张锡洲,项虹艳.有机无机复合肥对农产品产量和品质的影响.四川农业大学学报,2001(3):241-244.

[300] 王经钱.乳制品供应链中的激励研究.江西财经大学硕士学位论文,2010.

[301] 王新平,汪方军,万威武,苏秦.企业质量管理体系及其认证的有效性研究综述.管理评论,2008(10):20-27,63.

[302] 王艺潼,周应恒,张宇青.工商资本进入种植环节促进参与农户增收的机理分析.改革与战略,2016(5):92-95.

[303] 王英姿.中国现代农业发展要重视舒尔茨模式.农业经济问题,2014,35(2):41-44.

[304] 王玉斌.大型农业企业产品发展战略研究.中国农业大学硕士学位论文,2003.

[305] 魏琦,张斌,金书秦.中国农业绿色发展指数构建及区域比较研究.农业经济问题,2018(11):11-20.

[306] 温铁军.农民专业合作社发展的困境与出路.湖南农业大学学报(社会科学版),2013(4):4-6.

[307] 吴德胜.农业产业化中的契约演进——从分包制到反租倒包.农业经济问题,2008(2):28-34.

[308] 吴凤超.我国农业企业全产业链战略研究.上海社会科学院硕士学位论文,2014.

[309] 吴海盛.工商资本参与江苏农业产业化研究.南京农业大学硕士学位论文,2006.

[310] 西奥多·W.舒尔茨.改造传统农业.梁小民,译.北京:商务印书馆,2006.

[311] 项诚,贾相平,黄季焜等.农业技术培训对农户氮肥施用行为的影响——基于山东省寿光市玉米生产的实证研究.农业技术经济,2012,(9):4-10.

[312] 夏海龙,闫晓明,张阳.韩国亲环境农业的发展及农协的促进作用.世界农业,2014(4):33-34,65,203.

[313] 幸家刚,周洁红.农业标准化示范基地绩效测评.华南农业大学学报(社会科学版),2014(1):11-19.

[314] 许佳彬,王洋,李翠霞.新型农业经营主体有能力带动小农户发展吗——基于技术效率比较视角.中国农业大学学报,2020,25(9):200-214.

[315] 徐建春,李长斌,徐之寒,李翠珍.农户加入土地股份合作社意愿及满意度分析——基于杭州4区387户农户的调查.中国土地科学,2014,28(10):4-11.

[316] 徐立成,周立和潘素梅."一家两制":食品安全威胁下的社会自我保护.中国农村经济,2013(5):32-44.

[317] 徐涛,赵敏娟,李二辉,乔丹.技术认知、补贴政策对农户不同节水技术采用阶段的影响分析.资源科学,2018(4).

[318] 徐阳,谭一杰,邵慧敏,马玲玲.加入合作社提高了农户的收入水平吗——基于云南省微观调查数据的实证分析.西部经济管理论坛,2019,30(6):32-41.

[319] 许竹青,郑风田,陈洁."数字鸿沟"还是"信息红利"? 信息的有效供给与农民的销售价格——一个微观角度的实证研究.经济学,2013(4):1513-1536.

[320] 闫岩.计划行为理论的产生、发展和评述.国际新闻界,2014(7):113-129.

[321] 杨继瑞."三权分置":我国农村集体土地产权制度创新的探析.经济学

家,2018(11):83-89.

[322] 杨林岩,詹联科.全面质量管理理论在我国公共部门的运用分析.科学学与科学技术管理,2006(6):120-125.

[323] 杨穗,鲍传健.改革开放40年中国社会救助减贫:实践、绩效与前瞻.改革,2018(12):112-122.

[324] 杨志海.老龄化、社会网络与农户绿色生产技术采纳行为——来自长江流域六省农户数据的验证.中国农村观察,2018(4):44-58.

[325] 伊藤顺一,包宗顺,苏群.农民专业合作社的经济效果分析——以南京市西瓜合作社为例.中国农村观察,2011(5):2-13,95.

[326] 殷志扬,程培堽,王艳,袁小慧.计划行为理论视角下农户土地流转意愿分析——基于江苏省3市15村303户的调查数据.湖南农业大学学报(社会科学版),2012(3):1-7.

[327] 应瑞瑶,徐斌.农户采纳农业社会化服务的示范效应分析——以病虫害统防统治为例.中国农村经济,2014(8):30-41.

[328] 应瑞瑶,朱勇.农业技术培训方式对农户农业化学投入品使用行为的影响——源自实验经济学的证据.中国农村观察,2015(1):50-58.

[329] 于冷.农业标准化与农产品质量分等分级.中国农村经济,2004,(7):4-10.

[330] 余涤非.我国农业产业化龙头企业战略研究.中国海洋大学博士学位论文,2012.

[331] 苑鹏,张瑞娟.新型农业经营体系建设的进展、模式及建议.江西社会科学,2016,36(10):47-53.

[332] 张炳霖.龙头企业与农户利益联结机制研究.北京工商大学硕士学位论文,2011.

[333] 张华荣.我国绿色优质农产品发展思维及方式创新.农产品质量与安全,2019(3):3-8.

[334] 张晖,吴霜,张燕媛,虞祎.加入合作社对种粮大户农机投资及服务供给行为的影响分析.中国农村观察,2020(2):68-80.

[335] 张红宇.新常态下的农民收入问题.农业经济问题,2015,36(5):4-11.

[336] 张宏志,管正学,李家永.农产品品质评价体系的研究.江西科学,2002(3):179-182.

[337] 张吉国,胡继连,张新明.我国农产品质量管理的标准化问题研究.农业

现代化研究,2002(3):178-182.

[338] 张晋华,冯开文,黄英伟.农民专业合作社对农户增收绩效的实证研究.中国农村经济,2012(9):4-12.

[339] 张利国.我国安全农产品有效供给的长效机制分析.农业经济问题,2010(12):71-75.

[340] 张宁宁."新常态"下农村金融制度创新:关键问题与路径选择.农业经济问题,2016,37(6):69-74.

[341] 张婷.绿色食品生产者质量控制行为研究.四川农业大学博士学位论文,2013.

[342] 张万业,张旭,王秀英,王天平,陶格斯,朱利萍,王志勇.补硒现状、存在问题与对策.内蒙古农业科技,2015(4):90-91.

[343] 张晓山.农民专业合作社的发展趋势探析.管理世界,2009(5):89-96.

[344] 张尧.农业生产方式变革下的农村社会保障制度体系完善研究.华中科技大学,2016.

[345] 张宇,朱立志.关于"乡村振兴"战略中绿色发展问题的思考.新疆师范大学学报(哲学社会科学版),2019(1):1-7.

[346] 张云华,马九杰,孔祥智,朱勇.农户采用无公害和绿色农药行为的影响因素分析——对山西、陕西和山东15县(市)的实证分析.中国农村经济,2004(1):41-49.

[347] 赵建欣.农户安全蔬菜供给决策机制研究.浙江大学博士学位论文,2008.

[348] 赵曙明.人力资源管理理论研究现状分析.外国经济与管理,2005(1):15-20.

[349] 赵卓.农产品质量分级促进农业现代化的作用机理研究.上海交通大学博士学位论文,2009.

[350] 郑适,陈茜苗,王志刚.土地规模、合作社加入与植保无人机技术认知及采纳——以吉林省为例.农业技术经济,2018(6).

[351] 郑微微,沈贵银.江苏省农业绿色发展现状、问题及对策研究.江苏农业科学,2018,46(7):1-5.

[352] 钟颖琦,黄祖辉,吴林海.农户加入合作社意愿与行为的差异分析.西北农林科技大学学报(社会科学版),2016(6):66-74.

[353] 钟真,陈淑芬.生产成本、规模经济与农产品质量安全——基于生鲜乳

质量安全的规模经济分析.中国农村经济,2014(1):49-61.

[354] 钟真,孔祥智.产业组织模式对农产品质量安全的影响:来自奶业的例证.管理世界,2012(1):79-92.

[355] 周卉.中国农村养老保险制度的发展与反思.吉林大学博士学位论文,2015.

[356] 周洁红,何乐琴,金少胜.农业标准化推广实施体系研究:基于浙江省的实践.杭州:浙江大学出版社,2009:36-44.

[357] 周洁红,李凯.农产品可追溯体系建设中农户生产档案记录行为的实证分析.中国农村经济,2013(5):58-67.

[358] 周洁红,刘清宇.基于合作社主体的农业标准化推广模式研究——来自浙江省的实证分析.农业技术经济,2010(6):88-97.

[359] 周洁红,幸家刚,虞轶俊.农产品生产主体质量安全多重认证行为研究.浙江大学学报(人文社会科学版),2015(2):55-67.

[360] 周洁红,杨之颖,梁巧.合作社内部管理模式与质量安全实施绩效:基于农户农药安全间隔期执行视角.浙江大学学报(人文社会科学版),2019,49(1):37-50.

[361] 周洁红,叶俊焘.我国食品安全管理中 HACCP 应用的现状、瓶颈与路径选择——浙江省农产品加工企业的分析.农业经济问题,2007(8):55-61,111-112.

[362] 周洁红.生鲜蔬菜质量安全管理问题研究.浙江大学博士学位论文,2005.

[363] 周立群,曹利群.农村经济组织形态的演变与创新——山东省莱阳市农业产业化调查报告.经济研究,2001(1):69-75.

[364] 周宇,赵敏娟,康健.社会资本对农户参与合作社决策行为的影响.农业现代化研究,2019,40(2):226-233.

[365] 周玉玺,周霞,宋欣.影响农户农业节水技术采用水平差异的因素分析——基于山东省 17 市 333 个农户的问卷调查.干旱区资源与环境,2014,28(3):37-43.

[366] 周月书,孙冰辰,彭媛媛.规模农户加入合作社对正规信贷约束的影响——基于社会资本的视角.南京农业大学学报(社会科学版),2019,19(4):126-137,160.

[367] 朱淀,孔霞,顾建平.农户过量施用农药的非理性均衡:来自中国苏南地

区农户的证据.中国农村经济,2014(8).

[368] 朱萌.新型农业经营主体农业技术采用行为研究.华中农业大学博士学位论文,2016.

[369] 朱智伟.构建我国农产品品质标准的几点思考.农业质量标准,2007(1):83-84.

[370] 曾寅初,全世文.我国生鲜农产品的流通与食品安全控制机制分析——基于现实条件、关键环节与公益性特征的视角.中国流通经济,2013(5):16-21.

附　　录

附录一

新型农业经营主体标准化实施情况调查问卷

姓名：＿＿＿＿＿　　联系电话：＿＿＿＿＿　　日期：＿＿＿＿年＿＿＿＿＿
月＿＿＿＿＿日

调查地点：＿＿＿＿市＿＿＿＿县(市、区)＿＿＿＿乡(镇、街道)＿＿＿＿村

填写要求：请直接填写相关内容或在相应的选项中打"√"，除注明多选外，其余只选1个答案。

1. 生产主体名称：＿＿＿＿＿，成立时间：＿＿＿＿＿年；

主要农产品：＿＿＿＿＿

2. 生产主体类型是：

①合作社　　②协会　　③龙头企业　　④大户

3. 生产主体的级别为哪一级？

①省级　　②市级　　③县(市、区)级　　④其他

4. 你所在单位的员工规模约为＿＿＿＿＿人；其中生产技术人员＿＿＿＿＿人，农产品质量安全技术人员＿＿＿＿＿人，大学专科及以上人员＿＿＿＿＿人。生产主体法人年龄为＿＿＿＿＿岁，文化程度为＿＿＿＿＿。生产人员中39岁以下约＿＿＿＿＿人，40—49岁约＿＿＿＿＿人，50—59岁约＿＿＿＿＿人，60岁以上约＿＿＿＿＿人。

5. 生产主体共有土地＿＿＿＿＿亩，其中示范面积＿＿＿＿＿亩。带动农户

_____户,辐射面积_____亩。产品来自成员农户的占_____%,来自其他农户的占_____%。

6.生产主体是否参与农业标准制修订(含规程和模式图)?

①是(名称和编号_____)　　②否

7.生产主体所使用的标准(规程或模式图)来源于?

①自行收集　　②农业部门提供　　③参与制订　　④其他_____

8.生产主体在生产过程中已实施了哪些标准?(可多选)

①生产技术标准　　②产品标准　　③包装和分级标准

④质量安全标准　　⑤环境评价标准　　⑥销售标准

⑦其他_____

9.生产主体所执行的标准类别是什么?(可多选)

①国际标准　　②国家标准　　③行业标准　　④省级标准　　⑤市级标准　　⑥县(市、区)级标准　　⑦企业标准

10.你认为最易接受的标准培训形式是什么?

①发放标准文本　　②发放生产模式图　　③集中上课培训　　④视频讲解　　⑤其他_____

11.生产主体是否使用标准化生产模式图?

①是　　②否

若否,则原因为:

①没有模式图　　②不常用　　③不适用　　④其他_____

12.生产主体如何保障农产品质量安全?(可多选)

①种植前环境条件检验　　②销售前自检　　③产品送检　　④保存生产记录　　⑤农业投入品使用　　⑥其他_____

13.如何选购农药等农业投入品?

①集中采购、统防统治　　②自行购买使用　　③农技人员推荐④经销商推荐　　⑤其他_____

14.生产主体内部有哪些方面管理制度?

①生产管理制度　　②农产品质量管理制度

③农用投入品管理使用制度　　④农产品准出制度　　⑤生产主体章程⑥责任制度　　⑦财务核算与分配制度　　⑧其他_____

15.生产主体要求成员进行以下哪些记录?(可多选)

①无记录　　②种子购买及使用情况　　③农药购买及使用情况

④肥料购买及使用情况　　⑤农事操作情况　　⑥收获情况　　⑦产品检测情况　　⑧销售情况　　⑨其他_____

16.生产主体在上市前是否对产品进行检测？

①是　　②否

若是,则

①每批都检　　②定期检测　　③少量检测

检测方式是哪种？（可多选）

①送检　　②政府抽检　　③自检（仪器设备名称_____）　　④其他_____

17.生产主体在上市前是否对产品进行简单处理？

①是　　②否

若是,则

①分等分级　　②统一包装　　③统一标识　　④冷库贮藏　　⑤其他_____

18.生产主体是否拥有自己的产品品牌？

①有　　②没有

若有,则品牌名称为_____

品牌级别为：

①市级名牌　　②省级名牌　　③国家级名牌　　④其他_____

是否统一品牌销售？

①是　　②否

19.生产主体通过了哪类认证？（可多选）

①无公害农产品　　②绿色食品　　③有机农产品　　④地理标志产品　　⑤GAP　　⑥GMP　　⑦HACCP　　⑧ISO系列　　⑨没有认证

20.生产的农产品主要销往什么地方？

①本地（比例_____%）　　②省内（比例_____%）　　③省外（比例_____%）

21.产品主要销售渠道（由主到次依次选填）_____

①超市　　②加工企业　　③农贸批发市场　　④集散中心　　⑤学校饭店　　⑥旅游观光采摘　　⑦其他_____

22.若农产品发生质量问题能否追溯到农户吗？

①能　　②偶尔能　　③否

若能,则追溯形式为:

①条形码　②二维码　③产地准出证明　④标志标识　⑤其他_____

23.生产主体对其成员提供哪些服务?(可多选)

①生产标准、技术规范　②资金支持　③统一采购农用物资④统一农产品销售　⑤保底价格收购　⑥检测服务　⑦培训指导⑧其他_____

24.生产主体是否举办过农业标准化方面的培训?

①是　②否

若是,则去年培训_____次;培训规模_____人次;费用_____元/人次。

培训的老师来自:(可多选)

①内部业务能手　②内部专职技术人员　③农技推广人员④高校或农业研究机构专家　⑤其他_____

培训的内容包括哪些?(可多选)

①农业标准化生产技术　②法律法规　③产品或体系认证的要求④种植、养殖技术　⑤规范生产的责任　⑥其他_____

培训对实施标准化的作用:①明显　②较为明显　③不明显

25.生产主体采用何种方式确保成员实施标准化?(可多选)

①提供生产标准、技术规范　②资金支持　③产品统一收购、统一销售　④日常巡查监督　⑤保底价格收购　⑥产品检测　⑦培训指导　⑧签订责任书　⑨奖励制度　⑩其他_____

26.农业标准化推广方式主要是(由主到次依次选填):_____

①举办培训班　②现场示范　③乡镇农技推广人员指导　④内部技术人员指导　⑤外聘专家指导　⑥资料发放　⑦其他_____

27.生产主体实施农业标准化原因(请在下表相应位置打钩)

实施农业标准化原因	非常有关系	比较有关系	一般	不太有关系	毫无关系
政府强制要求					
政府宣传推广与相关行动支持					

实施农业标准化原因	非常 有关系	比较 有关系	一般	不太 有关系	毫无 关系
消费者对农产品安全意识提高					
为了降低面临的农产品安全问题风险					
提高农产品质量					
认证产品价格高					
出于在营销过程中打造产品品牌的需要					
出于下游农产品收购企业的质量要求					
增加成员或非成员对质量的责任感					
为了吸引新顾客购买产品					
为了维系老顾客购买产品					
为了提高市场竞争力					
其他原因					

28.生产主体实施农业标准化主要障碍(请在下表相应位置打钩)

实施农业标准化主要障碍	非常 有关系	比较 有关系	一般	不太 有关系	毫无 关系
标准化生产成本过高					
规模化程度不够					
政府扶持不够					
社员文化程度低					
社员老龄化					
农户标准化意识不强,技术达不到要求					
标准文本操作性不强,执行难度大					
优质不优价					
市场需求量不大					
认证过程太麻烦、成本高					
农产品市场信息服务体系不完善					

续表

实施农业标准化主要障碍	非常 有关系	比较 有关系	一般	不太 有关系	毫无 关系
推广人员缺乏、技术指导不能满足需求					
其他障碍＿＿＿＿＿					

29.实施农业标准化后的成效:(可多选)

①质量安全有保障　　②产量提高(A. <5%;B. 5%~10%;C. >10%)

③产量降低　　④效益增加(A. <5%;B. 5%~10%;C. >10%)

⑤成本增加　　⑥产品形象提升

⑦市场竞争力增强　　⑧价格提高　　⑨其他＿＿＿＿＿

30.实施农业标准化中政府的作用多大?

①很大　　②较大　　③一般　　④较小　　⑤无作用

若有作用,则主要体现在哪些方面?(可多选)

①提供技术培训和指导　　②农产品质量安全监管服务　　③标准化示范项目扶持　　④市场宣传和消费者教育　　⑤基础设施投入　　⑥其他:＿＿＿＿＿

31.实施农业标准化希望得到哪些方面支持?(可多选)

①政府政策支持　　②标准化项目扶持　　③农业标准化技术指导(如提供标准化生产模式图或生产操作规程)　　④标准化培训　　⑤市场准入制度的建立　　⑥品牌化宣传　　⑦其他＿＿＿＿＿

32.你对实施农业标准化有哪些建议?

＿＿＿＿＿＿＿＿＿＿＿＿＿＿＿＿＿＿＿＿＿＿＿＿＿＿＿

附录二

农业企业调查问卷表

_____市_____区（县）_____乡（镇）_____村　联系方式_____

公司名称		成立时间	
领导人姓名		受教育程度（年）	
性别	0＝女；1＝男（）	年龄	
是否为当地人	0＝否；1＝是（）	是否一直从事农业产业	0＝否；1＝是（）
为何进入农业	☐企业自身发展需要　☐市场缺口大　☐政府系列惠农政策的引导 ☐规避风险的考虑　☐企业家自身的想法（出于食品安全、乡土情结） ☐其他（请注明）_____		
主要经营产品种类	☐水果_____种　☐蔬菜_____种　☐畜产品_____种 ☐水产品_____种　☐水果加工　☐蔬菜加工 ☐畜产品加工　☐水产品加工　☐休闲农业 ☐餐饮　☐其他（请注明）_____		
企业的性质	☐国有　☐集体　☐私营　☐股份　☐其他		
获得政府部门认可情况	☐国家级龙头企业　☐省级龙头企业　☐市级龙头企业 ☐其他（请注明）_____		

一、企业概况

1.1 贵单位固定资产总额为_____万元，总投资额_____万元，2015年销售额_____万元，税后利润_____万元；2016 年销售额投资_____万元，税后利润_____万元。截至目前累计利润是否已将投资收回（☐是　☐否），若选否，预计还有_____年可收回投资。

1.2 基础设施投资：厂房建设_____万元，农业基础设施投资_____

万元,农机具投资＿＿＿＿万元,各式检测器械投资＿＿＿＿万元,专门的质检室投资＿＿＿＿万元,建于＿＿＿＿年,其他＿＿＿＿万元。

1.3 员工现有＿＿＿＿人,其中负责生产＿＿＿＿人,进行质量安全管理＿＿＿＿人,负责销售＿＿＿＿人。职工文化程度:初中及以下＿＿＿＿人,高中及中专＿＿＿＿人,大专及以上＿＿＿＿人。负责生产的人员 39 岁以下约＿＿＿＿人,40—59 岁约＿＿＿＿人,60 岁以上约＿＿＿＿人。

1.4 企业是否拥有自己的农产品品牌?

□否　　□是,品牌名＿＿＿＿,它现在是:

□市级名牌　　□省级名牌　　□国家级名牌　　□其他

1.5 企业在生产过程中已实施了哪些标准?（可多选）

□生产作业标准　　□产品标准　　□包装和分级标准　　□质量安全标准　　□环境评价标准　　□销售标准　　□其他＿＿＿＿

1.6 企业所执行的标准是属于

□国家标准　　□行业标准　　□地方标准

□企业标准　　□国际标准　　□出口国(地区)标准/技术要求

1.7 企业是否通过了产品认证或质量安全管理体系认证?

□是　　□否

如果是,通过了以下哪些认证?（可多选）＿＿＿＿

□绿色农产品认证　　□无公害农产品认证　　□有机农产品认证

□ISO 系列　　□GAP　　□GMP　　□HACCPP　　□QS　　□其他（请注明）＿＿＿＿

二、生产经营过程

类型	①自有基地	②市场收购	③合作社	④其他＿＿＿
2.1 原材料来源占总量比例/%				
2.2 合作年份				
2.3 带动农户户数				
2.4 发现质量问题能否追溯到农户(1＝能,2＝偶尔能,3＝不能)				

续表

类型	①自有基地	②市场收购	③合作社	④其他＿＿＿
2.5 提供的农产品数量稳定程度 (1＝很稳定,5＝总是不稳定)				
2.6 评估供应者的频率				
2.7 检查原材料质量的频率(1＝ 从不检查,5＝总是检查)				

2.8 收购价格由高到低排序＿＿＿＿＿,原材料质量由高到低排序＿＿＿＿＿,其中来自浙江省内的有＿＿＿＿＿,有合格证的是＿＿＿＿＿。

2.9 与供应者合作存在的困难(可多选,从最困难开始排序):

①农户规模太小、太分散　　②供应者不守信用　　③基地前期投入过大　　④寻找新供应者需大量财力和时间　　⑤其他＿＿＿＿

2.10 若有基地,现有基地面积＿＿＿＿亩,种植面积＿＿＿＿亩,养殖数量(存栏/出栏:＿＿＿＿只/年);水产养殖面积＿＿＿＿亩。土地租金＿＿＿＿元/亩,流转时长＿＿＿＿年,到＿＿＿＿年到期。

土地流转途径:□村民个人　　□村集体　　□政府

2.11 土地流转(□是　　□否)存在困难,如果有困难,主要有哪些困难?(可多选)

①土地流入比较困难　　②集中连片土地少　　③流转价格上升太快

④土地流转时间太短　　⑤土地续租困难　　⑥其他＿＿＿＿

2.12 与农户的关系:

①雇佣型　　②承包型　　③合同型　　④其他(请注明)＿＿＿＿

2.13 是否要求基地农户进行生产过程记录?　　□是　　□否

如果是,记录主体:①农户自身　　②企业管理人员

记录方式:①纸质　　②现场纸质后电子保存　　③电子

2.14 企业为基地农户提供哪些质量安全服务?

①统一提供种苗、肥料、饲料、农药、兽药等农资(来源:□自行研发□合作的科研单位　　□农资公司　　□其他＿＿＿＿)　　②农资使用指导与培训　　③统一提供病虫害统防治服务　　④其他＿＿＿＿

2.15 企业为带动农户提供哪些质量安全服务?

①统一提供农资　　②农资使用指导与培训　　③统一提供病虫害统

防治服务　　④其他_____

2.16 如果有培训,一年间培训的次数一般为_____次;

培训后在产品质量上体现的效果_____。

①非常明显　　②较为明显
③不明显

讲师来自(可多选)_____。

①企业专职技术人员　　②政府部门　　③高校或农业研究机构
④其他(请注明)_____

2.17 企业打算(①扩大　　②保持不变　　③缩小)现有基地规模,原因是

①考虑销售情况与产量　　②向品种多元化发展　　③企业加工情况变化带来对原材料需求的变化　　④根据政府政策决策　　⑤其他(请注明)_____

三、品质管理

3.1 加强品质管理采取的方法	费用额/万元	频率
人才引进(外部咨询和顾问服务)		
员工教育和培训		
管理方式变革		
更换口感、品质更好的品种		
采用生态低毒的化肥农药		
保证生态化的种养殖密度		
其他(请注明)		

3.2 是否还愿意加强品质管理?

①采取更多方式提高品质　　②保持现有方式
③减少一些品质管理的方式　　④保证质量就行,不再控制品质

3.3 企业之所以要加强品质管理是因为（请根据因果的相关性在以下各个因素的重要性量表中打√）：

加强品质管理的原因	非常有关系	比较有关系	一般	不太有关系	毫无关系
提高农产品质量					
降低企业面临的食品安全风险					
在同行中确立领先地位					
在营销过程中打造产品品牌					
为了吸引新顾客购买产品					
为了维系老顾客购买产品					
多数同行开始追求更高品质的紧迫感					
为了开拓海外市场					
为了更高的销售单价					
相关认证的要求					
企业的道德责任感驱使					
目标消费群的品质意识					
政府宣传推广与相关政策支持					

3.4 加强品质管理面临的困难（可多选）：

①缺乏技术　②人才培训难　③优质优价难实现　④仓储、运输等设备缺乏　⑤标准设定难　⑥其他（请注明）_____

四、销售

4.1 上市前企业是否对产品进行检测？　□是　□否
如果是，检测方式是哪种？（可多选）
①政府抽检　②自检　③其他（请注明）_____

4.2 企业的初级农产品滞销比例_____%，包装损耗的比例_____%。

4.3 销往：□本地区，比例_____%　□本省外地，比例_____%
□外省，比例_____%　□国外，比例_____%

销售情况	超市	农贸批发市场	网上销售	加工后销售	休闲农业销售	其他（注明）
销售数量占比/%						
利润占比/%						
与固定商家						
合作年数						

五、政府作用

5.1 你认为政府在帮助企业提升农产品质量的作用

□很大　　□较大　　□一般　　□较小　　□无作用

如果有作用,当前政府的帮助主要体现在(可多选)

□提供技术培训和指导　　□提供市场信息等服务　　□市场宣传和消费者教育　　□设备补贴_____万元　　□检测费用_____万元
□其他

5.2 你认为监管手段的有用程度	1=很大　2=较大　3=一般　4=较小 5=无作用
食品市场准入(如 QS 认证标识)	
产品追溯	
问题食品召回制度	
质量安全风险分析	
风险或危机预警制度	
质量安全信息披露	
质量信用体系	

谢谢您的支持与配合!

附录三

果蔬生产经营组织问卷

【该问卷的调查对象为果蔬生产经营组织的主要负责人,主要了解经营组织的基本经营情况、合作与技术水平、生产管理方面】

A:基本情况		单位	填写框	备注框
A01	组织成立时间	年/月		
A02	组织在农业产业链中主要负责	技术服务=1,种植=2,零售=3,批发流通=4,初级加工=5,深加工=6,种植、加工、销售一体化=7		
A03	组织的固定资产规模	20万元以下=1,20—100万元=2,100—500万元=3,500—1000万元=4,1000万元以上=5		
A04	组织的年销售额	万元		
A05	组织是否有自己的注册商标和品牌	是=1,否=0		
A06	组织是否获得以下认证(多选)	绿色食品认证=1,无公害农产品认证=2,有机食品认证=3,QS认证=4,HACCP认证=5,其他=6(需注明)		
A07	组织是否受到国家政策支持	是=1,否=0		
A07-2	哪些政策支持(多选)	税收优惠=1,农技部门的技术指导=2,租地优惠=3,项目经费=4,当地推广宣传=5,其他=6(需注明)		

	B:合作情况	单位	填写框	
B01	组织总种植规模	亩		
B02	是否有种植基地	是＝1,否＝0		
B02-2	基地种植规模	亩		
B03	是否与合作社建立合作关系(合作社不填)	是＝1,否＝0		
B03-2	与几个合作社存在合作关系(合作社不填)	个(A02-1 为 1 时填写)		
B03-3	合作社农户种植规模(合作社不填)	亩		
B04	是否与家庭农场/专业大户直接合作	是＝1,否＝0		
B04-2	家庭农场/专业大户的种植规模	亩		
B05	农户在哪些方面与组织存在联系	土地入股＝1,资金入股＝2,产品收购＝3,基地就职＝4,承包地代耕＝5,其他＝6(需注明)		
B06	对进入的农户有哪些要求和限制	无限制＝1,年龄与文化水平＝2,种植规模＝3,资金实力＝4,土壤质量＝5,与组织距离＝6,其他＝7(需注明)		

C:组织安全生产管理		单位	填写框	备注框
C01	组织提供哪些服务	供应种苗和农资＝1,提供大棚农膜等专用资产＝2,种植技术指导＝3,资金融通＝4,市场信息＝5,统一机耕灌溉＝6,包装与运输＝7,保护价收购＝8,农业保险＝9,其他＝10(需注明)		
C02	是否对农药和化肥的使用有所要求	是＝1,否＝0		
C02-2	农药的种类是			
C02-3	农药的单次施用量	千克		
C02-4	农药的施用频次	次/生长周期		
C02-5	化肥的种类是			
C02-6	化肥的单次施用量	千克		
C02-7	化肥的施用频次	次/生长周期		
C03	组织是否制定了药肥的技术标准/技术规章/质量规章	是＝1,否＝0		
C03-2	是否向农户进行技术标准的宣传教	是＝1,否＝0		
C04	对从农户处收购的产品,是否进行质量检测	是＝1,否＝0		
C04-2	检测标准是			
C05	对从农户处收购的产品,是否进行分级	是＝1,否＝0		
C05-2	根据级别高低,是否会对农户进行分级奖惩	是＝1,否＝0		
C05-3	奖惩标准是			
C06	是否要求农户进行用药用肥的档案记录	是＝1,否＝0		

D：农户基本信息		单位	填写框	备注框
D01	您的家庭共有多少人	人		
D02	从事果蔬种植的主要劳动力的性别	男＝1，女＝2		
D03	从事果蔬种植的主要劳动力的年龄	岁		
D04	从事果蔬种植的主要劳动力的平均受教育水平	没有受过教育＝1，小学＝2，初中＝3，高中/中专＝4，本科/大专＝5，研究生及以上＝6		
D05	您家中是否有人担任或曾经担任干部	是＝1，否＝2		
D06	您家共有多少可种植耕地	亩		
D06-2	耕地共有几块	块		
D06-3	面积最大的一块是多少亩	亩		
D07	去年的家庭总收入	元		

E：农户组织认知		单位	填写框	备注框
E01	您参加的是哪类组织	合作社＝1，企业＝2		
E02	您参与公司/合作社/基地种植的时间	年/月		
	您参与组织的原因是	资金支持＝1，农资和技术支持＝2，政府推动＝3		
E03	（由重及轻选择3项）	保证销售＝4，保证价格＝5，其他＝6（请注明）		
		土地入股＝1，资金入股＝2，销售合同＝3，		
		基地就职＝4，生产合同＝5，生产＋销售合同＝6		

E:农户组织认知		单位	填写框	备注框
E04	您是如何加入组织的	其他=7(需注明)		
E05	您认为您加入的组织的信誉度如何	非常差=1,较差=2,一般=3,较好=4,非常好=5		
E06	您参加的组织提供过哪些服务	供应种苗和农资=1,提供大棚农膜等专用资产=2		
		种植技术指导=3,资金融通=4,市场信息=5		
		统一机耕灌溉=6,包装与运输=7		
		保护价收购=8,农业保险=9,其他=10(需注明)		
E07	您是否会继续和组织进行合作	会=1,不会=2		

F:安全生产操作		单位	填写框	备注框
F01	您是否接受过食品质量安全宣传或培训	是=1,否=2		
F02	组织每年对您进行技术指导的次数	次		
F03	组织对您生产的监管方式包括哪些内容	规定种苗/化肥/农药的来源=1,规定种苗/化肥/农药的种类=2,规定化肥/农药的用量=3,规定下种/施药肥的时间=4,规定使用特定的保鲜存储方式=5,药肥施用记录=6,其他=7(需注明)		
F04	您觉得组织对安全生产过程的监管强度如何	非常低=1,较低=2,一般=3,较高=4,非常高=5		
F05	您目前的种植方式是	露天种植=1,简易拱棚=2,塑料大棚=3,日光温室=4,加温玻璃温室=5		

续表

F:安全生产操作		单位	填写框	备注框
F05-2	您的灌溉用水是	自来水=1,井水=2,河道沟渠水=3,其他=4(需注明)		
F05-3	您家的蔬果是否采用套袋技术	是=1,否=2		
F05-4	您家的蔬果是否采用地膜保护	是=1,否=2		
F05-5	您家的蔬果是否采用嫁接等移栽技术	是=1,否=2		
F06	您知道具体的药肥施用的技术标准/技术规章/质量规章吗	知道=1,不知道=2		
F07	您是否使用过以下农药	内容见附1,是=1,否=2		
F08	组织是否要求您进行药肥施用记录	是=1,否=2		
F08-2	您是否按时、准确地进行档案记录	是=1,否=2		
F09	您是否有违约记录	是=1,否=2		
F09-2	如果违反组织规定的安全生产操作是否会受到处罚	是=1,否=2		
F10	组织如何对收购的农产品进行检测	随机抽检=1,根据信用记录抽检=2,普查=3		
F11	组织成员之间是否存在互相监督的行为	是=1,否=2		

附1:六六六、滴滴涕、杀毒芬、二溴氯丙烷、杀虫脒、杀虫眯、二溴乙烷、艾氏剂、狄氏剂、汞制剂、砷、铅类、敌枯双、氟乙酰胺、甘氟、毒鼠强、氟乙酸钠、毒鼠强、甲胺磷、甲基对硫磷、对硫磷、久效磷、磷胺、甲拌磷、甲基异柳磷、特丁硫磷、甲基硫环磷、治螟磷、内吸磷、克百威、涕灭威、灭线磷、硫环磷、蝇毒磷、地虫硫磷、苯线磷、氯杀螨醇、涕灭威、灭多威、氟乙酰胺、有机汞制剂、砷制剂、西力生、赛力散、溃疡净、五氯酚钠等。

(1)是否向合作社管理者(社长和其他理事会成员,下同)咨询或分享生产技术问题	1＝是,0＝否	
(2)是否向合作社管理者咨询或分享市场信息	1＝是,0＝否	
(3)是否向普通社员咨询或分享生产技术问题	1＝是,0＝否	
(4)是否向普通社员咨询或分享市场信息	1＝是,0＝否	
(5)参与合作社组织的技术和市场相关培训的次数	次	
(6)参与社员大会的次数	次	
(7)您认为合作社管理者的能力如何	1很差 2 3 4 5 很好	
(8)合作社管理者总是为全体社员考虑	1完全不同意 2 3 4 5 非常同意	
(9)合作社管理者通常不会怀疑我对合作社的忠诚和承诺	1完全不同意 2 3 4 5 非常同意	
(10)其他社员会按照合作社要求提供相应质量和数量的产品	1完全不同意 2 3 4 5 非常同意	
(11)总体来说,您认为合作社管理者和普通社员之间的信任度如何	1很弱 2 3 4 5 很强	
(12)总体来说,所有社员之间的团队性和信任度如何	1很弱 2 3 4 5 很强	
(13)您了解合作社的财务和盈利状况	1完全不同意 2 3 4 5 非常同意	
(14)您了解合作社的组织目标	1完全不同意 2 3 4 5 非常同意	
(15)所有社员一起为合作社的共同目标而努力	1完全不同意 2 3 4 5 非常同意	

附录四

果蔬种植户绿色生产调查问卷

问卷编号:_____ 被调查者姓名:_____

被调查者联系方式:_____ 调查时间:_____

调查地点:_____(省/市/县)

1.户主性别_____,年龄_____,从_____年开始种植相应品种的果蔬。家庭人口总数_____人,果蔬种植的劳动力人数_____人,外出务工人数_____人。

2.受教育程度:1=文盲;2=小学;3=初中;4=高中及中专;5=大专及以上

3.是否是党员:0=否,1=是;

是否担任过村干部:0=否,1=是;

是否从事过农资或农产品贩销:0=否,1=是

4.是否兼有非农工作:0=否,1=是

农业劳动与非农劳动时间的分配比例约为:农业_____:_____非农。

5.2017年家庭总收入_____万元,2017年果蔬种植收入_____万元。

6.果蔬种植面积_____亩,其中自有面积_____亩,流转面积_____亩,土地流转期限_____年,是否签订书面流转合同:0=否,1=是。

7.使用过下列哪些生产管理技术或投入品(可多选)?

A.传统化肥农药替代品:□缓释肥 □水溶肥 □有机肥 □微粉剂农药 □辅助类绿肥 □其他

B.新设施:□水肥一体化 □施药无人机 □其他

C.育种育苗新技术:□周年茬口安排 □穴盘基质育苗 □嫁接育苗 □其他

D. 田间管理:□轮作　　□套种　　□多膜覆盖保温技术　　□病虫害绿色防控技术(含防虫网、性诱剂、杀虫灯)　□综合种养　　□其他

8.以上技术中,目前仍在使用的有_____,病虫害绿色防控技术_____,继续使用的原因是:

□降低农资成本,大约节省_____%　　□降低劳动成本,大约节省_____%

□确保产品安全　□提升产品品质,优果率提升_____%　　□环境友好　□其他_____

9.最初选择使用的原因是(可多选):

□政府推荐　□相关企业推荐　□同行推荐　□自己了解□其他_____

10.是否加入合作社? 1＝是,_____年加入,合作社名称_____;
　　　　　　　　　　0＝否

11.在合作社中身份是_____ 1＝社长,2＝合作社管理人员,3＝核心社员,4＝普通社员,5＝带动农户

12.合作社提供的服务有哪些? 1＝统一购买农资,2＝农资使用指导与培训,3＝统一提供病虫害统防治服务,4＝产地环境检测,5＝上市前产品检测,6＝保存生产记录,7＝统一加工销售,8＝信贷服务,9＝相关市场、价格等资讯;10＝其他(请注明)

13.每年质量安全生产培训_____次,技术指导_____次。

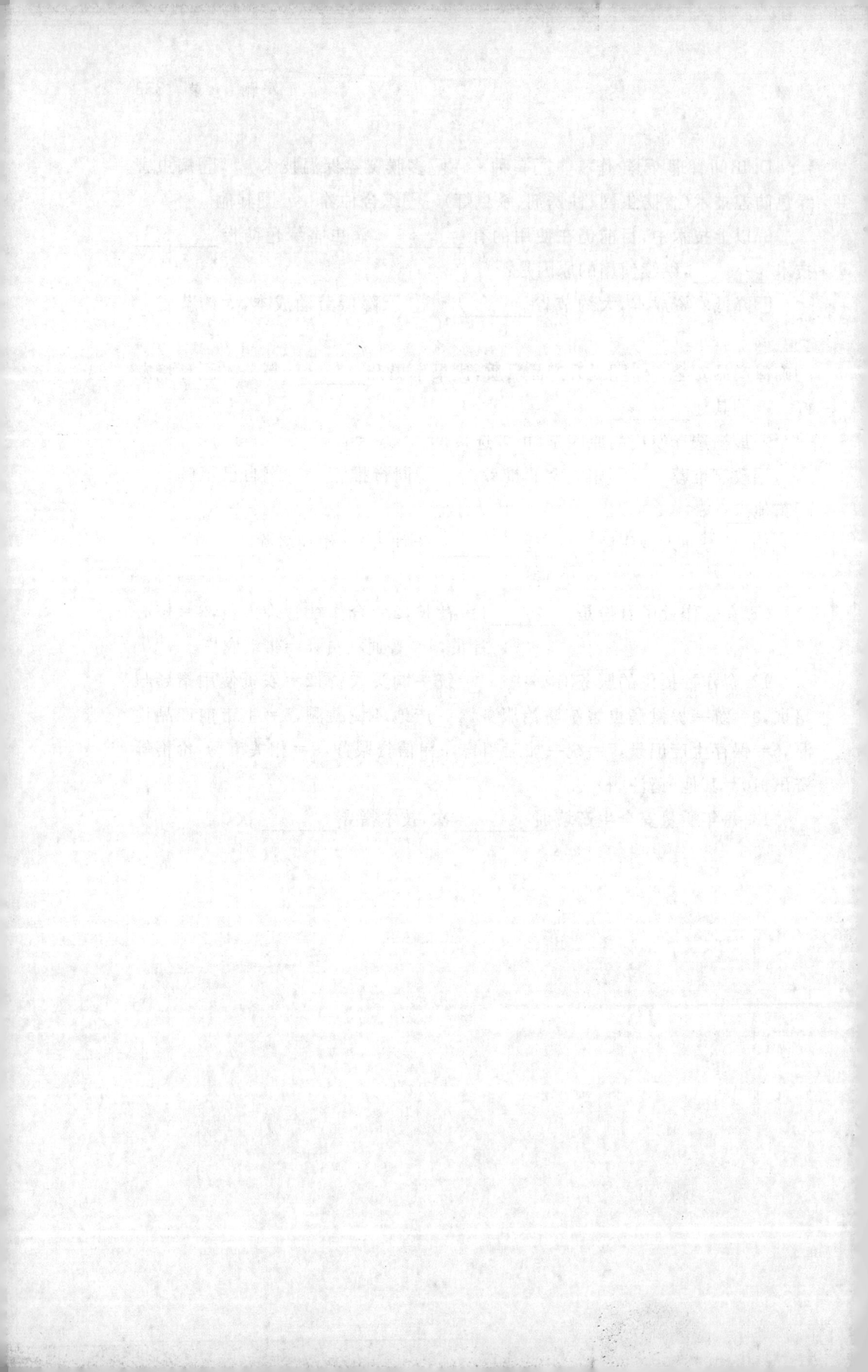